分類杜工部詩卷之六

宮殿 宮詞附 古詩二首 律詩十五首

玉華宮

溪回松風長蒼鼠竄古瓦 言溪ㅣ回遠故로松風이不歇也ㅣ라○시내횟돈뒤솘ᄇᆞᄅᆞ미기리부ᄂᆞ니프른쥐녯디샛서리예숨ᄂᆞ다不知何王殿遺構絶壁下 아디몯ᄒᆞ리로다어느님금宮殿고기튼지ᅀᅳᆫ거시노ᄑᆞᆫ石壁ㅅ아래로다陰房鬼火靑壞道哀湍瀉 音寫 득앤귓거싀브리프르고믈어萬籟眞笙竽秋

역주 분류두공부시언해

권6(상)

(중간본)

세종대왕기념사업회

역주위원
분류두공부시언해 권6(상) : 임홍빈(서울대학교 명예교수)

교열·윤문·색인위원
분류두공부시언해 권6(상) : 이창덕, 홍현보, 하지희

세종대왕기념사업회 세종고전국역위원회
위원장 : 한무희
위 원 : 강병식, 김구진, 김승곤, 남문현
박충순, 이근영, 최홍식

『역주 분류두공부시언해』 권6(상)을 내면서

우리 세종대왕기념사업회는 1968년 1월부터 조선왕조실록 『세종실록』을 국역하기 시작하여 1993년 실록 전체를 완역하였고, 계속해서 『증보문헌비고』, 『국조인물고』, 『매월당집』, 『동국통감』 등 수많은 국학 자료의 번역 사업을 벌여 오고 있다. 아울러 1990년 6월부터는 '한글고전 역주 사업'의 첫발을 내디디어, 『석보상절』 권6·9·11의 역주에 착수, 지금까지 매년 꾸준히 그 성과물을 간행하여 왔다. 이제 우리 회는 올해로 한글고전 역주 사업을 추진한 지 32주년이 되었고, 올해로서 한글고전 85종 215책을 역주하기에 이르렀다. 아울러 그동안 900책이 넘는 한문고전의 국역본과 학술 간행물이 말해주듯이, 명실상부한 우리나라 최고의 고전 국역·한글 문헌 역주 간행 기관임을 자부하는 바이다. 우리 고전의 현대화는 전문 학자뿐만 아니라 일반 독자에게도 매우 유용한 작업일 수밖에 없다. 우리 회가 고전 극역 사업을 수행하는 목적은 우리 고전을 알기 쉬운 현대어로써 한글로 번역하여, 우리 조상의 문화를 국민들이 이해할 수 있게 함과 동시에 새 겨레문화 건설에 이바지함에 있으므로, 앞으로도 이 사업이 끊임없이 이어지리라 믿어 의심치 않는다.

우리 회가 2022년 말까지 역주하여 간행한 정음 문헌과 책 수는 다음과 같다.

석보상절(4책), 월인석보(17책), 능엄경언해(5책), 법화경언해(7책), 원각경언해(10책), 남명집언해(2책), 몽산화상법어약록언해(1책), 금강경삼가해(5책), 육조법보단경언해(3책), 선종영가집언해(2책), 불설아미타경언해/불정심다라니경언해(합본), 진언권공/삼단시식문언해(합본), 목우자수심결언해/사법어언해(합본), 반야바라밀다심경언해(1책), 상원사중창권선문/영험약초/오대진언/수구영험(합본), 사리영응기(1책), 몽산화상육도보설언해(1책), 칠대만법/권념요록(합본), 불설대보부모은중경(1책), 별행록절요언해(1책), 지장경언해(2책), 십현담요해언해(1책), 성관자재구수육자선정(1책), 구급방언해(2책), 구급간이방언해(5책), 분문온역이해방/우마양저염역병치료방(합본), 언해태산집요(1책), 언해두창집요(1책), 간이벽온방/ 벽온신방/신선태을자금단(합본), 마경초집언해(2책), 분류두공부시언해(33책), 백련초해(1책), 삼강행실도(1책), 이륜행실도(1책), 동국신속삼강행실도(6책), 오륜행실도(5책), 정속언해/경민편(합본), 여씨향약언해(1책), 번역소학(3책), 소학언해(4책), 논어언해(2책), 중용언해(1책), 대학언해(1책), 맹자언해(3책), 시경언해(6책), 서경언해(2책), 주역언해(6책), 여사서언해(2책), 여소학언해(2책), 효경언해(1책), 여훈언해(1책), 가례언해(4책), 종덕신편언해(3책), 연병지남(1책), 병학지남(1책), 화포식언해/신전자취염초방언해(합본), 명황계감언해(2책), 윤음 언해(2책), 어제상훈언해(1책), 어제훈서언해(1책), 어제내훈언해(2책), 명의록언해(4책), 속명의록언해(1책), 천의소감언해(2책), 오륜전비언해(10책), 천주실의언해(2책), 경신록언석(1책), 어제경민음/어제백행원(합본), 논어율곡선생언해(4책), 맹자율곡선생언해(4책), 대학율곡선생언해(1책), 중용율곡선생언해(1책)

이 『분류두공부시언해』는, 중국 당나라 시인 두보(712~770)의 시를 모아 세종 때 처음 만들어진 『찬주분류두시』를 저본으로, 조선 성종의 명을 받은 유윤겸, 유휴복, 조위 등이 언해하여 성종 12년(1481)에 간행한 우리나라 최초의 언해 시집으로 알려져 있다. 모두 25권 17책으로 을해자본이다(후대에는 19책, 20책도 있음). 이 책은 보통 줄여서 『두시언해』라고 한다.

『두시언해』는 다른 언해서와는 달리 원문에 입겿(토)이 없고, 한글과 한문 혼용인 언해문의 한자에도 한글 독음이 달리지 않았다. 두시에 대한 주석은 세종 때부터 행하여졌다고 하나, 번역은 성종의 명으로 처음 이루어진 것이다. 이 책의 책이름에 보이는 공부(工部)는 두보의 관직명이고, 분류(分類)는 시를 기행, 술회, 질병, 회고, 시사(時事) 등과 같이 내용에 따라 분류하였다는 뜻이다. 두시는 71문(門)에 총 1,467수와 다른 사람 작품 16수로서, 그 소재는 세상사에 미치지 않은 것이 없다. 나라를 사랑하는 충정과 같은 인간애가 담겨 있으며, 당시의 현실을 그대로 반영하고, 면밀하게 비판한 사실적인 서사(敍事)인 데서 '시사(詩史)'라 일컬어지는 위대한 작품이다.

이번에 중간본 『두시언해』 권6(상)을 역주함에 있어서, 국립중앙도서관에 소장되어 있는 '분류두공부시' 권 4-7의 권6(청구기호: 한古朝45-나36)을 참조하였다.

우리 회에서 15세기 문헌인 『두시언해』 권6 (상)을 역주 간행함에 있어, 역주를 위해 애써 주신 서울대 임홍빈 명예교수님과 역주 사업을 위하여 지원해 준 교육부에 진심으로 감사드리고, 아울러 이 책의 발간에 여러 모로 수고해 주신 여러분께도 감사의 말씀을 드린다.

2022년 11월 일

세종대왕기념사업회 대표이사 최홍식

일러두기

1. 역주 목적

세종대왕께서 훈민정음을 창제한 이후, 언해 사업이 활발히 전개되어 우리 말글로 기록된 다수의 언해류 고전 등 한글 관계 문헌이 전해 내려오고 있으나, 말이란 시대에 따라 변하는 것이어서 옛 우리말을 연구하는 전문학자 이외의 다른 분야 학자나 일반인들이 이를 읽어 해독하기란 여간 어려운 실정이 아니다. 그러므로 현대어로 풀이와 주석을 곁들여 이해하는 데 도움을 줌으로써 이 방면의 지식을 쌓으려는 일반인들에게 필독서가 되게 함은 물론, 우리 겨레의 얼이 스며 있는 옛 문헌의 접근을 꺼리는 젊은 학도들에게 중세국어 국문학 연구 및 우리말 발달사 연구 등에 더욱 관심을 두게 하며, 나아가 주체성 있는 겨레 문화를 이어가는 데 이바지하고자 함에 역주의 목적이 있다.

2. 편찬 방침

(1) 초간본 『두시언해』 권6은 1997년 이현희·이호권·이종묵·강석중 등에 의하여 그 역주본이 『두시와 두시언해』라는 이름으로 신구문화사에서 출간된 바 있다. 『두시언해』 권6을 다시 역주한다는 것은 이현희 등에 의한 역주와 충돌될 수 있는 여지가 있다. 여기서는 이를 피하여 중간본을 역주하기로 하였다. 권6을 상하 두 권으로 나누어 주해하기로 하였다.

(2) 이 책의 편집 내용은 네 부분으로 나누어, '한문 원문, 언해 원문, 현대어 풀이, 옛말과 용어 주해'의 차례로 구성하였는데, 특별히 한시를 언해하였으므로 그 운율을 알기 쉽도록 시 제목과 한시 원문은 그대로 음을 달고 풀이를 이어 붙였다. 원전과 비교하여 쉽게 찾을 수 있도록 각 쪽이 시작되는 글자 앞에 원문의 각 장(張) 앞에는 'ㄱ'을 붙이고, 각 장 뒤에는 'ㄴ'을 붙여 아래의 <보기>와 같이 구별하였다.

〈보기〉 제1장 앞쪽이 시작되는 글자 앞에 : [1ㄱ]分類杜工部詩 卷之六

제3장 뒤쪽이 시작되는 글자 앞에 : **諸侯**^{3ㄴ}**上計 厥貢傾千林**

(3) 현대어로 옮길 때 될 수 있는 대로 옛글과 '문법적으로 같은 값어치'의 글이 되도록 하는 데 중점을 두었다.
(4) 원문 내용(한문 원문과 언해문)은 네모틀에 넣어서 원문의 한자음, 현대역, 주석과 구별하였으며, 원문 가운데 훼손되어 읽을 수 없는 글자는 □로 표시하였다.
(5) 현대어 풀이에서, 옛글의 구문(構文)과 다른 곳의 이해를 돕기 위하여 보충한 말은 ( ) 안에 넣었다.
(6) 찾아보기 배열순서는 다음과 같다.

① 초성순 : ㄱ ㄲ ㄴ ㄵ ㄷ ㄸ ㄹ ㅁ ㅱ ㅂ ㅲ ㅳ ㅃ ㅄ ㅴ ㅵ ㅶ ㅸ ㅅ ㅺ ㅼ ㅽ ㅾ ㅆ ㅆ ㅿ ㅇ ㆀ ㆁ ㆆ ㅈ ㅉ ㅊ ㅋ ㅌ ㅍ ㅎ ㆅ
② 중성순 : ㅏ ㅐ ㅑ ㅒ ㅓ ㅔ ㅕ ㅖ ㅗ ㅘ ㅙ ㅚ ㅛ ㆉ ㅜ ㅝ ㅞ ㅟ ㅠ ㆌ ㅡ ㅢ ㅣ ㆍ ㆎ
③ 종성순 : ㄱ ㄴ ㄴㅅ ㄴㅈ ㄴㅎ ㄷ ㄹ ㄹㄱ ㄹㄷ ㄹㅁ ㄹㅂ ㄹㅅ ㅀ ㅁ ㅁㄱ ㅁㅅ ㅁㅿ ㅂ ㅂㅅ ㅅ ㅺ ㅼ ㅿ ㆁ ㅈ ㅊ ㅋ ㅌ ㅍ ㅎ

3. 역주자 일러두기

(1) 역주는 가능한 한, 자세하게 하는 것을 원칙으로 한다. 앞에 나온 것도 뒤에 나오면 대체로 다시 역주하는 방식을 취하였다. 독자들에게 지나치게 앞의 부분을 참조하게 하면, 역주의 효용이 반감되는 것을 피하기 위한 것이다.
(2) '이다' 및 그 활용형을 학교문법에서는 '서술격 조사'라고 한다. 그러나 여기서는 '지정 형용사'란 이름으로 부르기로 한다. '이다'는 형용사로 처리하는 것이 합리적이다. '이다'의 어간을 '이-'로 잡으면, '이고, 이니, 이어서, 이면, 이니까' 등과 같이 활용을 하는 것이 분명하고, 그 활용의 양상이 형용사와 같기 때문이다. '이다'를 '지정사'로 분류한 경우도 있었으므로, '이다' 및 그 활용형을 '지정 형용사'로 부르기로 한다.
(3) 어미 '-으니, -으려, -으면, -은, -을, -음' 등과 같이 흔히 '으'를 앞에 가지는 어미를 본 역주자의 이전 역주에서는 '으'를 조음소로 보기도 하였으나, 본

역주에서는 이들을 전체적으로 '어미'의 일부로 주석하기로 한다. 이는 역주의 풀이가 학교문법과 지나치게 이질적이 되는 것을 피하기 위한 조치이다. 'ㅡ'를 가지지 않은 형태는 'ㅡ'를 설정하지 않는다.

(4) 미래 관형사형 어미나 동명사 어미 '-ㄹ'이나 '-ㅭ'은 이전의 14권 및 15권 역주에서는 모두 '-ㅭ'으로 분석하였으나, 지나치게 번거롭고 실제 표기형과 이질적인 것이 되는 것이 흠이다. 미래 관형사형 어미나 동명사 어미가 '-ㅭ'으로 나타나는 예도 있고, 단순히 '-ㄹ'로 나타나는 예도 있는데, 옛 문헌에 나타나는 대로 제시하고 분석해 보이기로 한다.

(5) 중세어의 '-오ᄃᆡ, -우ᄃᆡ, -옴, -움, -암, -엄'에 대해서 이전 역주에서는 '-오/우-' 혹은 '-아/어'와 나머지 형식을 따로 분석하였으나, 여기서부터는 이들을 하나의 어미 혹은 형태로 제시하기로 한다. '-오/우-'를 상정하지 않을 수 없는 '-노니'와 같은 형식은 '-ᄂᆞ(현재 시제 선어말 어미)-+-오(확실성 표지)-+-니(연결 어미)'와 같이 분석하기로 한다.

(6) '처격 조사, 조격 조사' 등은 학교 문법에서 '부사격 조사'이므로, 대부분의 예에 대하여 '에(처격 조사, 부사격 조사)'와 같이 두 가지 술어를 병기하기로 한다. 그 기능에 따라 가령 '창문을 나무로 만들었다'와 같은 예의 '나무로'의 '로'와 같으면 '로(조격 조사, 부사격 조사)'와 같이 주석하기로 한다. '에'나 '에서' 또는 '로'나, '로서'라고 하더라도 그 의미 기능에 따라, 출발점을 나타내는 것은 '에서(출격, 부사격 조사),' 도달점을 나타내는 것은 '에(달격, 부사격 조사)' 등과 같이 그 기능을 세부적으로 표시하기로 한다. '로'가 자격이나 원인이나 양태 등을 나타낼 때에도 이와 같이 나타내기로 한다.

(7) 형태소 분석에서 '+' 기호는 대체로 용언의 어간과 어미 사이, 체언과 조사 사이 및 어미와 어미, 조사와 조사 사이에 쓰고, '#' 기호는 어기와 어기 사이, 단어와 단어 사이에 쓰는 것을 원칙으로 한다. 때로 어원적인 분석을 보인 일이 있는데, 이때에는 어원적인 단어 사이에 '#' 기호를 쓰기로 한다. 용언의 어간, 어미, 선어말 어미, 접미사 등에는 관례에 따라 그 앞이나 뒤에 하이픈 '-'을 표시하기로 한다. 합성어를 이루는 밀접한 성분 사이에는 그 어기 성분이 분명히 따로 인식되는 경우에는 '# 표시를 하기로 한다.

(8) 언해본에서 두시의 원문은 대체로 대구(對句)의 두 구가 한 행으로 중간에 간격이 없이 인쇄되어 있다. 5언 시와 같으면 10자가 한 행이 되고 7언 시

와 같으면 14자가 한 행이 된다. 여기서는 이를 의미의 단위에 따라 한 행을 두 부분으로 나누어 제시하는 방식을 취한다.

(9) 한시 원문에 대해서는 행 단위로 우리의 전통 한자음을 한글로 표시하여 원문과 나란히 제시하기로 한다. 이는 한문에 익숙하지 않은 독자의 편의를 위한 것이다. 이 부분의 한자음에 대해서는 우리말 구개음화나 두음법칙 및 'ㄹ' 탈락과 같은 음운 변화를 적용하지 않는다.

(10) 주해의 표제어는 언해 원문에 나타난 단어나 구를 그대로 가져오는 것을 원칙으로 한다. 다만 한자어에 대해서는 그 한자음을 표제어로 하고 해당 한자를 괄호 속에 넣어 표시하는 방법을 취한다. 한자음은 현대 우리말의 한자음을 취한다. 우리말 표제어에는 한자음 제시와 달리 두음 법칙 및 'ㄹ' 탈락과 같은 음운 변화를 적용한다.

(11) 두보의 시 가운데는 같은 제목이나 형식을 가진 시가 연작시와 같이 나열된 시가 있다. 언해에서는 그들 각각의 시를 단지 별행으로 시작하고 있다. 본 주해는 행 단위로 된 것이기 때문에, 시들이 어디서 나누어지는지 알기 어렵다. 이를 고려하여 이 책 역주에서는 단위 시가 시작되는 위치에 <제1수>, <제2수> 등과 같은 표시를 하기로 한다.

(12) 주해에서는 형태소 분석과 함께 각 형태소의 기능을 괄호 속에 표시하기로 한다. 그러나 제시형이 형태소를 엄격하게 반영하는 것은 아니다. 일반적으로 제시형은 이형태를 그대로 반영하는 방식을 취하기로 한다. 가령 연결 어미 '-아/어'와 같으면, '-아(연결 어미)'나 '-어(연결 어미)'와 같이 표시하기로 한다. '-야'는 종전에는 조음소 'y'를 상정하였으나, '-야' 그대로 '연결 어미'로 제시하기로 한다.

문법 형태소의 개념 적용은 의문형 어미 '-가, -고' 등과 같은 몇 가지 예를 표시하는 것으로 국한한다. 이들에 대해서는 그 나타난 형태가 '-아' 또는 '-오'라고 하여도 그 형태소를 '-가' 또는 '-고'와 같이 밝혀 나타내기로 한다. '-거늘, -거든' 등과 같이 대상성의 양태 선어말 어미 '-거-'를 가진 형식은 특별히 필요한 경우를 제외하고는 전체를 '연결 어미'와 같이 주석하기로 한다. 확실성 표지 '-오/우/아/어-'를 가진 명사형 어미 '-옴/움/암/엄' 등은 '-오/우/아/어-'를 가진 형식을 명사형 어미로 주석하기로 한다.

(13) 'ㅎ' 종성 체언, 가령 'ᄯᅡㅎ〔地〕'과 같으면 이를 'ᄯᅡᇂ'와 같이 표시하는 방법도 있으나, 여기서는 'ᄯᅡㅎ'과 같이 'ㅎ'을 선행 음절에서 따로 분리하여 표시하

기로 한다. 과거의 어형이 현대어형과 지나치게 이질적이 되는 것을 피하기 위한 조치이다.

(14) 본 역주자의 이전 주석에서는 선어말 어미 '-더-'에 대하여 '회상 시제 선어말 어미)'와 같이 주석을 달기도 하였으나, 지나치게 번거로워 '회상 선어말 어미'로만 주석을 달기로 한다.

(15) 선어말 어미 '-오/우/아/어-'는 이전 역주에서는 '확실성의 양태 선어말 어미'로 불렀으나 여기서는 '확실성 표지'라는 간결한 이름으로 부르기로 한다. 확실성 표지 '-오/우/아/어-'는 '삽입 모음'이라는 이름으로 부르는 일도 있었으나, 이는 그 기능이 밝혀지지 않았을 때의 이름이다. 이후 이를 '인칭·대상 활용'이라 부르기도 하고, '의도법'이라 보기도 하고 '화자 표지'로 부르기도 하였으나, 여기서는 '확실성 표지'로 본다. 화자가 확실하다고 생각하는 명제에 대하여 쓰이는 양태 표지이기 때문이다.

(16) 역주와 용례에는 세종대왕기념사업회에서 이미 세상에 펴낸 역주본을 많이 참고하였다. 이미 많은 중세어 자료들이 역주된 상태이므로, 거기서 풍부한 자료와 해석을 접할 수 있었다. 여기서 이전 역주본의 역주에 참여하신 모든 분들께 깊은 감사의 뜻을 표한다. 중국의 역사와 문화 및 한자 성어 고사를 다룬 서적과 인터넷 누리집에서도 많은 도움을 받았다. 일일이 그 출처를 밝히는 것이 도리이나, 출처를 특정하기 어려운 것도 많고 번거로워 그렇게 하지 못하였다. 이 점 널리 양해해 주시기 바란다. 특히 두보시의 원문에 대한 주석에는 한성무(韓成武) · 장지민(張志民)(1997)의 『두보시전역(杜甫詩全譯)』을 많이 참고하였다. 이를 특별히 밝혀 사의를 표한다.

차 례

『역주 분류두공부시언해』 권6(상)을 내면서 ······ 1

일러두기 ······ 3

분류두공부시언해 권6 해제 ······ 13

1. 『두시언해』 중간 및 서지 사항 ······ 13
   1.1. 『두시언해』 중간의 동기 ······ 13
   1.2. 『두시언해』 중간의 과정 ······ 14
   1.3. 『두시언해』 중간본의 언어상의 특징 ······ 15
   1.4. 『두시언해』 권6(중간본)의 서지 사항 ······ 17
2. 『두시언해』 권6 (중간본)의 오자, 오류 및 의문점 등 ······ 20

분류두공부시언해 권6 주해 ······ 29

- 하권의 차례도 같이 보이기로 한다.

<상권>

궁전(宮殿) ······ 29
옥화궁(玉華宮) ······ 29
구성궁(九成宮) ······ 41
조조대명궁정량성료우(早朝大明宮呈兩省寮友) ······ 56
화가지사인조조대명궁(和賈至舍人早朝大明宮) ······ 62
동전(同前) ······ 69
동전(同前) ······ 75
선정전퇴조만출좌액(宣政殿退朝晩出左掖) ······ 80
자신전퇴조구호(紫宸殿退朝口號) ······ 86
추흥 오수(秋興五首) ······ 91

동방(洞房) ··· 115
숙석(宿昔) ··· 120
능화(能畵) ··· 126
투계(鬪鷄) ··· 130
성수(省守) ··· 136
제성중원벽(題省中院壁) ··· 136
춘숙좌성(春宿左省) ··· 142
만출좌액(晩出左掖) ··· 146
숙부(宿府) ··· 152
원중만청회서곽모사(院中晩晴懷西郭茅舍) ··· 158
능묘(陵廟) ··· 164
교릉시삼십운인정현내제관(橋陵詩三十韻因呈縣內諸官) ··· 164
제형산현문선왕묘신학당정륙재(題衡山縣文宣王廟新學堂呈陸宰) ··· 196
행차소릉(行次昭陵) ··· 214
중경소릉(重經昭陵) ··· 225

찾아보기 ··· 239

1. 한자말 용어 풀이 찾기 ··· 239
2. 우리말 옛글 표기 찾기(언해문) ··· 240
3. 한자와 결합된 옛글 표기 찾기(언해문) ··· 247

부록 영인본

분류두공부시언해 권6 (하) ··· 뒤부터 1~52

<하권>

우묘(禹廟) …… 25
동일락성북알현원황제묘(冬日洛城北謁玄元皇帝廟) …… 29
상부인사(湘夫人祠) …… 44
사남석망(祠南夕望) …… 48
알선주묘(謁先主廟) …… 52
영회고적이수(詠懷古跡二首) …… 68
촉상(蜀相) …… 78
제갈묘(諸葛廟) …… 83
무후묘(武侯廟) …… 89
기주가(夔州歌) …… 91
상경옹청수무후묘유상결락시최경권기주(上卿翁請修武侯廟遺像缺落時崔卿權夔州) …… 93
거실 상(居室上) …… 96
기제강외초당(寄題江外草堂) …… 97
초당(草堂) …… 113
남목위풍우소발탄(柟木爲風雨所拔歎) …… 139
모옥위추풍소파가(茅屋爲秋風所破歌) …… 149
수함(水檻) …… 160
파선(破船) …… 167
영옥(營屋) …… 175
시문(柴門) …… 184
객거(客居) …… 202
객당(客堂) …… 220
견흥(遣興) …… 239

『분류두공부시언해』 권6(중간본) 해제

임홍빈(서울대학교 명예교수)

1. 『두시언해』 중간 및 서지 사항

1.1. 『두시언해』 중간의 동기

조위(曺偉)가 『두시언해』 초간본에 서문을 쓴 것이 1481년이다. 그로부터 151년 뒤가 되는 해인 숭정(崇禎) 임신(壬申)〔인조 10년, 1632년〕 이월 상순에, 자헌대부 홍문각 대제학, 예조판서, 이조판서에 우의정을 지낸 계곡(谿谷) 장유(張維)가 두시언해 중간본에 서문을 썼다. 우리가 흔히 '두시언해 중간본'이라는 것을 장유는 '중각두시언해(重刻 杜詩諺解)'라 부르고 있다. '간행'의 과정 중에서 판각의 의미를 특별히 강조한 이름이다.

장유가 그의 서(序)에서 강조하고 있는 것은, 시(詩)라는 것이 무엇인데 언해를 해야 하는가 하는 문제였다. 이에 대하여 장유는 일언이폐지하여 시란 모름지기 '심회(心會)'임을 천명한다. 이는 아마도 공감(共感)을 말하는 것이라 할 수 있다. 따라서 어떤 시이든 해석을 하게 된다. 나아가 방언(方言)으로도 해석하려고 한다. 시의 해석은 배움의 길에 있는 사람에게도 필요한 것이며 기성 시인에게도 공효가 있는 것으로 보고 있다.

그런데 왜 다른 사람이 아닌 두보의 시를 번역하려고 하는가? 그것은 두보에 와서 시가 최고의 경지에 달하였기 때문이다. 두보의 시는 가장 널리 유포된 것이고, 변화무쌍하다는 점에 있어서도 따를 사람이 없다. 그러면서도 두시를 읽은 사람이 아주 드물다. 국자감에서 두시를 볼 수 없다는 것을 믿을 수 있는가? 두시에 주석을 할 수 있는 사람이 채 천명이 되지 않는다는 것도 믿을 수 있는가? 두시에 숨은 비밀의 뜻과 오묘한 말을 밝혀내는 것은 시를 읽는 누구에게나 어려운 것이라 보았다.

가장 큰 문제는 성화(成化) 연간에 홍문관의 문장 신하들이 두시를 번역하고 조위(曺偉)가 서문을 쓴 『두시언해』 초간본이 세상에 거의 유행하지 않았다는 점이다. 장유가 어렸을 때 종인(從人)에게 청하여 그것을 읽은 이후, 그것을 다시 보려고 하였으나 끝내 이룰 수 없어 늘 한이 되었다고 한다.

『두시언해』를 중각하는 가장 큰 이유는 두시가 최고의 경지에 이른 시인데, 그 속에 숨겨진 오묘한 뜻을 알기 어렵고, 『두시언해』를 찾아 읽으려고 하였으나, 『두시언해』 초간본이 아주 희귀하여 책을 찾아 읽기가 어려웠기 때문이라고 밝히고 있다.

1.2. 『두시언해』 중간의 과정

『두시언해』 중간은 인조 10년 (1632) 천파(天坡) 오숙(吳䎘)이 절도사의 힘을 발휘하여 영남(嶺南)에서 『두시언해』 한 질을 구하여 고치고 베끼고 교정하여 여러 고을에 나누어 간행하였는데, 대구(大丘) 부사(府使) 김상복(金尙宓)이 실제로 그 후 아랫사람에게 쓰게 하고, 장유에게 서를 쓰도록 하였다. 이렇게 해서, 『두시언해』를 다시 간행하여(중각하여) 시를 배우는 사람에게 집마다 간직하게 하고 사람들로 하여금 이 책의 도움을 받아 두시를 접할 수 있게 하였다.

오숙(吳䎘)은 배움을 좋아하고 문장을 다듬는 것을 좋아하고, 또 아전보다 민첩한 것을 좋아하고, 시골 관청의 바쁜 일과의 나머지에도 뜻을 가하는 것을 즐겼다. 『두시언해』의 중각은 유학의 세계에 백년이 지나도록 깊이 보관하고 있던 책을 다시 새롭게 빛나게 하고 널리 퍼지게 하였다.

이렇게만 보면, 『두시언해』 중각에 큰 공적이 있는 사람은 오숙임에 틀림없다. 오숙(1592년 선조 25년~1634년 인조 12년)은 조선 중기의 문신으로 본관은 해주(海州), 자는 숙우(肅羽), 호는 천파(天坡)로, 조부는 경상좌도 도병마절도사를 지낸 오정방(吳定邦)이며, 부친은 전부(典簿) 오사겸(吳士謙)이다. 오숙은 1610년(광해군 2) 진사시에 합격하고 1612년 증광 문과에 병과로 급제해 약관의 나이에 과거에 급제한 것으로 유명했다. 1626년 청주목사가 되었고, 이듬해(1627) 동부승지로서 정묘호란을 당해 왕을 강도에 호송했으며, 신미년(辛未年, 1631년 인조 9년)에 여주목사(驪州牧使)에 임명된 후 예조참의(禮曹參議)에 임명되었다가 승지(承旨)로 옮겼다.

이후 얼마 되지 않아 경상감사(慶尙監司)에 임명되었는데, 영남(嶺南)에는 감영(監營)이 경주(慶州)·상주(尙州)·성주(星州)·달성(達城: 大丘)·안동(安東) 등 통틀어 70주(州)가 설치되었는데, 오숙은 이들을 지휘 감독하였으며, 부서(簿書)를 정리하는 여가에는 고서(古書)를 읽으면서, 날마다 과정(課程)을 두었다. 1633년에는 황해도관찰사가 되고, 이듬해 명나라 사신 황손무(黃孫武)의 접반사로 가도에 갔다가 돌아오는 도중 송도에서 죽었다.

여기서 보면 오숙이 경상감사 즉 경상관찰사가 된 것은 1632년이라고 할 수 있다. 그리고 황해도 관찰사가 된 것이 1633년이므로, '중각 두시언해'를 간행한 것은 이 기간 동안이라고 할 수 있다. 장유의 서문이 쓰여진 것이 1632년 2월이나, 장유의 서문이 중간본이 완성된 뒤에 쓰여진 것으로 보지 않을 수도 있으므로, 두 달 여의 기간 동안에 중각본의 초를 완성했다고 단정하기 어렵지만, 비교적 짧은 기간 동안 이 일을 한 것이라 할 수 있다. 이 일을 추진하는 데 수완을 발휘한 것은 대구부사(大丘府使) 김상복(金尚宓)이다.

'중각 두시언해'는 초간본을 그냥 베낀 것이 아니다. 일정한 원칙에 따라 초간본에 언어의 변화를 반영한 것이다. 간행을 위해서는 상당한 정도에 전문적인 지식이 동원되었다고 할 수 있으며, 필사(筆寫)와 판각(板刻)을 위한 시간도 적은 것이 아니었기 때문에, 물자와 일의 추진에 있어서도 상당한 지원이 있었던 것으로 보인다. 경상감사나 대구부사가 뒤에서 이를 조정하지 않았으면 일이 이같이 신속하게 이루어지기는 어려웠을 것이다.

김상복(金尚宓)은 조선 중기(1573년〔선조 6〕~1652년〔효종 3〕)의 문신으로 본관은 안동(安東). 자는 중정(仲靜). 할아버지는 신천군수 김생해(金生海)이고, 아버지는 도정 김극효(金克孝)이며, 우의정 김상용(金尚容)과 좌의정 김상헌(金尚憲)의 아우이다. 19세에 사마시에 합격하여 사옹원봉사, 종부시주부, 장례원사평(掌禮院司評), 한성부서윤, 중추부경력(中樞府經歷), 군기시부정자(軍器寺副正字), 형조참의, 돈녕부도정의 중앙관직을 지냈다. 그리고 배천현감, 온양군수, 대구부사, 상주목사, 경주부윤 등의 외직을 역임하면서 선정을 베풀어 명성을 떨쳤다. 관직은 부윤으로 그쳤는데, 성품이 강인하고 떳떳하였으며, 매사를 상세히 살펴서 이속들이 모두 두려워하였다고 한다. 이러한 성품이 중간본을 완성하는 데 큰 원동력이 되었다고 할 수 있다.

1.3. 두시언해 중간본의 언어상의 특징

『두시언해』 초간본이 활자본인 것과 달리 중간본은 판각본으로 목판본이라는 것이 초간본과 두드러진 차이이다. 활자본은 자체가 뚜렷하고 일률적이어서 보관상태만 좋으면 판독에 큰 어려움이 없는 것이 일반적이나, 목판본은 필사를 한 사람에 따라 서체가 달라지기도 하고, 사람에 따라서는 글자를 흘려쓰기도 하여 판독에 어려움을 주기도 한다. 옮겨 쓰는 사람이나 글자를 새기는 사람 중에는 한글을 아주 서툴게 쓰는 사람도 있는 듯하여 한글의 획이 의심스러운 것도 있다.

표기상에 가장 두드러지는 점은 중간본에서는 방점(傍點)이 표기되지 않았다는 것이다. 이것이 15세기의 성조가 17세기에 없어진 것을 의미하는 것으로 보기는 어렵다. 중간본이 대구에서 만들어졌다고 보면, 이는 더욱 그렇다. 지금도 경상도 방언에는 성조가 남아 있기 때문이다. 15세기 서울 방언과 대구 방언의 성조가 많이 달라 그대로 반영하기가 어려웠을 것이란 추측을 해 볼 수도 있다. 방점이 판각하기 너무나 어려웠기 때문인 것으로 추측해 볼 수도 있다. 활자본일 경우, 방점을 끼워 넣는 것이 어렵기는 하지만, 참을 만한 것이었다고 하면, 판각에서는 그것이 활자본보다 더 어려웠을 것이란 추측을 해 볼 수 있다.

중간본에서는 반치음(半齒音) 표기가 없다. 가령, 초간본과 같으면 'ᄆᆞ ᅀᆞᆷ[心]'과 같이 표기할 것도 중간본에서는 'ᄆᆞ 음'과 같이 표기하고 있다. 실제로 나타나는 것은 'ᄆᆞ ᄋᆞ미'와 같이 연철되는 것도 있지만 'ᄆᆞ 음미'와 같이 받침이 중철되는 예도 있다. 자음이 중철되는 것은 형태 음소를 고정시키려는 의도를 보여 주는 것이라 할 수 있다. 자모 'ㅇ'이 세모와 흡사하게 나타나는 것이 많아 다소 의아한 느낌을 주기도 한다. 반치음이 적히지 않은 것은 아마도 그 당시 이미 반치음이 소실된 데 말미암는 것으로 볼 수 있다.

방점이나 반치음 외에, 초간본과 다른 중간본의 특징은 순경음(脣輕音) 'ㅸ' 표기가 없어진 것이다. 15세기 초에는 '열ᄫᅳ니<훈언 15ㄱ>, 열ᄫᅳᆯ<석상 4:43ㄴ>'과 같이 적혔던 것이 중간본에서는 '열우나(예, 時俗이 열우나 ᄀᆞ롬과 뫼콰ᄂᆞᆫ 됴코<두시(중) 8:44ㄴ>)' 등과 같이 'ㅸ' 표기가 없어졌다. 이것은 당시의 언어 현상을 반영하고 있는 것으로 보인다. 초간본에서도 순경음은 매우 불완전하게 표기되어 있는데, 중간본에서는 모두 사라졌다. 이 밖에 중간본의 표기에서 완전히 사라진 것은 아음(牙音)의 불청불탁자인 /ᅌ[ŋ]/이다. 이는 흔히 '옛이응'자로 불리는 것이다. 보기에 따라서는 옛이응자와 같이 보이는 글자도 있으나, 옛이응자가 쓰이지 않을 자리에도 나타나므로, 이들은 모두 단순 이응자를 적은 것으로 본다. 중간본에는 초간본의 옛이응자가 하나도 쓰이지 않은 것으로 보는 것이다.

중간본에는 초간본에서 'ᄂᆞᆫ호디(나누지)'로 적힌 것이 'ᄂᆞᆫ호지'와 같이 구개음화한 표기로 나타나기도 한다. 부정문에 나타나는 보조적 연결 어미 '-디'도 때로 불규칙하게 '-지'로 나타나기도 한다. 그러나 '소리 긋디(소리 그치지)'와 같은 예에서는 여전히 '-디'가 쓰이고 있다. 구개음화 현상이 중간본에서 부분적으로 진행되고 있음을 알 수 있다.

모음조화는 중간본에서도 초간본과 같이 엄격하게 지켜지지 않고 있다. '나조히(저녁에)'와 같은 예는 모음조화가 지켜진 예라 할 수 있고, '운무(雲霧)ᄂᆞᆫ'은 모음조화가 지켜지지 않는 예라 할 수 있으나, 보조사 'ᄋᆞᆫ/은/ᄂᆞᆫ/는' 등의 'ᄋᆞ/으' 구별 표기는 초간본에서도 잘 지켜지지 않았던 것이다.

'모히(예, 뷘 모히 寂靜ᄒᆞ고)'는 아주 특이한 예이다. '뫼ㅎ[山]'가 'ㅎ' 종성 체언이어서 초간본에서는 그 주격형이 어김없이 '뫼히'로 나타났던 것이다. '뫼히'가 '모히'로 된 것은 '이' 모음 동화가 거꾸로 행해진 것으로 '이' 모음 역행 동화 되돌리기라 할 수 있다. '베히리오(베일 것인가)'의 '베히-'도 초간본에서는 '버히-'로 나타났던 것인데, '이' 모음 역행 동화에 의하여 '베히-'가 된 것이다. '헤어, 엔(에는)'과 같은 표기가 '허이여, 엔'과 같이 나타나는 것은 '이' 모음 역행 동화가 매우 규칙적인 양상을 보이고 있는 것이다.

확실성 표지 '-오/우/아/어-'를 보면, 'ᄒᆞ노니'는 'ᄒᆞ[爲]-+-ᄂᆞ(현재 시제 선어말 어미)-+-오(확실성 표지)-+-니(연결 어미'와 같이 분석되는 것으로 확실성 표지 '-오-'가 들어 있고, 'ᄒᆞᄂᆞᆺ다, 자ᄂᆞᆺ다' 등의 '-ᄂᆞᆺ다'는 굳어진 형식으로 일종의 감탄형 어미가 된 것이지만, '-오-'가 들어간 형식이다. 초간본에서 명사형 어미 '-옴/움/암/엄' 및 연결 어미 '-오ᄃᆡ/우ᄃᆡ'에는 확실성 표지 '-오/우/아/어-'가 예외 없이 들어간 것이지만, 중간본에서는 '슬프믈'과 같이 확실성 표지를 가지지 않는 예가 더러 나타난다. 이는 중간본에서 확실성 표지가 약화 내지 소실되고 있는 상태에 있는 것임을 말해준다. 초간본에서는 '혼'으로 나타나던 것이 'ᄒᆞᆫ'으로 나타나기도 한다. 'ᄃᆞ외다'가 중간본에서는 '되우다'로 나타나는데, 이 예의 '우'를 잘못 확실성 표지로 보기 쉽다.

이 책 역주에서 명사형 어미 '-옴/움/암/엄'은 확실성 표지를 가진 재구조화된 명사형 어미로 보았으며, 연결 어미 '-오/우ᄃᆡ, -ᄂᆞ니' 또한 재구조화된 연결 어미로 보았다. '-노라, -ᄂᆞᆺ다, -ㅅ다' 등은 재구조화된 감탄형 어미로 보았다. 본역주에서 이 선어말 어미의 변이형에 '-오/우-'만이 있는 것이 아니라, '-아/어-'도 있는 것으로 본 것이 특이하다. 이전에는 '-시(주체 높임 선어말 어미)-'에 확실성 표지 '-오'가 연결되면 '-샤-'가 되는 것으로 설명하였으나, 여기서는 '-시-+-아-'가 '-샤-'가 되는 것으로 본다. 이렇게 되면, 음운 변동을 아주 자연스럽게 설명할 수 있다.

1.4. 『두시언해』 권 6(중간본)의 서지 사항

중간본 『두시언해』의 간본에는 여러 가지 이본(異本)이 있다. 이병주(1970)에서는 이들을 재각본(再刻本), 삼각본(三刻本), 보각본(補刻本)과 같이 나눈 바 있고, 전재호(1968)에서는 광곽(匡廓)의 크기와 변란(邊欄)의 형태를 중심으로 A1, A2, B1, B2와 같이 나눈 바 있다. 이호권(2003)에서는 현전하는 간본 총 243책을 모두 조사하여 1632년에 나온 책을 A본, 일부분을 다른 판종으로 보충한 것을 B본, B본이 새로이 보판된 부분을 가지는 것을 C본으로 나누고 있다. 규장각(규 5014)의 서지에 의하면, 간본은 사주 쌍변, 반엽광곽 20.7×14.6cm, 유계, 8항 17자, 주 쌍행, 판심: 상하 화문어미 32×20.2cm 로 되어 있다. 특이한 것은 표지 서명이 '두해(杜解)'로 된 것이다.

간본(刊本)과 달리 현대에 영인된 것에는 1989년 이회문화사(以會文化社)에서 전 5책으로 영인 출판한 『중간 두시언해(重刊杜詩諺解)』가 있고(이회본은 동국대 김성주 교수의 호의로 참고할 수 있었다. 이를 밝혀 여기에 고마운 뜻을 전한다), 1988년 대제각(大提閣)에서 전 1책으로 영인 출판한 『원본 두시언해(原本 杜詩諺解)』가 있다. 1975년에는 경인문화사(景仁文化社)에서 영인한 것이 있다.

경인본과 대제각본은 필체가 유사하여 같은 본을 영인한 것이 아닌가 생각되기 쉬우나, 필체의 차이가 있어 동일본으로 보기 어렵다. 대제각본은 광곽이 기본적으로 문무쌍변으로 되어 있는데, 경인본은 문무쌍변이 드물고 있어도 흐릿하고 사주 단변이 많다. 경인본보다는 대제각본의 인쇄면이 깨끗하고 선명하다. 이회본이나 대제각본이나 경인본은 판식에서 큰 차이가 없다고 본다. 권6의 광곽(匡郭)은 상하 및 좌우 단변(單邊)으로 되어 있다. 초간본 『두시언해』 권6은 국어학회(1975)에 영인되어 있다.

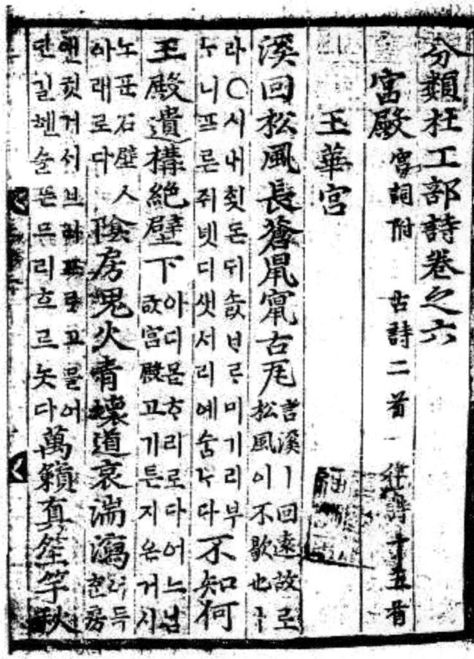
分類杜工部詩卷之六
宮殿 宮詞附 古詩二首 律詩十五首
玉華宮
溪回松風長 蒼鼠竄古瓦
不知何王殿 遺構絕壁下
陰房鬼火青 壞道哀湍瀉
萬籟眞笙竽

두시언해 중간본 권6 1ㄱ

영인본으로 이회본과 대제각본이나 경인본이 가지는 가장 큰 차이는 이회본이 판심이나 변란(邊欄)을 가지고 있지 않다는 것이다. 영인 과정에서 출판사가 모두 제거한 것으로 보인다. 원본이 매우 낡아 판심이나 변란을 영인에 반영하지 않은 것으로 여겨진다.

중간본『두시언해』권6의 책 앞머리 제목은 '분류두공부시(分類杜工部詩) 권지육(卷之六)'으로 되어 있다. 대제각본을 참조로 하면, 판심은 전체적으로 상하내향 이엽화문어미(上下內向二葉花紋魚尾)로 되어 있으나, 때로 삼엽화둔어미로 된 곳도 여럿 있다. 제15, 16, 25, 35, 53 엽 등이 때로 3엽으로 되어 있다. 어떤 것은 상어미(上魚尾)만, 또 어떤 것은 하어미(下魚尾)만 3엽으로 된 것이 있고, 상하양어미(上下兩魚尾)가 모두 3엽으로 된 것도 있다.

이호권(2003)에 의하면, 화문(花紋)에는 '축(竺), 청(淸), 삼(三)'과 같은 판각을 한 승려 각수(刻手)의 표식이 새겨져 있다고 한다. 제1, 2, 21, 22, 51, 52엽 등의 하어미(下魚尾) 등에는 '축(竺)'이란 글자가 들어 있는 것으로 보인다. 이 또한 각수의 개인 표식으로 보인다. '청(淸)'이란 표식은 확인하지 못하였다. 화문이 없는 것 같은 어미가 있는데, 혹시 그것이 '청(淸)'과 관련된 것은 아닐까도 생각해 보았다. 각수의 개인 표식이 이렇게 철저하게 새겨 둔 것은 자기의 판각은 자기가 책임을 지는 당시의 규율일 수도 있고, 청주목 오숙과 대구부사 김상복의 지휘 감독이 철저하였음을 말해 주는 것일 수도 있는 것으로 생각된다.

상어미(上魚尾) 아래에는 '두시(杜詩)'란 판심제가 있고, 그 아래에 '육(六)'이란 권차(卷次)가 있다. 하어미(下魚尾) 바로 위에는 장차(張次)가 있다. 본문은 초간본과 같이 한문 원문이 단행으로 되어 있고, 언해 본문과 주석은 쌍행으로 되어 있다. 판구(板口)는 백구(白口)이나 영인본상에서 보면 가운데에 가는 흑선이 그어진 것같이 보이기도 한다. 혹시 선흑구(線黑口)가 아닌가도 생각될 수 있으나 접지의 흔적이다. 백구에 선이 없는 것도 있기 때문이다.

본문의 구성은 한문 원문이 주어지고, 그 아래에 주석이나 언해문이 따라오는 짜임으로 되어 있다. 주석은 원문 구절 바로 아래에 직접 붙고, 언해문은 주석이 없는 경우 원문 다음에 바로 나오고, 주석이 있는 경우 주석 다음에 백원권(白圓圈)이 이어 나오고 그 아래에 언해문이 온다. 주석의 내용과 언해의 내용이 매번 일치하는 것은 아니라는 것이 눈길을 끈다. 이는 주석을 담당한 사람과 언해를 담당한 사람이 달랐음을 말해 준다. 이회본이나 대제각본은 결장(缺張) 없이 제53엽까지 연속으로 이어진다. 권말에는 '분류두공부시(分類杜工部詩)'라는 권말제(卷末題) 있고, '권지육(卷之六)'이라는 권차가 있다.

2. 『두시언해』 권6 (중간본)의 오자, 오류 및 의문점 등

단순한 오자는 한문 원문이나 언해 원문에 직접 괄호를 하고 정자를 넣었다. 아래 단락 앞에 괄호 속에 보인 숫자와 문자는 엽수와 앞뒷면을 나타낸 것이다. 가령, (3ㄴ)은 3엽의 뒷면을 가리킨다. (4ㄱ)은 4엽의 앞면이다.

(1ㄱ~ㄴ)의 원문 '만뢰진생우(萬籟眞笙竽)'의 '생우(笙竽)'를 언해는 '뎌와 피릿소리'로 번역하였다. 언해는 원문의 '생(笙)'을 '뎌'로, '우(竽)'를 '피리'로 번역하였으나, 이 번역이 온당한 것인지 의문이다. '생우'에서 '생(笙)'은 수직 파이프로 구성된 중국의 황관(簧管) 악기이다. 황관이 13~19개인 것이 '생(笙)'이고, 36개 인 것이 '우(竽)'이다. '생(笙)'과 '우(竽)'는 모양과 구조가 비슷하므로, 흔히 '생우(笙竽)'로 붙여 쓴다. 번역문의 '피리'는 원문의 '우(竽)'에 해당되는 것이므로, '뎌'와 '피리'가 어떻게 구별된 것인지 알 수 없다. '뎌'는 '적(笛)'에서 온 것이므로, 리드를 가지지 않은 악기를 뜻하고, '우(竽)'는 리드를 가진 악기를 뜻하는 것이라고 할 수 있으나, 이것이 '뎌'와 '피리'로 구별될 수 있는 것이라고는 할 수 없다. 우리의 '피리'는 일반적으로 리드가 없이 몇 개의 구멍을 막아 소리를 내는 것이기 때문이다. '생우(笙竽)'를 합쳐서 '피릿소리'로 하거나 '생우(笙竽)ㅅ 소리'와 같이 번역하여 주를 따로 다는 방법도 생각해 볼 만하다.

(2ㄱ)의 한문 원문 '애단여저구(崖斷如杵臼)'를 언해는 '비레 그츠니 방하고와 호왁과 ᄀᆞᆮ도다'와 같이 번역하였다. 여기에는 두 가지 문제가 있다. 하나는 '방하고와 호왁과'에서 '와/과'의 문제이다. '방하고와'의 '와'는 접속 조사이지만 '호왁과'의 '과'는 공동격 조사라는 것이다. 후자는 형용사 'ᄀᆞᆮᄒᆞ(ᄀᆞᆮᄒᆞ)-'가 필요로 하는 논항에 쓰인 조사이지만, '방하고와'의 '와'는 두 명사구를 이어 주는 '와'이기 때문이다. 두 '와/과'의 형태는 동일하나 그 쓰임에 따라 기능이 달라지는 문제가 있다.

다른 하나는 한문 원문의 '저구(杵臼)'를 언해가 '방아공이와 절구'라고 번역한 것이다. 벼랑 즉 절벽이 끊어져 절구와 같다는 것은 이해할 수 있으나, 절벽이 끊어져 길쭉한 '방아공이'와 같다는 것은 이해하기 어렵다. 절벽으로 둘러싸여 움푹 들어간 산속의 공간은 방아확(절구통)과 같다고 하는 것이 적절하다고 본다. 이를 받아들이기 위해서는 '저구(杵臼)'를 두 명사구의 병렬이 아니라, '저(杵)'를 관형 성분으로 보아야 한다. '저구(杵臼)'를 '방앗공이질을 하는 방아확'과 같은 의미로 해석하는 것이다.

그렇게 되면 의미의 중심이 '방아확' 즉 '절구통'에 오게 되어, 절벽이 끊어져 길쭉한 방앗공이와 같다는 해석은 하지 않게 된다.

(2ㄱ)의 한문 원문 '급업토낭구(岌業土囊口)'를 언해는 '묏곬 이페 뫼히 놉도다'와 같이 번역하였다. '급업(岌業)'이 '놉도다'로, '토낭구(土囊口)'가 '묏곬 잎'으로 번역되었다. 번역이 너무 평면적이고 무미하며, 미세하지만 번역도 충실치 못하다. 그러한 결함의 하나는 주석에서 '토낭(土囊)'을 '골짜기 입구[谷口]'와 같이 주석한 것이다. 원문이 '토낭구(土囊口)'인데, '토낭'을 골짜기 입구하고 하면, '토낭구'의 '구'는 어떻게 하라는 것인가? '골짜기 입구의 입구'라고 번역할 수 없으므로 '토낭'을 '골짜기 입구'라고 해서는 안 된다. '토낭'은 말 그대로 '땅 주머니' 혹은 '흙 구덩이'라고 해야 한다. '절구'와 같은 지형에 들어가는 길이니 절벽으로 둘러싸인 곳을 '땅 주머니'라고 한 것이다. '토낭구'는 그러한 길의 입구이다.

'급업(岌業)'도 단순히 '높도다'라고만 해서는 의미가 약하다. 그것은 적어도 '높고 험하도다'와 같이 해야 한다. 의미를 살리려면 '산세가 험하도다'로 하는 것이 적합하다. 또 '급업토낭구(岌業土囊口)'는 그 어순이 도치된 것이므로, '산세가 험하도다, 그 골짜기 입구는.'과 같이 원문의 어순을 반영하는 것이 더 적절하다고 본다.

(2ㄱ)의 원문 '입신부동량(立神扶棟樑) 착취개호유(鑿翠開戶牖)'를 언해는 '신령(神靈)를 셰여 동량(棟樑)올 더위자펫고 프른 뒬 파 이플 여렛도다'와 같이 번역하였다. 앞구의 '입신(立神)'의 '신'을 '신령'으로 번역하는 것은 적절치 않다. 신령은 영적인 존재로, 기둥이나 들보를 지지할 수 있는 실체를 가진 것이 아니다. '입신(立神)'의 '신'은 '신상(神像)'으로 보아야 한다. 신상을 새긴 기둥이 들보를 받치고 있는 것이다. 뒷구에서는 '착취(鑿翠)'의 해석이 문제이다. '푸른 델 팠다'는 것이 어디를 판 것인지 알기 어렵다. 파랗게 칠한 벽을 파서 문이나 창을 내었다는 뜻으로 해석하면 별다른 문제가 없다. 문이나 창이 있고 그 옆에 파랗게 칠한 벽이 있다는 뜻이다.

(4ㄱ)의 원문 '오야루성최효전(五夜漏聲催曉箭)'의 '오야(五夜)'를 언해는 '다숫 바밋'의 '다숫 밤'과 같이 번역하였다. 여기에 주를 '五夜는 甲乙丙丁戊ㅣ라(오야는 갑야, 을야, 병야, 정야, 무야라)'와 같이 달았다. 이렇게 되면, '오야(五夜)'는 '온 밤'을 전체로 가리키게 된다. 그것이 포함된 문맥은 '다섯 밤의 물시계 소리는 새벽의 살을 재촉하니'와 같이 된다. '다섯 밤'을 '온 밤'으로 해석하면 전날 저녁에도 물시계의 살이 다음

날의 새벽을 재촉하였다는 것이 된다. 적절한 해석으로 보기 어렵다. '오야'는 '온 밤'을 뜻한다기보다는 하룻밤을 다섯 부분으로 나누었을 때 맨 마지막 부분 즉 '새벽 세 시에서 다섯 시 사이'를 가리키는 것으로 보아야 한다. '오야'의 '오'는 서수이다.

(4ㄱ)의 원문 '궁전풍미연작고(宮殿風微燕雀高)'를 언해는 '宮殿에 ᄇᆞᄅᆞ미 잢간 부니 져비와 새왜 노피 ᄂᆞᄂᆞ다(궁전에 바람이 잠깐 부니 제비와 새가 높이 나는구나)'와 같이 번역하였다. 원문과 번역에는 몇 가지 문제가 있다. 하나는 원문의 '풍미(風微)'를 '잠깐 바람이 부니'와 같이 번역한 것이다. '미(微)'가 작은 것을 뜻하므로, '바람은 부드럽고'와 같이 번역하는 것이 타당하다. 다른 하나는 원문의 '연작(燕雀)'을 '져비와 새'로 번역한 것이다. '새'를 '참새'를 나타낼 수도 있었다고 해석하는 일도 있으나, 흔히 '새'는 '새' 일반을 뜻하는 것이므로, '제비와 새'는 병렬의 원칙을 어기는 것이다. '제비'는 '새'에 포함되는 것이기 때문이다. 또 다른 하나는 원작의 문제로, '연작고(燕雀高)'의 문제이다. '제비와 참새가 높이 나는구나!'에서 '제비'는 높이 날지만, '참새'는 비록 높이 나는 일이 드물게 있을지 모르나, 실제로 '참새'가 높이 난다고 할 수는 없다.

(5ㄴ)의 원문 '계명자맥서광한(雞鳴紫陌曙光寒) 앵전황주춘색란(鶯囀皇州春色闌)'을 언해는 'ᄃᆞᆰ 울오 자맥(紫陌)애 새뱃 비치 서늘ᄒᆞ니 굀고리 우ᄂᆞᆫ 황주(皇州)에 봆비치 다ᄋᆞᄂᆞ다'와 같이 번역하였다. '닭 울고 장안 큰 거리에 새벽 빛이 서늘한데, 꾀꼬리 우는 황제의 고을에 봄빛이 다하였구나!'와 같은 의미이다. 이러한 번역에서 문제가 되는 것은 뒷구 끝 부분의 '황주(皇州)에 봆비치 다ᄋᆞᄂᆞ다'와 같은 표현이다. '봄빛이 다하였다'는 것은 쇠퇴의 이미지이고 퇴영의 이미지이다. 당시의 정황으로 보아 그러한 의미를 첫 줄에 포함시킬 특별한 이유가 없다. '란(闌)'에는 '쇠퇴하다'의 의미도 있지만, '가로막다, 방해하다, 헤살짓다'의 의미가 있다. 이를 살리면 '황주(皇州)에 봆비치 다ᄋᆞᄂᆞ다'는 '황주(皇州)의 봄빛을 헤살짓도다'와 같이 번역할 수 있다.

둘째, '꾀꼬리 우는 황주(皇州: 황제의 고을)'와 같은 번역이다. 황주(皇州)는 장안을 말하는 것인데. 그 전체를 '꾀꼬리 우는'이 수식하는 것으로 본 것이다. 다른 번역도 이 같은 방식을 취하고 있다. 그러나 장안이 얼마나 큰데, 그 전체를 꾀꼬리 우는 것으로 특징지을 수 있다는 것인가? '꾀꼬리 우는 소리'가 황주 전체에 미칠 수 있는 것이라야 그러한 수식이 가능하다. 여기서 우리는 이 구절이 '꾀꼬리 지저귐과 황주의 봄빛'과 같이 두 구절로 해석하는 것이 더 적절하다고 본다. '꾀꼬리가 지저귀는 것'도 봄의 일이며, '황주의 봄빛'도 봄의 일이기 때문에 이들은 병렬 가능한 두 대상이라고 본다.

셋째, 앞구 '계명자맥서광한(雞鳴紫陌曙光寒)'의 끝자 '한(寒)'을 언해는 '서늘하니'로 번역한 것이다. 그러나 이는 원래대로 '차니'로 번역하였어야 한다. '냉냉하니'가 더 적절하다고 본다. 이를 '서늘ᄒᆞ니'로 번역하게 되면, 그것이 어떤 작용의 주체가 될 수 있는 것으로 파악하기 어려운 것으로 본다.

전체적으로 여기서는 '계명자맥서광한(雞鳴紫陌曙光寒) 앵전황주춘색란(鶯囀皇州春色闌)'는 '닭 울고 장안 큰 거리에 새벽 빛이 냉냉하니, 꾀꼬리 지저귐과 황제 고을 봄빛을 헤살짓는구나!'와 같은 번역을 제안해 본다. 이는 '닭이 우는 것이 꾀꼬리를 지저귀지 못하게 하고, 새벽 빛 냉냉한 것이 황주의 봄빛을 방해하는 것'으로 해석할 수 있다.

(7ㄱ)의 원문 '주루희문고각보(晝漏稀聞高閣報) 천안유희근신지(天顔有喜近臣知)'를 언해는 '나ᄌᆡᆺ 漏刻ᄋᆞᆯ 노ᄑᆞᆫ 지븨셔 알외요ᄆᆞᆯ 드므리 드르리로소니 님긊 ᄂᆞᄎᆡ 깃거ᄒᆞ샴 이쇼ᄆᆞᆯ 近侍ᄒᆞᆫ 臣下ㅣ 아ᄂᆞᆺ다(낮의 물시계 시각을 높은 집에서 알리는 것을 드물게 들을 것이니 임금의 얼굴에 기뻐하심이 있음을 가까이 모시는 신하가 알도다)'와 같이 번역하였다. 천자가 있는 자신전에는 누각의 시각 알림이 희미하게 들려 반드시 외정(外庭)의 고각에서 알려야 한다고 하였다. 이것에 대해서 '희문(稀聞)'을 '드물게 듣는다'로 번역하는 것은 문맥을 혼란하게 한다. '희문'은 문자 그대로 '희미하게 듣는다'로 해석하는 것이 맞다고 본다. '천안유희(天顔有喜)'도 시각 알림을 듣고 기쁜 얼굴을 하는 것으로, 아마도 조회가 끝나는 시간을 알고 기뻐한다는 의미일 것이다.

(9ㄱ)의 원문 '구당협구곡강두(瞿塘峽口曲江頭) 만리풍연접소추(萬里風煙接素秋)'를 언해는 '瞿唐峽 입과 曲江ㅅ 머리예 萬里예 ᄇᆞᄅᆞᆷ와 ᄂᆡ 힌ᄀᆞᄋᆞᆯ히 니엣도다(구당협 입구와 곡강 머리에 만리에 바람과 연기가 맑은 가을에 이어 있도다)'와 같이 번역하였다. 여기서 문제가 되는 것의 하나는 '머리에'와 '만리에'가 동일한 처격 조사 '에'를 가지고 있다는 것이다. 이를 '머리에는'과 같이 해석하면, '구당협 입구'와 '곡강 머리'의 두 곳에 '만리'나 되는 거리에 걸쳐 연기와 바람이 걸쳐 있다는 것으로 해석되기 쉽다. 그러나 두 곳에 모두 만리나 되는 곳에 연기가 펼쳐져 있다는 것은 지나치다. 이러한 해석을 벗어나기 위해서는 '구당협 입구와 곡강 머리 사이에 만리에'와 같이 '사이'를 넣어 해석하거나, '구당협 입구와 곡강 머리(의) 만리에'와 같이 관형 구성으로 해석하는 것이 적합하다. 구당협은 두보가 있는 기주이고, 곡강은 장안에 있으므

로, 그 사이가 만리나 되는 것인데 그 사이에 바람과 연기가 뻗어 있는 것(전란이 벌어지고 있는 것)으로 보면 무리한 해석을 벗어날 수 있다.

다른 하나의 문제는 '소추(素秋)'를 '흰가을'과 같이 번역한 것이다. 그러나 '소추(素秋)'는 문어로 '가을'을 가리키는 것이다. '소추'는 글자 그대로 '본디의 가을'이나 '청정한 가을'과 같이 번역하면, 연기 낀(전란이 벌어진) 만리의 지역과 대조되기에 적합하다.

(12ㄱ)의 원문 '락일류왕모(落日留王母) 미풍의소아(微風倚少兒)'에 대한 주석에서 언해는 '소아(少兒)' 위청전(衛青傳)에 위온(衛媼)의 차녀명(次女名)이니 그것으로 제매(娣妹)를 비유한 것'이라고 하고 있다. 여기서 '소아'는 양귀비(양옥환)의 셋째 언니 괵국부인(양옥쟁)을 비유한 것이다. 문제는 '제매(娣妹)'라는 말이 무슨 뜻인가 하는 것이다. 사전에 의하면 '제(娣)'는 '여동생, 손아래동서'를 가리키고, '매(妹)'는 '누이'를 가리킨다. 그런데 이 둘을 합한 '제매(娣妹)'의 뜻이 무엇인지 불투명하다. 괵국부인 양옥쟁은 양귀비의 셋째 언니이기 때문에, 그를 '여동생 누이'라고 하는 것은 적합하지 않다. '제매(娣妹)'를 동생의 아내라고 풀이한 곳도 있으나, 이 역시 적합하지 않다. '제매'는 '여자형제'를 가리킨다고 하면 무리가 없을 것으로 생각된다.

(12ㄴ)의 원문 '황은단약신(皇恩斷若神)'을 언해는 '님긊 은혜(恩惠)로 결단(決斷)호미 신령(神靈) ᄀᆞᆮᄒᆞ면(임금의 은혜로 결단하는 것이 신과 같으면)'과 같이 번역하였다. 그러나 이 구절은 그 의미가 매우 불투명하다. 초간본도 해당 구절이 '황은단약신(皇恩斷若神)'과 같이 되어 있으나, '은(恩)'을 가지고는 '임금의 은혜가 결단을 하였다'는 이상한 해석을 해야 한다. 그러나 이 구절은 한성무 외(1997: 843)에도 '황명단약신(皇明斷若神)'과 같이 '은(恩)'이 '명(明)'으로 되어 있고, 두보(杜甫) 저, 구조오(仇兆鰲) 주(1979/2009: 중인: 1522)에도 '은(恩)'이 '명(明)'으로 되어 있다. 이를 반영하면, '임금이 신과 같이 밝게 결단하면'과 같이 번역할 수 있어 이해하기 어려운 해석에서 벗어날 수 있다.

(16ㄱ)의 원문 '막부추풍일야청(幕府秋風日夜淸) 담운소우과고성(澹雲疎雨過高城)'의 '담운(澹雲)'을 언해는 '幕府에 ᄀᆞᇫ ᄇᆞᄅᆞ미 밤나죄 ᄆᆞᆯᄀᆞ니 ᄆᆞᆯᄀᆞᆫ 구룸과 드믄 비 노ᄑᆞᆫ 城를 디나놋다(막부에 가을바람이 밤낮에 맑으니 맑은 구름과 드문 비 높은 성을 지나도다)'와 같이 번역하였다. 문제는 원문의 '담운(澹雲)'을 'ᄆᆞᆯᄀᆞᆫ 구룸'과 같이 번역

한 것이다. '담운'은 비를 내리고 난 뒤의 구름을 가리키는 것이므로, '흰 구름'이나 '조용한 구름'과 같은 표현을 도입하는 것이 적절한 해석으로 본다.

(16ㄱ~ㄴ)의 원문 '엽심주실감시락(葉心朱實堪時落)'을 '닙 소갯 블근 여르믄 時로 뻐러뎜 직ᄒᆞ니아'와 같이 번역하였다. 번역을 그대로 현대어로 옮기면 '잎 속의 붉은 열매는 때로 떨어짐 직한 것인가?'와 같이 된다. 의문문으로 번역하였기 때문에, 평서문으로는 '잎 속의 붉은 열매는 때로 떨어짐 직하지 않다'와 같은 것이 된다. 그러나 이는 시인이 의도하고 있는 의미와는 다른 것이다. 시인이 의도하고 있는 것은 '잎 속의 붉은 열매는 때로 떨어짐 직하다'와 같은 것이기 때문이다. 그러나 이 또한 정확한 번역은 아니다. '주실감시락(朱實堪時落)'은 '붉은 열매는 시절을 견디다 떨어지고'와 같은 것이기 때문이다. 의문문으로는 부정으로 물어야 긍정의 의미가 된다. '잎 속의 붉은 열매는 때로 떨어짐 직한 것이 아닌가?'와 같이 되어야 한다. 이래도 '시(時)'의 문제는 '때로'가 되어서는 안 된다. 아무래도 긍정의 평서문으로 번역하는 것만 같지 못하다. '잎 속의 붉은 열매는 시절을 견디다(못 견뎌) 떨어지고'와 같이 번역하는 것이 적합하다.

(16ㄴ)의 원문 '부유루대함모경(復有樓臺銜暮景)'을 언해는 '쏘 잇ᄂᆞᆫ 樓臺ㅣ 나죄 힛비출 머겟ᄂᆞ니(또 있는 누대가 저녁에 햇빛을 머금고 있으니)'와 같이 번역하였다. '유루대(有樓臺)'의 '유(有)'를 '있는'과 같이 번역하였으나, '유(有)'는 문제의 대상을 주제로 도입하는 기능을 하는 '유(有)'이므로, '유루대(有樓臺)'는 '누대는'과 같이 번역하여야 적합하다.

(16ㄴ)의 '긍신오겸리은명(肯信吾兼吏隱名)'을 언해는 '내의 구의실 호ᄃᆡ 은거(隱居)를 겸(兼)ᄒᆞᆫ 일후믈 어느 알리오'와 같이 번역하였다. 현대어로는 '내가 벼슬하되, 은일(隱逸)을 겸한 이름을 어찌 알겠는가?'와 같이 된다. 한문 원문은 의문사 의문이 아닌데, 번역문은 의문사 '어느'를 가지는 의문사 의문이 되었다. 그러나 '긍(肯)'은 의문사가 아니라 '할 수 있느냐, 하겠느냐'는 의미를 가진 조동사이다. '긍신(肯信)'은 '믿을 수 있느냐, 믿겠느냐'는 뜻이다.

다른 문제는 '오겸리은명(吾兼吏隱名)'에 대한 번역으로, '겸(兼)'이 '이명(吏名)'와 '은명(隱名)'을 등위 접속으로 가지는 구성이나, 언해는 '이(吏)'를 'ᄒᆞ-'의 목적어로, '은(隱)'을 '겸(兼)ᄒᆞ-'의 목적어로 번역하였다. '긍신(肯信)'의 '신'은 청자에 대한 언어 수행적인 동사인데, 주어에 대한 기술적인 동사로 번역되었다. 그 결과 행위 동사 'ᄒᆞ-'

가 별도로 도입되고 인식의 주체가 바뀌고 있다. 이 구절의 번역은 주석의 구조를 그대로 반영한 결과라는 것을 알 수 있다. 주석은 '어찌 내가 비록 벼슬을 하고 있으나 은사의 흥취가 있는 것을 알겠는가?'와 같은 것인데, 이 구조가 거의 그대로 언해에 반영되고 있는 것이다. 그러나 의미는 흡사하다고 하더라도, 번역은 상당한 의역이라고 보아야 한다.

(18ㄴ)의 원문 '금성축준지(金城蓄峻趾)'를 '金城은 큰 불휘 儲蓄ᄒᆞ엿고'와 같이 번역하였다. 여기서 '큰 불휘'에 해당하는 것은 '준지(峻趾)'이다. '지(趾)'는 일상적으로는 '발, 발가락, 발자국'과 같은 뜻을 가진 것인데, 이를 어떻게 '뿌리'라고 번역한 것인지 알 수 없다. 현대어 번역에도 '금성축준지(金城蓄峻趾)'를 '금성에는 높은 터가 쌓여 있고'와 같이 번역한 예가 있다. 그러나 '지(趾)'는 성터와 같이 보아야 할 것이다. 이를 반영하면, '금성축준지(金城蓄峻趾)'는 '금성에는 가파른 산에 성터가 쌓여 있고'와 같이 번역된다. '쌓여 있다'는 '많이 남아 있다'는 말이다. 이를 반영하면, '금성에는 가파른 산에 성터가 많이 남아 있고'와 같이 된다.

(18ㄴ)의 원문 '사원교회정(沙苑交回汀)'을 언해는 '沙苑은 횟돈 믌ᄀᆞ이 섯것도다(사원은 휘도는 물가가 섞여 있도다)'와 같이 번역하였다. 여기서는 '물가가 섞여 있다'는 것이 이해하기 어렵다. '물'이 교차하는 것이지, '물가'가 교차하는 것은 아니기 때문이다. '사원은 물이 교차하여 빙 도는 물가에 있다'로 번역하는 것이 적합한 것으로 여겨진다.

(21ㄴ)의 '신신주자행(侁侁胄子行) 약무풍우지(若舞風雩至)'를 언해는 '侁侁ᄒᆞᆫ 胄子의 行列이로소니 風雩에 춤처 오ᄂᆞᆫ ᄃᆞᆺᄒᆞ두다'와 같이 번역하였다. 문제는 아랫구이다. 이 구를 주석에서는 『논어』의 '선진편'에 나오는 '풍호무우(風乎舞雩)'에서 온 구절로 '舞雩ᄂᆞᆫ 祈雨處ㅣ니 此ᄂᆞᆫ 言學者ㅣ 若舞風雩而來也ㅣ라(무우는 기우제를 드리는 곳이니, 이는 배우는 자가 바람부는 기우제를 드리는 곳에서 춤추면서 오는 듯함을 말한다)'와 같이 주석을 달고 있다. 그런데 『논어』의 구절은 '풍호무우(風乎舞雩)'와 같이 된 것이다. '풍호무우(風乎舞雩)'는 공자가 일찍이 자로(子路), 증점(曾點), 염유(冉有), 공서화(公西華) 등에게 자기의 뜻을 말해 보라고 하였을 때, 다른 사람은 모두 현실 정치에 관한 뜻을 말하였으나, 증점은 '늦은 봄에 봄옷이 만들어지면 관자 5, 6인, 동자 6, 7인과 함께 기수에서 목욕하고, 무우에서 바람을 쐬고 시를 읊조리며 돌아오겠

습니다'라고 답하였다고 한다. 무우는 일종의 지명으로 기우제를 올리는 곳이다. 따라서 '약무풍우(若舞風雩)'는 '풍'과 '무'가 바뀐 것으로 두시 원문과 언해의 주석은 '약풍무우(若風舞雩)'와 같이 되어야 할 것이고, 그 번역도 '무우에서 바람을 쐬듯이'와 같이 되어야 할 것이다. '풍우(風雩)에 춤처 오ᄂᆞᆫ 듯 ᄒᆞ두다(若舞風雩至: 바람부는 기우처에서 춤추어 오는 듯하도다)'와 같은 번역은 원문의 '약무풍우지(若舞風雩至)'에 이끌린 것이다.

(22ㄴ)의 원문 '유정주하시(有井朱夏時)'를 언해는 '잇ᄂᆞᆫ 우드리 녀르메'와 같이 번역하였다. 문제는 '유정(有井)'을 '있는 우물이'와 같이 번역한 것이다. 그러나 '있는 우물이'는 한국어로는 말이 되지 않는 표현이다. '유(有)'는 주제를 도입하는 말이므로 '유정(有情)'은 단순히 '우물은'과 같이 번역하였어야 한다.

(23ㄴ)의 원문 '참귀룡봉질(讖歸龍鳳質)'을 언해는 '참(讖)이 용봉(龍鳳)ㅅ 모매 가니(예언이 용봉의 몸에 가니)'와 같이 번역하였다. 문제는 원문의 '질(質)'을 '몸'으로 번역한 것이다. 주석에서는 '당 태종은 용과 봉의 자(姿)'라고 하고 있다. 이는 용과 봉의 외면적인 모습을 말하는 것에 가깝다. 이와 대립되는 것이 내면적인 측면이다. '몸'을 내면적으로 보면, '질(質)'과의 거리가 가까워진다. '몸'은 실체를 뜻하는 것이고, 실체는 내면적인 것과 외면적인 것의 통합이라고 할 수 있다.

(24ㄱ)의 원문 '풍운수절족(風雲隨絶足)'을 'ᄇᆞᄅᆞᆷ과 구루미 초절(超絶)ᄒᆞᆫ 바ᄅᆞᆯ 조ᄎᆞ니(바람과 구름이 뛰어난 것을 좇으니)'와 같이 번역하였다. 그러나 이 번역은 이해하기 어렵다. '초절(超絶)'이 무엇인지 알기 어렵다. 주석에서도 '절족(絶足)'을 좋은 말의 다리가 뛰어난 것으로 풀이하고 있다. 여전히 '초절(超絶)'이 무엇인지 드러나지 않는다. '절족'은 한성무(1997: 172)에 보인 바와 같이 '천리마(千里馬)'로 보아야 한다. 그러면 이 구절은 '바람과 구름이 천리마를 좇으니'와 같이 되어, 무엇을 뜻하는 것인지 분명해진다.

(25ㄴ)의 원문 '비승집무위(丕承戢武威)'을 언해는 '키 니어 武威를 가ᄃᆞ샷다(크게 이어 무위를 거두셨다)'와 같이 번역하였다. 문제는 '비승(丕承)'을 다만 '크게 이어'와 같이 번역하여서는 그 의미가 분명히 전달되지 않는다는 것이다. 이현희 외(1997: 191)에서는 '고대에 제왕이 천명을 받을 때 쓰는 상투어'로 보고 이를 '하늘을 크게 이

어'와 같이 해석하였다. 여기서는 '천명을 받는 것'이나 '하늘을 크게 이어'의 의미가 다소 추상적이다. '비승'을 '천자가 제업(帝業)을 이어 받는 것'으로 보면 시의 의미가 더 분명해진다.

분류두공부시언해 제6권
分類杜工部詩諺解 卷之六

(상)

[1ㄱ]分類杜工部詩諺解 卷之六

宮殿 【宮詞附 古詩二首 律詩十五首】

분류두공부시언해 제6권

<대분류 제목> 궁전 【궁사를 붙임, 고시 이수, 율시 십오수】

궁사(宮詞) : 궁중의 일들이나 풍경을 칠언 절구의 형식으로 읊은 시를 말한다.

고시(古詩) : 한시체의 하나. 고체시 또는 고풍(古風)이라고도 한다. 중국 당나라 때 발생한 근체시(近體詩)와 구분하기 위하여 쓰인 시의 형식. 수나라 이전의 시의 형식을 통칭하는 말로 쓰인다. 고시의 형식은 근체시에서와 같이 자수(字數)나 구수(句數)의 제한이 없다. 평측도 없다. 다만 각운(脚韻)을 다는 데는 여러 가지 방식이 있어, 오언고시에는 둘째 구 끝에 운자(韻字)를 달기 시작하여, 한 구씩 건너 운자를 달고, 칠언고시는 제1, 2구 끝에 운자를 달고, 그 이하는 한 구씩 건너 운자를 단다. 근체시에는 통상 평성(平聲)의 운자를 단다.

율시(律詩) : 여덟 개의 구로 이루어진 한시. 두 구가 한 짝을 이루는 네 개의 연(聯)으로 이루어진다. 율시도 절구(絶句)와 마찬가지로, 오언율시와 칠언율시가 있다.

玉華宮

<제목> 옥화궁

옥화궁(玉華宮) : 옥화궁은 중국 섬서성(陝西省) 의군현(宜君縣: 지금의 섬서성에 있음) 서북쪽

동천(銅川)에 있는 궁 이름이다. 당나라 정관(貞觀) 21년(647), 태종이 죽기 3년 전 질병 요양을 위해 이궁(離宮: 태자궁 또는 세자궁을 달리 이르는 말)으로 지은 것이다. 태종은 조령(詔令: 아랫사람에 대한 명령)으로 이 궁을 검소하게 짓도록 하였다고 한다. 정전에만 기와를 얹은 정도이고, 나머지는 모두 이엉과 띠를 이었다고 한다. 『회요(會要)』에 의하면 시내에다 해자(垓字: 도랑물)를 통하게 하고, 바위에 의지하여 건물을 짓되, 흙은 문양이나 그림을 그리지 않고, 나무는 조각하지 않고, 문은 고리문 대신 섶나무문으로 하고, 창문은 항아리창문으로 하게 하였다고 한다. 옥화궁은 고종 651년(영휘 2년)에 옥화사(玉華寺)가 되었다. 역경(譯經)을 위하여 고종이 현장(玄奘)에게 하사하였다고 한다. 두보가 이곳을 지났을 때에는 궁전이 아니라 절이었을 것이나 '옥화궁'으로 부르고 있다.

<옥화궁>이란 시는 두보가 45세이던 지덕 2년(757) 윤 8월 장안에서 반군의 포로로 지내다 탈출하여, 처자를 찾아 부주(鄜州)로 가면서 '옥화궁' 터를 지나다가 지은 것이라 한다. 부주로 부임하러 가다가 지은 것이라고도 한다.

溪回松風長 蒼鼠竄古瓦 【言溪ㅣ 回遠故로 松風이 不歇也ㅣ라】 시내 횟돈 ᄃᆡ 솘 ᄇᆞᄅᆞ미 기리 부ᄂᆞ니 프른 쥐 녯 디샛 서리예 숨ᄂᆞ다

계회송풍장 창서찬고와 【시내가 멀리 돌기 때문에 솔바람이 그치지 않는 것을 말한다.】

시냇물이 휘도는 데(휘돌아가는 굽이에) 소나무 바람이 쉼 없이 부니, 푸른 쥐(청솔모) 낡은 기와 사이에 숨는다.

시내 : 시내〔溪〕(<실〔絲〕#내〔川〕). 골짜기나 평지에 흐르는 자그마한 내를 말한다. 큰 내는 시내라고 하지 않는다. '시내'의 '시'가 '실〔絲〕'에서 온 것이기 때문이다. 시내를 따라 솔바람이 부는 것은 솔바람이 물을 따라 부는 것으로 보기 때문이다. 『보주두시(補注杜詩)』에서 매성유(梅聖俞)가 말하기를 옥화궁 앞의 시내 이름은 양록계(釀醁溪)라고 하였다고 한다. ¶ᄀᆞᅀᆞᆯ히 서리 온 시내해 자매 힌 ᄃᆞ리 노ᄑᆞ니 그듸와 긴 바ᄆᆡ 말홈 어두믈 깃노라(가을에 서리 온 시내에서 자는데 흰 달이 높으니 그대와 긴 밤에 이야기하는 것을 얻음을 기뻐하노라)<두시(초) 25:44ㄱ>.

횟돈 ᄃᆡ : 횟(접두사)-+돌〔回〕-+-ㄴ(관형사형 어미)#ᄃᆡ(의존 명사). 휘돈 데. 휘도는 데. 휘돌아나가는 굽이에. ¶머리 횟돌아 ᄇᆞ라ᄂᆞᆫ 周南애ᄉ 나그내 노ᄑᆞᆫ 宮闕에 ᄆᆞᅀᆞ미 ᄃᆞᆫ놋다(머리 휘둘러 바라보는 주남(周南)의 나그네, 높은 궁궐에 마음이 달리는구나!)<두시(중)

12:35ㄴ>.

솘 ᄇᆞᄅᆞ미 : 솔[松]+ㅅ(관형격 조사)#ᄇᆞᄅᆞᆷ[風]+이(주격 조사). 솔바람이. 소나무 바람이.

기리 : 길[長]+-이(부사 파생 접미사). 길이. 길게.

부ᄂᆞ니 : 불[吹]-+-ᄂᆞ-(현재 시제 선어말 어미)-+-니(연결 어미). 부니. 부는데. '-ᄂᆞ-'는 현재 시제 선어말 어미라고 하는 것이지만, '행동성(行動性)'과 밀접히 관련된다. 일반적으로 현재 시제를 나타내는 문맥에 쓰인다고 하더라도 형용사 어간에는 쓰이지 않기 때문이다. 드물게 형용사 '늙-, 답답ᄒᆞ-'에 '-ᄂᆞ-'가 쓰인 예가 있고, 현재일 때 '잇-'에는 예외없이 '잇ᄂᆞ-'와 같이 '-ᄂᆞ-'가 쓰였다. 그러나 '잇-'이 '이시-'와 같이 쓰일 때는 선어말 어미 '-ᄂᆞ-'가 쓰이지 않는다. '*이시ᄂᆞ니'와 같은 예는 나타나지 않는다. ¶금긔ᄂᆞᆫ 더온 국슈과 마ᄂᆞᆯ이라 너모 머거 샹ᄒᆞ면 사ᄅᆞᆷ으로 ᄒᆞ여곰 자리고 범븨며 어즐코 답답ᄒᆞᄂᆞ니(금기는 더운 국수와 마늘이다. 너무 먹어 아프면 사람으로 하여금 쑤시게 하고 얼얼하게 되고 어지럽고 답답하게 되니)<남약 22ㄱ~ㄴ>.

프른 쥐 : 프르[靑, 蒼]-+-ㄴ(관형사형 어미)#쥐[鼠]. 푸른 쥐. 청솔모. '창서(蒼鼠)'에 대해서는 '늙은 쥐, 털 빠진 늙은 쥐, 비단털 쥐, 명주 쥐, 깨소금털 쥐, 생쥐, 청솔모' 등과 같은 다양한 풀이가 있다. '창서(倉鼠)'의 '서(鼠)'는 임금 측근에서 해독을 끼치는 간신 또는 정부의 양곡 창고 안에 도사리고 앉아 식량을 축내고 있는 커다란 쥐를 가리키기도 한다. 청설모를 '청서(靑鼠)'라고도 하므로, 여기서는 이를 '청설모'로 보기로 한다.

녯 디샛 : 녜[古]+ㅅ(관형격 조사)#디새[瓦]+ㅅ(관형격 조사). 옛 기와의. 낡은 기와의.

서리예 : 서리[間]+예(처격 조사, 부사격 조사). 사이에. 중세어에서는 'ᄉᆞᅀᅵ(사이)'와 '서리'가 구별되었다. 'ᄉᆞᅀᅵ(사이)'는 두 사물 사이에 쓰였고, '서리'는 셋 이상의 사물 사이에 쓰였다. 중간본에 '서리'가 쓰인 것을 보면 근대국어에서도 '서리'가 쓰였음을 알 수 있다. '서리'가 중간본 『두시언해』에 많이 쓰였지만 그 후로는 그 쓰임을 찾기 어렵다. ¶우리 始祖ㅣ 慶興에 사ᄅᆞ샤 王業을 여르시니 狄人ㅅ 서리예 가샤 狄人이 ᄀᆞᆯ외어늘 岐山 올ᄆᆞ샴도 하ᄂᆶ ᄠᅳ디시니(우리 시조가 경흥에 사시어 왕업을 여시니, 북쪽 오랑캐 사이에 가시어 북쪽 오랑캐가 괴롭히거늘 기산으로 옮으신 것도 하늘 뜻이십니다)<용가 4>.

숨ᄂᆞ다 : 숨[隱, 竄(찬)]-+-ᄂᆞ(현재 시제 선어말 어미)-+-다(평서형 어미). 숨는다. ¶常例ㅅ 사ᄅᆞᆷ과 닫 사ᄂᆞ니 져재 듫 저기어든 대ᄅᆞᆯ 두드리여 숨ᄂᆞ니라(보통 사람과 따로 사는 것이니, 시장에 들 적이면 대를 두드리어 숨는 것이다)<석상 11:21a>.

不知何王殿 遺構絶壁下

아디 몯ᄒᆞ리로다 어느 님긊 宮殿고 기튼 지은 거시 노ᄑᆞᆫ 石壁ㅅ 아래로다

불지하왕전 유구절벽하

알지 못할 것이로다, 어느 임금의 궁전인가? 남겨진 건물이 높은 돌 절벽 아래로다(높은 절벽 아래에 남은 건물이 있도다).

아디 : 알〔知〕-+-디(연결 어미). 알지. 중세어 및 근대어에서는 연결 어미 '-디' 앞에서 선행 어간의 말음 'ㄹ'이 탈락하였다. 현대어에서는 '-지' 어미 앞에서도 선행 어간의 받침 'ㄹ'이 탈락하지 않는다. 어간 말음 'ㄹ'이 탈락하는 하는 것을 'ㄹ' 불규칙 활용이라 한다. 그러나 다른 불규칙 활용과 달리 모든 'ㄹ' 받침 용언이 똑같은 양상을 보이므로, 이를 다른 불규칙 활용과 구별하여 자동적 교체(自動的 交替, automatic alternation)라 한다. 한편, 'ㄷ, ㅂ, ㅅ, ᄒᆞ-, 르, 러' 불규칙 활용 등은 자동적으로 변하는 것이 아니므로 비자동적 교체(非自動的 交替, non-aautomatic alternation)라 한다.

몯ᄒᆞ리로다 : 몯〔不〕+-ᄒᆞ(동사 파생 접미사)-+-리(미래 시제 선어말 어미)-+-로다(감탄형 어미). 못하리로다. 못할 것이로다. 못할 것이도다.

어느 : 어느〔何〕. 의문 관형사. 중세어와 근대어에서는 '어느'가 의문 부사로도 쓰였다. 당시에는 의문사가 있을 때에는 '-고'계 어미가 쓰이고, 의문사가 없을 때는 '-가'계 어미가 쓰였다. ¶羅雲이 ᄉᆞᆯ보ᄃᆡ 부텻 法이 精微ᄒᆞ야 져믄 아ᄒᆡ 어느 듣ᄌᆞ보리잇고(나운이 사뢰되, 부처의 법이 정밀하고 자세하여 어린 아이가 어찌 알아듣사올 것입니까?)<석상 6:11ㄱ>. 巍巍釋迦佛 無量無邊功德을 劫劫에 어느 다 ᄉᆞᆯᄫᆞ리(높고 높은 석가불, 한도 없고 끝도 없는 공덕을 겁겁에 어찌 다 사뢸 것입니까?)<월천 1ㄱ>.

님긊 : 님금〔王〕+ㅅ(관형격 조사). 임금의. 왕의. ¶製ᄂᆞᆫ 글 지슬 씨니 御製ᄂᆞᆫ 님금 지ᅀᅳ샨 그리라(제(製)는 글 짓는 것이니 어제(御製)는 임금 지으신 글이다)<훈언 1ㄱ>.

궁전(宮殿)고 : 궁전(宮殿)+고(의문 보조사). 궁전인가. '고'는 중세어와 근대어에서 명사문의 의문 보조사로 쓰였다. '고'는 설명 의문, 즉 의문사를 가지는 명사문의 의문에 쓰이고, 의문사를 가지지 않는 명사문의 의문에는 '가'가 쓰였다. 이에 대하여 용언의 설명 의문에는 의문형 어미 '-노'가 쓰이고, 그 판정 의문에는 의문형 어미 '-나'가 쓰였다. '-나, -노'는 의문형 어미이다. 이는 보조사라 하지 않는다. 현대어에서는 보조사 '고'의 쓰임이 없어졌다. '고'가 지정 형용사 '이-'의 활용형 '인고' 속에 '-ㄴ고'로 쓰이기 때문이다.

기튼 : 긷〔遺〕-+-은(관형사형 어미). 남은. 남겨진. 흔적으로 남은. 흔적으로 남겨진. ¶두려운 蓮으란 녜로브터 이슈믈 스치고 기튼 城堞으란 이제 니르러 이슈믈 感歎ᄒᆞ노라(둥근 연꽃일랑 예로부터 있음을 생각하고, 남겨진 성가퀴(城堞〔성첩〕: 성위에 낮게 쌓은 담)일랑 지금까지 이르러 있는 것을 감탄하노라)<두시(중) 4:34ㄴ>.

지은 : 짓〔作, 建, 構〕-+-은(관형사형 어미). 지은. 원문의 '구(構)'는 '얽다, 얽어매다'의 뜻에 가깝다. 중세어의 '짓다'는 'ㅅ~ㅿ'의 교체를 보인 데 대하여, 근대어의 '짓다'는 'ㅅ~ㅇ'의 교체를 보이는 불규칙 용언이었다.

거시 : 것(의존 명사)+이(주격 조사). 것이. '지은 것'은 건물을 가리킨다.
노픈 : 높[高]-+-은(관형사형 어미). 높은.
석벽(石壁)ㅅ : 석벽(石壁)+ㅅ(관형격 조사). 석벽의. 돌 절벽의.
아래로다 : 아래[下]#이(지정 형용사)-+-로다(감탄형 어미). 아래로다. 밑이로다.

> 陰房鬼火青 壞道哀湍瀉
> 어드흔 房앤 귓거싀 브리 프르고 믈어딘 길헨 슬픈 그리 흐르놋다

음방귀화청 괴도애단사
어둑한 방에는 도깨비의 불이 파랗고, 무너진 길에는 슬픈 물이 흐르는구나!

어드흔 : 어득[暗, 陰]+-흐(형용사 파생 접미사)-+-ㄴ(관형사형 어미). 어둑한. '어득'은 중세어 때 많이 나타난 형태이다. 『월인천강지곡』, 『석보상절』이나, 『두시언해』(초간본)에도 '어득-'이란 형태가 나타난다. 이에 대하여 '어둑'이란 말은 15세기 말의 『남명집』에도 나타나나, 대체로 판소리소설에서부터 많이 나타난다. '어둑'은 '어둑 모르고'와 같이 어간 자체가 부사로 쓰인 일도 있고, '어둑고, 어둑다'와 같이 파생 접미사 '-흐-'없이도 쓰인 일도 있다. 후자는 형용사 파생 접미사 '-흐-'생략으로 본다. ¶이젯 사르믄 슬프다 어둑 모르고 거츠러 날마다 南남方방애 니르로듸(지금 사람은 슬프도다. 머리가 둔하고 무식하고 거칠어 날마다 남방에 이르되)<남명(하) 4:1ㄴ>. 二乘 아드리 五道애 오래 뻐디여 性비흐시 어득고 녇가바 어루 큰 일 몯 니르리로다 念흐샤(이승(二乘) 아들이 오도(五道)에 오래 떨어져 성 버릇이 엉큼하고 얄팍하여 가히 큰 일 못 이룰 것이로다 생각하시어)<월석 13:10ㄴ>. 뭇오라바님과 세재 오라바님 약쥬 만히 안쥬 ᄀ초 흐여 오시니 고맙솝다 정신이 어득고 엇디 다 긔록흐리(맏오라버님과 셋째 오라버님 약주 많이 안주 갖추어 하여 오시니 고맙사옵구나 정신이 아득하고 어찌 다 기록하리)<병자 56>. 믹햇 菜蔬는 우믈와 돐 ᄉᄉ예 어득흐얫도다(들의 채소는 우물과 돌 사이에 어둑해 있도다)<두시(초) 16:71ㄱ>.
방(房)앤 : 방(房)+애(처격 조사, 부사격 조사)+ㄴ(보조사). 방에는.
귓거싀 : 귀[鬼]+ㅅ(관형격 조사)#것(의존 명사)+의(관형격 조사) 귀신의. 귀물의. 도깨비의. 이름 없는 잡귀의.
브리 : 블[火]+이(주격 조사). 불이. '블'이 '불'이 된 것은 원순 모음화를 보이는 것으로, , 'ㅂ'이 입술소리인 것이 영향을 미친 것이다.

프ᄅᆞ고 : 프ᄅᆞ〔靑〕-+-고(연결 어미). 푸르고. '프ᄅᆞ-'는 'ᄑᆞᄅᆞ-'의 제1 음절의 모음 'ㆍ'가 'ㅡ'로 변한 것으로, 'ㆍ'가 변하는 모습을 보여 준다. '프ᄅᆞ-'는 1576년 반 『백련초해』에서 처음 나타나고, 『연병지남』, 『구운몽』 등의 한글 소설에 많이 나타난다.

믈어딘 : *믈ㅎ/믈〔崩, 頹壓〕-+-어(연결 어미)#디〔落〕-+-ㄴ(관형사형 어미). 무너진. 현대어의 '무너지다'는 15세기 중엽에 '믈어디다'로 나타나고, 15세기 말 16세기에 걸쳐 '믈허디다'가 나타난다. 17세기 『계축일기』, 『박통사언해』(1677)에는 '므허디다'가 나타나고, 19세기에 이루러 '무너지다'가 나타난다. '믈허디다'를 설명하기 위해서는 '*믈ㅎ-'과 같은 어기를 설정할 필요가 있다. '믈어디-'에서 'ㄹ'이 연철되지 않는 이유도 어기 '*믈ㅎ-'과 관련이 있을 것이다.

길헨 : 길ㅎ〔道〕+에(처격 조사, 부사격 조사)+ㄴ(보조사). 길엔. 길에는. '길ㅎ'이 'ㅎ' 종성 체언이기 때문에 처격 조사 '에'가 '헤'로 된 것이다.

슬픈 : 슳〔哀〕+-브(형용사 파생 접미사)-+-ㄴ(관형사형 어미). 슬픈. 어원적으로 '슬프-'는 동사 '슳-'에 형용사 파생 접미사 '-브-'가 연결된 것이다.

므리 : 믈〔水〕+이(주격 조사). 물이. '믈'이 '물'이 된 것은 순음 'ㅁ' 아래에서 원순 모음화가 일어난 것이다. 이회본에는 '므리'의 '므'가 '무'자와 흡사하게 보인다. 대제각본에는 '므'로 되어 있다. '무'의 아래 획을 잡티로 본다.

흐르놋다 : 흐르〔流〕-+-ᄂᆞ(현재 시제 선어말 어미)-+-오(확실성 표지)-+-ㅅ다(감탄형 어미). 흐르도다. 흐르는구나. '-ㅅ다'는 본래 사이시옷과 어말 어미 '-다'의 결합이 감탄형 어미로 재구조화된 것이다. '-놋다' 전체를 감탄형 어미로 보는 것 또한 재구조화를 적용하는 것이다.

> 萬籟眞笙竽 秋ㅣㄴ色正蕭洒【萬籟ᄂᆞᆫ 山谷ᄉᆞ이옛 ᄇᆞᄅᆞᆷ과 믈와 여러 소리라】
>
> 여러 가짓 소리 眞實ㅅ 뎌와 피릿 소리 ᄀᆞᆮ도소니 ᄀᆞᅀᆞᆳ 비치 正히 ᄀᆞᆺᄀᆞᆺᄒᆞ도다

만뢰진생우 추색정소쇄 【만뢰(萬籟)는 산골짜기 사이의 바람과 물과 같은 여러 소리라】

여러 가지의 소리 진실로 피리소리 같으니 가을빛이 아주 깨끗하도다.

여러 : 여러〔諸, 萬〕. 여러. 많은.

가짓 : 가짓〔種〕+ㅅ(관형격 조사). 가지의. 종류의.

소리 : 소리〔音, 聲, 籟〕. 소리. 원문의 '만뢰(萬籟)'의 '뢰(籟)'는 본래 퉁소를 가리키는 말이나, 여기서는 '소리'의 뜻으로 쓰였다. '소리'는 '소ᄅᆡ, 소의, 솔이, 솔ᄋᆡ'와 같이도 쓰였다. ¶거즛 여러 소의로 브르되(일부러 여러 소리로 부르되)<노걸(하) 49ㄱ>. 그 고즐 가져다가 먹고져 식븐 양ᄋᆞ로 머그면 이틋날 아ᄎᆞᄆᆡ 소ᄅᆡ 졈졈 ᄀᆞᆺᄀᆞ지 나리라(그 꽃을 가져다가 먹고 싶은 만큼 먹으면 이튿날 아침에 소리 점점 깨끗이 날 것이다)<구간 2:88ㄴ>.

진실(眞實)ㅅ : 진실(眞實)+ㅅ(사이시옷). 진실로. 여기 쓰인 'ㅅ'은 관형격 조사가 아니라, 사이시옷이다. 사이시옷은 그것이 결합한 구성에 특수한 의미를 부가하거나 통사적 구성을 온전한 것이 되게 한다. 언해 원문 '여러 가짓 소리 眞實ㅅ 뎌와 피릿 소리 ᄀᆞ도소니'에서 '진실'만으로는 온전한 구성을 이룰 수 없으므로, 사이시옷이 쓰인 것으로 해석된다. '진실로'로 해석하면 그 연결에 이상은 없어진다. ¶우리ᄃᆞᆯ히 져근 法 즐기ᄂᆞᆫ ᄃᆞᆯ 아ᄅᆞ시고 方便力으로 우리ᄅᆞᆯ 조차 니ᄅᆞ시거든 우리ᄂᆞᆫ 眞實ㅅ 佛子ㅣᆫ ᄃᆞᆯ 모ᄅᆞ다이다(우리들이 적은 법 즐기는 줄 아시고 방편력으로 우리들에게도 니르셨는데 우리는 진실로 불자인 줄 몰랐습니다)<월석 13:35ㄴ>.

'장차(將次)'와 '장찻(將次)ㅅ'의 경우는 사이시옷으로 그 의미가 똑같지 않다. '장차'는 '미래'의 뜻이나, '장찻'은 "'장차'로 말하는 것과 같이"의 뜻으로 '이제, 지금, 어느덧'과 같이 '미래'보다는 그 시간폭이 짧고 현재에 가까운 뜻을 나타낸다. ¶사ᄅᆞᄆᆡ 이ᄅᆞᆯ 다봇 옮ᄃᆞᆺ 호ᄆᆞᆯ 슬노니 내 將次ㅅ 桂樹ㅅ 퍼기ᄅᆞᆯ 守ᄒᆞ야 이쇼리라(사람의 일을 다복쑥 옮아가듯 함을 슬퍼하니, 내 이제 계수나무 포기를 지키고 있으리라)<두시(중) 7:16ㄱ>.

'이믜'는 현대어의 '이미'와 같이 다 끝나거나 지난 일을 가리키며, 지나가서 어쩔 수 없다는 양태적인 의미를 갖는다. 이에 대해서 사이시옷을 가진 '이믯'은 양태적인 의미를 가지지 않고, 단순히 어떤 시간을 기준으로 '그보다 전에, 그 전에'의 뜻으로 해석된다. 따라서 내포문에 쓰이는 경향을 띤다. 이와 달리 '이믜'는 화자가 있는 시간 이전으로 '그 전에'와 같이 '그'를 가진 구성으로는 풀이할 수 없다. ¶武王이 이믯 殷나랏 亂ᄋᆞᆯ 平ᄒᆞ시니 天下ㅣ 周ᄅᆞᆯ 宗ᄒᆞ거늘(무왕이 이미 은나라 난을 평정하시니 천하가 주나라를 섬기거늘)<소학 4:28ㄱ>.

뎌와 : 뎌〔笛, 笙〕+와(접속 조사). 피리와. 언해자는 원문의 '생(笙)'을 '뎌'로 번역하였으나, '생(笙)'은 수직 파이프로 구성된 중국의 황관(簧管) 악기이다. 황관이 13~19개인 것이 '생(笙)'이고, 36개 인 것이 '우(竽)'이다. '생(笙)'과 '우(竽)'는 모양과 구조가 비슷하므로, 흔히 '생우(笙竽)'로 붙여 쓴다.

피릿소리 : 피리〔竽〕+ㅅ(관형격 조사)#소리〔音, 聲〕. 피리소리. 번역문의 '피리'에 해당하는 원문의 한자는 '우(竽)'로, 이는 황관(簧管)이 36개인 황관 악기를 가리킨다. 번역문의 '뎌'와 '피리'가 어떻게 구별된 것인지 알 수 없다. 뎌'는 '적(笛)'에서 온 것이므로, 리드를 가

지지 않은 악기를 뜻하고, '우(竽)'는 리드를 가진 악기를 뜻하는 것이라고도 할 수 있으나, 이것이 '뎌'와 '피리'로 구별된 것이라고는 할 수 없다. 한국의 '피리'는 일반적으로 리드가 없이 몇 개의 구멍을 막아 소리를 낸다. '생우(笙竽)'를 합쳐서 '피릿소리'로 하거나 '생우(笙竽)ㅅ 소리'와 같이 번역하고 할주를 다는 방식도 가능하다고 본다.

ᄀᆞᆮ도소니 : ᄀᆞᆮ[如]-+-도소니(연결 어미). 같았었는데. 어간 'ᄀᆞᆮ-'은 'ᄀᆞᆮᄒᆞ-'의 축약으로 본다. 'ᄀᆞᆮ더니, ᄀᆞᆮ도소니'의 '더, 도'의 'ㄷ'이 'ㅌ'이 되는 것은 아니다.

ᄀᆞᅀᆳ : ᄀᆞᅀᆞᆶ[秋]+ㅅ(관형격 조사). 가을. 초간본에는 'ᄀᆞᅀᆳ'와 같이 나타났다. ¶漢源ᄋᆞᆫ 十月ㅅ 즈으메 하ᄂᆞᇗ 氣運ㅣ 서늘호미 ᄀᆞᅀᆞᆯ만 ᄒᆞ니라(한원[중국 사천성의 현 이름]은 시월 경에 하늘 기운이 서늘한 것이 가을 정도인 것이다)<두시(중) 1:14ㄱ>.

비치 : 빛[色]+이(주격 조사). 빛이. 색이. 풍경이. 경치가.

정(正)히 : 정(正)+-ᄒᆞ(형용사 파생 접미사)-+-이(부사 파생 접미사). 정히. 정말로. 진정으로. 참으로. 그야말로. 이루 말할 수 없이. 아주.

ᄌᆞᆺᄌᆞᆺᄒᆞ도다 : ᄌᆞᆺᄌᆞᆺ[蕭洒(소쇄)]+-ᄒᆞ(형용사 파생 접미사)-+-도다(감탄형 어미). 깨끗하도다. 'ᄌᆞᆺᄌᆞᆺᄒᆞ-'는 처음 '청(淸)'을 번역하는 말에 쓰이고 있으므로, '맑다'는 의미에 더 가까웠던 것으로 생각된다. 중세어에서 '깨끗하다' 의미를 가졌던 것은 '좋다'이다. ¶淸은 ᄌᆞᆺᄌᆞᆺ홀 씨오 暢ᄋᆞᆫ 싀훤홀 씨오 和ᄂᆞᆫ 溫和홀 씨오(청(淸)은 깨끗하다는 것이고, 창(暢)은 시원하다는 것이고, 화(和)는 온화하다는 것이고)<석상 24:20ㄴ>. 洒생洒생落락落락ᄋᆞᆫ조타 ᄒᆞ논 마리라(쇄쇄락락은 깨끗하다고 하는 말이다)<금삼 3:35ㄴ>.

> 美人爲黃土 況乃粉黛假 【言美人이 已爲黃土ᄒᆞ니 況其平日假用塗面之粉黛乎ㅣᄯᆞ녀】
> 고온 사ᄅᆞ미 누른 ᄒᆞᆯ기 되오니 ᄒᆞ믈며 粉黛를 비러 ᄡᅳ던 거시ᄯᆞ녀

미인위황토 황내분대가 【아름다운 사람이 이미 누런 흙이 되니 하물며 그 평일에 빌어 얼굴에 바르는 데 쓰던 분과 먹이야 말해 무엇하겠느냐?】

고운 사람이 누런 흙이 되니, 하물며 얼굴에 바르던 분과 먹으로 그린 눈썹이야 말해 무엇하겠느냐?

고온 : 곱[麗, 美]-+-ᄋᆞᆫ(관형사형 어미). 고운. '고온-'은 초간본에서도 '고온'과 같이 나타나나, 초기 문헌인 『석보상절』, 『월인석보』에서는 '고ᄫᆞᆫ'으로 나타난다. '고온'의 '오'는 'ㅸ+ᄋᆞ'의 결합이 '-오-'로 바뀐 것이다. 어느 경우에나 '곱다'는 불규칙 활용을 하는 것이다. 그 변

화가 초기 문헌에서는 'ㅂ~ㅸ'이었으나 중간본에서는 'ㅂ~오'였던 것이 다른 점이다. ¶나랏 고ᄫᆞᆫ 겨지블 다 太子ㅅ 講堂애 모도시니(나라의 고운 여자들 다 태자의 강당에 모으시니)<석상 3:11ㄴ>.

사ᄅᆞ미 : 사ᄅᆞᆷ〔人〕+이(주격 조사). 사람이.

누른 : 누ᄅᆞ〔黃〕-+-ㄴ(관형사형 어미). 누런. '누른'이란 형식이 나타나는 것은 17세기에서부터이다. 15~16세기에는 '누ᄅᆞᆫ'이 나타나고, '누른'이란 형식은 나타나지 않는다. 'ㆍ'의 음가가 약화되어 쓰이는 것과 관련이 있을 것으로 생각된다. 현대어의 '누런'은 '누렇-'의 관형사형이다. ¶블근 鸞鳥ᄂᆞᆫ 遠近업시 ᄂᆞᆯ어ᄂᆞᆯ 누른 새ᄂᆞᆫ 져기 ᄂᆞ로ᄆᆞᆯ 任意로 ᄒᆞ노라(붉은 난새는 멀게도 가깝게도 나는데, 누런 새는 조금 나는 것을 마음대로 하는구나!)<두시(중) 20:10ㄴ>. 믈로 더여 헌 ᄃᆡ 안흘 씨서 누른 믈과 피과 고롬을 다 업시 ᄒᆞ고(물로 데어 헌데는 안을 씻어 누런 물과 피와 고름을 다 없이 하고)<마경(하) 101ㄴ>.

ᄒᆞᆯ기 : ᄒᆞᆰ〔土〕+이(주격 조사). 흙이.

되오니 : 되오〔爲〕-+-니(연결 어미). 되니. 중세어 초간본의 'ᄃᆞ외-'가 중간본에서 '되오-'로 변한 것은 '음운 도치'일 가능성이 있다. 초간본의 'ᄃᆞ외-'를 'tʌö-'와 같이 적으면, '되오-'는 우선 'toĭʌ-'와 같이 적을 수 있다. 그후 'ʌ'가 'o'가 된 것이 '듸오-'이다. '되오-'에는 확실성 표지 '-오-'가 개입된 것이 아니다. '작일은 탄일 [隔] 되오시오니 (어제는 생일 되오시오니)<동궁의셔, 보 41>'와 같이 나타나기 때문에, '되오-'의 '오'는 확실성 표지일 수 없다. '되오ᄆᆞᆯ'은 '되오-+-ᄆᆞᆯ'로 분석된다. 이 예에서 확실성 표지는 소실된 것으로 본다. '죽으며 살으믈 몰나(죽으며 삶을 몰라)<속삼(중) 열: 9ㄱ>'와 같이 '살으믈'은 '-오/우'가 없는 형식이다. '疑心ᄃᆞ왼'과 같이 접미사로 쓰일 때는 '疑心된'과 같이 바뀌지 않았다. ¶返照工夫이 업스면 ᄆᆞᄎᆞᆷ내 得意ᄅᆞᆯ ᄒᆞᆫ 虛頭漢이 되오ᄆᆞᆯ 免티 몯ᄒᆞ리라(되쏘임[반복] 공부가 없으면 마침내 득의를 한 허두한[거짓된 사람, 진실한 알맹이가 없는 사람]이 됨을 면치 못하리라)<선가 5ㄱ>. 집에 가 자오미 가히 의심되오나 장하에 죽이미 과ᄒᆞᆫ 듯ᄒᆞ오니 감ᄉᆞ 도배ᄒᆞ여 지이다(집에 가 자는 것이 가히 의심되나 매 맞아 죽음을 당하게 하는 것이 과한 듯하니 감사가 유배를 보내시기를 바랍니다)<조야회통: 13297>.

ᄒᆞ믈며 : ᄒᆞ믈며〔況〕. 하물며.

분대(粉黛)ᄅᆞᆯ : 분대(粉黛)+ᄅᆞᆯ(대격 조사). 분 바른 얼굴과 먹으로 그린 눈썹을.

비러 : 빌〔借, 假〕-+-어(연결 어미). 빌어. 빌려.

ᄡᅳ던 : ᄡᅳ〔用〕-+-더(회상 선어말 어미)-+-ㄴ(관형사형 어미). 쓰던.

거시ᄯᆞ녀 : 것(의존 명사)#이(지정 형용사)-+-ᄯᆞ녀(의문형 어미). 것이냐. 것이냐 말해 무엇하겠느냐.

當時侍金輿 故物獨石馬 【金輿ᄂᆞᆫ 天子ㅅ 所乘車ㅣ라】
그 時節에 金輿ᄅᆞᆯ 侍衛ᄒᆞ던 녯 거슨 호올로 잇ᄂᆞ닌 돌ᄆᆞ리로다

당시시금여 고물독석마 【금여(金輿)는 임금이 타는 바 수레이다.】
그 시절에 금수레를 모시고 호위하던 옛 것은 홀로 있는 것은 돌말이도다.

그 : 그[其]. 여기서 '그'는 지시 관형사로, 청자가 이미 알고 있는 대상을 가리킨다. '그'는 일반적으로 널리 알려진 사실을 청자가 알고 있는 것으로 전제하며 가리키는 기능을 한다.

시절(時節)에 : 시절(時節)+에(처격 조사, 부사격 조사). 시절에.

그 시절(時節)에 : 원문의 '당시(當時)'를 이렇게 번역하였다. '당시'는 당고조(唐高祖) 이연(李淵), 당태종(唐太宗) 이세민(李世民), 당고종(唐高宗) 이치(李治)가 옥화궁을 피서행궁(避暑行宮)으로 사용하던 시절을 가리킨다.

금여(金輿)ᄅᆞᆯ : 금여(金輿)+ᄅᆞᆯ(대격 조사). 금수레를. 어가(御駕)를. 임금이 타는 수레를.

시위(侍衛)ᄒᆞ던 : 시위(侍衛)+-ᄒᆞ(동사 파생 접미사)-+-더(회상 선어말 어미)-+-ㄴ(관형사형 어미). 모시고 호위하던. '시(侍)'가 있기 때문에, '시위'는 '모시는' 행동이 따로 있다고 하기보다는 단순히 윗사람을 호위하는 것을 가리킨다.

녯 : 녜[古]+ㅅ(관형격 조사). 옛. 예전의.

거슨 : 것(의존 명사)+은(보조사). 것은.

호올로 : 호올로[獨]. 홀로. 초간본에는 'ᄒᆞ올로'로 나타나던 것이다. 'ᄒᆞ'의 'ㆍ'가 약화되고 '올'의 '오'에 영향을 받아 '호'로 적힌 것으로 여겨진다. 중간본에도 'ᄒᆞ올로'란 형태가 나타나는 일이 있다. ¶ᄒᆞ올로 잇ᄂᆞᆫ 鳳凰 못 우희 잇ᄂᆞᆫ 소ᄂᆡ 陽春ㅅ ᄒᆞᆫ 놀애ᄅᆞᆯ 和答호미 다 어렵도다(홀로 있는 봉황지[중서성을 말함] 연못 위에 있는 나그네의 양춘(陽春)의 한 노래에 화답하는 것이 아주 어렵도다)<두시(중) 6: 6ㄱ>.

잇ᄂᆞ닌 : 잇[在]-+-ᄂᆞ(현재 시제 선어말 어미)-+-ㄴ(관형사형 어미)#이(의존 명사)+ㄴ(보조사). 있는 것은.

돌ᄆᆞ리로다 : 돌[石]#ᄆᆞᆯ[馬]#이(지정 형용사)-+-로다(감탄형 어미). 돌말이로다. 돌말이도다. '석마(石馬)' 즉 '돌말'은 궁전이나 사당, 분묘 앞에 설치하는 말 모양의 석물(石物)을 말한다.

憂來藉草坐 浩歌淚盈把 【盈把ᄂᆞᆫ 揮淚而滿把也ㅣ라】
시름 오매 프를 지즐 안자셔 훤히 놀애 블오니 눉므리 손애 ᄀᆞᄃᆞᆨᄒᆞ도다

우래자초좌 호가루영파 【영파(盈把)는 눈물을 뿌려 손에 가득한 것이다.】
슬픔이 오매(솟아오르매, 일어나매) 풀을 깔고 앉아서 크게 노래 부르니 눈물이 손에 가득하도다.

시름 : 시름[憂]. 시름. 여기서는 슬픔 또는 슬픈 생각을 뜻한다.

오매 : 오[來]-+-옴(명사형 어미)+애(처격 조사, 부사격 조사). 옴에. 오는 것에. 일어남에. '-매'를 부사형 어미로 보는 것은 재구조화를 적용하는 것이다. 명사형 어미 '-옴'은 확실성 표지 '-오-'를 가진 형식이다. 흔히 명사형 어미를 '-옴/움'으로 취급함에 따라 여기서도 명사형 어미를 '-옴/움'으로 상정한 것이다. 명사형 어미에는 '-옴/움' 외에도 '-암/엄'이 있는데, '-암/엄'도 일반적으로 '-옴/움'으로 취급하는 것이다. 가령 '法이 펴디여 가미 믈 흘러 녀미 ᄀᆞᄐᆞᆯᄊᆡ 流行이라 ᄒᆞ니라(법이 펴져 감이 물 흘러 가는 것과 같으므로 유행이라 하는 것이다)'와 같은 예의 '가미'는 '가[去]-+-암(아-+-ㅁ)+이(주격 조사)'와 같이 분석되는 것으로, 명사형 어미 '-암'을 상정케 하는 것이며, '녀미'는 '녀[行]-+-엄(어-+ㅁ)+이(주격 조사)'와 같이 분석되는 것으로 명사형 어미 '-엄'을 상정케 하는 것이다.

프를 : 플[草]+을(대격 조사). 풀을.

지즐 : 지즐[藉(자)]-+-∅(영 파생 접미사). 깔고. '지즐-'은 '지즐다'의 어간과 그 형태가 같으나, 영 파생에 의하여 부사적 용법을 가진 것으로 본다. ¶나모 돌해 지즐여 주그니(나무와 돌에 깔려 죽으니)<구간목록 1ㄴ>. 세흔 有情을 지즐우며 ᄢᅵ디여 四生애 잇게 ᄒᆞᄂᆞᆫ 젼ᄎᆞ오(셋은 생명이 있는 것을 깔려지며 끼어져 사생[四生: 중생이 생겨나는 네 가지 유형, 곧 젖먹이류의 태생, 새 종류의 난생, 물고기류의 습생, 나비와 같이 변화하여 생기는 화생을 이르는 말]에 있게 하는 까닭이고)<원각(상) 1-2:86ㄱ>. 노ᄑᆞᆫ 믌겨리 지븨 두위이주메 다ᄃᆞ랫고 믈어디ᄂᆞᆫ 빙애ᄂᆞᆫ 平床ᄋᆞᆯ 지즐 ᄃᆞᆺᄒᆞ도다(높은 물결이 집에 뒤집어짐에 다다라 있고 무너지는 벼랑은 평상을 까는 듯하도다)<두시(초) 16:44ㄴ>.

안자셔 : 앉[坐]-+-아셔(연결 어미). 앉아서. 부사형 어미 '-아' 뒤에 보조사 '셔'가 온 형식인 '-아셔'를 연결 어미라 하는 것은 재구조화를 적용하는 것이다.

지즐안자셔 : 깔고 앉아서. 지즐러 앉아서. '지즐앉-'을 합성어로 볼 수도 있다. 이 경우 '지즐-'과 '앉-' 두 어간이 비통사적으로 결합한 것이 된다. '지즐'을 부사적인 용법을 가지는 것으로 본다면, '지즐앉-'이 비통사적 합성어를 이루는 것은 아니다.

훤히 : 훤[浩]+ᄒᆞ(형용사 파생 접미사)-+-이(부사 파생 접미사). 훤히. 크게. 목 놓아.

놀애 : 놀애[歌]. 노래. ¶ᄀᆞ장 술 마시고 어러이 놀애 블로ᄆᆞᆫ ᄒᆞᆫ갓 날 디내노라 커니와 ᄂᆞᆯ우ᄎᆞ며 ᄀᆞᆯ외요ᄆᆞᆫ 누를 爲ᄒᆞ야셔 雄ᄒᆞᆫ 양 ᄒᆞᄂᆞ다(술을 아주 많이 마시고 미친듯이 노래 부르는 것은 한갓 날을 지내는 것이라 하거니와 잘난 체하며 남을 괴롭히는 것은 누구를 위하여 사내인 양하는 것인가?)<두시(초) 21:34ㄱ>. 里巷·애 公·ᄋᆞᆯ 좃ᄂᆞᆫ 놀·애 잇고 ᄆᆡ핸 프른 보리 밀히 하도다(동네 거리에 공(公)을 좇는 노래 있고, 들에는 푸른 보리와 밀이 많도다)<두시(초) 24:14ㄱ>.

블오니 : 브르[歌]-+-오(확실성 표지)-+-니(연결 어미). 부르니. '브르-'는 '러' 불규칙 활용을 하는 동사로 초간본에서는 '블로니'와 같이 적힌 것이다. 중간본에도 '블로-'와 같은 형식은 나타난다. '블오니'는 'ㄹㄹ'이 'ㄹㅇ'로 적힌 것이다. '(놀애ᄅᆞᆯ) 불오니'와 같은 예는 고어 자료에서 잘 찾아지지 않는다. ¶萬國애 다 사호맷 ᄆᆞᄅᆞ로소니 醉코 놀래 블로매 눈믈리 드리고뎌 ᄒᆞᄂᆞ다(만국에 다 전투말이니, 취하여 노래 부름에 눈물이 떨어지고자 한다)<두시(중) 11:28ㄱ>. 그듸의 意氣 앗기논 배 업소믈 感動ᄒᆞ야 ᄒᆞᆫ 번 歌行을 ᄒᆞ야 主人과 소ᄂᆞᆯ 놀애 브르노라(그대의 의기가 아끼는 바가 없음에 감동하여 한번 가행(歌行)을 주인과 손을 노래 부르노라)<두시(중) 25:50ㄱ>. 네짯 句ᄂᆞᆫ ᄒᆞᆫ 적 블오미[이 예는 '배가 부르다'의 '부르다'와 같은 예이나 그 활용이 '노래를 부르다'의 '부르다'와 같은 것이다] 永웡히 블어 다시 골ᄑᆞ디 아니ᄒᆞ며(넷째 구는 일시적으로 배가 부른 것이 영원히 불러 다시 고프지 아니하며)<남명(상) 19ㄴ>.

눉므리 : 눈[眼]+ㅅ(관형격 조사)#믈[水]+이(주격 조사). 눈물[淚]이.

소내 : 손[手]+애(처격 조사, 부사격 조사). 손에.

ᄀᆞᄃᆞᆨᄒᆞ도다 : ᄀᆞᄃᆞᆨ[滿]+-ᄒᆞ(형용사 파생 접미사)-+-도다(감탄형 어미). 가득하도다. 흥건하도다. 가득차도다.

눉므리 손애 ᄀᆞᄃᆞᆨᄒᆞ도다 : 눈물이 손에 가득하도다. 눈물이 나는 것을 손으로 훔쳤기 때문에 손바닥이 눈물로 흥건하게 젖게 된 것을 말한다. 눈물을 손으로 받아 그 양이 손에 가득하게 된 것을 말하는 것은 아니라고 생각한다.

冉冉征途間 誰是長年者 【此ᄂᆞᆫ 深嘆[2ㄱ]人生之有限ᄒᆞ니라】
어른어른 녀ᄂᆞᆫ 긼 ᄉᆞ이예 뉘 이 나홀 기리 살 사ᄅᆞᆷ고

염염정도간 수시장년자 【이는 인생의 유한함을 깊이 탄식하는 것이다.】
얼른얼른 지나가는 길 사이에 누가 나이가 오래도록 살 사람인가?

어른어른 : 어른〔冉〕#어른〔冉〕. 얼른얼른. 빨리빨리. 금방금방. 슥슥. 휙휙. 원문의 '염염(冉冉)'을 언해는 '어른어른'으로 번역하였다. '염염(冉冉)'은 '나아가는 모양. 부드럽고 약한 모양. 부드러워 늘어지는 모양' 등을 뜻한다. 현대어의 '어른어른'은 '전등빛에 눈 익은 건물들이 어른어른하며 지나간다'는 예의 '어른어른'과 같다고 할 수 있다. '어른어른'은 가볍게 순간순간 빨리 가는 것을 뜻한다.

녀는 : 녀〔行, 征〕-+-ᄂᆞ(현재 시제 선어말 어미)-+-ㄴ(관형사형 어미). 가는. 지나가는. '녀다'는 방향성이 불분명한 이동에 쓰인다. 이에 대하여 '니다'는 방향성이 분명한 이동에 대하여 쓰인다. 이에 대하여 '가다'는 추상적인 대상의 이동에 대해서도 쓰인다.

긼 : 길〔道, 途〕+ㅅ(관형격 조사). 길의.

ᄉᆞ이예 : ᄉᆞ이〔間〕+예(처격 조사, 부사격 조사). 사이에. 초간본에서는 'ᄉᆞᅀᅵ예'로 쓰인 것이다. '서리'와 달리 'ᄉᆞ이'는 두 사물 사이에 쓰였다. 'ᄉᆞ이'가 가리키는 두 대상은 사람이 나서 죽는 '사이'를 가리킨다. 태어남과 죽음의 '사이'이다.

뉘 : 누〔誰〕+이(주격 조사). 누가.

이 : 이〔是〕. 여기서 '이〔是〕'는 지정 형용사 '이다'에 대한 번역으로, 관습상 관형사처럼 번역한 것이다. '이'는 명사구 뒤에 쓰여야 할 것이다. 의문사 '뉘〔誰〕'와 결합하여 '누구인가?'로 해석하는 것이 더 적절하다고 본다.

나홀 : 나ㅎ〔年〕. 나이를. 세월을. 생(生)을.

기리 : 길〔永, 長〕-+-이(부사 파생 접미사). 길이. 길게. 오래.

살 : 살〔生〕-+-ㄹ(미래 관형사형 어미). 살. 동사 어간의 '살-'의 'ㄹ'은 탈락하고, 쓰임에 남은 것은 미래 관형사형 어미이다.

사ᄅᆞᆷ고 : 사ᄅᆞᆷ〔人〕+고(의문 보조사). 사람인가. 중세어에서는 선행 문장에 의문사가 있는가 없는가에 따라 의문 보조사가 '고'와 '가'계 어미로 분화되어 쓰였다. 근대어에서도 같은 양상을 보인다. 여기서는 '뉘'가 의문사이기 때문에, 의문 보조사 '고'가 쓰인 것이다.

九成宮

<제목> 구성궁

구성궁(九成宮) : 구성궁은 지금의 섬서성(陝西省) 봉상부(鳳翔府) 인유현(麟遊縣) 서쪽 5리에 있는 궁 이름. 이 성은 수(隋)나라 개황(開皇) 13년(593)에 지어져 처음에는 인수궁〔仁壽宮〕이라 불리다가 당(唐)나라 정관(貞觀) 5년(631) 수리하여 구성궁으로 바뀌어 불리게 되었다.

당 태종, 고종 등이 이 궁에 행차한 일이 있다고 한다. 시 <구성궁>은 두보가 지덕(至德) 2년(757) 부주(鄜州)로 가는 도중 구성궁에 들렀을 때 지은 오언배율(五言排律)의 기행시이다.

蒼山入百里 崖斷如杵臼 【須溪云幷畫山形이로다】
프른 뫼ᄒᆞ로 百里ᄅᆞᆯ 드러오니 비레 그츠니 방하고와 호왁과 ᄀᆞᆺ도다

창산입백리 애단여저구 【수계(須溪) 유진옹이 이르기를 한 마디로 아울러(뭉뚱그려) 산모양을 그린 것이라고 하였다.】

푸른 산속으로 백리를 들어오니, 벼랑이 끊어졌는데 방앗공이와 방아확과 같도다.

수계(須溪) : 원(元)나라의 문인 유진옹(劉辰翁, 1232～1297)의 호. 송나라 말기 길주(吉州) 여릉(廬陵, 지금의 江西 吉安市) 사람. 자는 회맹(會孟)이다. 일찍이 태학에 입학하고, 나중에 태학박사가 되고, 장자의 사상을 선전하였다. 송이 망한 뒤에는 벼슬을 하지 않고, 숨어 지내다가 임종하였다. 시인으로 사(詞)를 잘 지었는데, 주로 망국의 아픔을 통절하게 노래하였다.

프른 : 프르[靑, 蒼]-+-ㄴ(관형사형 어미). 푸른. <옥화궁>에는 '프른'이란 어형도 나타나고, '프ᄅᆞ고'란 어형도 나타나고, '프ᄅᆞᆫ'이란 어형도 나타난다. 'ᄋᆞ'의 음가가 매우 흔들리고 있음을 보여 준다. ¶뎌 金水河에 ᄃᆞ라가 ᄒᆞᆫ 덩이 프른 홁을 닉여 가져다가 大仙의 콧 굼긔 노ᄒᆞ니(저 금수하(金水河)에 달려가 한 덩이 푸른 흙을 니기어 가져다가 대선[大仙]의 콧구멍에 놓으니)<박통(하) 21ㄱ>.

뫼ᄒᆞ로 : 뫼ㅎ[山]+ᄋᆞ로(방향격 조사, 부사격 조사). 산으로. 산속으로. 방향격 조사 'ᄋᆞ로'가 'ᄒᆞ로'로 된 것은 '뫼ㅎ'가 'ㅎ' 종성 체언이기 때문이다.

백리(百里)ᄅᆞᆯ : 백리(百里)+ᄅᆞᆯ(보조사). 백리를. '백리ᄅᆞᆯ'의 'ᄅᆞᆯ'을 보조사라 한 것은 '백리ᄅᆞᆯ'이 서술어 '드러오-'의 목적어가 아니라, 거리(距離)를 나타내는 주제어로 해석되기 때문이다.

드러오니 : 들[入]-+-어(연결 어미)#오[來]-+-니(연결 어미). 들어오니.

비레 : 비레[崖]. 벼랑이. 절벽이.

그츠니 : 긏[斷]-+-으니(연결 어미). 그치니. 끊어지니.

방하고와 : 방하고[杵]+와(접속 조사). 절굿공이와. 방앗공이와. 초간본에는 '방핫고와'로 나

타나던 것이다. '방하고/방학고/방앗고'는 물건을 찧을 때 사용하는 길쭉한 몽둥이와 같이 생긴 물건을 말한다.

호왁과 : 호왁〔臼〕+과(공동격 조사). 절구와. 방아확과.

ᄀᆞᆺ도다 : ᄀᆞᆮᄒᆞ/ᄀᆞᆮ〔如〕+-ᄒᆞ(형용사 파생 접미사)-+-도다(감탄형 어미). 같도다. 같구나. 'ᄀᆞᆮ-'은 'ᄀᆞᆮᄒᆞ-'의 축약으로 본다.

방하고와 호왁과 ᄀᆞᆺ도다 : 절구공이와 절구(방아확)와 같도다. 여기에는 두 가지 문제가 있다. 하나는 '방학고와'의 '와'는 접속 조사인 데 대하여 '호왁과'의 '과'는 공동격 조사라는 것이다. 후자는 형용사 'ᄀᆞᆺᄒᆞ(ᄀᆞᆮᄒᆞ)-'가 필요로 하는 논항에 쓰인 조사이지만, '방하고와'의 '와'는 두 명사구를 이어 주는 '와'이기 때문이다. 두 '와/과'의 형태는 동일하나 그 쓰임에 따라 기능이 달라지는 것을 정확하게 구별해야 한다.

다른 하나는 한문 원문의 '저구(杵臼)'를 언해가 '방아공이와 절구'라고 번역한 것이다. 벼랑 즉 절벽이 끊어져 절구와 같다는 것은 이해할 수 있으나, 절벽이 끊어져 길쭉한 '방아공이'와 같다는 것은 이해하기 어렵다. 절벽으로 둘러싸여 움푹 들어간 산속의 공간은 방아확(절구통)과 같다고 해야 한다. 이를 받아들이기 위해서는 '저구(杵臼)'를 두 명사구의 병렬이 아니라, '저(杵)'를 관형적인 성분으로 해석해야 한다. '저구(杵臼)'를 '방앗공이질을 하는 방아확'과 같은 의미로 해석하는 것이다. 그렇게 되면 의미의 중심이 '방아확' 즉 '절구통'에 있게 되어, '절벽이 끊어져 길쭉한 방앗공이와 같다'는 것과 같은 해석을 하지 않아도 된다.

한국어의 '절구'는 한자어 '저구(杵臼)'에서 기원한 것이라 한다.

> **層宮憑風迥 岌嶪土囊口 【岌嶪은 山貌ㅣ라 土囊은 谷口ㅣ라】**
> 層層인 宮殿이 ᄇᆞᄅᆞᄆᆞᆯ 비겨 아ᄋᆞ라ᄒᆞ니 묏곬 이페 뫼히 놉도다

층궁빙풍형 급업토낭구 【급업(岌嶪)은 산 모양이다. 토낭(土囊)은 골짜기 입구이다.】

층층으로 된 궁전이 바람을 의지하며(바람을 맞으며, 바람 속에) 아스라하니(까마득하게 머니) 산골짜기 들어가는 길(입구)에는 산이 높도다(높고 험하도다).

층층(層層)인 : 층층(層層)#이(지정 형용사)-+-ㄴ(관형사형 어미). 층층인. 층층으로 된.

궁전(宮殿)이 : 궁전(宮殿)+이(주격 조사). 궁전이. 여기서 궁전은 구성궁(九成宮)을 말한다.

ᄇᆞᄅᆞᄆᆞᆯ : ᄇᆞᄅᆞᆷ〔風〕+을(대격 조사). 바람을. 초간본에서는 'ᄇᆞᄅᆞ물'과 같이 되어 있다. 'ᄇᆞᄅᆞᆷ'에

는'ㆍ'가 그대로 있고, 대격 조사가 'ㆍ'에서 'ㅡ'로 된 것은 'ㆍ'가 약화되기 시작한 것이 문법 형태소에서부터라는 것을 암시한다.

비겨 : 비기[憑]-+-어(연결 어미). 기대어. 의지하여.

ᄇᆞᄅᆞᄆᆞᆯ 비겨 : 비람을 기대어. 바람을 맞으며. 바람을 버티며. 바람 속에.

아ᄋᆞ라ᄒᆞ니 : 아ᄋᆞ라[逈]+-ᄒᆞ(형용사 파생 접미사)-+-니(연결 어미). 아스라하니. 아슬아슬하게 머니. 까마득하게 머니. 까마득하니. 초간본에는 '아ᅀᆞ라ᄒᆞ니'와 같이 되어 있다.

묏곬 : 뫼ㅎ[山]+ㅅ(관형격 조사)#골[谷]+ㅅ(관형격 조사). 산골의. 산골짜기의. '뫼ㅎ'의 'ㅎ' 종성이 관형격 조사에 의하여 삭제되었다.

이페 : 잎[口]+에(처격 조사, 부사격 조사). 입구에. 들어가는 곳에.

뫼히 : 뫼ㅎ[山]+이(주격 조사). 산이. 주격 조사 '이'가 '히'가 된 것은 '뫼ㅎ'가 'ㅎ' 종성 체언이기 때문이다.

놉도다 : 높[高]-+-도다(감탄형 어미). 높도다. 높구나.

묏곬 이페 뫼히 놉도다 : 산골 입구에 산이 높도다. 산골 들어가는 곳에 산세가 험하도다. 이는 원문의 '급업토낭구(岌嶪土囊口)'를 번역한 것이다. '급업(岌嶪)'을 '높도다'로, '토낭구(岌嶪土囊口)'를 '묏곬 잎'으로 번역하였다. 번역이 너무 평면적이고 세밀하지 못하다. 그 하나는 주석에서 '토낭(土囊)'을 '골짜기 입구[谷口]'와 같이 한 것이다. 원문이 '토낭구(土囊口)'인데, '토낭'을 골짜기 입구하고 하면, '토낭구'의 '구'는 어떻게 하라는 것인가? 입구에 다시 입구라는 것이 된다. '토낭'은 말 그대로 '땅 주머니' 혹은 '흙 구덩이'라고 해야 한다. '절구'와 같은 지형에 들어가는 길이니 절벽으로 둘러싸인 곳을 '땅 주머니'라고 한 것이다. '토낭구'는 그러한 길의 입구이다.

'급업(岌嶪)'도 단순히 '높도다'라고만 해서는 의미가 약하다. 그것은 적어도 '높고 험하도다'와 같이 해야 한다. 의미를 살리려면 '산세가 험하도다'로 하는 것이 적합하다. 또 '급업토낭구(岌嶪土囊口)'는 그 어순이 도치된 것이므로, '산세가 험하도다, 그 땅 주머니 입구는.'과 같이 원문의 어순을 반영하는 것이 적합하다고 본다.

立神扶棟樑 鑿翠開戶牖
神靈를 셰여 棟樑ᄋᆞᆯ 더위자펫고 프른 ᄃᆡᆯ 파 이플 여렛도다

립신부동량 착취개호유

신상(神像)을 세워 기둥과 들보를 지지하였고, 푸른 곳을 파서(푸른색을 칠한 벽을 뚫어서) 문을 열었도다(문과 창을 내었도다).

신령(神靈)을 : 신령(神靈)+을(대격 조사). 신령을. 신상(神像)을. 신을 새긴 기둥을 말한다. '입신(立神)'의 '신'을 '신령'으로 번역하는 것은 적합한 것이 아니다. 신령은 영적인 존재로, 기둥이나 들보를 지지할 수 있는 것이 아니다. '입신(立神)'의 '신'은 신을 새긴 기둥, 즉 '신상(神像)'으로 보아야 한다.

셰여 : 셔[立]-+-이(사동 파생 접미사)-+-어(연결 어미). 세워. 서게 하여.

동량(棟樑)ᄋᆞᆯ : 동량(棟樑)+ᄋᆞᆯ(대격 조사). 동량을. 기둥과 들보를.

더위자폣고 : 더위[扶, 支]-#잡[執]-+-히(사동 파생 접미사)-+-어(연결 어미)#잇[有]-+-고(연결 어미). 부여잡게 하였고. 부둥켜잡게 하였고. 지탱하였고. 지지하였고. '더위잡-'을 '더위'와 '잡-'으로 분석한 것은 비통사적 합성어로 본 것이다.

프른 : 프르[靑, 翠]-+-ㄴ(관형사형 어미). 푸른. 중간본에서 '프르-'는 '프ᄅᆞ-'로도 나타난 것이다.

딜 : ᄃᆡ(의존 명사)+ㄹ(대격 조사). 데를. 곳을.

파 : 파[掘, 鑿]-+-아(연결 어미). 파. 파서.

이플 : 잎[口, 戶牖(호유)]+을(대격 조사). 입구를. 문을. 한문 원문의 '호유(戶牖)'는 문과 창을 가리킨다.

여렛도다 : 열[開]-+-어(연결 어미)#잇[有]-+-도다(감탄형 어미). 열었도다. 내었도다.

프른 딜 파 이플 여렛도다 : 푸른 곳을 파서 입구를 열었도다. 여기서는 '푸른 델 파'라는 '착취(鑿翠)'의 해석이 문제이다. '푸른 델 팠다'는 것이 어디를 판 것인지 알기 어렵다. 파랗게 칠한 벽을 파서 문이나 창을 내었다는 뜻으로 해석하면 별다른 문제가 없다. 문이나 창이 있고 그 옆에 파랗게 칠한 벽이 있다는 뜻이다.

其陽産靈芝 其陰宿牛斗 【上句ᄂᆞᆫ 言祥瑞ᄒᆞ고 下句ᄂᆞᆫ 言至高ᄒᆞ다】
그 陽녀킈 靈²ᄂ芝ㅣ 냇고 그 陰녀킈 牛斗星이 자ᄂᆞ다

기양산령지 기음숙우두 **【**윗구는 상서(祥瑞)로움을 말하고, 아랫구는 지극히 높음을 말한다.**】**

그 남녁에는 영지(靈芝)가 나 있고, 그 북녘에는 우성(牛星)과 두성(斗星)이 자는구나.

그 : 그[其]. '그'는 이미 앞에서 언급하여 청자가 알고 있을 것으로 전제하는 대상으로, 앞구에

서 기술한 구성궁을 말함.

양(陽)녀ᄏᆡᆫ : 양(陽)#녁[方]+의(처격 조사, 부사격 조사).+ㄴ(보조사). 양녘에는. 남쪽에는. '녀ᄏᆡᆫ'은 초간본에 '녀권'으로 적힌 것이다. 격음화가 진행되고 있음을 보인다.

영지(靈芝)ㅣ : 영지(靈芝)+ㅣ(주격 조사). 영지가. 여기서는 '영험한 풀'의 의미로 쓰임.

냇고 : 나[出, 産]-+-아(연결 어미)#잇[有]-+-고(연결 어미). 나 있고. 돋아 있고.

음(陰)녀ᄏᆡᆫ : 음(陰)#녁[方]+의(처격 조사, 부사격 조사).+ㄴ(보조사). 음녘에는. 북쪽에는. '녀ᄏᆡᆫ'은 초간본에 '녀권'으로 적힌 것이다. 격음화가 진행되고 있음을 보인다.

우두성(牛斗星)이 : 우두성(牛斗星)+이(주격 조사). 우성과 두성이. 황도를 따라 천구를 28수(宿)로 구분한 별자리 중 북쪽에 두(斗)·우(牛)·여(女)·허(虛)·위(危)·실(室)·벽(壁)의 7수가 있는데 그 중의 두(斗), 우(牛)의 두 별을 말함. 동쪽에 각(角)·항(亢)·저(氐)·방(房)·심(心)·미(尾)·기(箕), 서쪽에 규(奎)·누(婁)·위(胃)·묘(昴)·필(畢)·자(觜)·삼(參), 남쪽에 정(井)·귀(鬼)·유(柳)·성(星)·장(張)·익(翼)·진(軫) 등의 수가 있음.

자ᄂᆞᆺ다 : 자[宿]-+-ᄂᆞ(현재 시제 선어말 어미)-+-오(확실성 표지)-+-ㅅ다(감탄형 어미). 자는구나. '-ㅅ다'는 본래 사이시옷과 어말 어미 '-다'의 결합이 감탄형 어미로 재구조화된 것이다. '-놋다'를 감탄형 어미로 보는 것 또한 재구조화를 적용하는 것이다.

> **紛披長松倒 揭孼怪石走【揭孼ᄋᆞᆫ 極高貌ㅣ라】**
> 어즈러이 펫ᄂᆞᆫ 긴 소리 갓골고 노ᄑᆞᆫ 怪異ᄒᆞᆫ 돌히 ᄃᆞᄂᆞᆫ ᄃᆞᆺ도다

분피장송도 게얼괴석주 【게얼(揭孼)은 극히 높은 모양이다.】

어지럽게 펼쳐진(펼쳐졌던) 커다란 소나무 쓰러지고, 아찔한 괴이한 돌이 달리는 듯하도다.

어즈러이 : 어즈럽[紛]-+-이(부사 파생 접미사). 어지러이. '어즈럽-'이 'ㅂ' 불규칙 활용을 하였다.

펫ᄂᆞᆫ : 펴[披]-+-어(연결 어미)#잇[有]-+-ᄂᆞ(현재 시제 선어말 어미)-+-ㄴ(관형사형 어미). 펴어 있는. 펴 있는. 펼쳐 있는. 펼쳐져 있는.

긴 : 길[長]-+-ㄴ(관형사형 어미). 긴. 큰. 커다란.

소리 : 솔[松]+이(주격 조사). 솔이. 소나무가.

갓골고 : 갓골[倒]-+-고(연결 어미). 거꾸러지고. 쓰러지고. 초간본에서는 '갓ᄀᆞᆯ오'와 같이 나타난다. 'ᄀᆞᆯ>골'은 'ㆍ'의 변화된 모습의 하나를 보여 준다. 연결 어미 '-오>-고'는 'ㄹ'

뒤에서 'ㄱ'이 탈락하던 것이 그렇지 않게 되었음을 보여 준다.

노픈 : 높[高, 揭孼]-+-은(관형사형 어미). 높은. 아찔한.

괴이(怪異)ᄒᆞᆫ : 괴이(怪異)+-ᄒᆞ(형용사 파생 접미사)-+-ㄴ(관형사형 어미). 괴이한. 괴상한.

돌히 : 돌ㅎ[石]+이(주격 조사). 돌이. 주격 조사 '이'가 '히'가 된 것은 '돌ㅎ'이 'ㅎ' 종성 체언이기 때문이다.

ᄃᆞᄂᆞᆫ : ᄃᆞᆮ[走]-+-ᄂᆞ(현재 시제 선어말 어미)-+-ㄴ(관형사형 어미). 달리는. 'ᄃᆞᄂᆞᆫ'은 'ᄃᆞᆮᄂᆞᆫ'이 자음 접변을 일으킨 것이다.

ᄐᆞᆺ도다 : ᄐᆞᆺ[如]-/ᄐᆞᆺ[如]+-ᄒᆞ(형용사 파생 접미사)-+-도다(감탄형 어미). 듯하도다.

노픈 괴이(怪異)ᄒᆞᆫ 돌히 ᄃᆞᄂᆞᆫ ᄐᆞᆺ도다 : 아주 높은 괴이한 돌이 달리는 듯하도다. 원문의 '게얼(揭孼)'을 언해는 단순히 '높은'으로 번역하였으나, 그것은 '게얼'이라는 말에 잘 맞지 않는다. 주석이 '게얼'을 '아주 높은 모양'이라 하고 있으므로, 그것은 적어도 '높이가 아득한'이나 '높이가 엄청난'과 같은 번역을 제안해 볼 수 있다. 아주 높은 곳이나 낮은 곳을 '아찔하다'라고도 하므로, '아찔한'이 무서운 느낌도 주므로, '게얼'의 의미에 합당한 번역으로 보인다.

'돌이 달리는 듯하다'는 높은 바위를 올려다보고 있으면 구름이 흘러가는 것이 바위가 흘러가는 것처럼 보이는 것을 가리킨다

哀猿啼一聲 客淚迸林藪 슬픈 나비 ᄒᆞᆫ 소리ᄅᆞᆯ 울어늘 나그내 눉(□)므를 수프레 흘료라

애원제일성 객루병림수

슬픈 잔나비가 한 가닥 소리를 울부짖거늘, 나그네 눈물을 수풀에 흘려라(흘리노라).

슬픈 : 슳[悲, 哀]-+-브(형용사 파생 접미사)-+-ㄴ(관형사형 어미). 슬픈. '슬프-'는 이미 형용사로 재구조화된 것으로 보인다.

나비 : 납[猿]+이(주격 조사). 잔나비가. 원숭이가

ᄒᆞᆫ 소리ᄅᆞᆯ : ᄒᆞᆫ[一]#소리[聲]+ᄅᆞᆯ(대격 조사). 한 소리를. 한 가닥 소리를.

울어늘 : 울[啼]-+-거늘(연결 어미). 울거늘. 부르짖거늘. 울부짖거늘. 연결 어미 '-어늘'은 '-거늘'의 '-거-'가 어간 말음 'ㄹ' 뒤에서 'ㄱ'이 탈락된 것이다. '-거-'는 대상성(對象性)을 부각시켜, 잔나비가 우는 모습을 눈앞에 부각시키는 듯한 느낌을 준다. '-거/어-'의 교체를 자

타동사에 따라 교체하는 것으로 보기도 한다. '거'를 자동사 표지, '어'를 타동사 표지라고 하나, 만약 이것이 사실이라고 한다면, '거'와 '어'는 동일한 형태소의 이형태가 될 수 없다. 동일한 형태소의 이형태는 기능이 같아야 하기 때문이다. 기능이 다르면 형태소도 달리하는 것이다. '울어늘'의 '어'는 그것과도 관련이 없는 교체로, 이는 음운론적으로 조건된 교체를 보이는 것이다. 어간 말음 'ㄹ' 뒤에서 '-거늘'의 'ㄱ'이 탈락된 것이다.

나그내 : 나그내[客]. 나그네. 15~16세기에는 '나ᄀᆞ내'와 같은 형태도 쓰였다. ¶나는 본ᄅᆡ 나ᄀᆞ내로브터 왯는 臣下로셔 堯舜ᄀᆞ티 다ᄉᆞ리샤ᄆᆞᆯ 맛나ᅀᆞ와 벼ᄉᆞᆫ 놉고 직죄 맛디 몯ᄒᆞ야(나는 본래 나그네였던 사람이 신하가 된 사람으로 요순같이 다스리시는 것을 만나와 벼슬은 높고 재주 그에 적합하지 못하여)<번소 6:27ㄱ>.

눖(눉)므를 : 눈[眼]+ㅅ(관형격 조사)#믈[水]+을(대격 조사). 눈물을. 초간본에는 '눉므를'로 되어 있다. 중간본의 '눖므를'은 잘못이다.

수프레 : 수플[林, 林藪]+에(처격 조사, 부사격 조사). 수풀에. '수(藪)'는 덤불을 뜻한다.

흘료라 : 흐르[流, 迸]-+-이(사동 파생 접미사)-+-오(확실성 표지)-+-라(평서형 어미). 흘려라. 흘리도다. 흘리는구나. '-오라'를 감탄형 어미로 분석하는 것은 '-오(확실성 표지)-+-라(평서형 어미)'에 재구조화를 적용하는 것이다.

> 荒哉隋家帝 製此今頹朽 【隋文帝ㅣ 作此宮ᄒᆞ니라】
> 荒淫ᄒᆞᆯ셔 隋ㅅ 님그미여 이ᄅᆞᆯ 지어 이제 믈어뎌 서겟도다

황재수가제 재차금퇴후 【수(隋)나라 문제(文帝)가 이 궁을 지은 것이다.】

이루 말할 수 없이 음탕하구나, 수 임금이여! 이것을 지어(지었으나) 이제 무너져 썩어 있도다.

황음(荒淫)ᄒᆞᆯ셔 : 황음(荒淫)+-ᄒᆞ(형용사 파생 접미사)-+-ㄹ셔(감탄형 어미). 황음하구나. 지나치게 음탕하구나. 이루 말할 수 없이 음탕하구나. 주색에 빠져 이루 말할 수 없이 음탕하구나. 이루 말할 수 없이 주색에 빠져 있구나.

수(隋)ㅅ : 수(隋)+ㅅ(관형격 조사). 수의. 수나라의. 수(隋, 581~618)는 양견(楊堅:文帝)이 581년 북주(北周)의 정제(靜帝)로부터 양위받아 나라를 개창하고, 국호를 수(隋), 대흥(大興, 현 서안)을 수도로 정했다. 589년 남조(南朝)인 진(陳)을 멸망시켜 중국의 통일왕조를 이루었다. 양제(煬帝) 10년(611)부터 농민봉기가 계속 일어나 수는 멸망하였다. 문제·양제

(煬帝:廣)·공제(恭帝:侑)의 3대 38년 동안 지속된 단명한 왕조였다.

문제(文帝) : 581년에 북주의 우문연이 양견에게 제위를 선양하여, 양견은 황제로 즉위하였다. 훌륭한 군주였던 수 문제 양견도 말년에는 많은 실정을 하였다. 개황율령을 지키지 않고 형벌을 남용하였고, 백성들을 동원하여 인수궁을 짓게 하였는데 백성들의 원성이 자자히였다. 양견은 양광의 심복이자 자신의 근위장인 장형에게 시해당하였다. 향년 64세였다.

양재 : 수(隋)나라 2대 황제(皇帝). 수양제(隋煬帝)로 불린다. 개황(開皇) 원년(581)에 진왕(晉王)이 되었고, 개황(開皇) 20년(600)에 태자(太子)가 되었다. 인수(仁壽) 4년(604)에 제위에 올랐으며, 재위기간에 대운하(大運河)를 개통하였고, 도읍을 낙양(洛陽)으로 옮겼으며, 과거제도(科擧制度)를 실시하였다. 토곡혼(吐穀渾)을 정벌하고 3차례에 걸쳐 고구려(高句麗)를 정벌하다가 나라의 힘이 소진되어 중국 천하를 대혼란에 빠뜨렸고, 나라를 멸망케 하였다.

님그미여 : 님금[王, 皇帝]+이여(호격 조사). 임금이여.

수(隋)ㅅ 님그미여 : 수나라의 임금이여.

이ᄅᆞᆯ 지어 : 이(주격 조사)+ᄅᆞᆯ(대격 조사)#짓[作, 製]-+-어(연결 어미). 이를 지어. 이것을 지어. 이 궁전을 지어. '지어'는 초간본에 '지ᅀᅥ'와 같이 된 것이다. 초간본에서는 불규칙 활용이 아니었으나, 중간본에서는 'ᅀ' 불규칙 활용이 되었다.

이제 : 이제[今]. 화자가 말을 하는 바로 그 시간. 지금. 시방(時方). 현금(現今). '지금'이 나타나는 것은 『순천김씨언간』을 비롯한 16세기 이후의 언간 및 한글소설에서이다. 그 이전에는 '현금(現今), 시방(時方)' 등과 같은 한자어가 쓰이는 외에는 대부분 '이제'라는 말이 쓰였다. 현대어의 '이제'와 '지금'을 같은 말로 보는 경우가 있으나, '지금'은 기본적으로 명사이고, '이제'는 기본적으로 부사라는 점에서 큰 차이를 가진다. '*이제가/지금이 좋은 때이다, 그 일을 하기 좋은 시간이 지금이다/?*이제이다'와 같은 차이가 나는 것은 그 때문이다. '지금'이 부사로 쓰일 때 그 쓰임이 '이제'와 유사해진다. 그러나 이때에도 '지금'은 시간선 상의 일점을 가리키고, '이제'는 상황적인 의미와 함께 시간선 상의 일점을 가리킨다. '우리는 이제/지금 그의 제안을 받아들여야 한다'에서 '이제'는 그의 제안을 받아들이지 않으면 안 되는 상황이 있음을 뜻하나, '지금'은 반드시 그러한 함축을 가지는 것이 아니다.

믈어뎌 : *믏/믈[崩, 頹壓]-+-어(연결 어미)#디[落]-+-어(연결 어미). 무너져. 현대어의 '무너지다'는 15세기 중엽에는 '믈어디다'로 나타나고, 15세기 말 16세기에 걸쳐 '믈허디다'로 나타난다. '믈허디다'를 설명하기 위해서는 '*믏-'과 같은 어기를 설정할 필요가 있다. '믈어디-'에서 'ㄹ'이 연철되지 않는 이유도 어기 '*믏-'과 관련이 있을 것이다.

서겟도다 : 석[朽]-+-어(연결 어미)#잇[有]-+-도다(감탄형 어미). 썩어 있도다. 썩었도다. ¶賈生의 ᄢᅧ ᄒᆞ마 서그니 長沙애 갓가이 와셔 슬허ᄒᆞ노라(가생(賈生)의 뼈가 이미 썩었으니 장

사에 가까이 와서 슬퍼하노라)<두시(중) 2:22ㄱ>.

向使國不亡 焉爲巨唐有
萬一에 ᄒᆞ여곰 나라히 배디 아니턴들 엇뎨 큰 唐ᄋᆡ 두미 되오리오

향사국부망 언위거당유

만일 나라가 망하지 않았다면, 어찌 당나라와 같은 큰 나라가 생길 수 있었겠는가?

만일(萬一)에 : 만일(萬一)+에(처격 조사, 부사격 조사). 만일. 만일에. 현대어로 '만일에'는 '만약'과 비교하여 구어적인 느낌을 준다. ¶샹녜 慰勞를 더ᄒᆞ시며 萬一에 ᄌᆞ조 보시니어든 더 노피 對接ᄒᆞ더시다(항상 위로를 더하시며 만일 자주 만난 것이면 더 높이 대접하시더라)<내훈 2:40ㄱ>.

ᄒᆞ여곰 : ᄒᆞ[爲]-+-이(사동 파생 접미사)-+-어(연결 어미)+곰(보조사). 하여금. 초간본에는 'ᄒᆡ여곰'으로 나타난다. 'ᄒᆞ여곰'은 'ᄒᆡᅇᅧ, ᄒᆞ야, ᄒᆞ야곰, ᄒᆡ야, ᄒᆡ야곰, ᄒᆞ여, ᄒᆞ여곰, ᄒᆡ여, ᄒᆡ여곰' 등과 같이 나타나기 때문에, '곰'이 보조사로서의 존재성을 분명히 가지는 것이다. 사동 행위의 주체는 나라를 망하게 한 '임금들'이고, 그 대상은 '나라'이다. ¶將軍은 오미 엇뎨 더듸뇨 내 心中으로 ᄒᆞ여곰 심히 快足디 아니케 ᄒᆞᄂᆞ다(장군은 오는 것이 어찌 더딘 것이뇨? 나의 마음속에 심히 즐겁고 만족하지 아니하게 한다)(두시 (초) 5:35ㄴ>.

나라히 : 나라ㅎ[國]+이(주격 조사). 나라가. 주격 조사 '이'가 '히'가 된 것은 '나라ㅎ'가 'ㅎ' 종성 체언이기 때문이다.

배디 : 배[敗, 亡]-+-디(연결 어미). 패하지. 망하지.

아니턴들 : 아니[不]+-ᄒᆞ(동사 파생 접미사)-+-던들(연결 어미). 아니하였던들. 아니하였다면. 않았다면. 초간본에는 '아니터든'과 같이 된 것이다. 중간본 편찬자들은 초간본의 '-더든'을 잘못된 것으로 보았던 듯하다.

엇데 : 엇뎨[何, 焉]. 어찌. 의문사로 의문형 어미 '-고'와 호응한다.

큰 : 크[大, 巨]-+-ㄴ(관형사형 어미). 큰.

당(唐)ᄋᆡ : 당(唐)+ᄋᆡ(관형격 조사). 당의. 당나라의.

두미 : 두[置, 有]-+-움(명사형 어미). 둠이. 두는 것이. 명사형 어미 '-움'은 확실성 표지 '-우-'를 가진 형식이다. 흔히 명사형 어미를 '-옴/움'으로 취급하는 것에 따라 여기서는 이를 '-움'

으로 표시한 것이다. 확실성 표지에는 '-오/우-' 외에도 '-아/어-'가 더 있었다.

되오리오 : 되오[化, 爲]-+-리(미래 시제 선어말 어미)-+-고(의문형 어미). 되리오. 될 것인가. 초간본의 'ᄃᆞ외-'가 중간본에서 '되오-'로 변한 것은 '음운 도치(metathesis)'일 가능성이 있다. 초간본에 나타나는 'ᄃᆞ외-'를 'tʌōi-'와 같이 적으면, 중간본에 나타나는 '되오-'는 우선 'toĭʌ-'와 같이 적을 수 있다. 그후 'ʌ'가 'o'가 된 것이 '되오-'이다. '되오-'에 확실성 표지 '-오-'가 들어 있는 것은 아니다. '쟉일은 탄일 [隔] 되오시으니 (어제는 생일 되오시오니)<동궁의셔, 보 41>'와 같이 나타나기 때문에, '되오-'의 '오'는 확실성 표지일 수 없다. '되오ᄆᆞᆯ'은 '되오-+-ᄆᆞᆯ'로 분석된다. 이 예에서 확실성 표지는 소실된 것으로 본다. '죽으며 살으믈 몰나(죽으며 삶을 몰라)<속삼(중) 열: 9ㄱ>'와 같ᄋᆡ '살으믈'은 '-오/우'가 없는 형식이다. '疑心ᄃᆞ왼'과 같이 접미사로 쓰일 때는 '疑心된'과 같이 바뀌지 않았다.

엇데 큰 당(唐)ᄋᆡ 두미 되오리오 : 어찌 큰 당나라의 둠이 되었을 것인가. 어찌 당나라와 같은 큰 나라가 생길 수 있었겠는가.

雖無新增修 尚置官居守巡非瑤水遠 迹是雕墻後 【此ᄂᆞᆫ 言唐이 雖不增修ᄒᆞ나 猶置官守之[3]ㄱ ᄒᆞ며 來巡此宮이 非如穆王ㅅ 瑤水之遠이나 然亦襲隋의 峻宇雕墻之侈也ㅣ라】

비록 새려 더 修補호미 업스나 오히려 그위ᄅᆞᆯ 두워 딕희우며 巡狩ᄒᆞ샤미 瑤水의 머로미 아니나 자최ᄂᆞᆫ 이 다매 그림 그린 後ㅣ로다

수무신증수 상치관거수 순비요수원 적시조장후 【이는 당(唐)이 비록 증축하고 수리한 것은 아니나 그래도 관리를 두어 지키며 이 궁을 순찰한 것이, 목왕(穆王)의 요수(瑤水)처럼 멀지는 않으나 이것 또한 수(隋)나라의 높은 집과 조각 장식한 담장의 사치스러움을 이어받은 것임을 말한다】

비록 새로 더 보수하지는 않았으나 그래도 관리를 두어 지키게 하며 두루 살피며 돌아다니는 것이, 요지(瑤池)가 먼 것은 아니나, 그런 자취는 담에 그림을 그린 후이로다.

목왕(穆王) : 주(周)나라의 제5대 왕. 이름은 희만(姬滿), 소왕(昭王)의 아들이다. 기원전 10세기경 사람으로, 『사기(史記)』에는 목왕이 50살 때 즉위해 55년 동안 재위했다고 되어 있다. 서방(西方)의 견융(犬戎)을 토벌하려다가 실패하여 주나라의 힘이 쇠퇴했다고 한다. 금문

명(金文銘)에서 보면, 소왕과 목왕 시대에 법제가 정비되고 희성(姬姓)의 나라가 증가하여 영토가 확장되면서 주나라 국력이 확충되었다고 한다. <『중국역대인명사전』 참조>.

요수(瑤水) : 요지(瑤池)를 말함. 요지는 중국 곤륜산에 있다는 못으로 신선이 살았다고 한다. 여기서 주(周) 나라 목왕이 서왕모와 만났다고 한다.

비록 : 비록[雖]. 양보의 부사로. '-나/으나, -어/아도, -고도, -ㄹ디라도' 등과 같은 어미와 호응한다. ¶비록 아ᅀᅡ도 도로 녜 ᄀᆞᆮᄒᆞ야 ᄆᆞᅀᆞ미 便安ᄒᆞ리이다(비록 빼앗겨도 도로 옛날 같아야 마음이 편안할 것입니다)<석상 9:22ㄱ>.

새려 : 새로. 새로이. '새려'의 '새'는 '신(新)'의 뜻을 가지는 형용사 또는 명사임이 분명하다. '新ᄋᆞᆫ 새라<훈언 3ㄱ>'과 같은 주석이 있기 때문에, '새'가 명사로도 쓰인 것이 확실하다. '새려'에 대한 가설적인 분석의 하나는 '새'라는 형용사에 '려'라는 부사 파생 접미사가 연결된 것으로 분석하는 것이다. 그러나 이러한 분석이 가능하려면 '려'라는 부사 파생 접미사가 있어야 한다. 그러나 그러한 '려'는 찾을 수 없다. 다른 가설적인 분석의 하나는 '새려'가 '새'라는 명사에 '려'라는 부사격 조사가 연결된 것으로 분석하는 것이다. 그러나 '려'라는 부사격 조사의 존재 역시 쉽게 확인되지 않는다.

이와는 달리 '새려'가 '새'라는 명사 뒤에 지정 형용사 '이-'의 활용형이 온 것으로 분석하는 것이다. 지정 형용사 '이-'의 고대형이 '*일-'이라는 것을 이에 적용하면, '새려'는 '새#일(지정 형용사)-+-아/어(연결 어미)'와 같이 분석된다. 지정 형용사 '이-'의 고대형 '*일-'에서 '이'가 생략 또는 '새'의 'ㅣ'와 합류되어 '새라/새러'와 같이 되고, 다시 '새'의 'ㅣ'에 의한 'ㅣ'모음 순행 동화가 일어나 '새려/새랴'와 같이 되었다고 보면, 잘 설명된다.

더 수보(修補)호미 : 더[增]#수보(修補)+-ᄒᆞ(동사 파생 접미사)-+-옴(명사형 어미)+이(주격 조사). 더 보수함이. 더 보수하는 것이. 더 보수한 것이. 명사형 어미 '-옴'은 확실성 표지 '-오-'를 가진 형식이다. 흔히 일반적 분석에 따라 명사형 어미를 '-옴/움'으로 취급한다. 우리는 명사형 어미에 '-옴/움' 외에도 '-암/엄'이 더 있는 것으로 본다.

업스나 : 없[無]-+-으나(연결 어미). 없으나. 없지만. 없어도.

오히려 : 오히려[猶]. 오히려. 그래도. 원문의 '유(猶)'는 언해에서 거의 예외 없이 '오히려'로 번역되고 있으나, 그 문맥이 항상 적합한 것은 아니다. 여기서는 '그래도'라는 번역을 적용해 본 것이다.

그위ᄅᆞᆯ : 그위[官]+ᄅᆞᆯ(대격 조사). 관리를. 관청을. ¶百官ᄋᆞᆫ 온 그위니 한 臣下ᄅᆞᆯ 니ᄅᆞ니라(백관은 백 명의 관리이니, 많은 신하를 이르는 것이다)<석상 3:7ㄱ>.

두워 : 두[置]-+-어(연결 어미). 두어. 설치하여. 배치하여. '두어'가 '두워'로 된 것은 '두'의 'ㅜ' 모음 영향이다. 'ㅜ'모음 순행 동화의 하나라 할 수 있다. ¶ᄯᅡ흔 그딋 모기 두고 남ᄀᆞᆫ 내 모기 두어 둘히 어우러 精舍 ᄆᆡᇰᄀᆞ라 부텻긔 받ᄌᆞ보리라(땅은 그대의 몫으로 두고, 나무는 나의 몫으로 두어 둘을 아울러 정사(精舍) 만들어 부처께 바치오리라)<석상 6:26ㄱ>.

딕희우며 : 딕희[守]-+-우(사동 파생 접미사)-+-며(연결 어미). 지키게 하며.

순수(巡狩)ᄒᆞ샤미 : 순수(巡狩)+-ᄒᆞ(동사 파생 접미사)-+-시(주체 높임 선어말 어미)-+-암(명사형 어미)+이(주격 조사). 순수하심이. 순수하시는 것이. 나라 안을 두루 살피며 돌아다니는 것이. 명사형 어미 '-암'은 확실성 표지 '-아-'를 가진 형식이다. 흔히 확실성 표지를 '-오/우-'로만 한정하는 경향을 가지는 것이나, 여기에 '-아/어-'도 포함되는 것으로 본다. 선어말 어미 '-아-'를 인정하지 않으면, 주제 높임의 선어말 어미 뒤에 '-오/우'가 올 때에는 '-샤-'가 된다고 해야 한다. 이는 우리말의 형태소 결합에서 보면 아주 불규칙한 것이다. 확실성 표지에 '-아-'를 더 포함시키는 것만 같지 못하다.

머로미 : 멀〔遠〕-+-옴(명사형 어미)+이(주격 조사). 먼 것이. 명사형 어미 '-옴'은 확실성 표지 '-오-'를 가진 형식이다.

아니나 : 아니〔不〕-+-나(연결 어미). 아니나. 아니지만. '아니다'는 본래 '아니'에 지정 형용사 '이다'가 결합한 형식으로 분석될 수 있다. '아니다'의 활용과 '이다'의 활용이 완전히 같은 것은 이 때문이다.

자최ᄂᆞᆫ : 자최〔痕, 迹〕+ᄂᆞᆫ(보조사). 자취는. 흔적은.

이 : 이〔是〕. 지정 형용사 '이-'의 어간이 한문의 '시(是)'가 쓰인 자리에 쓰인 것이다. 한국어로는 전혀 올바른 문맥을 이룰 수 없는 것이다.

다매 : 담〔墻〕+애(처격 조사, 부사격 조사). 담애.

그림 그린 : 그림〔畵〕#그리〔畵〕-+-ㄴ(관형사형 어미). 그림 그린. 그림을 그린.

후(後)ㅣ로다 : 후(後)#이(지정 형용사)-+-로다(감탄형 어미). 후이로다. 다음이로다.

자최ᄂᆞᆫ 이 다매 그림 그린 후(後)ㅣ로다 : 자취는 담에 그림을 그린 후이로다. '담에 그림을 그린'것은 수나라의 역사가 있었던 것을 비유적으로 말한 것이다. 앞에서 '황음하구나, 수 임금이여!'라고 한 것이므로, 당나라도 그러한 수나라의 병폐를 물려받은 것을 말한 것이다. 당나라 현종이 양귀비와 더불어 주지육림에 빠져 있던 것을 암암리에 비판한 것이다.

> 我來屬時危 仰望嗟嘆久
>
> 내 오미 時節이 바ᄃᆞ라온 제 브트니 울워러 ᄇᆞ라고 嗟嘆호ᄆᆞᆯ 오래 ᄒᆞ노라

아래속시위 앙망차탄구

나의 온 것이 세상이 위태로운 때에 속하니, 우러러 바라보고 한탄하고 탄식하는 것을 오래 하도다(오랫동안 우러러 바라보고 한탄하고 탄식하도다).

내 : 나〔我〕+ㅢ(관형격 조사). 나의. '내'는 주격 조사형으로 보기 쉬우나, 초간본의 해당 구절

의 성조를 보면 '내 :오미 時節·이 바·ᄃᆞ라·온 제 브·트니'와 같이 되어 있다. '내'에 점이 찍혀 있지 않으므로, 평성인 것이 확실하다. 이것은 주격형이 ':긴 ·밦 吹角 소·리·예 슬·허·셔 ·내 :말·ᄒᆞ노·니(긴 밤의 취각소리에 슬퍼하여서 내가 말하노니)<두시(초) 6:15ㄴ>'의 '내'에 점 하나가 찍혀 거성임을 나타내는 것과 다르다. 따라서 이것은 초간본에 따라 관형격 조사를 가진 것으로 해석해야 한다. 중간본에서는 비록 성조가 없어졌으나, 초간본에 따라 관형격 해석을 택한다. 관형격 조사를 'ᄋᆡ'로 상정한 것은 모음조화를 고려한 것이다.

오미 : 오〔來〕-+-옴(명사형 어미)+이(주격 조사). 옴이. 오는 것이. 명사형 어미 '-옴'은 확실성 표지 '-오-'를 가진 것이다. 일반적인 관례에 따라, '-옴'을 명사형 어미로 분석한 것이다.

시절(時節)이 : 시절(時節)+이(주격 조사). 시절이. 세월이. 세상이. 상황이.

바ᄃᆞ라온 : 바ᄃᆞ랍〔危〕-+-은(관형사형 어미). 위태로운. 위험한. '바ᄃᆞ랍-'이 'ㅂ' 불규칙 활용을 한 것이다.

제 : 적〔時〕+에(처격 조사, 부사격 조사). 제. 적에. 때에.

브트니 : 븥〔屬〕-+-으니(연결 어미). 붙으니. 속하니. 속해 있으니.

울워러 : 울월〔仰〕-+-어(연결 어미). 우러러.

ᄇᆞ라고 : ᄇᆞ라〔望〕-+-고(연결 어미). 바라보고. 'ᄇᆞ라고'가 '바라보고'의 뜻에서 '희망하고, 기대하고'와 같은 뜻으로 쓰이기 시작한 것은 1758년 『종덕신편』에서 부터인 것으로 생각된다. ¶부뫼 다 아니 겨시니 동으로 ᄇᆞ라고 셔로 도라보매 통곡ᄒᆞᆯ ᄯᆞᄅᆞᆷ이라(부모가 다 아니 계시니 동으로 바라보고 서로 돌아보매 통곡할 따름이다)<선조행장 015>. 그러치 아니면 이 엇지 ᄡᅩᄂᆞᆫ 재 적을 ᄇᆞ라고 능히 ᄡᅩ지 못홈과 다ᄅᆞ리오(그렇지 않으면 이 어찌 쏠 때에 적을 바라보고 능히 쏘지 못하는 것과 다를 것인가?)<자생편(내) 31ㄴ>. 벼슬ᄒᆞᄂᆞᆫ 쟤 놉흐면 ᄌᆡ샹을 ᄇᆞ라고 ᄂᆞ즌즉 목슈를 희망ᄒᆞᄂᆞ니(벼슬을 하는 때에 높으면 재상을 바라고 낮은즉 목숨을 희망하니)<종덕(중) 4ㄱ: 1758>

차탄(嗟嘆)호ᄆᆞᆯ : 차탄(嗟嘆)+-ᄒᆞ(동사 파생 접미사)-+옴(명사형 어미)+ᄋᆞᆯ(대격 조사). 찬탄함을, 차탄하는 것을. 탄식하고 한탄하는 것을. 명사형 어미 '-옴'에는 확실성 표지 '-오-'가 들어 있는 것이다. 흔히 명사형 어미를 '-옴/움'과 같이 표시하므로, 여기서는 그것을 따른 것이다. '-오/우-'의 이형태에는 '오/우'뿐만 아니라 '-아/어-'도 있었다.

오래 : 오라〔久〕-+-이(부사 파생 접미사). 오래. 오랫동안.

ᄒᆞ노라 : ᄒᆞ〔爲〕-+-ᄂᆞ(현재 시제 선어말 어미)-+-오(확실성 표지)-+-라(평서형 어미). 하도다. '-오라'를 감탄형 어미로 취급하는 것은 재구조화를 적용하는 것이다.

天王守太白 駐馬更回首【太白山이 在鳳翔府ᄒᆞ니 時예 肅宗이 住軍于太白山下而甫ㅣ 駐馬ᄒᆞ야 回首望之也ㅣ라】

님그미 太白山애 巡守ᄒᆞ야 겨시니 ᄆᆞᄅᆞᆯ 머믈워셔 다시 머리 도ᄅᆞ혀 ᄇᆞ라노라

천왕수태백 주마갱회수【태백산이 봉상부(鳳翔府)에 있는데, 당시 숙종이 군사를 태백산 아래 주둔케 하니, 두보가 말을 머물게 하여 머리를 돌려 바라본 것이다.】

임금이 태백산에 순수(시찰)하고 계시니, 말을 머물게 하여 다시 머리 돌려 바라보노라.

님그미 : 님금〔王, 天王〕+ 이(주격 조사). 임금이.

태백산(太白山)애 : 태백산(太白山)+애(처격 조사, 부사격 조사). 태백산에. 태백산은 봉상(鳳翔)에 있는 산이다.

순수(巡守)ᄒᆞ야 : 순수(巡守)+-ᄒᆞ(동사 파생 접미사)-+-야(연결 어미). 시찰하여. 돌아다니며 살펴. 돌아다니며 살피고.

겨시니 : 겨〔在〕-+-시(주체 높임 선어말 어미)-+-니(연결 어미). 계시니. 현대어의 '계시-'는 '겨〔在〕-+-시(주체 높임 선어말 어미)-'가 하나의 용언으로 재구조화된 것이다. '겨ᄋᆞᆸ-'과 같은 형식이 나타나는 것은 '겨시-'가 단일한 용언이 아니었음을 말해 준다. ¶ᄒᆞᆫ 臣下ㅣ 王ᄭᅴ ᄉᆞᆯ보ᄃᆡ 太子ㅣ 져머 겨시니 뉘 기ᄅᆞᅀᆞᄫᆞ려뇨(한 신하가 왕께 사뢰대, 태자가 젊어 계시니 누가 기르오려뇨?)<석상 3:3ㄱ>. 잡말 말고 셜우나마 잘 시위ᄒᆞ여 겨ᄋᆞᆸ소 우리ᄃᆞ려 닐너 쁠ᄃᆡ 업ᄉᆞ시니 밥 먹ᄂᆞᆫ 사ᄅᆞᆷ이야 뉘 올터 ᄒᆞ올고 ᄒᆞ더라(잡말 말고 서럽지만 잘 베풀어 계옵소. 우리더러 일러야 쓸데없으시니 밥 먹는 사람이야 누가 옳다 할 것인가 하더라)<계축(하) 38ㄴ>.

ᄆᆞᄅᆞᆯ : ᄆᆞᆯ〔馬〕+ᄋᆞᆯ(대격 조사). 말을.

머믈워셔 : 머믈〔駐〕-+-우(사동 파생 접미사)-+-어셔(연결 어미). 머물게 하여서. '-어셔'를 하나의 어미로 취급하는 것은 '-어(연결 어미)+셔(보조사)'를 하나의 어미를 재구조화하는 것이다. '셔'를 하나의 보조사로 취급하는 것도 '-시〔有〕-+-어(연결 어미)'를 하나의 보조사로 재구조화하는 것이다.

다시 : 다시〔更〕. 다시. 또. '또'에 비하여 '다시'는 이전의 행동을 고쳐 행하는 의미를 가진다. 두

보가 이전에는 말을 머물게 하지 않고 바라보았으나, 이번에는 정식으로 말을 머물게 하여 바라보았다는 의미를 띤다. 이에 대하여 '또'는 되풀이되는 행동이나 현상이 그렇지 않기를 바라는 의미가 있다.

머리 : 머리[頭, 首]. 머리. 고개.

도ᄅᆞ혀 : 돌[回]-+-ᄋᆞ(부사 파생 접미사)#혀[引]-+-어(연결 어미). 돌려. 돌이켜. 본역주자는 '도ᄅᆞ'의 '-ᄋᆞ'를 부사 파생 접미사로 본다. 현대어의 '돌이키다'는 '돌[回]-+-이키(사동 파생 접미사)-+-다(평서형 어미)'와 같이 분석된다. '일으키다'에서도 '-으키-'를 사동 파생 접미사로 보는 것이나, 이 또한 그 선대형은 '닐[起]-+-ᄋᆞ(부사 파생 접미사)#혀[引]-+-다(평서형 어미)'와 같이 분석되는 것으로 본다. ¶子息이 어믜게 親코 ᄉᆞ랑ᄒᆞ요미 ᄆᆞᅀᆞ매 至極ᄒᆞᆫ 거시어늘 이제 ᄇᆞ리고 도ᄅᆞ혀 兄의 子息을 아노ᄆᆞᆫ 엇데오(자식이 어미에게 친하고 사랑하는 것이 마음에 지극한 것이거늘 이제 버리고 도리어 형의 자식을 안는 것은 어찌된 일인가?)<내훈 3:48ㄴ>.

ᄇᆞ라노라 : ᄇᆞ라[望]-+-ᄂᆞ(현재 시제 선어말 어미)-+-오(확실성 표지)-+-라(평서형 어미). 바라보도다. 바라보노라. '노라'를 감탄법 어미로 분석하는 일도 있는데, 이는 '-ᄂᆞ(현재 시제 선어말 어미)-+-오(확실성의 양태 선어말 어미)-+-라(평서법 어미)'를 하나의 감탄법 어미로 재구조화하는 것이다.

早朝大明宮呈兩省寮友【賈至】

<제목> 조조대명궁정량성료우【가지】

대명궁(大明宮) : 중국 당나라 때에, 장안(長安)의 북동쪽 수룡원(首龍原)이라는 구릉지에 지어진 궁전. 남북을 중심축으로 하여 정전(正殿)인 함원전(含元殿), 선정전(宣政殿), 자신전(紫宸殿)이 있고, 주위는 성벽으로 둘러싸여 있었다. 태극궁, 흥경궁과 함께 중국의 삼대 궁전을 이룬다. 태종이 그 아비 고조(高祖)를 위하여 634년에 짓기 시작하고, 고종 때에 대규모로 증축하여, 663년 태극궁에서 조정(朝庭)을 이곳으로 옮겼다. 그 후 904년까지 240여 년 동안 17인의 황제가 기거하며 정무를 본, 당 왕조 정치의 중심이 되었던 궁전이다. 자금성의 4배나 되는 궁전으로, 세계에서 가장 넓은 궁전이다. 지금의 서안(西安)에 위치한다.

양성(兩省) : 문하성(門下省)과 중서성(中書省)의 두 성을 말한다.

요우(寮友) : 요(寮)는 학교나 회사에서 설치한 주거 공간으로, 기숙사를 이른다. 여기서는 아마도 궁전에 있었던 공직 생활 공간을 말하는 것으로 여겨진다. 두보는 가지(賈至), 잠삼(岑參), 왕유(王維) 등과 함께 같은 생활 공간에서 지낸 적이 있었다.

가지(賈至) : 당나라 하남(河南) 낙양(洛陽) 사람(718 ~ 772). 본명은 가유린(賈幼隣), 자는 유린(有隣) 또는 유기(幼幾)이고, 가증(賈曾)의 아들이다. 당나라의 문신 겸 시인. 출생지는 낙양이다. 751년 명경과(明經科)에 급제하여 단부위(單父尉)가 되고, 기거사인(起居舍人), 지제고(知制誥)가 되었다. 안녹산의 난 때에는 현종을 따라 촉에 갔다. 벼슬은 766년 경조윤(京兆尹)이 되었고 산기상시(散騎常侍)에 이르렀다. 시문에 능하였고 시문은 준일(俊逸)한 기품을 지닌 것으로 알려져 있다.

조조대명궁정량성료우(早朝大明宮呈兩省寮友) : 일찍 대명궁에서 조회하고 문하성과 중서성 두 성의 동료에게 준다. 작품 출전은 『전당시(全唐詩)』이다. 이 시에 답시를 쓴 이는 두보를 비롯하여, 왕유(王維), 잠삼(岑參) 등이 있다

3ㄴ 銀燭朝天紫陌長 禁城春色曉蒼蒼

銀燭 혀고 朝天호매 紫陌이 기니 禁城엣 봆 비치 새배 프르럿도다

은촉조천자맥장 금성춘색효창창

은빛 촛불을 켜고 조회를 위해 천자를 뵈러 가는데, 도희지 교외의 큰 길이 기니 대궐의 봄빛이 새벽에 푸르러 있도다.

은촉(銀燭) : 은촉(銀燭). 은초. 백랍으로 만든 초. 초의 몸이 백랍으르 만들어 흰색임을 나타낸 것이다. 아름다운 초의 의미도 가미된다.

혀고 : 혀[引]-+-고(연결 어미). 켜고.

조천(朝天)호매 : 조천(朝天)+-ᄒᆞ(동사 파생 접미사)-+-옴(명사형 어미)+애(처격 조사, 부사격 조사). 조회를 위해 대궐에 가는데. 조회를 하며 천자를 뵙는데.

자맥(紫陌)이 : 자맥(紫陌)+이(주격 조사). 자맥이. 성 밖 도읍지 교외의 큰 길이.

기니 : 길[長]-+-니(연결 어미). 기니. '길-'의 어간 끝소리 'ㄹ'이 탈락하는 것은 어미 '-니'의 'ㄴ' 앞에서이다. 자음 뒤에서 연결 어미 '-니'는 '-으니'가 쓰이나, 자음이라도 'ㄹ'어간 뒤에서는 '-니'가 쓰인다. 'ㄹ'은 [+자음성, +모음성]의 자질을 가지는 것으로, 'ㄴ'앞에서는 [+모음성]이 작용하는 것으로 본다.

금성(禁城)엣 : 금성(禁城)+에(처격 조사, 부사격 조사)+ㅅ(관형격 조사). 금성의. 금성은 대궐을 가리킨다.

봀 비치 : 봄〔春〕+ㅅ(관형격 조사)#빛〔色〕+이(주격 조사). 봄의 빛이. 봄빛이. 봄의 경치가.

새배 : 새배〔曉〕. 새벽. 여기서 '새배'는 처격의 기능을 가진 것으로, '새배+∅'와 같이 영의 처격 조사를 가진 것으로 가정할 수 있다. '새배' 외에도 드물게 '새박'이란 형태가 쓰였다. '새벽'이란 말은 18세기 초반 『오륜전비』에 나타난다. ¶머리를 도로혀 자던 곳을 ᄇᆞ라보니 새박 구름이 만학의 ᄌᆞ자시니(머리를 돌려 자던 곳을 바라보니 새벽 구름이 첩첩 산골짜기에 잦아들어 있으니)<구운몽, 서울대학교소장필사본.txt(106)>. 새박이어든 슬피며(새벽이 되면 살피며)<소학 2:8ㄴ>. 長樂에 鍾이 울매 새벽殿이 열리니 ᄒᆞᆫ 소릐 淸蹕이 하ᄂᆞᆯ로셔 ᄂᆞ려오ᄂᆞᆫ또(도)다(장락전에 종이 울리니 새벽전이 열리니 한 소리 황제의 거동이 하늘로부터 내려오는도다)<오륜 3:12ㄱ>.

프르럿도다 : 프를〔蒼〕-+-어(연결 어미)#잇〔有〕-+-도다(감탄형 어미). 푸르러 있도다. 초간본에는 '프르렛도다'와 같이 되어 있다. '럿'은 '잇〔有〕-'이 'ㅅ-'으로 축약된 것으로, '럿'이 과거 표지형으로 변화하고 있음을 보인다.

千條弱柳垂青鎖 百囀流鶯滿建章 【此ᄂᆞᆫ 言所見時景ᄒᆞ니라】

즈믄 옰 보ᄃᆞ라온 버드른 靑鎖門에 드리옛고 온 가지로 울며셔 옮ᄃᆞ니ᄂᆞᆫ 굇고리ᄂᆞᆫ 建章宮에 ᄀᆞᄃᆞᆨᄒᆞ얘도다

천조약류수청쇄 백전류앵만건장 **【이는 당시 정경을 본 것을 말한 것이다.】**

천 가닥의 부드러운 버들은 청쇄문(대궐문)에 드리워 있고, 백 가지로 지저귀면서 옮겨 다니는 꾀꼬리는 건장궁(建章宮)에 가득해 있도다.

즈믄 : 즈믄〔千〕. 천. '즈믄'은 현대의 한국어가 잃어버린 말이다.

옰 : 올〔條〕+ㅅ(관형격 조사). 올의.

보ᄃᆞ라온 : 보ᄃᆞ랍〔柔, 弱〕-+-은(관형사형 어미). 부드러운. '보ᄃᆞ랍-'은 'ㅂ' 불규칙 활용을 하는 어간이다. 현대어의 '보드랍다'도 같다.

버드른 : 버들〔柳〕+은(보조사). 버들은. 버드나무는.

청쇄문(靑鎖門)에 : 청쇄문(靑鎖門)+에(처격 조사, 부사격 조사). 청쇄문에. 대궐문에. 청쇄문은 청색 꽃무늬로 장식한 황궁(皇宮)의 문으로, 한나라 때 궁궐문에 쇠사슬 같은 모양을 새기고 푸른 칠을 한 데서 유래된 말이다. 일반적으로 대궐문을 가리킨다. 초간본에는 '청쇄(靑瑣門)'의 '쇄'가 '쇠금'변이 아닌 '구슬 옥'변의 '瑣(쇄)'로 되어 있다.

드리옛고 : 드리〔垂〕-+-어(연결 어미)#잇〔有〕-+-고(연결 어미). 드리워 있고.

온 가지로 : 온〔百〕#가지〔種〕+로(조격 조사, 부사격 조사). 백 가지로. 여러 가지로.

울며셔 : 울〔囀〕-+-며(연결 어미)+셔(보조사). 울면서. 지저귀면서. 연결 어미 '-면서'는 17세기의 『두창경험방』에서 처음 나타나나, 18세기 중반의 『박통사신석언해』 및 『염불보권문』 등에 다수 나타난다. 그 쓰임이 왕성하게 되는 것은 19세기 말에 와서이다.

옮ᄃᆞ니ᄂᆞᆫ : 옮[移]-#ᄃᆞᆮ[走]-+-니[行]-+-ᄂᆞ(현재 시제 선어말 어미)-+-ㄴ(관형사형 어미). 옮겨 다니는. '옮[移]-#ᄃᆞᆮ[走]-+-니[行]-는 비통사적 합성어이다. 'ᄃᆞ니-'는 'ᄃᆞᆮ니-'가 자음 접변을 일으킨 것이다.

굇고리ᄂᆞᆫ : 곳고리〔鶯〕+ᄂᆞᆫ(보조사). 꾀꼬리는.

건장궁(建章宮)에 : 건장궁(建章宮)+에(처격 조사, 부사격 조사). 건장궁에. 건장궁은 한나라 무제 때 화재가 난 백량대에 다시 세운 궁이다. 미앙궁의 서쪽 장안성 밖에 위치해 있다. 복도(複道)에 의하여 미앙궁(未央宮)과 연결되어 있다.

ᄀᆞ득ᄒᆞ얫도다 : ᄀᆞ득〔滿〕+-ᄒᆞ(형용사 파생 접미사)-+-야(연결 어미)#잇〔有〕-+-도다(감탄형 어미). 가득해 있도다.

劒佩聲隨玉墀步 衣冠身惹御爐香

갈콰 佩玉ㅅ 소리ᄂᆞᆫ 玉墀옛 거르믈 좃고 衣冠ᄒᆞᆫ 고매ᄂᆞᆫ 御爐앳 香내 버므렷도다

검패성수옥지보 의관신야어로향

칼과 패옥 소리는 섬돌 위 뜰에 발걸음을 좇고, 옷을 차려 입고 관을 쓴 몸에는 대궐 향로의 향기가 둘러 있도다.

갈콰 : 갈ㅎ〔刀, 劍〕+과(접속 조사). 칼과. 접속 조사 '과'가 '콰'로 된 것은 '갈ㅎ'이 'ㅎ' 종성 체언이기 때문이다.

패옥(佩玉)ㅅ : 패옥(佩玉)+ㅅ(관형격 조사). 패옥의. 패옥(佩玉)은 왕과 왕비의 법복이나 문무백관의 조복(朝服)이나 제복 좌우에 늘이어 차던 옥을 말한다 흰 옥을 이어서 무릎 밑까지 내려가도록 하였다. 환패(環珮)라고도 한다.

소리ᄂᆞᆫ : 소리〔聲〕+ᄂᆞᆫ(보조사). 소리는. 여기서 '소리'는 임금이 걸을 때 칼에서 나는 철컥거리는 소리와 패옥에서 나는 절렁절렁하는 소리를 말한다.

옥지(玉墀)옛 : 옥지(玉墀)+에(처격 조사, 부사격 조사)+ㅅ(관형격 조사). 옥지의. '지(墀)'는 '섬돌 위의 뜰'을 이른다. '옥지'는 그것을 높이는 것으로, 임금이 머무는 곳을 이른다.

거르믈 : 거름〔步〕+을(대격 조사). 걸음을. 발걸음을.

좇고 : 좇〔隨〕-+-고(연결 어미). 좇고. 따르고.

의관(衣冠)ᄒᆞᆫ : 의관(衣冠)+-ᄒᆞ(동사 파생 접미사)-+-ㄴ(관형사형 어미). 의관한. 옷을 차려 입고 관을 쓴.

모매ᄂᆞᆫ : 몸〔身〕+애(처격 조사, 부사격 조사)+ᄂᆞᆫ(보조사). 몸에는.

어로(御爐)앳 : 어로(御爐)+애(처격 조사, 부사격 조사).+ㅅ(관형격 조사). 어로의. 대궐 향로의.

향(香)내 : 향(香)#내〔臭〕. 향내. 향기. 향내가. 향기가.

버므렛도다 : 버믈〔惹〕-+-어(연결 어미)#잇〔有〕-+-도다(감탄형 어미). 둘러 있도다. 둘려 있도다. 엉겨 있도다. 머물러 있도다. 초간본에는 '버므렛도다'와 같이 나타난다. '렛'도 '-러#잇-'으로 분석되고, '럿'도 '-러#잇-'으로 분석된다. '럿'의 'ㅅ'이 '시-, 잇-'을 나타내는 것으로 본다. ¶시혹 尊前에 잇거나 시혹 寂靜ᄒᆞᆫ ᄃᆡ 이쇼매 잢간도 對答ᄒᆞ논 마ᄅᆞᆯ 犯觸ᄒᆞ며 아당ᄃᆞ왼 말 내디 아니ᄒᆞ며 相考 아니ᄒᆞᆫ 말 내디 아니ᄒᆞ며 노ᄅᆞ샛 일 ᄒᆞ디 아니ᄒᆞ며 더러운 이레 버므디 아니ᄒᆞ며 嫌疑예 잇디 아니ᄒᆞᄂᆞ니라(혹시 높은 분 앞에 있거나 혹시 조용한 데 있음에 잠깐도 함부로 대답하는 말을 내지 말며, 아첨하는 말 내지 아니하며, 생각하지 않은 말 내지 아니하며, 놀이나 장난같은 일 하지 아니하며, 더러운 일에 섞이지 말며, 혐의에 있지 아니할 것이다)<내훈 1:2ㄴ>.

共沐恩波鳳池裏 朝朝染翰侍君王

님긊 恩波ᄅᆞᆯ 鳳池 소개셔 다ᄆᆞᆺ 저쳐 아ᄎᆞᆷ마다 부데 먹 무텨 님그믈 뫼ᅀᆞᆸ노라

공목은파봉지리 조조염한시군왕

임금의 은혜를 봉지(鳳池) (중서성) 안에서 함께 젖게 해서 아침마다 붓에 먹을 묻혀 임금을 모시노라.

님긊 : 님금〔王, 天子〕+ㅅ(관형격 조사). 임금의. 천자의.

은파(恩波)ᄅᆞᆯ : 은파(恩波)+ᄅᆞᆯ(대격 조사). 임금의 은혜를. '은파(恩波)'는 백성에게 널리 미침이 물결과 같다는 뜻으로, 임금의 은혜를 이른다. ¶ᄒᆞ오ᅀᅡ 건ᄂᆞᆫ ᄌᆡ조 녯 사ᄅᆞᄆᆡ게 超越ᄒᆞ니 나ᄆᆞᆫ 恩波ㅅ 德이 이우제 비취옛도다(혼자 걷는 재주 옛 사람보다 더하니 남은 임금 은혜의 덕이 이웃에 비추고 있도다)<두시(초) 9:5ㄱ>.

봉지(鳳池) : 중국의 정치기구의 하나인 중서성(中書省)을 달리 부르는 말이다. 봉지는 봉황지

(鳳凰池), 옥당(玉堂)이라고도 하였다. 중서성은 문하성(門下省)・상서성(尙書省)과 함께 수・당 시대 이후 중앙정치기구를 구성하는 '3성'의 하나. 중당(中堂)이라 불리기도 했으며, 당나라 고종(高宗) 때에는 서대(西臺), 측천무후(則天武后) 때에는 봉각(鳳閣), 당나라 현종(玄宗) 때에는 자미성(紫微省) 등으로 이름이 바뀌기도 하였다.(『두산백과』 참조).

소개셔 : 속〔裏〕+애셔(처격 조사, 부사격 조사). 속에서. '애셔'는 처격조사 '애'와 보조사 '셔'의 연결이 다시 처격 조사로 재구조화된 것이다. '셔' 또한 '시〔有〕-+-어(연결 어미)'의 결합이 보조사로 재구조화된 것이다.

다뭇 : 다뭇〔共〕. 같이. 함께.

저쳐 : 젖〔沐〕-+-히(사동 파생 접미사)-+-어(연결 어미). 젖게 하여. 초간본에서는 '저저'로 나타난다. 중간본 편찬자들에게는 '恩波를 鳳池 소개셔 다뭇 저저'와 같은 문맥에서 '은파를 젖어'와 같이 자동사 '젖-'의 쓰임을 적합하지 않은 것으로 판단한 것으로 여겨진다. '젖〔染〕-'의 사동사가 쓰인 것은 이 때문이다. 아주 드물지만, '젖- 의 사동사 '젖히-'의 예도 찾아진다. '적시-'로 된 예도 있다. ¶쇠 서르 뎐염ᄒᆞ얏ᄂᆞᆫ 병을 고툐ᄃᆡ 너고릐 ᄯᅩᆼ 두 되를 더운 므레 저쳐 그 즙을 가져다가 이베 브으라(소의 서로 전염하고 있는 병을 고치되 너구리의 똥 두 되를 더운 물에 적셔 그 즙을 가져다가 입에 부으라)<우마 2ㄴ>. ᄒᆞᄅᆞ ᄒᆞᆫ 번도 아니 잡ᄉᆞ오니 변상궁이 우룸 목 ᄆᆞᄅᆞ시믈 적시고 우ᄅᆞ쇼셔 ᄒᆞ여야 두 번을 마시시더라(하루 한 번도 아니 잡수시니 변상궁이 울음 목마르심을 적시고 우소서 하여야 두 번을 마시시더라)<서궁 30ㄱ>.

아ᄎᆞᆷ마다 : 아ᄎᆞᆷ〔朝〕+마다(보조사). 아침마다.

부데 : 붇〔筆〕+에(처격 조사, 부사격 조사). 붓에.

먹 무텨 : 먹〔墨〕#묻〔染〕-+-히(사동 파생 접미사)-+-어(연결 어미). 먹 묻혀. 먹을 묻혀.

님그믈 : 님금〔王, 天子〕+을(대격 조사). 임금을.

뫼ᄋᆞᆸ노라 : 뫼ᄋᆞᆸ〔侍〕-+-ᄂᆞ(현재 시제 선어말 어미)-+-오(확실성 표지)-+-라(평서형 어미). 모시노라. 모시도다. 초간본에는 '뫼ᅀᆞᆸ노라'와 같이 되어 있다. 중간본에서는 'ㅿ'음이 없어짐에 따라, '뫼ᅀᆞᆸ-'이 '뫼ᄋᆞᆸ-'으로 된 것이다. 중세어에는 '뫼ᅀᆞᆸ-'형 뿐만 하니라 '뫼시-'형도 나타난다. 그러던 것이 근대어에 '뫼ᄋᆞᆸ-'형이 많아지다가 '모시-'가 나타나는 것은 19세기 후반이다. ¶婇女ㅣ 기베 안ᄉᆞᄫᅡ 어마님ᄭᅴ 오ᅀᆞᆸ더니 大神ᄃᆞᆯ히 뫼시ᅀᆞᄫᆞ니(채녀가 비단에 안사와 어머님께 오삽더니 대신(大神)들이 뫼시오니)<월천 9ㄱ>. 아바님 뫼ᄋᆞᆸ고 편안ᄒᆞ신 유무 보ᄋᆞᆸ고 깃거ᄒᆞ노이다(아버님 모시고 편안하신가 어떤가 보삽고 기뻐합니다)<곽씨 32>.셰 번 죠조의게 하직ᄒᆞ고 형슈를 모시고 형님을 ᄎᆞ지니 ᄒᆞᆫ졈 츙셩이로다(세 번 조조에게 하직하고 형수를 모시고 형님을 찾으니 한 점 충성이로다)<명성 18ㄴ>.

4ㄱ和賈至舍人早朝大明宮

<제목> 화가지사인조조대명궁(가지 사인의 '일찍 대명궁에서 조회함'이란 시에 화답함)

가지(賈至) : 당나라 하남(河南) 낙양(洛陽) 사람(718 ~ 772). 본명은 가유린(賈幼隣), 자는 유린(有隣) 또는 유기(幼幾). 가증(賈曾)의 아들이다. 현종(玄宗) 때의 문신 겸 시인. 출생지는 낙양이다. 751년 명경과(明經科)에 급제하여 단부위(單父尉)가 되고, 기거사인(起居舍人: 황제의 언행을 기록하던 벼슬. 현종 때의 일이다), 중서사인(中書舍人: 궁중에서 문서를 작성하던 벼슬. 숙종 때의 일이다), 지제고(知制誥) 벼슬을 하였다. 가지가 악주사마(岳州司馬)로 좌천되었을 때는 이백과 동정호에서 함께 놀았다고 한다.

사인(舍人) : 가지(賈至)의 벼슬이 '사인'이었으므로, '가지 사인'이라 부른 것이다. 사인에는 중서사인(中書舍人)과 기거사인(起居舍人) 둘이 있었는데, 당시 가지는 중서사인에 속해 있었다.

조조대명궁(早朝大明宮) : 일찍 대명궁에서 조회함. 가지(賈至)가 써서 준 시의 제목이 '조조대명궁정양성료우(早朝大明宮呈兩省寮友)'였는데, 그 중에서 앞의 다섯 글자만 따온 것임.

화가지사인조조대명궁(和賈至舍人早朝大明宮) : 가지 사인의 '일찍 대명궁에서 조회함'이란 시에 화답함. 이 시는 숙종 건원(乾元) 원년(758) 봄에 지은 것이라 한다. 당시 두보는 좌습유(左拾遺)의 벼슬을 하고 있었다. 가지가 <조조대명궁(早朝大明宮)>이란 시를 지었으므로, 두보, 왕유(王維), 잠삼(岑參) 등의 동료들이 이어 화답의 시를 쓰고 있다. 다른 곳에 실린 이 시의 제목에는 '봉(奉)'이란 글자가 더 있다. 제목이 '봉화가지사인조조대명궁(奉和賈至舍人早朝大明宮)'으로 되어 있어 "가지 사인의 '일찍 대명궁에서 조회함'이란 시에 받들어 화답함"으로 답시를 쓰고 있다. 가지 사인의 벼슬이 높았기 때문에 '봉'자를 쓴 것이다.

五夜漏聲催曉箭 九重春色醉仙桃【五夜는 甲乙丙丁戊ㅣ라 曉箭은 漏箭이라 仙桃은(는) 春色이 著桃ᄒᆞ야 如酣醉然ᄒᆞ니 在宮中故로 謂之仙桃ㅣ라】

다ᄉᆞᆺ 바ᄆᆡᆺ 漏刻 소리ᄂᆞᆫ 사(새)뱃 사ᄅᆞᆯ 뵈야ᄂᆞ니 九重엣 ᄇᆞᆷ비ᄎᆞᆫ 仙桃ㅣ 醉ᄒᆞ얫ᄂᆞᆫ ᄃᆞᆺᄒᆞ도다

오야루성최효전 구중춘색취선도【오야(五夜)는 갑야(甲夜), 을야(乙夜), 병야(丙夜), 정야(丁夜), 무야(戊夜)이다. 효전(曉箭)은 물시계의 살이다. 선도(仙桃)는 봄의 빛이 복숭아에 착색되어 술기운이 한창 오른 것 같으니, 궁궐 안에 있는 고로 선도라 이른다.】

오경(五更)의 물시계 소리는 새벽을 가리키는 화살을 재촉하는데, 구중 대궐의 봄빛은 궁중의 복숭아가 취하여 있는 듯하도다.

다ᄉᆞᆺ 바ᄆᆡᆺ : 다ᄉᆞᆺ[五]#밤[夜]+ᄋᆡ(처격 조사, 부사격 조사)+ㅅ(관형격 조사). 다섯 밤에. 오경(五更)의. 새벽의. '오야(五夜)'를 언해는 '다ᄉᆞᆺ 바ᄆᆡᆺ'의 '다ᄉᆞᆺ 밤'과 같이 번역하였다. 여기에 할주는 '五夜ᄂᆞᆫ 甲乙丙丁戊ㅣ라(오야는 갑야, 을야, 병야, 정야, 무야라)'와 같이 달았다. 이렇게 되면, '오야(五夜)'는 '온 밤'을 전체로 가리키게 된다 문맥은 '다섯 밤의 물시계 소리는 새벽의 살을 재촉하니'와 같이 된다. '다섯 밤'을 '온 밤'으로 해석하면 전날 저녁에도 물시계의 살이 다음날의 새벽을 재촉하였다는 것이 된다. 적합하지 않다. '오야'는 '온 밤'을 뜻한다기보다는 '하룻밤을 다섯 부분으로 나누었을 때 맨 마지막 부분 즉 새벽 세 시에서 다섯 시 사이'를 가리키는 것으로 보아야 한다.

누각(漏刻) 소리ᄂᆞᆫ : 누각(漏刻)#소리[聲]+ᄂᆞᆫ(보조사). 물시계 소리는. 물시계는 작은 구멍을 통하여 물이 떨어지게 하여, 물의 분량으로 시간을 알 수 있게 한 장치로, 부표(浮標)로 시간을 알 수 있게 하였다. 부표에 화살을 달아 시간을 가리키게 하였다. 누각 소리는 물 떨어지는 소리를 말한다. 물시계는 기원전 200년 경 이집트에서 처음 사용하였다고 한다.

새뱃 사ᄅᆞᆯ : 새배[曉]+ㅅ(관형격 조사)#살[箭]+ᄋᆞᆯ(대격 조사). 새벽의 살. 새벽을 가리키는 화살을. '새배'는 '새배' 외에도 드물게 '새박'이란 형태가 쓰이었다. ¶머리ᄅᆞᆯ 도로혀 자던 곳을 ᄇᆞ라보니 새박 구름이 만학의 ᄌᆞ자시니(머리를 돌려 자던 곳을 바라보니 새벽 구름이 첩첩 산골짜기에 잦아들어 있으니)<구운몽, 서울대학교소장필사본.txt(106)>. 새박이어든 ᄉᆞᆯ피며(새벽이거든 살피며)<소학 2:8ㄴ>

뵈야ᄂᆞ니 : 뵈야[催]-+-ᄂᆞ(현재 시제 선어말 어미)-+-니(연결 어미). 재촉하니. 재촉하는데. 초간본에는 '뵈아ᄂᆞ니'로 되어 있다. '뵈야ᄂᆞ니'와 같은 표기는 국어사 표기 중 이곳에 밖에 나타나지 않는다. ¶치운 젯 오ᄉᆞᆯ 곧마다 ᄀᆞ애와 자콰로 지소ᄆᆞᆯ 뵈아ᄂᆞ니 白帝城ㅅ 노ᄑᆞᆫ ᄃᆡ셔 나죗 방하ᄅᆞᆯ ᄲᆞᆯ리 딘ᄂᆞᆺ다(추울 때 입는 옷을 곳곳마다 가위와 자로 짓는 것을 재촉하니 백제성 높은 데서 저녁의 방아를 빨리 찧는구나!)<두시(초) 10:33ㄴ>.

구중(九重)엣 : 구중(九重)+에(처격 조사, 부사격 조사)+ㅅ(관형격 조사). 구중궁궐의. 궁궐의. 대궐의.

봆비츤 : 봄[春]#빛[色]+은(보조사). 봄의 빛은. 봄빛은. 봄의 경치는.

선도(仙桃)ㅣ : 선도(仙桃)+이(주격 조사). 선도가. 궁중의 복숭아가. 원문의 '선도(仙桃)'에서 '도'의 한자가 아주 이상하게 쓰여져 있다. 할주에 나타난 다른 '도(桃)'자도 아주 이상한 모습을 하고 있다. '나무 목'변에 '털 모'자의 중앙획과 같은 굽은 세로 획이 있고 중앙획 오른쪽에 '흙 토'와 같은 자가 있고 오른 쪽에 '윗 상(上)'자가 있는 모양이다. 초간본에 있는 '도(桃)'자는 정상적인 한자이다.

취(醉)ᄒᆞ얫ᄂᆞᆫ : 취(醉)+-ᄒᆞ(동사 파생 접미사)-+-야(연결 어미)#잇[有]-+-ᄂᆞ(현재 시제 선어말 어미)-+-ㄴ(관형사형 어미). 취하여 있는.

ᄃᆞᆺᄒᆞ도다 : ᄃᆞᆺ[如]+-ᄒᆞ(형용사 파생 접미사)-+-도다(감탄형 어미). 듯하도다.

旌旗日暖龍蛇動 宮殿風微燕雀高 【龍蛇ᄂᆞᆫ 旌旗ㅅ 所畫ㅣ라】

旌旗예 ᄒᆡ 덥게 ᄢᅬ니 龍과 ᄇᆡ얌괘 뮈오 宮殿에 ᄇᆞᄅᆞᆷ미(ᄇᆞᄅᆞ미) 잢간 부니 져비와 새왜 노피 ᄂᆞᄂᆞᆺ다

정기일난룡사동 궁전풍미연작고 **【용과 뱀은 정기에 그린 것이다.】**

정기(旌旗)에 해 덥게 쬐니 용과 뱀이 움직이고, 궁전에 바람이 잠깐 부니 제비와 새가 높이 나는구나.

정기(旌旗)예 : 정기(旌旗)+예(처격 조사, 부사격 조사). 정기에. '정기'는 '정'과 '기'를 아울러 이르는 말이다. '정(旌)'은 깃대 끝에 새의 깃으로 꾸민 장목을 늘어뜨린 의장기를 말한다. 기(旗)는 헝겊 따위에 글자나 그림을 넣어 어떤 의미나 특정한 단체를 표시하는 물건으로, 고대의 기에는 용이나 뱀 등이 그려 있었다. ¶巴山ㅅ 길흘 시름 아니ᄒᆞ거니와 漢ㅅ 旌旗ᄅᆞᆯ 일흘가 젓노라(파산(巴山)으로 가는 길을 걱정하지 않거니와, 한(漢)나라의 정기를 잃을까 두려워하노라)<두시(초) 12:33ㄱ>.

ᄒᆡ : ᄒᆡ[太陽]. 해. 햇빛. 햇볕.

덥게 : 덥[溫, 暖]-+-게(연결 어미). 덥게. 따뜻하게.

ᄧᅬ니 : ᄧᅬ[照]-+-니(연결 어미). 쪼이니. 쬐니. ¶尫病(왕병) ᄒᆞᆫ 닐 벼틔 ᄧᅬ요ᄆᆞᆫ 시혹 알ᄑᆡ 듯던 이리어니와 스승 튜믄 녜를 마초ᄡᅳ지 아니ᄒᆞᆫ 이리로다(척추병 앓는 이(곱사등이)를 볕에 쬐는 것은 간혹 예전에 듣던 일이거니와 무당을 치는 것은 옛 것과 맞지 않는 일이로다) <두시(초) 12:41ㄴ>.

용(龍)과 ᄇᆡ얌괘 : 용(龍)+과(접속 조사)#ᄇᆡ얌[蛇]+과(접속 조사)+이(주격 조사). 용과 뱀이. 정기의 바탕에 그려진 동물이다. 'ᄇᆡ얌'이 '뱀'으로 나타나는 것은 20세기 초이다. ¶전설에 의하면 그는 江淮에서 뱀을 베고 악양에서는 학을 데리고 놀앗으며(전설에 의하면 그는 강회에서 뱀을 베고 악양에서는 학을 데리고 놀았으며)<빙빙뎐 5.txt(94)>.

뮈오 : 뮈[動]-+-고(연결 어미). 움직이고. 꿈틀대고. '뮈고'의 '-고'가 '-오'가 된 것은 어간 말의 'ㅣ' 뒤에서 어미의 두음 'ㄱ'이 탈락된 것이다. ¶불휘 기픈 남ᄀᆞᆫ ᄇᆞᄅᆞ매 아니 뮐ᄊᆡ 곶 됴코 여름 하ᄂᆞ니(뿌리 깊은 나무는 바람에 아니 움직이기 때문에 꽃 좋고 열매 많으니) <용가 2>.

궁전(宮殿)에 : 궁전(宮殿)+에(처격 조사, 부사격 조사). 궁전에. 여기의 궁전은 중서성(中書省)인 것으로 보인다. 당시 가지(賈至) 사인의 관직이 중서사인(中書舍人)이었기 때문이다.

ᄇᆞᄅᆞᆷ미(ᄇᆞᄅᆞ미) : ᄇᆞᄅᆞᆷ[風]+이(주격 조사). 바람이. 'ᄇᆞᄅᆞᆷ미'는 'ᄇᆞᄅᆞᆷ'이란 형태소를 고정시키려는 경향을 보이는 것이다.

잢간 : 잠깐. 잠시(暫時). ¶터리예셔 큰 므리 브ᅀᅥ 한 브리 잢간 ᄢᅥ디거늘 罪人ᄃᆞᆯ히 보ᅀᆞᆸ고 제여곰 지순 罪를 아라(털에서 큰 물이 부어져 큰 불이 잠간 꺼지거늘 죄인들이 보옵고 제가끔 지운 죄를 알아)<월석 4:13ㄱ>.

부니 : 불[吹]-+-니(연결 어미). 부니. 어간 '불-'의 말음 'ㄹ'이 연결 어미 '-니'의 두음 'ㄴ'앞에서 탈락한 것이다. 어간이 '불-～부-'와 같이 변하는 것은 'ㄹ' 불규칙 활용으로, 어간이 'ㄹ'받침을 가진 모든 용언이 이에 속한다. 중세어나 현대어에서도 같다.

ᄇᆞᄅᆞ미 잢간 부니 : 언해는 원문의 '풍미(風微)'를 '잠깐 바람이 부니'와 같이 번역하였으나, '미(微)'가 작은 것을 뜻하므로, '바람은 부드럽고, 바람은 잔잔하고'와 같이 번역하는 것이 더 적절하다고 본다.

져비와 새왜 : 져비[燕]+와(접속 조사)#새[鳥, 雀]+와(접속 조사)+이(주격 조사). 제비와 참새가. 원문의 '연작(燕雀)'을 언해는 '져비와 새'로 번역하였다. '새'를 '참새'를 나타낼 수도 있었다고 해석하는 일도 있으나, 흔히 '새'는 '새'일반을 뜻하는 것이므로, '제비와 새'는 병렬의 원칙을 어기는 것이라고 할 수 있다. '제비'는 '새'에 포함되는 것이기 때문이다.

노피 : 높[高]-+-이(주격 조사). 높이. 높게.

ᄂᆞᄂᆞᆺ다 : ᄂᆞᆯ[飛]-+-ᄂᆞ(현재 시제 선어말 어미)-+-오(확실성 표지)-+-ㅅ다(감탄형 어미). 나는도다. 날도다. 나는구나. '-ㅅ다'는 본래 사이시옷과 어말 어미 '-다'의 결합이 감탄형 어

미로 재구조화된 것이다. '-놋다'를 감탄형 어미로 보는 것 또한 재구조화를 적용하는 것이다.

져비와 새왜 노피 ᄂᆞ놋다 : 제비와 새가 높이 나는구나. 이와 관련되는 것은 원작의 문제로, '연작고(燕雀高)'가 '제비와 참새가 높이 나는구나!'로 풀이되어 사실에 맞지 않는 듯이 보인다. '제비'는 높이 날지만, '참새'는 대부분의 경우 높이 난다고 볼 수 없기 때문이다. 하늘을 나는 새들 모두 '높이 날다'라고 표현한 것인가?

> **朝罷香煙攜滿袖 詩成珠玉在揮毫**
>
> 朝會 ᄆᆞᆺ고 香爐ㅅ ᄂᆡ를 ᄉᆞ매예 ᄀᆞᄃᆞ기 가져가ᄂᆞ니 詩句를 일우니 구스4ㄴ리 붇 두루듀메 잇도다

조파향연휴만수 시성주옥재휘호

조회 마치고 향로의 향내를 소매에 가득하게 가져가는데, 시구(詩句)를 이루니 구슬이 붓 휘두름에 있도다.

조회(朝會) : 조정의 문무백관이 정전에 모여 임금에게 문안드리고 정사를 아뢰던 일. 대조(大朝: 초하루와 보름날 아침에 모든 문무백관들이 임금에게 문안을 드리고 결재를 받던 큰 조회), 조참(朝參 : 한 달에 네 번 중앙에 있는 문무백관이 정전(正殿)에 모여 임금에게 문안드리고 정사(政事)를 아뢰던 일), 상참(常參 : 의정(議政)을 비롯한 중신(重臣)과 시종관(侍從官)이 매일 편전(便殿)에서 임금에게 정사(政事)를 아뢰던 일) 따위가 있다

ᄆᆞᆺ고 : ᄆᆞᆾ〔罷〕-+-고(연결 어미). 마치고. 파하고. ¶또 世間앳 衆生ᄋᆞᆯ 어엿비너겨 護持홀 ᄆᆞᅀᆞᄆᆞᆯ 내혀ᄃᆡ 因果ㅣ 몯다 ᄆᆞ차 이실씨(또 세상의 중생을 불쌍히 여겨 아껴 지닐 마음을 끌어내되 인과(因果)가 모두 마쳐(끝나) 있기 때문에)<월석 2:63ㄱ>.

향로(香爐)ㅅ : 향로(香爐)+ㅅ(관형격 조사). 향로의.

ᄂᆡ를 : ᄂᆡ〔香, 臭〕+를(대격 조사). 냄새를. 향내를. 향기를.

ᄉᆞ매예 : ᄉᆞ매〔袖〕+예(처격 조사, 부사격 조사). 소매에.

ᄀᆞᄃᆞ기 : ᄀᆞᄃᆞᆨ〔滿〕-+-이(부사 파생 접미사). 가득히. 가득하게.

가져가ᄂᆞ니 : 가지〔持〕-+-어(연결 어미)#가〔去〕-+-ᄂᆞ(현재 시제 선어말 어미)-+-니(연결 어미). 가져가니. 가져가는데.

시구(詩句)를 : 시구(詩句)+를(대격 조사). 시구를.

일우니 : 일〔成〕-+-우(사동 파생 접미사)-+-니(연결 어미). 이루니. '일[成]-'의 사동사에는 '일

우-' 외에도 '이ᄅᆞ-'가 있었다. '이ᄅᆞ-'는 건물과 같은 구체적인 물건을 만드는 일에 주로 쓰였고, '일우-'는 다소 추상적인 일을 성취하는 일에 주로 쓰였다. ¶成佛은 부텻 道理ᄅᆞᆯ 일우실 씨라(성불(成佛)은 부처의 도리를 이루는 것이다)<석상 3:1ㄱ>. 太子ㅣ 니ᄅᆞ샤ᄃᆡ 네 가짓 願을 일우고져 ᄒᆞ노니 늘굼 모ᄅᆞ며 病 업스며 주굼 모ᄅᆞ며 여희욤 모ᄅᆞ고져 ᄒᆞ노이다(태자가 이르시되 네 가지의 원을 이루고자 하니 늙음 모르며 병 없으며 죽음 모르며 이별함 모르고자 합니다)<석상 3:21ㄱ~ㄴ>.

구스리 : 구슬〔玉, 珠〕+이(주격 조사). 구슬이.

붇 : 붇〔筆〕. 붓.

두루튜메 : 두르〔揮〕-+-티(강세 접미사)-+-움(명사형 어미)+에(처격 조사, 부사격 조사). 휘두름에. ¶饔子ㅣ 左右로 서리 ᄀᆞ튼 갈ᄒᆞᆯ 두르티니 鱠ㅣ 金盤애 ᄂᆞᄅᆞ디니(옹자가 좌우로 서리 같은 칼을 휘두르니 회(鱠)가 금반(金盤)에 날아 떨어지니)<두시(초) 16:62ㄴ>.

잇도다 : 잇〔有〕-+-도다(감탄형 어미). 있도다. 있구나.

欲知世掌絲綸美 池上于今有鳳毛【甫ㅣ 自註 舍人이 先世ㅣ 掌絲綸ᄒᆞ니라 池ᄂᆞᆫ 鳳凰池라 宋人 謝鳳의 子 超宗이 有文辭ᄒᆞ더니 作殷淑儀誄ᄒᆞ야 奏之ᄒᆞᆫ댄 帝ㅣ 嗟賞曰超宗이 殊有鳳毛ㅣ로다 ᄒᆞ시니 此ᄂᆞᆫ 美舍人의 繼父之業而爲中書也ㅣ라】

世世로 絲綸 ᄀᆞ음아로ᄆᆡ 아ᄅᆞᆷ다오ᄆᆞᆯ 알오져 홀뎬 못 우희 이제 鳳의 터리 잇도다

욕지세장사륜미 지상우금유봉모 【두보가 스스로 주를 달기를 가지(賈至)사인이 선조가 조칙(詔勅: 임금의 명령을 적은 조서)을 담당하였다. 지(池)는 봉황지(鳳凰池: 중서성)이다. 송나라 사람 사봉(謝鳳)의 아들 초종(超宗)이 문재(文才)가 있었는데, 은숙의(殷淑儀)의 조문을 지어 그것을 임금께 아뢰니 황제가 감탄하여 칭찬하기를 초종(超宗)이 특별히 봉황의 깃털을 가졌도다 하시니, 이는 가지사인(賈至舍人)이 아버지의 업을 이어 중서(中書)가 된 것을 기리는 것이다.】

대대로 임금의 조칙을 주관함의 아름다움을 알고자 한다면, 못 위(중서성)에 지금 봉황의 깃털이 있도다(중서성에 봉황의 깃털이 있음을 보라).

조칙(詔勅) : 조서(詔書). 임금의 명령을 적은 문서.

봉황지(鳳凰池) : 중국의 정치기구의 하나인 중서성(中書省)을 달리 부르는 말. 봉지(鳳池), 옥당(玉堂)이라고도 하였다. 중서성은 문하성(門下省)·상서성(尙書省)과 함께 수·당 시대 이후 중앙정치기구를 구성하는 '3성 6부제'의 '3성'을 구성하던 정치기구의 하나. 중당(中堂)이라고 불리기도 했으며, 당나라 고종(高宗) 때에는 서대(西臺), 측천무후(則天武后) 때에는 봉각(鳳閣), 당나라 현종(玄宗) 때에는 자미성(紫微省) 등으로 명칭이 바뀌기도 하였다.(<두산백과> 참조).

문사(文辭) : 문장에 나타난 말로, 문학적인 재능 즉 문재(文才)를 가리킴.

사봉(謝鳳) : 진군 양하현(陳郡陽夏縣::지금의 하남성 태강현) 사람(403~453). 남조 송나라 때의 대신. 명장 사현(謝玄)의 증손이고, 시인 사령운(謝靈運))의 아들. 은(鄞) 현령을 하였고, 안남장군, 광주자사(廣州刺史)를 하였다.

초종(超宗) : 본명 사초종(謝超宗: 430-483). 자 초종(超宗) 진군 양하현(陳郡陽夏縣: 지금의 하남성 태강현) 사람 초년에 조부의 누를 입어 광주로 유배 생활을 하였으나, 부지런하고 공부에 정진하고 문재(文才)를 갖추어 명예를 얻었다. 송 명제 태시(泰始) 연간에 전중랑(殿中郎)을 지냈다. 나중에 옹주사마(雍州司馬)가 되어 남군왕(南郡王) 소장무(蕭長懋)를 보좌하다가, 금고(禁庫)를 당하기도 하였다. 시중(侍中) 장경아(張敬兒)의 딸을 취하여 며느리로 삼았는데, 장경아(張敬兒)가 형벌을 받아 죽음에 따라, 핍박을 받자 자살하였다고 한다.

은숙의(殷淑儀) 뇌(誄) : 송나라 효무제의 아들 신안왕(新安王)의 어머니 은숙의에 대한 뇌사(誄詞). 뇌(誄)는 뇌사(誄詞)로 조문(弔文)을 말한다.

뇌사(誄詞) : 죽은 사람의 살았을 때의 공덕을 칭송하며 문상하는 말. 조문(弔文).

수유봉미(殊有鳳尾) : 봉미(鳳尾)는 봉황의 깃으로, 자식이 부모 못지 않은 소질을 가지고 있는 것을 이른다. 『남제서(南齊書)』의 '사초종전(謝超宗傳)'에, 사봉(謝鳳)의 아들 초종(超宗)이 문사(文辭)가 있어 왕의 모친 은숙의(殷淑儀)의 뇌사를 지었는데, 왕이 칭찬하여 '초종에게는 특별하게 봉미가 있다'고 하였다는 기록이 나온다.

세세(世世)로 : 세세(世世)+로(조격 조사, 부사격 조사). 대대로.

사륜(絲綸) : 조칙. 조칙은 임금의 명령을 적은 조서(詔書)를 말함.

ᄀᆞᄋᆞᆷ아로ᄆᆡ : ᄀᆞᄋᆞᆷ알[掌]-+-옴(명사형 어미)+ᄋᆡ(처격 조사, 부사격 조사). 다룸에. 맡아 다룸에. 주관함에. 초간본에는 'ᄀᆞᅀᆞᆷ아로ᄆᆡ'로 되어 있다.

아ᄅᆞᆷ다오ᄆᆞᆯ : 아ᄅᆞᆷ답[美]-+-옴(명사형 어미)+ᄋᆞᆯ(대격 조사). 아름다움을.

알오져 : 알[知]-+-고져(연결 어미). 알고자. 알려고.

홀뎬 : ᄒᆞ[爲]-+-오(확실성 표지)-+-ㄹ뎬(연결 어미). 할진대. 할진대는. 한다면.

못 우희 : 못[池]#우ㅎ[上]+ᄋᆡ(처격 조사, 부사격 조사). 못 위에. 연못 위에. '못'은 봉황지로 중서성(中書省)을 가리킨다. '우희'가 초간본에서는 '우ᄒᆡ'로 나타난다.

이제 : 이제[今]. 화자가 말을 하는 바로 그 시간. 지금. 시방(時方). 현금(現今). '지금'이 나타나는 것은 『순천김씨언간』을 비롯한 16세기 이후의 언간 및 한글소설이다. 그 이전에는 '현금(現今), 시방(時方)' 등과 같은 한자어가 쓰이는 외에는 대부분 '이제'라는 말이 많이 쓰였다. 현대어의 '이제'와 '지금'을 같은 말로 보는 경우가 있으나, '지금'은 기본적으로 명사이고, '이제'는 기본적으로 부사라는 점에서 큰 차이를 가진다. '*이제가/지금이 좋은 때이다, 그 일을 하기 좋은 시간이 지금이다/?*이제이다'와 같은 차이가 나는 것은 그 때문이다. '지금'이 부사로 쓰일 때 그 쓰임이 '이제'와 유사해진다. 그러나 이때에도 '지금'은 시간선 상의 일점을 가리키고, '이제'는 시간선 상의 일점을 가리키는 외에도 상황적인 의미를 함축한다. '우리는 이제/지금 그의 제안을 받아들여야 한다'에서 '이제'는 그의 제안을 받아들이지 않으면 안 되는 상황을 제시하는 의미가 동반되나, '지금'은 그런 의미가 강하지 않다.

봉(鳳)의 터리 : 봉(鳳)+의(처격 조사, 부사격 조사)#터리[毛]. 봉황의 털. 봉황의 깃털. 자식이 부모 못지 않은 소질을 가지고 있는 것을 이른다. '봉모인각(鳳毛麟角: 봉황의 깃털과 사슴의 뿔)'이라고도 한다. '터리'는 그 자체가 명사로, '털[毛]+이(주격 조사)의 결합이 아니다.

잇도다 : 잇[有]-+-도다(감탄형 어미). 있도다. 있구나.

同前 【王維】

<제목> 동전 (앞과 같음) 【왕유】

왕유(王維) : 중국 당(唐)나라 때의 시인이자 화가(699～759). 자는 마힐(摩詰). 호는 마힐거사(摩诘居士). 하동 보주(蒲州), 지금의 산서성 운성(運城) 사람이다. 왕유는 평소 효도와 우애가 깊었고, 서예에도 뛰어났다. 음악과 그림에도 재능이 있었다. 대표적인 성당 시인으로 '시불(詩佛)'로 불렸다. 북송의 문인 소식(蘇軾)은 그를 평가하여 '마힐의 시를 음미하고 있으면, 시 속에 그림이 있고, 마힐의 그림을 보고 있으면 그림 속에 시가 있다'고 하였다. 개원(開元) 9년(721)에 진사가 되고, 태락승(太樂丞)이 되었다. 불학(佛學)에도 정통하였다고 한다.

동전(同前) : 앞과 같음. 앞에 있는 시의 제목이 '화가지사인조조대명궁(和賈至舍人早朝大明宮: 가지사인의 '이른 아침 대명궁에서 조회함'에 화답함)이므로, 이 시도 제목이 '화가지사인조조대명궁(和賈至舍人早朝大明宮)'이라는 것을 말한 것이다. 원래의 제목이 '동전(同前)'과 같이 되어 있는 것은 아니다. 가지(賈至)의 같은 시어 대하여, 왕유, 잠삼, 두보가 답시를 지은 것이다.

絳幘雞人送曉籌 尙衣方進翠雲裘【雞人은 掌夜呼曉ㅣᄒᆞᄂᆞ니 漢官儀예 衛士ㅣ 朱雀門外예 著絳幘ᄒᆞ야 傳雞唱ᄒᆞ니라 尙衣[5]ㄱᄂᆞᆫ 官名ㅣ라】

블근 곳갈 ᄉᆞᆫ 鷄人이 새뱃 漏籌ᄅᆞᆯ 보내ᄂᆞ니 尙衣ㅅ 마ᄋᆞ리 보야ᄒᆞ로 프른 구룸 ᄀᆞᄐᆞᆫ 갓오ᄉᆞᆯ 進上ᄒᆞᄂᆞ다

강책계인송효주 상의방진취운구【시보 담당관은 밤에 시간 알리는 일을 담당하여 새벽에 소리치니 『한관의(漢官儀)』에 대궐 수비대의 장교가 주작문(朱雀門) 밖에 강책(絳幘)을 쓰고 닭의 울음소리를 내는 것이다. 상의(尙衣)는 벼슬 이름이다.】

붉은 고깔 쓴 시보 담당관이 새벽의 물시계 화살을 보내는데, 임금 의상 담당관이 바야흐로 푸른 구름 같은 가죽옷을 진상한다.

한관의(漢官儀) : 동한(東漢)시기에 응소(應劭)가 찬한 책. 한나라 때의 관제(官制)나 예의(禮儀)에 관한 서적으로, '한관(漢官)'이라고도 한다.

위사(衛士) : 대궐 수비대의 장교를 말한다.

블근 : 븕[赤, 絳]-+-은(관형사형 어미). 붉은. '블근'이 '붉은'이 된 것은 음소적 표기에서 형태적 표기로 바뀐 탓이며, 'ㅡ'가 'ㅜ'로 된 것은 순음 아래에서 원순 모음화가 일어났기 때문이다.

곳갈 : 곳갈[幘]. 고깔.

ᄉᆞᆫ : ᄉᆞ[着, 著]+-ㄴ(관형사형 어미). 쓴. 머리에 쓴.

계인(雞人)이 : 계인(雞人)+이(주격 조사). 계인이. 닭소리 시보 담당관이. 계인은 시보(時報) 담당관으로 닭 역할을 하는 관리를 말한다. 대궐에서는 닭을 기를 수 없어, 대신 새벽에 닭소리를 내어 시간을 알리는 벼슬을 두었다고 한다.

새뱃 : 새배[曉]+ㅅ(관형격 조사). 새벽의. 이전에는 '새박'이란 형태도 있었다.

누주(漏籌)ᄅᆞᆯ : 누주(漏籌)+ᄅᆞᆯ(대격 조사). 물시계의 시침을.

보내ᄂᆞ니 : 보내[送]-+-ᄂᆞ(현재 시제 선어말 어미)-+-니(연결 어미). 보내니. 보내는데.

상의(尙衣)ㅅ : 상의(尙衣)+ㅅ(관형격 조사). 상의의. '상의'는 임금의 의관을 관장하는 벼슬.
마ᄋᆞ리 : 마ᅀᆞᆯ〔官〕+이(주격 조사). 관청이. 관리가.
보야ᄒᆞ로 : 보야ᄒᆞ로〔方〕. 바야흐로. 이제 막. 국어의 역사에서 'ᄇᆞ야ᄒᆞ로'가 나타나는 것은 17세기 초이다. 이러한 순서에 의하면, '보'의 'ㅗ'가 'ㆍ'가 되었다고 해야 한다. 그러나 이러한 변화는 'ㆍ'의 변화 과정과는 반대되는 것이다. 흔히는 'ㆍ'가 'ㅏ'를 비롯한 여러 가지로 변화를 보인다.
프른 : 프르〔靑, 翠〕-+-ㄴ(관형사형 어미). 푸른. '프'가 '푸'로 되는 것은 원순 모음화이다.
구룸 ᄀᆞᄐᆞᆫ : 구룸〔雲〕#ᄀᆞᆮ〔如〕+-ᄒᆞ(형용사 파생 접미사)-+-ㄴ(관형사형 어미). 구름 같은.
갓오ᄉᆞᆯ : 갗〔皮〕#옷〔衣〕+ᄋᆞᆯ(대격 조사). 가죽옷을. 갖옷을. 사전에는 '갖옷'의 풀이가 짐승의 털가죽으로 안을 댄 옷으로 되어 있으나, 짐승의 가죽으로 지은 옷을 일반적으로 가리키는 것으로 보아야 한다.
진상(進上)ᄒᆞᄂᆞ다 : 진상(進上)+-ᄒᆞ(동사 파생 접미사)-+-ᄂᆞ(현재 시제 선어말 어미)-+-다(평서형 어미). 진상한다. 나아가 웃어른에게 바친다.

> **九天閶闔開宮殿 萬國衣冠拜冕旒**
> 九天엣 門은 宮殿을 열오 萬國ㅅ 衣冠ᄒᆞ닌 冕旒를 절ᄒᆞᅀᆞᇦᄂᆞ다

구천창합개궁전 만국의관배면류

아홉 하늘의 문은 궁전을 열고, 만국의 의관을 한 사람은 면류관을 쓴 황제에게 절을 올리는구나.

구천(九天)엣 : 구천(九天)+에(처격 조사, 부사격 조사)+ㅅ(관형격 조사). 구천의. 아홉하늘의. 온 하늘의. 대궐의. 중국 고대에 하늘을 중앙과 여덟 방위로 나누었는데, 그 아홉 방위 각각에 이름을 붙이고 그 전체를 합하여 하늘 전체를 가리키는 개념이 구천이다. 구천은 구야(九野)라고도 한다. 『여씨춘추』 권 13 '유시(有始)'편에 의하면, 구천은 중앙의 균천(鈞天), 동쪽의 창천(蒼天), 동북쪽의 변천(變天), 북쪽의 현천(玄天), 서북쪽의 유천(幽天), 서쪽의 호천(顥天), 남서쪽의 주천(朱天), 남쪽의 염천(炎天), 동남쪽의 양천(陽天)을 말한다. 여기서 구천은 대궐, 황궁(皇宮)을 말한다. 장대(張岱)의 『야항선(夜航船)』 권 1 '천문부(天文部)'편에도 구천의 이름이 소개되어 있는데, '호천(浩天)'의 한자가 다른 차이가 있다.
창합(閶闔) : 하늘의 문〔天門〕. 여기서는 대궐의 정문을 가리킨다.
문(門)은 : 문(門)+은(보조사). 문은. 하늘의 문인 '창합(閶闔)'을 언허는 단순히 '문'으로 번역하

였다. 대궐의 문이 열리는 것을 온 세상을 향하여 열리는 것과 같이 표현한 것이다.

궁전(宮殿)을 : 궁전(宮殿)+을(대격 조사). 궁전을.

열오 : 열[開]-+-고(연결 어미). 열고. '열고'가 '열오'가 된 것은 'ㄹ'로 끝난 어간 뒤에서 어미의 두음 'ㄱ'이 탈락한 것이다.

만국(萬國)ㅅ : 만국(萬國)+ㅅ(관형격 조사). 만국의. 여러 나라의. 온 나라의.

의관(衣冠)ᄒᆞᆫ닌 : 의관(衣冠)+-ᄒᆞ(동사 파생 접미사)-+-ㄴ(관형사형 어미)#이(의존 명사)+ㄴ(보조사). 의관을 한 사람은. 의관을 갖춘 사람은.

면류(冕旒)ᄅᆞᆯ : 면류(冕旒)+ᄅᆞᆯ(대격 조사). 면류관을. 면류관은 황제가 쓰는 관으로, 황제를 대신 나타낸 것이다.

절ᄒᆞᄋᆞᆸᄂᆞᆺ다 : 절[拜]+-ᄒᆞ(동사 파생 접미사)-+-ᄋᆞᆸ(화자 겸양 선어말 어미)-+-ᄂᆞ(현재 시제 선어말 어미)-+-오(확실성 표지)-+-ㅅ다(감탄형 어미). 절하옵도다. 접하옵는구나. 초간본은 '절ᄒᆞᅀᆞᆸᄂᆞᆺ다'와 같이 된 것이다. '절ᄒᆞ-'는 타동사로 쓰이기도 하고, 자동사로 쓰이기도 하였다. '사람'에게 '절하다'는 자동사적 용법이 대부분이고, 사람이 아닌 '관세음보살'과 같은 존재에 대해서는 타동사로 쓰였다. 여기서는 사람이 아니라, '면류'에 대해서 절하는 것이므로, '*면류씌 절ᄒᆞ-'는 성립하지 않는다. ¶부텻긔 절ᄒᆞᅀᆞᆸ고 부텻 바리ᄅᆞᆯ 가져 지븨 드러 밥 다마 나가 부텻긔 받ᄌᆞ바ᄂᆞᆯ(부처께 절하옵고 부처의 밥그릇을 가지고 집에 들어와 밥 담아 나가 부처께 바치거늘)<월석 7:8ㄱ>. 겨지비 아ᄃᆞᄅᆞᆯ 나코져 ᄒᆞ야 觀世音菩薩ᄋᆞᆯ 절ᄒᆞ야 供養ᄒᆞ면 곧 福德智慧 잇ᄂᆞᆫ 아ᄃᆞᄅᆞᆯ 나ᄒᆞ리어며(겨지비 아들을 낳고자 하여 관세음보살을 절하여 공양하면 곧 복과 덕과 지혜가 있는 아들을 낳을 것이며)<석상 21:8ㄱ>.

日色纔臨仙掌動 香煙欲傍袞龍浮【仙掌ᄋᆞᆫ 漢武帝ㅣ 立金露盤ᄒᆞ니 有仙人掌ᄒᆞ야 承露和玉屑而飮之ᄒᆞ니라 袞龍ᄋᆞᆫ 天子之衣라】

ᄒᆡᆺ비ᄎᆞᆫ 仙掌애 ᄀᆞᆺ 비취여 뮈오 香ㅅᄂᆡᄂᆞᆫ 袞龍袍ᄅᆞᆯ 바라 ᄠᅥᆺ도다

일색재림선장동 향연욕방곤룡부 【선장(仙掌)은 한나라의 무제(武帝)가 금로반(金露盤)을 세웠는데 선인(仙人)의 손바닥이 있어 이슬을 받고 옥의 가루를 섞어서 먹었던 것이다. 곤룡(袞龍)은 천자의 옷이다.】

햇빛은 선인의 손바닥(손바닥 부채)에 이제 막 비치어 움직이고, 향내는 곤룡포 곁을 따라 떠 있도다.

한 무제(漢武帝) : 중국 전한(前漢) 제7대 황제(B.C.156~B.C.87). 성은 유(劉). 이름은 철(徹). 묘호는 세종(世宗). 한 무제 유철은 기원전 141년에 16세의 나이로 즉위했다. 그는 부황 경제(景帝)의 열한 번째 아들이었으며 후궁의 소생이었다. 그가 황제가 될 가능성은 거의 없었으나, 어머니 왕씨(효경황후)의 야심과 모략이 크게 작용하였다. 그는 통치 철학으로 유교를 선택하여, 중앙 집권을 강화하고 흉노를 외몽골로 내쫓는 등 여러 지역을 정벌하였으며, 비단길을 엶으로써 동서 교류를 가능하게 하였다. 동쪽에서는 민월과 동월을 정복하고, 남쪽에서는 남월을 무너트렸다. 그리고 기원전 108년에는 4년간의 전쟁 끝에 왕검성을 함락시키고 단군조선을 멸망시켰다. 재위 기간은 기원전 141~기원전 87년에 이른다.

금로반(金露盤) : 이슬을 받아 마신 승로반(承露盤). 한 무제(漢武帝)가 건장궁(建章宮)에 설치한 구리 쟁반. 넓이가 일곱 아름이며 이슬을 받아 내리는 기둥이 금경(金莖)인데, 길이 20장(丈)으로 위에 선인장(仙人掌)을 두어 이슬을 받아 내려서는 옥설(玉屑: 옥 가루)을 타서 마셨다 고 한다. <『한서(漢書)』 '교사지(郊祀志)'>.

힛비츤 : 히〔日〕+ㅅ(관형격 조사)#빛〔色〕+은(보조사). 햇빛은.

선장(仙掌)애 : 선장(仙掌)+애(처격 조사, 부사격 조사). 선인장(仙人掌)에. 선인의 손바닥에. '선장(仙掌)'은 승로반(承露盤)을 말하는 것이나, 여기서는 장선(掌扇)으로 해를 가리는 의장(儀仗)을 말하는 것이라고 한다. <이길구, 『당시삼백선』 참조>.

ᄀᆞᆺ : ᄀᆞᆺ〔纔(재)〕. 갓. 겨우. 방금. 이제 막.

비취여 : 비취〔照〕-+-어(연결 어미). 비치어.

뮈오 : 뮈〔動〕-+-고(연결 어미). 움직이고.

향(香)ㅅᄂᆡᄂᆞᆫ : 향(香)+ㅅ(관형격 조사)#ᄂᆡ〔臭〕+ᄂᆞᆫ(보조사). 향내는. 향기로운 냄새는.

곤룡포(袞龍袍)ᄅᆞᆯ : 곤룡포(袞龍袍)+ᄅᆞᆯ(대격 조사). 곤룡포를. 곤룡 혹은 곤룡포는 임금의 옷을 가리킨다.

바라 : 발〔傍, 旁〕-+-아(연결 어미). 곁에 따라. 곁에 둘러.

ᄠᅥᆺ도다 : ᄠᅳ〔浮〕-+-어(연결 어미)#잇〔有〕-+-도다(감탄형 어미). 떠 있도다. 떠 있구나.

朝罷須裁五色詔 佩聲歸到鳳池頭 【五色詔ᄂᆞᆫ 書五色紙也ㅣ라】

朝會 ᄆᆞᆺ고 모로매 五色 詔書ᄅᆞᆯ 지을ᄉᆡ 佩玉 소리 鳳池ㅅ 5ㄴ머리로 니르러 가ᄂᆞ다

조파수재오색조 패성귀도봉지두 【오색조(五色詔)는 다섯 가지 색 종이에 쓰

는 것이다.】

조회 마치고 모름지기 다섯 가지 색 조서를 지을 것이기 때문에, 패옥소리 봉황지의 머리로 이르러 가는구나.

조회(朝會) : 모든 벼슬아치가 함께 정전에 모여 임금에게 문안드리고 정사를 아뢰던 일. 대조(大朝), 조참(朝參), 상참(常參) 따위가 있었다. 대조(大朝)는 초하루와 보름날 아침에 모든 문무백관들이 임금에게 문안을 드리고 결재를 받던 큰 조회를 말하고, 조참(朝參)은 한 달에 네 번 중앙에 있는 문무백관이 정전(正殿)에 모여 임금에게 문안드리고 정사(政事)를 아뢰던 일을 말하고, 상참(常參)은 의정(議政)을 비롯한 중신(重臣)과 시종관(侍從官)이 매일 편전(便殿)에서 임금에게 정사(政事)를 아뢰던 일을 말한다.

ᄆᆞᆾ고 : ᄆᆞᆾ〔終, 罷〕-+-고(연결 어미). 끝나고. 끝내고. 파하고. ¶矣ᄂᆞᆫ 말 ᄆᆞᆾᄂᆞᆫ 입겨지라('의(矣)'는 말 마치는 구결이다)<훈언 2ㄴ>.

모로매 : 모로매〔須〕. 모름지기. 마땅히. 반드시.

오색 조서(五色詔書)ᄅᆞᆯ : 오색 조서(五色詔書)+ᄅᆞᆯ(대격 조사). 오색으로 된 조서를. 다섯 가지 색으로 된 조서를.

지을ᄊᆡ : 짓〔作, 裁〕-+-ㄹᄊᆡ(연결 어미). 지으므로. 지을 것이기 때문에. 초간본에는 '지슬ᄊᆡ'로 되어 있다. '짓-'이 'ㅅ' 불규칙 활용을 한 것이다.

패옥(佩玉) 소리 : 패옥(佩玉)#소리〔聲〕. 패옥 소리. 패옥은 문관의 조복(朝服)과 제복의 좌우에 늘이어 차던 옥으로, 흰 옥을 이어서 무릎 밑까지 내려가도록 하였다. 그것이 바닥에 끌려서 소리가 나는 것이다.

봉지(鳳池)ㅅ 머리로 : 봉지(鳳池)+ㅅ(관형격 조사)#머리〔頭〕+로(방향격 조사, 부사격 조사). 봉지의 머리로. 봉황지의 머리로. 봉지 앞으로. 봉황지 있는 데로. 봉황지는 중서성(中書省)를 비유적으로 일컫는 말이다. 중서성(中書省) 근처에 봉황지가 있었다고 한다. 봉지 머리로 가는 것은 오색 조서를 마름질하러 가는 것이다.

니르러 : 니르[到]-+-러(연결 어미). 이르러. 중세어에는 '니를-' 어간이 많이 쓰이다가 차츰 '니르-' 어간이 많이 쓰이게 되었다. 연결 어미를 '-러'로 상정하면, '러' 불규칙 활용이 된다.

가놋다 : 가〔行, 去〕-+-ᄂᆞ(현재 시제 선어말 어미)-+-오(확실성 표지)-+-ㅅ다(감탄형 어미). 가도다. 가는구나. '-ㅅ다'는 본래 사이시옷과 어말 어미 '-다'의 결합이 감탄형 어미로 재구조화된 것이다. '-놋다'를 감탄형 어미로 보는 것 또한 재구조화를 적용하는 것이다.

同前 【岑参】

<제목> 동전(앞과 같음) 【잠삼】

동전(同前) : 앞과 같음. 앞에 있는 시의 제목이 '화가지사인조조대명궁(和賈至舍人早朝大明宮: 가지사인의 '이른 아침 대명궁에서 조회함'에 화답함)이므로, 이 시도 '화가지사인조조대명궁(和賈至舍人早朝大明宮: 가지사인의 '이른 아침 대명궁에서 조회함'에 화답함)이란 제목이 붙었던 것으로 추측해 볼 수 있다. 그런데 원래의 제목 '봉화중서사인가지조조대명궁(奉和中書舍人賈至早朝大明宮)'과 같이 된 곳도 있다. 아마도 이 후자의 제목이 원래의 제목이었던 것으로 추측된다. 제목을 '동전(同前)'과 같이 붙인 것은 편의상 그렇게 한 것이다. 가지(賈至)의 시에 대하여, 왕유, 잠삼, 두보가 답시를 지은 것이기 때문이다.

잠삼(岑參) : 중국 당나라 때의 시인(715~770). 형주 강릉(江陵) 혹은 남양 극양(南陽棘陽: 지금의 하남 극양시) 사람. 고적(高適)과 더불어 '고잠(高岑)'으로 불린다. 어려서 가난하였으나, 사적을 두루 편람하였다. 천보 3년(744) 진사가 되고, 처음에는 병조참군(兵曹參軍)이 되고 후에 두 차례에 걸쳐 변방으로 종군하였는데, 처음에는 고선지 장군의 막부에서 서기를 맡았다. 뒤에 막부 판관이 되고, 대종 때에는 가주(嘉州)자사를 하였다. 전쟁의 참혹한 모습과 병사들의 고통, 소수민족들의 풍습과 문물 등을 여러 시로 남겼다. 중국 문학사에 '변새시(邊塞詩)'라는 새로운 영역을 확립하였다.

雞鳴紫陌曙光寒 鶯囀皇州春色闌

ᄃᆞᆰ 울오 紫陌애 새뱃 비치 서늘ᄒᆞ니 굇고리 우ᄂᆞᆫ 皇州에 봆비치 다ᄋᆞ놋다

계명자맥서광한 앵전황주춘색란

닭 울고 장안 큰 거리에 새벽 빛이 서늘한데, 꾀꼬리 우는 황제의 고을에 봄빛이 다하였구나!

ᄃᆞᆰ 울고 : ᄃᆞᆰ[雞]#울[鳴]-+-고(연결 어미). 닭 울고. 연결 어미 '-고'가 '-오'가 된 것은 어간 말

'ㄹ' 뒤에서 '-고'의 'ㄱ'이 탈락한 결과이다.

자맥(紫陌)애 : 자맥(紫陌)+애(처격 조사, 부사격 조사). 도성의 큰 거리에. 장안의 큰 거리에.

새뱃 비치 : 새배〔曉, 曙〕+ㅅ(관형격 조사)#빛〔光〕+이(주격 조사). 새벽의 빛이. 새벽 빛이.

서늘ᄒᆞ니 : 서늘〔凉, 寒〕+-ᄒᆞ(형용사 파생 접미사)-+-니(연결 어미). 서늘하니. 서늘한데. 원문의 한자는 '한(寒)'인데, 언해는 이를 '서늘ᄒᆞ니'로 번역하고 있다. 그러나 이는 원래대로 '차니'로 번역하는 것이 더 적합한 것으로 여겨진다. 이를 '서늘ᄒᆞ니'로 한 결과 나머지 문맥을 잘못 번역하는 결과를 초래한 것으로 보인다.

굇고리 : 굇고리〔鶯〕. 꾀꼬리. 초간본에는 '곳고리'와 같이 나타났던 것이다.

우ᄂᆞᆫ : 울〔鳴, 囀〕-+-ᄂᆞ(현재 시제 선어말 어미)-+-ㄴ(관형사형 어미). 우는. '울-'의 'ㄹ'받침이 선어말 어미 '-ᄂᆞ-'의 'ㄴ'앞에서 탈락한 것이다. 'ㄹ' 불규칙 활용이다.

황주(皇州)에 : 황주(皇州)+에(처격 조사, 부사격 조사). 황주에. 황제가 다스리는 고을에. 장안에. 당시 황제가 다스리는 고을이 장안(長安)이었다.

봆비치 : 봄〔春〕+ㅅ(관형격 조사)#빛〔光〕+이(주격 조사). 봄의 빛이. 봄빛이.

굇고리 우ᄂᆞᆫ 황주(皇州) 봆비치 : 꾀꼬리 우는 황제의 고을 봄빛이. 황주(皇州)는 장안을 말하는 것인데. 그 전체를 '꾀꼬리 우는'이 수식하는 것으로 본 것이 언해의 번역이다. 인터넷에 제시된 몇 가지 다른 번역도 이 같은 방향을 취하고 있다. 그러나 장안이 얼마나 큰데, 그 전체를 꾀꼬리 우는 것으로 특징짓는 것인가? 그것은 상당한 과장이다. 여기서 우리는 이것이 '꾀꼬리 지저귐과 황주의 봄빛의'와 같이 해석되어야 하는 것으로 본다. '꾀꼬리가 지저귀는 것'이 봄의 일이며, '황주의 봄빛'도 봄의 일이기 때문에 이들은 병렬되는 두 사물과 현상으로 해석된다.

다ᄋᆞ놋다 : 다ᄋᆞ〔盡, 闌〕-+-ᄂᆞ(현재 시제 선어말 어미)-+-오(확실성 표지)-+-ㅅ다(감탄형 어미). 다하도다. 다하였구나. '-ㅅ다'는 본래 사이시옷과 어말 어미 '-다'의 결합이 감탄형 어미로 재구조화된 것이다. '-놋다'를 감탄형 어미로 보는 것 또한 재구조화를 적용하는 것이다.

황주(皇州)에 봆비치 다ᄋᆞ놋다 : 황제의 고을에 봄빛이 다하였도다. 원문의 '황주춘색란(皇州春色闌)'을 언해는 이렇게 번역하였다. '란(闌)'에 '쇠퇴하다'의 뜻이 있기는 하나, '봄빛이 다하였도다'와 같은 묘사는 황제의 고을이나 시의 분위기에 적합한 것이 아니다. 쇠퇴의 이미지이기 때문이다. 정말로 '봄빛'이 다하는 시절을 묘사하는 것이라면, '여름'이 문앞에 있다고 묘사해야 한다. 쇠퇴의 이미지를 끌어들여야 할 이유가 없으므로, '란(闌)'을 '쇠퇴하다'나 '다하다'와 같이 해석해야 할 이유가 없다. 우리가 여기서 취하려고 하는 것은 '란(闌)'을 '가로막다, 방해하다'와 같은 의미로 파악하여 '헤살놓다, 헤살짓다'와 같은 말을 선택해 볼 수 있다. 원문은, 닭의 울음이 꾀꼬리의 지저귐을 방해하고, 새벽의 냉냉함이 봄빛이 오는 것을 방해하는 것으로 해석하는 것이 가능하고 타당하다.

> 金闕曉鍾開萬戶 玉堦仙仗擁千官
> 金闕엣 새배 부픈 萬人의 집 門를 열오 玉堦옛 儀仗는 千官를 ᄢᅴ렛도다

금궐효종개만호 옥계선장옹천관

황제 궁궐의 새벽 종은 만인의 집 문을 열고, 대궐 계단의 위엄을 갖춘 병기는 문무천관을 호위하고 있도다.

금궐(金闕)엣 : 금궐(金闕)+에(처격 조사, 부사격 조사)+ㅅ(관형격 조사). 황제가 있는 대궐의. 황궁(皇宮)의.

새배 : 새배[曉]. 새벽(의). '새배'의 '배'자 아래에는 'ㅅ(관형격조사)'이 들어갈 만한 공간이 있는 것으로 보인다. 초간본에는 새뱃'으로 되어 있다.

부픈 : 붚[鐘]+은(관형사형 어미). 북은. 종은. '종(鐘)'을 '쇠북 종'이라고 하는 것과 같이 예전에는 '종'을 '북'의 일종으로 파악하였다.

만인(萬人)의 : 만인(萬人)+의(관형격 조사). 만인의.

집 문(門)를 : 집[家]#문(門)+를(대격 조사). 집 문을.

열오 : 열[開]-+-고(연결 어미). 열고.

만인(萬人)의 집 문(門)을 열오 : 원문의 '개만호(開萬戶)'를 언해는 이렇게 번역하였다. 궁궐의 북소리가 나라 전체의 백성들의 집 문을 열게 하였다는 의미이다. 그러나 궁궐의 북소리가 나라 전체로 퍼져 나간다는 것은 생각하기 어려운 일이다. 대궐 안 집의 문을 열게 한 것으로, '만의 문[戶]을 열고'와 같이 보는 것이 좋을 것이다. 대궐 둘레에 수많은 문이 있는데, 그 문[戶]을 연 것으로 이해된다. '호(戶)'는 큰 대문이 아니라 작은 창과 같은 것이다.

옥계(玉堦)옛 : 옥계(玉堦)+예(처격 조사, 부사격 조사)+ㅅ(관형격 조사). 옥계단의. '옥계'는 대궐의 계단을 말함.

의장(儀仗)은 : 의장(儀仗)+은(보조사) : 의전과 호위는. 천자(天子)나 왕공(王公) 등이 행차할 때에 격식을 갖추어 세우는 병장기(兵仗器)로 의장대를 가리킴.

천관(千官)을 : 천관(千官)+을(대격 조사). 천관(千官)을. 많은 신하들을. 문무천관(文武千官)을. 황제 나라의 문관과 무관들은 문무천관(文武千官)이라 하였고, 작은 나라의 문관과 무관들은 문무백관(文武百官)이라 하였다.

ᄢᅴ렛도다 : ᄢᅴ리[擁]-+-어(연결 어미)#잇[有]-+-도다(감탄형 어미). 안았도다. 안고 있도다. 보호하고 있도다. 옹위하고 있도다. 두르고 있도다. 'ᄢᅴ리-'는 초간본에서 'ᄢᅳ리-'와 같이 나타난다.

花迎劒佩星初落 柳拂旌旗露未乾 【花柳는 言宮中所有ㅣ라】
고지 칼과 佩玉과를 맛거늘 벼리 처엄 디고 버드리 旌旗를 다이즈니 이스리 ᄆᆞᄅᆞ디 아니ᄒᆞ얫도다

화영검패성초락 류불정기로미건 【꽃과 버들은 궁중에 있는 것을 말한다.】
꽃이 칼과 패옥을 맞이하거늘, 별이 비로소 지고 버들이 정기에 부딪치니 이슬이 마르지 않았도다(무관들과 문관들이 꽃이 있는 정원에 들어오니 별들이 비로소 지고, 정기가 버들에 부딪치니 이슬이 마르지 않도다).

고지 칼과 : 곶〔花〕+이(주격 조사)#칼〔刀, 劒〕+과(접속 조사). 꽃이 칼과. '칼과'는 초간본에서 '갈콰'와 같이 되었던 것이다.

패옥(佩玉)과를 : 패옥(佩玉)+과(접속 조사)+ᄅᆞᆯ(대격 조사). 패옥을. 중세어나 근대에는 접속 조사를 접속되는 말의 앞말뿐만 아니라 뒷말 뒤에도 썼다. '패옥과'의 '과'는 뒷말에 쓰인 것이다.

맛거늘 : 맞〔迎〕-+-거늘(연결 어미). 맞거늘. 맞이하거늘. 맞이하니. 초간본에는 '맛거늘'과 같이 되었던 것이다.

고지 칼과 패옥(佩玉)과를 맛거늘 : 꽃이 칼과 패옥을 맞거늘. 칼은 무관을 나타내고, 패옥은 문관을 나타낸다. 문관은 조복(朝服)과 제복의 좌우에 흰 옥을 이어서 무릎 밑까지 내려가도록한 옥을 늘이어 무릎 밑까지 내려가도록 하였다. 무관과 문과들이 꽃이 있는 궁정에 오는 것을 말한다.

벼리 : 별〔星〕+이(주격 조사). 별이.

처엄 : 처엄〔初〕. 처음. 초간본에는 '처섬'으로 되었던 것이다. '초(初)'를 언해는 '처음'으로 번역하였으나, '처음'이 '나중'이나 '끝'과 대립이 되는 것이 아니기 때문에, '비로소'로 번역하는 것이 더 적절하다고 본다.

디고 : 디〔落〕-+-고(연결 어미). 지고.

버드리 : 버듫〔柳〕+이(주격 조사). 버들이. 초간본에는 '버드리'로 되었던 것이다.

정기(旌旗)를 : 정기(旌旗)+를(대격 조사). 정기를. '정기'는 '정'과 '기'를 아울러 이르는 말이다. '정(旌)'은 깃대 끝에 새의 깃으로 꾸민 장목을 늘어뜨린 의장기를 말한다. 기(旗)는 헝겊 따위에 글자나 그림을 넣어 어떤 의미나 특정한 단체를 표시하는 물건으로, 고대의 기에는 용이나 뱀 등이 그려 있었다고 한다. ¶巴山ㅅ 길흘 시름 아니ᄒᆞ거니와 漢ㅅ 旌旗를 일흘가 젓노라(파산(巴山)으로 가는 길을 걱정하지 않거니와, 한(漢)나라의 정기를 잃을까

두려워하노라)<두시(초) 12:33ㄱ>.

다이즈니 : 다잊[拂]-+-으니(연결 어미). 부딪히니. 닿아 흔들리니. ¶ᄆᆞ올헤 됴ᄒᆞᆫ 풍쇽이 업스며 셰샹애 어딘 인ᄌᆡ 업서 탐리ᄒᆞᆫ 욕심이 어즈러이 이ᄭᅳᆯ며 다ᄅᆞᆫ 말이 들에여 다이즈니라(마을에 좋은 풍속이 없으며 세상에 어진 인재 없어 이익을 탐하는 욕심이 어지럽게 이끌며 다른 말이 떠들며 부딪힌 것이다)<소학(사) 4ㄱ>.

이스리 : 이슬[露]+이(주격 조사). 이슬이.

ᄆᆞᄅᆞ디 : ᄆᆞᄅᆞ[乾]-+-디(연결 어미). 마르지.

아니ᄒᆞ얫도다 : 아니[不, 未]+-ᄒᆞ(동사 파생 접미사)-+-야(연결 어디)#잇[有]-+-도다(감탄형 어미). 아니하고 있도다. 않고 있구나. 않았도다.

> 6ㄱ**獨有鳳凰池上客 陽春一曲和皆難【客ᄋᆞᆫ 指賈至ᄒᆞ다 陽春白雪ᄋᆞᆫ 曲名이니 其曲이 高妙ᄒᆞ야 和者ㅣ 寡ᄒᆞ니 此ᄂᆞᆫ 美賈至詩人之詩(라)】**
> ᄒᆞ올로 잇ᄂᆞᆫ 鳳凰 못 우희 잇ᄂᆞᆫ 소ᄂᆡ 陽春ㅅ ᄒᆞᆫ 노래ᄅᆞᆯ 和答ᄒᆞ요미 다 어렵도다

독유봉황지상객 양춘일곡화개난 【나그네는 가지(賈至)를 가리킨다. 양춘백설(陽春白雪)은 곡명인데, 그 곡이 고상하고 묘하여 화답하는 자가 적으니, 이는 가지 시인의 시를 기리는 것이다.】

홀로 있는 봉황지 위에 있는 나그네의 양춘(陽春)의 한 노래에 화답하는 것이 아주 어렵도다.

ᄒᆞ올로 : ᄒᆞ올로[獨]. 홀로. 혼자. 『두시언해』 중간본 권6 에도 '호올로'란 표기가 나타난다.

잇ᄂᆞᆫ : 잇[有]-+-ᄂᆞ(현재 시제 선어말 어미)-+-ㄴ(관형사형 어미). 있는.

봉황(鳳凰) 못 : 봉황(鳳凰)#못[池]. 봉황지(鳳凰池)를 말함. 봉황지는 '봉지(鳳池)라고도 함. 봉황지는 중서성(中書省)을 가리킨다. 중서성 가까이 봉황지가 있었다고 한다.

우희 : 못[池]#우ㅎ[上]+의(처격 조사, 부사격 조사). 못 위에. 연못 위에. 처격 조사 '의'가 '희'로 된 것은 '우ㅎ'가 'ㅎ' 종성 체언이기 때문이다.

잇ᄂᆞᆫ : 잇[有]-+-ᄂᆞ(현재 시제 선어말 어미)-+-ㄴ(관형사형 어미). 있는.

소ᄂᆡ : 손[客]+ᄋᆡ(관형격 조사). 손의. 나그네의.

양춘(陽春)ㅅ : 양춘(陽春)+ㅅ(관형격 조사). 양춘의. '양춘백설(陽春白雪)'의 준말 '양춘'은 초

나라의 고상한 악곡 이름. 고아하여 배우기 어려운 곡조로 알려져 있다. 중서사인 가지(賈至)의 시를 '양춘'에 비유하여 화답할 수 없을 정도로 수준이 높은 시라 칭송한 것이다.

ᄒᆞᆫ 노래를 : ᄒᆞᆫ[一]#노래[歌, 曲]+ᄅᆞᆯ(대격 조사). 한 노래를. 하나의 노래를. 'ᄒᆞᆫ 노래ᄅᆞᆯ'은 '화답(和答)ᄒᆞ-'의 목적어로 분서할 수도 있으나, '노래에를 화답하-'와 같은 해석이 가능하므로, 이때에는 '를'을 주제 표지로 분석한다. 주제 표지 '를'은 서술어의 지배를 받지 않는 성분으로 어떤 대상을 문제로 부각시키는 역할을 한다.

양춘(陽春)ㅅ ᄒᆞᆫ 노래ᄅᆞᆯ : 양춘의 한 노래를. '양춘백설(陽春白雪)'을 하나의 곡조로 풀이한 데가 있고, '양춘'과 '백설'을 따로 분리한 데가 있다. 원래는 하나의 곡명이었으나, 나중에 둘로 나누어졌다. '양춘'과 '하리(下里)'는 다 곡명인데, '양춘'은 그 수준이 높고 '하리'는 민간의 통속적인 것으로 아무나 부를 수 있는 것이었다. 『문선』 권45 송옥(宋玉)의 '대초왕문(對楚王問)'에 처음 '하리(下里)'와 '파인(巴人)'을 노래할 때는 나라 인에서 그에 화답하는 자가 수천이었고, '양아(陽阿)'와 '해로(薤露)' 노래를 불렀을 때에는 몇 백 명이 따라 불렀는데, '양춘'과 '백설'을 노래 부르니 몇 십 명밖에는 따라 부르지 못했고, 상조(商調)와 우조(羽調)로 부르다가 가장 높은 치조(徵調)로 노래 부르니 따라 부르는 사람이 몇 명밖에 되지 않았다는 고사가 전한다.

화답(和答)ᄒᆞ요미 : 화답(和答)+-ᄒᆞ(동사 파생 접미사)-+-음(명사형 어미)+이(주격 조사). 화답하는 것이. 노래나 시에 응하여 대답하는 것이. '-ᄒᆞ-'가 '야' 불규칙 활용을 하였으므로, 명사형이 '-ᄒᆞ욤'과 같이 된 것이다. 초간본에는 '-호미'와 같이 되었던 것이다.

다 어렵도다 : 다[皆]#어렵[難]-+-도다(감탄형 어미). 다 어렵도다. 모두 어렵도다. 아주 어렵구나. 아주 어렵도다.

宣政殿退朝晚出左掖【宣政殿에 左有門下省ᄒᆞ고 右有中書省ᄒᆞ니 甫이 爲左拾遺ᄒᆞ야 屬門下故로 云左掖이니 兩省이 在左右ㅣ 如人之臂掖也ㅣ라】

<제목> 선정전퇴조만출좌액(선정전에서 조회를 마치고 저녁에 중서성을 나서다) 【선정전에 왼쪽에 문하성(門下省)이 있고 오른쪽에 중서성(中書省)이 있는데, 두보가 좌습유(左拾遺)가 되어 문하성에 속한 고로 좌액이라 한 것이니, 두 성이 좌우에 있는 것이 사람 팔의 겨드랑이와 같다.】

선정전(宣政殿) : 당나라 장안성의 대명궁 안에 있는 제2의 궁전. 당 고종 용삭(龍朔) 2년(공원 662)에 세워져, 항상 조회가 열리는 전당으로, 황제가 나라가 돌아가는 형편을 듣는 곳이다. 그 지위는 남쪽에 있는 외전인 함원전(含元殿) 다음이고, 선정전 북쪽으로는 내전인 자신전(紫宸殿)이 있다.

문하성(門下省) : 왕명의 출납과 조칙(詔勅)의 심의를 맡아보던 관서(官署). 진(晉)나라 때 설치되어, 수, 당 시대에 완비되었으나, 원나라 때 폐지하였다.

중서성(中書省) : 중국 수,'당,' 송, 원 때에 일반 행정을 심의하던 중앙 관아. 삼국 시대에 위(魏)나라에서 처음 설치하였으며, 원나라 때에 상서성으로 고쳤다가 명나라 초에 폐지하였다.

좌습유(左拾遺) : 습유(拾遺)는 중국의 고대 관직의 하나. 임금의 잘못을 간(諫)하고 백관(百官)의 비행을 규탄하던 관직이다. 당대의 간관명은 무측천수공원년(武則天壽公元年, 서기 685년)에 설치하여 좌습유와 우습유를 문하(門下)와 중서(中書) 두 성(省)에 두었는데, 관직은 크지 않고, 7, 8품 정도에 속하였다. 역대의 명인(名人)으로는 두보와 백거이(白居易)를 들 수 있다.

선정전퇴조만출좌액(宣政殿退朝晩出左掖) : 선정전에서 조회를 마치고 저녁에 중서성을 나서다. 이 시는 건원(乾元) 원년(758) 봄에 지어진 것이라 한다. 당시 두보는 좌습유의 벼슬을 하고 있었다. 선정전은 대명궁(大明宮) 뒤쪽에 있고, 선정전 동쪽에는 문하성(門下省)이 있고, 그 서쪽에는 중서성(中書省)이 있다. 좌습유는 문하성에 속해 있었으므로, 조회를 마친 뒤에는 왼쪽 문으로 나오게 된다. 따라서 왼쪽 문은 중서성을 가리킨다. 시는 선정전의 봄 경치와 신하들의 생활을 묘사하고 있다.

天門日射黃金榜 春殿晴曛赤羽旗 【榜ᄋᆞᆫ 門額이라 赤羽ᄂᆞᆫ 赤鳥羽로 爲旗也ㅣ라】

하ᄂᆞᆳ 門에 ᄒᆡᆺ비치 黃金榜애 ᄡᅩ얫ᄂᆞ니 봆 宮殿에 갠 비치 블근 지ᄎᆞ로 ᄒᆞᆫ 旗예 우렛도다

천문일사황금방 춘전청훈적우기 【방(榜)은 문에 다는 편액이다. 붉은 깃은 붉은 새의 깃으로 만든 깃발이다.】

대궐 문에 햇빛이 황금 글씨로 쓴 편액에 쐬고 있으니, 봄 궁전에 맑은 빛이 붉은 깃으로 만든 깃발에 우려 있도다(안에 비친 빛이 밖으로 드러나 있도다).

하ᄂᆞᆳ 문(門)에 : 하ᄂᆞᆯㅎ〔天〕+ㅅ(관형격 조사)#문(門)+에(처격 조사, 부사격 조사). 하늘문에. 대궐문에. 임금이나 황제를 '천자(天子)'라 부르므로, 대궐문을 '하늘문'이라 한 것이다.

힛비치 : 히〔日〕#빛〔光〕+이(주격 조사). 햇빛이.

황금방(黃金榜)애 : 황금방(黃金榜)+애(처격 조사, 부사격 조사). 황금 편액에. 황금으로 글씨를 쓴 편액에.

ᄡᅩ앳ᄂᆞ니 : ᄡᅩ〔射〕-+-아(연결 어미)#잇〔有〕-+-ᄂᆞ(현재 시제 선어말 어미)-+-니(연결 어미). 쏘아 있으니. 쏘고 있으니. 비치고 있으니. 쬐고 있으니.

봆 궁전(宮殿)에 : 봄〔春〕+ㅅ(관형격 조사)#궁전(宮殿)+에(처격 조사, 부사격 조사). 봄의 궁전에. 봄 궁전에. 여기서 '봄의 궁전' 즉 '춘궁(春宮)'은 선정전을 말한다.

갠 : 개〔晴〕-+-ㄴ(관형사형 어미). 갠. 맑은.

비치 : 빛〔光〕+이(주격 조사). 빛이.

블근 : 븕〔赤〕-+-은(관형사형 어미). 붉은.

지ᄎᆞ로 : 짗〔羽〕+ᄋᆞ로(조사, 부사격 조사). 깃으로.

ᄒᆞᆫ : ᄒᆞ〔爲, 作〕-+-ㄴ(관형사형 어미). 한. 만든. 초간본에는 '혼'으로 되었던 것이다. 확실성 표지 '-오/우/아/어-'가 약화되는 현상을 보인다.

기(旗)예 : 기(旗)+예(처격 조사, 부사격 조사). 기에. 깃발에.

블근 지ᄎᆞ로 ᄒᆞᆫ 기(旗) : 붉은 깃으로 만든 깃발 혹은 붉은 깃의 새를 그린 깃발로, 적우기(赤羽旗)를 뜻한다.

우렛도다 : 우리〔嚔〕-+-어(연결 어미)#잇〔有〕-+-도다(감탄형 어미). 우리어 있도다. 우려져 있도다. 밖으로 드러나 있도다. 비쳐 있도다. 어려 있도다. '우리-'는 속에 있던 것이 밖으로 드러나는 것을 말한다. ¶ᄆᆞᆯᄀᆞᆫ 氣量은 놉고 머루믈 우렛고 ᄆᆞᆯᄀᆞᆫ ᄆᆞᅀᆞ문 ᄀᆞᄐᆞᆫ 사ᄅᆞᄆᆡ게 비취옛도다(맑은 기량은 높고 먼 것을 머금고 있고 맑은 마음은 같은 사람에게 비치고 있도다)<두시(초) 20:53ㄴ>. 對接ᄒᆞᆫ 이틋나래 소사나ᄂᆞᆫ ᄠᅳ디 울에 나ᄃᆞᆺ 호몰 ᄉᆞ랑호니 서협(書篋)과 범장(几杖) 밧긔 우려 쇠와 돐 소리 머므러 이실ᄉᆡ 여듧 韻을 지ᅀᅥ 奇異호몰 記錄ᄒᆞ고(대접한 이튿날에 솟아나는 뜻이 우려 나듯 함을 생각하니 서협(書篋: 책장)과 범장(几杖: 의자와 지팡이) 밖에 어려 쇠와 돌의 소리 머물러 있기 때문에 여덟 운을 지어 기이함을 기록하고)<두시(초) 19:24ㄴ>.

宮草微微承委珮 爐煙細細駐遊絲 【曲禮예 主佩垂則 臣佩委라 ᄒᆞ니라 遊絲ᄂᆞᆫ 蛛絲之遊散者ㅣ라】
宮殿엣 프른 微微히 서리뎻ᄂᆞᆫ 佩玉ᄋᆞᆯ 밧댓거ᄂᆞᆯ 香爐앳 ᄂᆡ 細細ᄒᆞᆫ듸 遊絲ㅣ 머므렛도다

궁초미미승위패 로연세세주유사 【곡례(曲禮)에 임금의 패옥이 드리워질 때는 신하의 패옥이 감추어진다고 하였다. 유사(遊絲)는 거미줄의 흩어짐이다.】
궁전의 풀은 살짝 감추어져 있는 패옥을 받들고 있거늘, 향로의 연기 아주 가는데 거미줄의 흩어짐이 머물러 있도다.

궁전(宮殿)엣 : 궁전(宮殿)+에(처격 조사, 부사격 조사)+ㅅ(관형격 조사). 궁전의.
프른 : 플[草]+은(관형사형 어미). 풀은. '플'이 '풀'이 된 것은 원순 모음화이다.
미미(微微)히 : 미미(微微)+-ᄒᆞ(형용사 파생 접미사)-+-이(부사 파생 접미사). 미미하게. 살짝. 약간. 닿을 듯 말 듯. 살짝살짝. '미미(微微)'가 '비비(霏霏)'로 되어 있는 본도 있다
서리뎻ᄂᆞᆫ : 서리디[委]-+-어(연결 어미)#잇[有]-+-ᄂᆞ(현재 시제 선어말 어미)-+-ㄴ(관형사형 어미). 서려져 있는. 사려져 있는. '사리/서리-'는 '뱀이 몸을 사리다'와 같이 몸을 똬리트는 것과 같이 돌돌 말려져 있는 것을 말한다. '서리디-'의 '서리[委]'는 명사로 보아야 할 듯하다. '-디-'는 '낙엽지-, 장마지-' 등의 '-지-'와 같은 동사 파생 접미사인 것으로 보인다. ¶큰 ᄀᆞᄅᆞ미 바흿 미틔 서렛ᄂᆞ니 바ᄅᆞ래 흘러가 ᄒᆞᆫ 지비 ᄃᆞ외놋다(큰 강이 바위 밑에 서려 있으니 바다에 흘러가 한 집이 되었구나!)<두시(초) 6:46ㄴ>.
패옥(佩玉)ᄋᆞᆯ : 패옥(佩玉)+ᄋᆞᆯ(대격 조사). 패옥을. 패옥은 임금이나 신하들이 허리에 차고 있던 장식용 구슬을 말한다.
밧댓거ᄂᆞᆯ : 밠/받[承]-+-아(연결 어미)#잇[有]-+-거ᄂᆞᆯ(연결 어미). 받고 있거늘. 떠받고 있거늘. '밠-'은 '받-'의 'ㄷ'을 강조하는 느낌을 준다. 패옥이 풀 위에 있는 것을, 풀이 패옥을 받들고 있는 것으로 표현한 것이다.
서리뎻ᄂᆞᆫ 패옥(佩玉)ᄋᆞᆯ 밧댓거ᄂᆞᆯ : 서리어 있는 패옥을 받들고 있거늘. 신하들이 허리에 차 늘어져 있는 패옥이 허리를 굽힙으로써, 풀 위에 놓여져 있는 것을 말한다.
향로(香爐)앳 ᄂᆡ : 향로(香爐)+애(처격 조사, 부사격 조사)+ㅅ(관형격 조사)#ᄂᆡ[煙]. 향로의 내. 향로의 연기.
세세(細細)ᄒᆞᆫ듸 : 세세(細細)+-ᄒᆞ(형용사 파생 접미사)-+-ㄴ듸(연결 어미). 가늘고 가는데. 아

주 가는데.

유사(遊絲)ㅣ : 유사(遊絲)+ㅣ(주격 조사). 흐르는 실이. 거미줄이. 거미줄과 같은 것이.

머므렛도다 : 머믈〔留〕-+-어(연결 어미)#잇〔有〕-+-도다(감탄형 어미). 머물러 있도다.

> 雲近蓬萊常五色 雪殘鳷鵲亦多時
>
> 구루믄 蓬萊殿에 갓가와 샹녜 다숫 비치로소니 누는 鳷鵲觀애 노가 가미 쏘 삐 하도다

운근봉래상오색 설잔지작역다시

구름은 봉래전(蓬萊殿)에 가까워 항상 다섯 가지 빛이니, 눈은 지작관(鳷鵲觀)에 녹아 감이 또 오래 되도다.

구루믄 : 구룸〔雲〕+은(보조사). 구름은.

봉래전(蓬萊殿)에 : 봉래전(蓬萊殿)+에(처격 조사, 부사격 조사). 봉래전에. 봉래전은 대명궁(大明宮)을 말한다. 봉래전이란 궁이 대명궁 안에 따로 있었다고도 한다.

갓가와 : 갓갑〔近〕-+-아(연결 어미). 가까워.

샹녜 : 샹녜〔常例〕. 늘. 항상. 초간본에는 '샹녜'와 같이 적혔던 것이다. '샹녜'의 'ㅇ'이 옛이응 'ㆁ'이었다.

다숫 : 다숫〔五〕. 다섯.

비치로소니 : 빛〔光, 色〕#이(지정 형용사)-+-로소(재확인 양태 선어말 어미)-+-니(연결 어미). 빛이니. 빛인데.

누는 : 눈〔雪〕+은(관형사형 어미). 눈은.

지작관(鳷鵲觀)애 : 지작관(鳷鵲觀)+애(처격 조사, 부사격 조사). 지작관에. 지작관은 본래 한무제(漢武帝)가 운양(雲陽)의 감천궁(甘泉宮) 밖에 지은 궁궐이다. 여기서는 대궐 밖의 누대(樓臺)를 가리키는 것으로 보인다. 지작관을 감천궁 밖의 궁궐로 보면, 시를 지은 현장과의 관련성이 너무 멀다. 잔설을 보기 어렵다.

노가 가미 : 녹〔融〕-+-아(연결 어미)#가〔去〕-+-암(명사형 어미)+이(주격 조사). 녹아 감이.

쏘 : 쏘〔亦〕. 또. 역시.

삐 : 삐〔時〕. 때. '삐'가 '빼'와 흡사하게 나타나 있으나, '삐'인 것이 맞다. 'ㄱ'이 '거'가 아니라 '그'로 되어 있다.

하도다 : 하[多]-+-도다(감탄형 어미). 많도다.

> **侍臣緩步歸青鎖 退食從容出每遲**
> 近侍ᄒᆞᆫ 臣下ㅣ 날회야 거러 靑鎖門에 갯다가 밥 머그러 믈러 올 저긔 ᄌᆞ녹ᄌᆞᄂᆞ기 나오ᄆᆞᆯ ᄆᆡ양 날호야 ᄒᆞᄂᆞ다(다)

시신완보귀청쇄 퇴식종용출매지

가까이 모시는 신하가 천천히 걸어 청쇄문(青鎖門)에 가 있다가 밥 먹으러 물러올 적에 조용조용히 나오는데 항상 천천히 한다.

근시(近侍)ᄒᆞᆫ : 근시(近侍)+-ᄒᆞ(동사 파생 접미사)-+-ㄴ(관형사형 어미). 가까이 모시는.

신하(臣下)ㅣ : 신하(臣下)+ㅣ(주격 조사). 신하가.

근시(近侍)ᄒᆞᆫ 신하(臣下) : 가까이 모시는 신하(臣下). 여기서는 두보 자신을 말한다.

날회야 : 날회[緩]-+아(연결 어미). 천천히.

거러 : 걷[步]-+-어(연결 어미). 걸어. '걷-'은 'ㄷ' 불규칙 활용을 하였다.

청쇄문(青鎖門)에 : 청쇄문(青鎖門)+에(처격 조사, 부사격 조사). 청쇄문에. 청쇄문은 청색 꽃무늬로 장식한 황궁(皇宮)의 문으로, 한나라 때 궁궐문에 쇠사슬 같은 모양을 새기고 푸른 칠을 한 데서 유래된 말. 일반적으로 대궐문을 가리킨다. 초간본에는 '청쇄문(青瑣門)'으로 '쇄(鎖)'의 한자가 '瑣'로 되어 있다.

갯다가 : 가[行]-+-아(연결 어미)#잇[有]-+-다가(연결 어미). 가 있다가.

밥 머그러 : 밥[飯]#먹[食]-+-으러(연결 어미). 밥 먹으러.

믈러올 : 므르[退]-+-어#오[來]-+-ㄹ(미래 관형사형 어미). 물러올. 물러나올. '므르-'는 '르' 불규칙 활용을 하였다.

저긔 : 적[時]+의(처격 조사, 부사격 조사). 적에. 때에.

ᄌᆞ녹ᄌᆞᄂᆞ기 : ᄌᆞ녹ᄌᆞ녹[從容]+-이(부사 파생 접미사). 자늑자늑이. 조용조용히. 'ᄌᆞ녹ᄌᆞ녹'의 여러 예가 '-ᄒᆞ-'를 가지고 있으나, 'ᄌᆞ녹ᄌᆞ녹'이 독립적으로 쓰인 예가 있다. '자늑자늑'에 대한 『표준국어대사전』의 풀이는 '동작이 조용하며 가볍고 진득하게 부드럽고 가벼운 모양'으로 되어 있다.

나오ᄆᆞᆯ : 나[出]-+오[來]-+-옴(명사형 어미)+ᄋᆞᆯ(대격 조사). 나옴을. 나오는 것을. 여기서는 '나오는데'와 같이 부사적인 성분으로 해석하는 것이 문맥에 적합하다.

ᄆᆡ양 : ᄆᆡ양[每]. 매양. 항상. 늘.

날호야 : 날호[遲]-+-야(연결 어미). 천천히. 늦게. 바로 위의 구에서는 '날회야'와 같이 나타났던 것이다.

ᄒᆞᄂᆞ다 : ᄒᆞ[爲]-+-ᄂᆞ(현재 시제 선어말 어미)-+-다(평서형 어미). 한다.

7ㄱ紫宸殿退朝口號

<제목> 자신전퇴조구호(자신전에서 조회를 마치고 지은 즉흥시)

자신전(紫宸殿) : 당 장안의 대명궁 안에 있는 제3의 궁전. 대명궁 안의 선정전 뒤편 35미터쯤에 자신문이 있고, 그 북쪽 60미터쯤에 자신전이 있다. 황제가 일상적으로 활동하던 곳으로, 임금이 기거하던 내궁 성격의 전당이기도 하다. 앞채는 일상 업무를 하던 곳이고, 뒷채는 휴식처이다. 이는 일면 내조전(內朝殿)으로 신하들이 이곳에서 임금을 조견(朝見)하기도 하였는데 이를 '입각(入閣)'이라 부르기도 하였다.

구호(口號) : 초고(草稿) 없이 입에서 나오는 대로 읊조리며 지은 시 또는 그 방법을 가리킨다. 즉흥시의 성격을 띤다.

자신전퇴조구호(紫宸殿退朝口號) : 자신전에서 조회를 마치고 지은 즉흥시. 이 시는 건원(乾元) 원년(758) 봄에 지은 시라 한다. 두보가 좌습유의 벼슬을 할 때 자신전에서 조회를 마치고 즉흥으로(입에서 나오는 대로) 읊은 시이다.

戶外昭容紫袖垂 雙瞻御座引朝儀 【唐制에 昭容ᄋᆞᆫ 係九賓ᄒᆞ니 天子ㅣ 坐朝ᄒᆞ실 제 宮人이 引至殿上ᄒᆞᄂᆞ니라】

戶外예 昭容이 블근 ᄉᆞ매 드리오고 둘히 御座ᄅᆞᆯ 보아셔 朝儀ᄅᆞᆯ 引進ᄒᆞᄂᆞᆺ다

호외소용자수수 쌍첨어좌인조의 【당나라 제도에 소용(昭容)은 구빈(九賓: 최고의 예절)을 담당하니, 천자가 조회를 위해 앉으실 때 궁인이 인도하여 궁전의 윗자리에 이르게 한다.】

궁 밖에 소용(昭容)이 붉은 소매 드리우고, 문무백관 두 줄이(문무백관을 두 줄로 나누어) 천자의 자리를 보면서(보도록 하면서) 조회의 의열(儀列)을 이끌어 나아가게 하는구나!

호외(戶外)예 : 호외(戶外)+예(처격 조사, 부사격 조사). 집 밖에. 궁 밖에. 자신전(紫宸殿) 밖에.

소용(昭容)이 : 소용(昭容)+이(주격 조사). 소용이. 소용(昭容)은 내명부(內命婦)의 여관(女官)의 품계로, 정이품 혹은 정삼품이 담당한다고 한다. 정삼품 이상은 자색옷을 입는데, '붉은 소매'라고 한 것은 이를 말한 것이다.

블근 : 븕[赤, 紫]-+-은(관형사형 어미). 붉은. 한문 원문은 '자(紫: 자줏빛)'로 된 것인데, 언해는 이를 단순히 '붉은'으로 번역하였다.

ᄉᆞ매 : ᄉᆞ매[袖]. 소매.

드리오고 : 드리오[垂]-+-고(연결 어미). 드리우고. 드물지만 『월인석보』나 『법화경언해』 및 『두시언해』 초간본에도 '드리우고'란 형식이 나타나고 있다.

둘히 : 둘ㅎ[二]+이(주격 조사). 둘이. 문무백관(百官) 혹은 천관(千官)을 쌍행으로 나누어. '둘ㅎ'가 'ㅎ' 종성 체언이기 때문에 주격 조사 '이'가 '히'로 된 것이다.

어좌(御座)ᄅᆞᆯ : 어좌(御座)+ᄅᆞᆯ(대격 조사). 임금의 자리를. 천자의 자리를.

보아셔 : 보[瞻]-+-아셔(연결 어미). 보고서. 보면서. 보게 하면서.

조의(朝儀)ᄅᆞᆯ : 조의(朝儀)+ᄅᆞᆯ(대격 조사). 조회의 의열(儀列)을.

인진(引進)ᄒᆞᄂᆞᆺ다 : 인진(引進)+-ᄒᆞ(동사 파생 접미사)-+-ᄂᆞ(현재 시제 선어말 어미)-+-오(확실성 표지)-+-ㅅ다(감탄형 어미). 이끌어 나아가는구나. 끌어들이는구나. 소용이 뒷걸음질하여 문무백관을 인도하는 것을 말한다. '-ㅅ다'는 본래 사이시옷과 어말 어미 '-다'의 결합이 감탄형 어미로 재구조화된 것이다. '-ᄂᆞᆺ다'를 감탄형 어미로 보는 것 또한 재구조화를 적용하는 것이다.

香飄合殿春風轉 花覆千官淑景移

香氣ㅣ 오온 殿에 飄散ᄒᆞ니 봆 ᄇᆞᄅᆞ미 옮기고 고지 千官를 두퍼 시니 ᄆᆞᆯ근 힛비치 옮ᄂᆞᆺ다

향표합전춘풍전 화복천관숙경이

향기가 온 궁전에 흩어지니 봄바람이 옮겨 가고, 꽃이 문무천관을 덮고 있으

니 맑은 햇빛이 옮겨가는구나.

향기(香氣)ㅣ : 향기(香氣)+ㅣ(주격 조사). 향기가.

오온 : 오올〔全, 合〕-+-ㄴ(관형사형 어미). 온. 모든. '오올-'은 '온전하다'의 뜻을 가지는 형용사이다. '오올-'은 '오ᄋᆞᆯ-'의 쌍형어로 활용형인 '오ᄋᆞᆫ'이 더 널리 쓰였다. 이들과는 또 별도로 현대어의 '온 세상'과 같은 예의 '온'과 같은 관형사 '온'도 드물게나마 쓰였다. '오온'이나 '오ᄋᆞᆫ'이 줄어서 현대어의 '온'이 되었다기보다는 '온, 오온, 오ᄋᆞᆫ' 등과 같은 형식이 '온'으로 합류한 것으로 볼 수 있다. ¶이제 그 오온 글월을 비록 可히 보디 몯ᄒᆞ나 傳記〔녯 글월들히라〕예 섯거 낟ᄂᆞᆫ ᄃᆡ ᄯᅩ 하건마ᄂᆞᆫ(이제 그 온 글월을 비록 가히 보지 못하나 전기〔옛 글들이다〕에 섞이어 나타나는 데 또 많건마는)<소학(서) 2ㄴ>. 六祖조ㅅ 큰 오ᄋᆞᆫ ᄠᅳ들 보디 몯ᄒᆞᄂᆞ녀(육조의 큰 온전한 뜻을 보지 못하느냐?)<육조(서) 7ㄱ-7>.

전(殿)에 : 전(殿)+에(처격 조사, 부사격 조사). 전에. 궁전에.

표산(飄散)ᄒᆞ니 : 표산(飄散)+-ᄒᆞ(동사 파생 접미사)-+-니(연결 어미). 흩어지니. 바람에 날려 흩어지니.

봆 ᄇᆞᄅᆞ미 : 봄〔春〕+ㅅ(관형격 조사)#ᄇᆞᄅᆞᆷ〔風〕+이(주격 조사). 봄바람이.

옮기고 : 옮〔移〕-+-기(사동 파생 접미사)-+-고(연결 어미). 옮기고. 이동하고. 옮기게 하고. 옮겨 가고.

고지 : 곶〔花〕+이(주격 조사). 꽃이.

천관(千官)을 : 천관(千官)+을(대격 조사). 천관을. 작은 나라에서는 문관과 무관을 합하여 문무백관이라고 하나, 중국에서는 이를 문무천관(文武千官)이라 하였다.

두퍼 시니 : 둪〔覆〕-+-어(연결 어미)#시〔有〕-+-니(연결 어미). 덮고 있으니.

ᄆᆞᆯ근 : ᄆᆞᆰ〔淸, 淑〕-+-은(관형사형 어미). 맑은. 초간본에는 'ᄆᆞᆯ ᄀᆞᆫ'으로 되어 있던 것이다.

힛비치 : 히〔日〕#빛〔光〕+이(주격 조사). 햇빛이.

옮ᄂᆞᆺ다 : 옮〔移〕-+-ᄂᆞ(현재 시제 선어말 어미)-+-오(확실성 표지)-+-ㅅ다(감탄형 어미). 옮겨 가는구나. 이동하는구나. '-ㅅ다'는 본래 사이시옷과 어말 어미 '-다'의 결합이 감탄형 어미로 재구조화된 것이다. '-놋다'를 감탄형 어미로 보는 것 또한 재구조화를 적용하는 것이다.

고지 천관(千官)을 두퍼 시니 : 꽃이 천관(千官)을 덮고 있으니. 이는 꽃이 많음을 뜻하기도 하는 것일 것이지만, 수많은 신하들이 없는 듯이 조용히 있음을 뜻하는 것이기도 하다.

ᄆᆞᆯ근 힛비치 옮ᄂᆞᆺ다 : 맑은 햇빛이 옮겨 가는구나. 햇빛의 비침이 시간에 따라 올겨 가는 것으로, 조용히 시간이 흘러감을 표현하고 있다.

晝漏稀聞高閣報 天顔有喜近臣知【紫宸內衙애 晝刻ᄋᆞᆯ 必待外庭高閣之報故로 云稀聞이라】
나ᄌᆡᆺ 漏刻ᄋᆞᆯ 노ᄑᆞᆫ 지븨셔 알외요ᄆᆞᆯ 드므리 드르리로소니 님그ᇝ ᄂᆞᄎᆡ 깃거ᄒᆞ샴 이7ㄴ쇼ᄆᆞᆯ 近侍ᄒᆞᆫ 臣下ㅣ 아놋다

주루희문고각보 천안유희근신지【자신전 안채에 낮시각을 항상 바깥 정원 높은 누각의 시보를 기다려야 하기 때문에 드물게 듣는다고 하였다.】
낮의 물시계 시각을 높은 집에서 알리는 것을 드물게 들을 것이니 임금의 얼굴에 기뻐하심이 있음을 가까이 모시는 신하가 알도다.

나ᄌᆡᆺ : 낮[晝]+ᄋᆡ(처격 조사, 부사격 조사)+ㅅ(관형격 조사). 낮의.
누각(漏刻)ᄋᆞᆯ : 누각(漏刻)+ᄋᆞᆯ(대격 조사). 누각을. 물시계의 시각을. 시각을. 시간을.
나ᄌᆡᆺ 누각(漏刻) : 낮의 누각.
노ᄑᆞᆫ : 높[高]-+-ᄋᆞᆫ(관형사형 어미). 높은.
지븨셔 : 집[家, 閣]+의셔(출격 조사, 부사격 조사). 집에서. 집으로부터.
알외요ᄆᆞᆯ : 알외[報]-+-옴(명사형 어미)+ᄋᆞᆯ(대격 조사). 알림을. 알리는 것을.
드므리 : 드믈[稀]-+-이(부사 파생 접미사). 드물게.
드르리로소니 : 듣[聞]-+-으리(미래 시제 선어말 어미)-+-로소니(연결 어미). 들을 것이니.
드므리 드르리로소니 : 드물게 들을 것이니. 언해는 원문의 '희문(稀聞)'을 이렇게 번역하였다. 자신전에서는 누각의 시각 알림이 희미하게 들려 반드시 외정(外庭)의 고각에서 알려야 한다고 하였다. 이것에 대해서 '희문(稀聞)'을 '드물게 듣는다'로 번역하는 것은 상황의 이해를 어렵게 한다. '희문'은 문자 그대로 '희미하게 듣는다'로 해석할 수도 있다고 본다. '천안유희(天顔有喜)'도 시각 알림을 듣고 기쁜 얼굴을 하는 것으로, 아마도 조회가 끝나는 시간을 알고 내심 기뻐하는 것일 것이다.
님그ᇝ ᄂᆞᄎᆡ : 님금[王, 天子]+ㅅ(관형격 조사)#ᄂᆞᆾ[顔]+ᄋᆡ(처격 조사, 부사격 조사). 임금의 얼굴에. 천자의 낯에. 천자의 얼굴에.
깃거ᄒᆞ샴 : 깃그[喜]-+-어(연결 어미)#ᄒᆞ[爲.]-+-시(주체 높임 선어말 어미)-+-암(명사형 어미). 기뻐하심. 기뻐하시는 것.
이쇼ᄆᆞᆯ : 이시[有]-+-옴(명사형 어미)+ᄋᆞᆯ(대격 조사). 있음을. 있는 것을.
근시(近侍)ᄒᆞᆫ : 근시(近侍)+-ᄒᆞ(동사 파생 접미사)-+-ㄴ(관형사형 어미). 가까이 모시는.
신하(臣下)ㅣ : 신하(臣下)+ㅣ(주격 조사). 신하가.

근시(近侍)ᄒᆞᆫ 신하(臣下) : 가까이 모시는 신하. 두보는 당시 습유(拾遺)의 벼슬을 하였기 때문에 임금을 가까이 볼 수 있었다고 보기도 한다. 이와 달리 두보는 말단 관직에 있었기 때문에 임금의 얼굴을 보지 못하고, 마음속으로 짐작하는 바를 표현한 것이라고도 한다.

아ᄂᆞᆺ다 : 알[知]-+-ᄂᆞ(현재 시제 선어말 어미)-+-오(확실성 표지)-+-ㅅ다(감탄형 어미). 알도다. 아는도다. '-ㅅ다'는 본래 사이시옷과 어말 어미 '-다'의 결합이 감탄형 어미로 재구조화된 것이다. '-ᄂᆞᆺ다'를 감탄형 어미로 보는 것 또한 재구조화를 적용하는 것이다.

宮中每出歸東省 會送夔龍集鳳池【夔龍은 舜ㅅ 二臣名이니 比當時宰相ᄒᆞ니라】

宮中에셔 ᄆᆡ양 나 東省애 가 夔龍ᄋᆡ 鳳池예 모ᄃᆞᄆᆞᆯ 모다 보내노라

궁중매출귀동성 회송기룡집봉지 【기(夔)와 용(龍)은 순(舜) 임금의 두 신하의 이름인데, 당시의 재상을 비유하는 것이다.】

궁중에서는 매번 나와서 동성(東省: 門下省)으로 돌아가, 재상들이 중서성(中書省: 鳳池)에 모인 것을 함께 전송하도다.

궁중(宮中)에셔 : 궁중(宮中)+에셔(출격 조사, 부사격 조사). 궁중에서. 궁중으로부터.

ᄆᆡ양 : ᄆᆡ양[每]. 늘. 언제나. 항상. 매번.

나 : 나[出]-+-아(연결 어미). 나. 나서. 나와서.

동성(東省)애 : 동성(東省)+애(달격 조사, 부사격 조사). 동성에. 두보가 벼슬이 좌습유(左拾遺)여서, 문하성(門下省)에 속해 있었는데, 문하성이 동쪽에 있었으므로, 동성(東省)이라 한 것이다.

가 : 가[去, 歸]-+-아(연결 어미). 가. 가서. 돌아가서.

기룡(夔龍)ᄋᆡ : 기룡(夔龍)+ᄋᆡ(관형격 조사). 기룡의. 할주에 주어진 바에 의하면, 기(夔)와 용(龍)은 순(舜) 임금의 두 신하의 이름인데, 기(夔)는 음악을 맡았고, 용(龍)은 왕명의 출납을 맡았다고 한다. 여기서는 당시의 재상을 비유한 것이다.

봉지(鳳池)예 : 봉지(鳳池)+예(달격 조사, 부사격 조사). 봉지에. 봉황지(鳳凰池)에. 중서성(中書省)에. 중서성 근처에 봉황지가 있어서 중서성을 봉황지라고도 한다. 봉황지는 봉지라고도 한다.

모ᄃᆞᄆᆞᆯ : 몯[集]-+-ᄋᆞᆷ(명사형 어미)+ᄋᆞᆯ(대격 조사). 모인 것을. 명사형 어미 '-옴'에서 확실성

표지 '-오-'가 탈락한 것으로 보인다.

모다 : 몯[集]-+-아(연결 어미). ① 모아, 모여서, 함께, ② 모두. '몯아'가 모두의 의미를 가지게 된 것은 재구조화에 의한 것이다. 여기서는 ①의 의미로 해석한다.

보내노라 : 보내[送]-+-ᄂᆞ(현재 시제 선어말 어미)-+-오(확실성 표지)-+-라(평서형 어미). 보내노라. 보내도다.

秋興五首

<제목> 추흥 오수(가을의 감흥 5수)

추흥 오수(秋興五首) : 가을의 감흥 5수. 이 시는 본래 <추흥 8수>였는데, 여기에 실린 것은 <추흥 8수> 중 뒤에 있는 5수이다. 앞의 3수는 기주(夔州)에 대한 것이고, 뒤에 5수는 장안에 대한 것으로, 앞의 3수는 『분류두공부시언해』 권10의 <사시(四時)>란 대분류 제목 아래 <추(秋)>란 중분류 제목이 있는데, 다시 그 속에 <추흥 3수>란 제목으로 실리고 있다. 이에 대해서는 2011년 세종대왕기념사업회에서 간행한 『역주 분류두공부시언해』 권10을 참조하기 바란다.

이들 시는 대력(大曆) 원년(766) 가을에 지어진 것이라 한다. 당시 두보는 기주에 있었다. 시의 중심 주제는 8수가 서로 이어진 반면, 각각의 시는 또 그 자체로 독립성을 갖추고 있다. 당시 안사(安史)의 난이 진정되어 가고 있었으나, 토번과 위구르가 서로 계속하여 침입해 와 국난과 변방의 근심이 그치지 않았다. 두보는 여러 지역을 방랑하다가 기주(夔州)에 우거하고 있었다.

<제1수>

聞道長安似弈碁 百年世事不勝悲 【此首ᄂᆞᆫ 專爲長安喪亂而作ᄒᆞ니라 如弈碁ᄂᆞᆫ 言互有勝負也ㅣ니 百年之間애 世事之變을 不勝其悲也ㅣ라】

니ᄅᆞ거늘 드로니 長安이 바독 쟝긔 ᄀᆞᆮᄒᆞ니 百年에 世間ㅅ 이레 슬프믈 이긔디 몯ᄒᆞ노라

문도장안사혁기 백년세사부승비 【이 수는 오로지 장안의 상란(喪亂: 전쟁과 반란의 재앙)을 위하여 지은 것이다. 바둑 장기와 같다는 것은 이기고 지는 것을 서로 가지는 것이니, 백년 사이에 세상 일의 변화를 그 슬픔을 이기지 못하는 것이다.】

세상에서 말하는 것을 들으니 장안(長安)이 바둑 장기 같으니(싸움판 같으니) 백년의 세상 일에 슬픔을 이기지 못하도다.

니ᄅᆞ거늘 : 니ᄅᆞ[謂]-+-거늘(연결 어미). 이르거늘. 이르는 것을. 세상에서 말하는 것을. 세상 소문을.

드로니 : 듣[聞]-+-오(확실성 표지)-+-니(연결 어미). 들으니.

장안(長安)이 : 장안(長安)+이(주격 조사). 장안이. 장안은 당나라의 수도. 과거 전한, 후한 등의 수도이기도 하였다. 이후 수도를 뜻하는 일반명사처럼 쓰이기도 한다.

바독 쟝긔 : 바독[奕]#쟝긔[碁]. 바둑과 장기. '바둑과 장기'는 싸움판을 뜻함.

ᄀᆞᆮᄒᆞ니 : ᄀᆞᆮ[如]+-ᄒᆞ(형용사 파생 접미사)-+-니(연결 어미). 같으니.

백년(百年)에 : 백년(百年)+에(처격 조사, 부사격 조사). 백년에. 여기서 '에'는 처격 조사로 이해되는 것이나, 문맥으로 보아서는 관형격 조사가 쓰여야 할 자리이다. '백년에' 뒤에 관형격 조사 'ㅅ'의 탈락을 가정해 볼 수도 있으나, 다소 특수한 해석이며 일반적인 해석은 아니다.

세간(世間)ㅅ : 세간(世間)+ㅅ(관형격 조사). 세상의.

이레 : 일[事]+에(처격 조사, 부사격 조사). 일에.

슬프믈 : 슳[哀, 悲]-+-브(형용사 파생 접미사)-+-ㅁ(명사형 어미)+을(대격 조사). 슬픔을. 초간본에는 '슬푸믈'과 같이 되어 있다. 여기 중간본의 명사형 어미 '-ㅁ'에는 초간본의 확

실성 표지 '-우-'가 소실된 것으로 본다. 중세어에서 명사형 어미 '-ㅁ'앞에는 항상 확실성 표지 '-오/우/아/어-'가 쓰였으나, 중간본에서 소실되거나 약화되었다. 중세어와 근대어에서는 '슬프-'가 '슳-'에서 파생된 형용사이나, 현대어에서는 '슬퍼하-'가 '슬프-'에서 파생된 동사이다.

이긔디 : 이긔[勝]-+-디(연결 어미). 이기지. 극복하지.

몯ᄒᆞ노라 : 몯[不]+-ᄒᆞ(동사 파생 접미사)-+-ᄂᆞ(현재 시제 선어말 어미)-+-오(확실성 표지)-+-라(평서형 어미). 못하노라. 못하도다.

王侯第宅皆新主 文武衣冠異昔時【⁸ㄱ言第宅이 因喪亂而易主ㅣ오 衣冠이 亦不如舊時也ㅣ라】

王侯의 지븨는 다 새 님재히오 션빅와 호반과ᄋᆡ 衣冠이 녯 時節와 다ᄅᆞ도다

왕후제댁개신주 문무의관이석시【살림집과 정자가 전란으로 인하여 주인이 바뀌고, 의관(衣冠)이 또한 옛날과 같지 않음을 말한다.】

왕과 제후의 집(높은 문의 큰 저택)에는 다 새 임자이고, 문반과 무반의 신하들이 옛 시절과 다르도다.

왕후(王侯)의 : 왕후(王侯)+의(관형격 조사). 왕후의. 왕과 제후(諸侯)의.

지븨는 : 집[家]+의(처격 조사, 부사격 조사)+는(보조사). 집에는. 고문대택(高門大宅)에는. 높은 문을 가진 큰 집에는.

다 : 다[皆]. 다. 모두.

새 : 새[新]. 새. 새로운.

님재히오 : 님자ㅎ[主]#이(지정 형용사)-+-고(연결 어미). 임자이고. '님자ㅎ'가 'ㅎ' 종성 체언이므로 지정 형용사 '이-'가 '히-'로 된 것이다. '히오'의 '-오'는 연결 어미 '-고'가 'ㅣ' 아래에서 'ㄱ'이 탈락한 것임.

션빅와 : 션빅[文班]+와(접속 조사). 선비와. 문반의.

호반과ᄋᆡ : 호반(虎班: 武班]+과(접속 조사)+ᄋᆡ(관형격 조사). 호반의. 무반의.

의관(衣冠)이 : 의관(衣冠)+이(주격 조사). 옷과 관이. 옷 차림새가. '의관'은 단순히 옷과 관을 가리키는 것이 아님. 관원들을 함부로 채용한 것을 암시한다.

녯 시졀(時節)와 : 녜〔故, 昔〕+ㅅ(관형격 조사)#시졀(時節)+와(접속 조사). 옛 시절과. 이전의 시기와. 이전 시기와.

다ᄅᆞ도다 : 다ᄅᆞ〔異〕-+-도다(감탄형 어미). 다르도다. 다르구나.

션비와 호반과이 의관(衣冠)이 녯 시졀(時節)와 다ᄅᆞ도다 : 문반과 무반의 관원들이 옛날과 다르도다. 현종에서 숙종, 대종(代宗)에 이르기까지 관원들을 함부로 채용한 것을 암시한다. 숙종은 이보국(李輔國), 어조은(魚朝恩)과 같은 나쁜 신하들을 함부로 발탁하였다.

直北關山金鼓振 征西車馬羽書遲【時예 河北尚用兵ᄒᆞ고 西征吐藩者ᄂᆞᆫ 獻捷之書ㅣ 遲來也ㅣ라】

바ᄅᆞ 北녁 關山앤 錚와 붑소리 振動ᄒᆞ얏고 西ㅅ녀크로 征伐ᄒᆞᄂᆞᆫ 車馬ᄂᆞᆫ 羽書ㅣ 더듸도다

직북관산금고진 정서거마우서지【당시에 하북은 아직 전투 중이고 서쪽 토번을 정벌하는 자는 승전 소식 바치는 글이 늦도다.】

바로 북쪽 방면 관산에는 쟁과 북소리 진동하고 있고, 서쪽 방면으로는 정벌하러 간 거마(車馬)는 승전을 전하는 긴급 공문이 더디도다.

바ᄅᆞ : 바ᄅᆞ〔直〕. 바로.

북(北)녁 : 북(北)#녁〔方〕. 북녘. 북쪽. 북쪽 방면.

바ᄅᆞ 북(北)녁 : 바로 북녘. 이곳은 장안(長安)의 바로 북쪽으로, 농우(隴右)와 관보(關輔: 도성에서 가까운 지역) 지구를 가리킨다.

관산(關山)앤 : 관산(關山)+애(처격 조사, 부사격 조사)+ㄴ(보조사). 관산에는. 관산은 관문이 있는 산으로, 관문은 국경을 드나드는 문이다.

쟁(錚)과 : 쟁(錚)+과(접속 조사). 쟁과. 꽹과리와. '쟁'은 꽹과리를 말한다.

붑소리 : 붑〔鼓〕#소리〔聲〕. 북소리.

진동(振動)ᄒᆞ얏고 : 진동(振動)+-ᄒᆞ(동사 파생 접미사)-+-야(연결 어미)#잇〔有〕-+-고(연결 어미). 진동하고 있고.

서(西)ㅅ녀크로 : 서(西)+ㅅ(관형격 조사)#녘〔方〕+으로(달격 조사, 부사격 조사). 서녘으로. 서쪽으로. 서쪽 방면으로. 서녘은 오랑캐 토번(吐藩)의 침범이 있는 곳이다.

정벌(征伐)ᄒᆞᄂᆞᆫ : 정벌(征伐)+-ᄒᆞ(동사 파생 접미사)-+-ᄂᆞ(현재 시제 선어말 어미)-+-ㄴ(관형

사형 어미). 정벌하는. 정벌하고 있는. 정벌하러 간.

거마(車馬)ᄂᆞᆫ : 거마(車馬)+ᄂᆞᆫ(보조사). 거마는. 수레와 말은.

우서(羽書)ㅣ : 우서(羽書)+ㅣ(주격 조사). 깃 문서가. 깃을 꽂은 공문이. '깃을 꽂은 공문'은 긴급공문이다.

더듸도다 : 더듸[遲]-+-도다(감탄형 어미). 더디도다. 늦도다. 더디게 오도다.

<제2수>

> 魚龍寂寞秋江冷 故國平居有所思【魚龍川이 在秦州ᄒᆞ니라 下句ᄂᆞᆫ 甫ㅣ因起故國平時之思也ㅣ라】
> 魚龍이 괴외ᄒᆞ고 ᄀᆞᅀᆞᇝ ᄀᆞᄅᆞ미 서늘ᄒᆞ니 故國에 平時예 사던 ᄯᅡ홀 ᄉᆞ랑ᄒᆞᄂᆞᆫ 배 이쇼라

어룡적막추강랭 고국평거유소사 【어룡천(魚龍川)이 진주(秦州)에 있다. 아랫구는 두보가 장안에 대한 평소의 생각을 떠올린 것이다.】

어룡천(魚龍川)이 고요하고 가을 강이 서늘하니, 고향에서 평소에 살던 땅을 생각하는 바가 있도다.

어룡(魚龍)이 : 어룡(魚龍)+이(주격 조사). 물고기와 용이. 언해의 주석에 의하면, 어룡은 어룡천(魚龍川)을 가리킨다. 어룡천은 진주(秦州)에 있다. 진주는 중국의 옛 행정구역으로, 서진 관중에서 농산(隴山) 오른쪽에 있는 5개 군을 분리하여 설치한 것이다.

괴외ᄒᆞ고 : 괴외[寂寞]+-ᄒᆞ(형용사 파생 접미사)-+-고(연결 어미). 고요하고. 적막하고.

ᄀᆞᅀᆞᇝ : ᄀᆞᅀᆞᆶ[秋]+ㅅ(관형격 조사). 가을의. 초간본에는 'ᄀᆞᅀᆞᇝ'로 되어 있는 것이다.

ᄀᆞᄅᆞ미 : ᄀᆞᄅᆞᆷ[江]+이(주격 조사). 강이.

서늘ᄒᆞ니 : 서늘[凉, 冷]+-ᄒᆞ(형용사 파생 접미사)-+-니(연결 어미). 서늘하니. 차니.

고국(故國)에 : 고국(故國)+에(처격 조사, 부사격 조사). 고국에. 고향에서.

평시(平時)예 : 평시(平時)+예(처격 조사, 부사격 조사). 평시에. 보통 때에. 평소에.

사던 : 살[居]-+-더(회상 선어말 어미)-+-ㄴ(관형사형 어미). 살던

ᄯᅡ홀 : ᄯᅡᇂ[地]+ᄋᆞᆯ(대격 조사). 땅을. 곳을. 대격 조사 'ᄋᆞᆯ'이 '홀'이 된 것은 'ᄯᅡᇂ'이 'ㅎ' 종성 체언이기 때문이다.

ᄉᆞ랑ᄒᆞᄂᆞᆫ : ᄉᆞ랑[思]-+-ᄒᆞ(동사 파생 접미사)-+-ᄂᆞ(현재 시제 선어말 어미)-+-오(확실성 표

지)-+-ㄴ(관형사형 어미). 생각하는.
배 : 바[所]+이(주격 조사). 바가.
이쇼라 : 이시[有]-+-오(확실성 표지)-+-라(평서형 어미). 있도다. 있구나.

> **蓬萊宮闕對南山 承露金莖霄漢間 【承露金莖은 見[8ㄴ] 上王維詩註ᄒᆞ다 此首ᄂᆞᆫ 用長安故事ᄒᆞ야 以起興而末乃懷舊也ㅣ라】**
>
> 蓬萊宮闕이 南山ᄋᆞᆯ 相對ᄒᆞ얫ᄂᆞ니 이슬 받ᄂᆞᆫ 金莖은 하ᄂᆞᆳ ᄉᆞ이예 티와댓도다

봉래궁궐대남산 승로금경소한간 【승로반의 금경(金莖)은 위의 왕유(王維) 시의 주를 보라. 이 수는 장안 고사를 써서 감흥을 일으키고, 이어서 옛날을 회고하는 것이다.】

봉래궁이 종남산(終南山)을 상대하고 있으니 승로반의 구리기둥은 하늘 사이에 치받아 있도다.

봉래궁궐(蓬萊宮闕)이 : 봉래궁궐(蓬萊宮闕)+이(주격 조사). 봉래궁이. 봉래궁은 대명궁을 가리킨다. 대명궁 안에 봉래전이란 궁전이 따로 있었다고 함. 대명궁은 중국 당나라 때에, 장안(長安)의 북동쪽 수룡원(首龍原)이라는 구릉지에 지어진 궁전을 이른다. 남북을 중심축으로 하여 정전(正殿)인 함원전(含元殿), 선정전(宣政殿), 자신전(紫宸殿)이 있고, 주위는 성벽으로 둘러싸여 있었다. 태극궁, 흥경궁과 함께 중국의 삼대 궁전의 하나이다. 태종이 그 아비 고조(高祖)를 위하여 634년에 짓기 시작하여, 고종 때에 대규모로 증축하여, 663년 태극궁에서 이곳으로 조정(朝政)을 옮겼다고 한다.
남산(南山)ᄋᆞᆯ : 남산(南山)+ᄋᆞᆯ(대격 조사). 남산을. 여기서 남산은 종남산(終南山)으로, 중국 섬서성(陝西省) 서안시(西安市)에 위치한 산이다.
상대(相對)ᄒᆞ얫ᄂᆞ니 : 상대(相對)+-ᄒᆞ(형용사 파생 접미사)-+-야(연결 어미)#잇[有]-+-잇[有]-+-ᄂᆞ(현재 시제 선어말 어미)-+-니(연결 어미). 상대하고 있으니.
이슬 받ᄂᆞᆫ : 이슬[露]#받[承]-+-ᄂᆞ(현재 시제 선어말 어미)-+-ㄴ(관형사형 어미). 이슬 받는. 이슬을 받는
금경(金莖)은 : 금경(金莖)+은(보조사). 금경은. 금경은 승로반(承露盤)의 구리기둥을 말한다.
하ᄂᆞᆳ ᄉᆞ이예 : 하ᄂᆞᆯ[天]+ㅅ(관형격 조사)#ᄉᆞ이[間]+예(처격 조사, 부사격 조사). 하늘의 사이

에. 하늘 사이에. 'ᄉᆞ이'는 초간본에 'ᄉᆞᅀᅵ'로 되었던 것이다.

티와댓도다 : 티(접두사)-+받[頂]-+-아(연결 어미)#잇[有]-+-도다(감탄형 어미). 치받아 있도다. 치받고 있도다. 치받았도다.

西望瑤池降王母 東來紫氣滿函關【西王母이 宴穆王於瑤池ᄒᆞ니 以喩明皇의 幸蜀ᄒᆞ다 老子ㅣ 西遊어늘 關令尹이 見紫氣浮關ᄒᆞ니 以喩肅宗의 收復長安ᄒᆞ니라 一云借穆王老子事ᄒᆞ야 以言唐皇의 慕仙之意ᄒᆞ니라】

西ㅅ녀크로 瑤池를 ᄇᆞ라니 王母ㅣ ᄂᆞ리고 東녀크로셔 오ᄂᆞᆫ 블근 氣ᄂᆞᆫ 函關애 ᄀᆞ득ᄒᆞ얫도다

서망요지강왕모 동래자기만함관【서왕모가 요지(瑤池)에서 목왕(穆王)과 놀았다고 하였으니, 명황(明皇) 즉 당(唐)나라 현종(玄宗)이 촉(蜀) 땅에 간 일을 비유한 것이다. 노자(老子)가 서쪽으로 갈 때 관(關)의 영윤(令尹)이 함곡관(函谷關)에 붉은 기운이 떠 있는 것을 보았다고 하였으니, 이는 숙종이 장안을 수복한 일을 비유한 것이다. 일설에는 목왕(穆王)과 노자(老子)의 고사를 빌어 당나라 황제가 신선을 사모하는 뜻을 말한 것이라고도 한다.】

서녘으로 요지(瑤池)를 보라보니 서왕모가 내려오고, 동녘으로부터 오는 붉은 기운은 함곡관에 가득차 있구나.

서왕모(西王母) : 주나라 목왕이 요지에서 데리고 놀았다는 선녀. 성은 양(楊), 이름은 회(回). 곤륜산에 살고 있는 최고의 여신. 사람의 얼굴에 호랑이의 이(齒)를 하고, 표범의 꼬리에 머리는 헝클어뜨렸다고 한다. 불사약을 가진 선녀라고 한다.

목왕(穆王) : 주나라 5대 임금으로 주목왕(周穆王, BC1001-947) 혹은 주천자라 함. 혼란했던 나라를 안정시킨 현군(賢君)으로 여겨진다. 주목왕에 관한 신화는 3세기 말에 발견된 『목천자전(穆天子傳)』에 주로 실려 있고 『열자(列子)』, 『습유기(拾遺記)』, 『술이기(述異記)』와 같은 책에도 흩어져 담겨 있다. 주목왕이 아버지 소왕(昭王)의 뒤를 이어 임금이 되었을 때, 어느 날 지구 서쪽 끝의 나라에서 산다는 화인(化人)이란 사람이 찾아와 서쪽으로 여행을 떠나게 된다. 그 도중에 서왕모를 만나 요지(瑤池)에서 논다.

명황(明皇) : 현명한 황제. 당 현종(玄宗)을 가리킴.

행촉(幸蜀) : 촉 지방으로 피난가는 것을 말함. 당의 4대 황제 현종이 촉 지방으로 피난한 것을 이른다.

노자(老子) : 중국 춘추 시대의 사상가(?~?). 성은 이(李). 이름은 이(耳). 도가(道家)의 시조로서, 상식적인 인의와 도덕에 구애되지 않고 만물의 근원인 도를 좇아서 살 것을 역설하고, 무위자연을 존중하였다. 도교에서는 신격화하여 태상노군(太上老君)이라 불린다.

관령윤(關令尹) : 관(關)은 관문이란 뜻이고, 영윤은 관리라는 뜻이다. 관령윤(關令尹)은 관문을 지키는 관리라는 뜻이다. 여기서 관령윤을 이이(李頤)는 '관령윤(關令尹)인 희(尹喜)이다[關令尹喜]'라고 풀이하였다. 『사기』의 '노장신위열전(老莊申韓列傳)'을 참고한 듯하다. 성현영(成玄英)은 한 걸음 더 나아가 '성은 윤(尹)이고 이름은 희(喜)이며 자는 공도(公度)]라'고 하였다. 함곡관을 지키는 관리였기 때문에 관령 윤진인(關令尹眞人)이라고 불렀다. 이 사람은 노자(老子)의 제자로 도를 품고 덕을 안고 있었기 때문에 열어구(列御寇, 列子)가 물은 것이다[姓尹 名喜 字公度 爲函谷關令 故曰 關令尹眞人 是老子弟子 懷道抱德 故禦寇詢之也]라고 풀이하였다. 한편 성현영이 성이 윤이라고 한 것에 대해 위의 풀이와 같이 관(關)의 영윤으로 관문을 지키는 관리의 뜻으로 보아야 한다고 주장한 학자들이 있고, 『사기』의 '노장신위열전(老莊申韓列傳)'의 '관영 윤희 왈(關令尹喜曰)'의 '희(喜)' 또한 사람의 이름이 아니라 '기뻐하면서'의 뜻이라고 주장하는 사람들(예, 곽말약(郭沫若), 진고응(陳鼓應))이 있다.

서(西)ㅅ녀크로 : 서(西)+ㅅ(관형격 조사)#녘(方)+으로(달격 조사, 부사격 조사). 서녘으로. 서쪽 방면으로.

요지(瑤池)를 : 요지(瑤池)+를(대격 조사). 요지를. 요지는 중국 곤륜산에 있다는 연못으로, 신선이 살았다고 하며, 주나라 목왕이 팔준마(八駿馬)를 타고 가서 서왕모를 만나 서로 노래로 화답하였다고 한다.

ᄇᆞ라니 : ᄇᆞ라[望]-+-니(연결 어미). 바라보니.

왕모(王母)ㅣ : 왕모(王母)+ㅣ(주격 조사). 왕모가. 서왕모가.

ᄂᆞ리고 : ᄂᆞ리[降]-+-고(연결 어미). 내리고. 내려오고.

동(東)녀크로서 : 동(東)#녘[方]+으로셔(출격 조사, 부사격 조사). 동녘으로부터. 동녘에서. '녘'이 근대어에서 '키읔' 받침으로 나타나는 것은 거의 『두시언해』 중간본에 국한된다.

오ᄂᆞᆫ : 오[來]-+-ᄂᆞ(현재 시제 선어말 어미)-+-ㄴ(관형사형 어미). 오는.

블근 : 븕[赤, 紫]-+-은(관형사형 어미). 붉은.

기(氣)ᄂᆞᆫ : 기(氣)+ᄂᆞᆫ(보조사). 기운은.

블근 기(氣) : 븕[紅, 紫]-+-은(관형사형 어미)#기(氣). 붉은 기운. 상서로운 기운.

함관(函關)애 : 함관(函關)+애(처격 조사, 부사격 조사). 함관에. 함관은 흔히 함곡관(函谷關)이라 불리는 변경으로, 우묵한 골짜기와 같이 생겨 붙여진 이름임. 장안과 낙양 사이의 동쪽에 있는 관문임.

ᄀᆞ득ᄒᆞ얫도다 : ᄀᆞ득〔滿〕+-ᄒᆞ(형용사 파생 접미사)-+-아(연결 어미)#잇〔有〕-+-도다(감탄형 어미). 가득해 있도다.

雲移雉尾開宮扇 日繞龍鱗識聖顔 【雉尾扇ᄂᆞᆫ(ᄋᆞᆫ) 用雉羽ᄒᆞ야 爲扇翣也ㅣ라】

구루미 ᄭᅯᇰ의 ᄭᅩ리예 올ᄆᆞ니 宮扇이 열오 ᄒᆡ 龍ᄋᆡ 비느레 버므니 님긊 ᄂᆞ9ㄱ촐 알리로다

운이치미개궁선 일요룡린식성안 【치미선(雉尾扇)은 꿩의 깃을 써서 부채를 만든 것이다.】

구름이 꿩의 꼬리에 옮아가니 궁궐의 부채가 열리고, 햇빛이 용의 비늘(임금의 곤룡포)를 감싸니 임금의 얼굴을 알겠도다.

구루미 : 구룸〔雲〕+이(주격 조사). 구름이.
ᄭᅯᇰ의 ᄭᅩ리예 : ᄭᅯᇰ〔雉〕+의(관형격 조사)#ᄭᅩ리〔尾〕+예(달격 조사, 부사격 조사). 꿩의 꼬리에.
올ᄆᆞ니 : 옮〔移〕-+-ᄋᆞ니(연결 어미). 옮으니. 옮아가니. 이동하니.
궁선(宮扇)이 : 궁선(宮扇)+이(주격 조사). 궁선이. 궁궐의 부채가. 궁궐의 의장 부채가.
열오 : 열〔開〕-+-고(연결 어미). 열고. 열리고.
ᄒᆡ : ᄒᆡ〔日〕. 해. 해가.
용(龍)ᄋᆡ : 용(龍)+ᄋᆡ(관형격 조사). 용의.
비느레 : 비늘〔鱗〕+에(달격 조사, 부사격 조사). 비늘에.
버므니 : 버믈〔繞〕-+-니(연결 어미). 두르니. 둘러싸니. 감싸니.
님긊 ᄂᆞᄎᆞᆯ : 님금〔王, 天子〕+ㅅ(관형격 조사)#ᄂᆞᆾ〔顏〕+ᄋᆞᆯ(대격 조사). 임금의 얼굴을.
알리로다 : 알〔知, 識〕-+-리(미래 관형사형 어미)-+-로다(감탄형 어미). 알 것이로다. 알겠도다.

一臥蒼江驚歲晚 幾回靑鎖點朝班【點朝班은 想省中諸公之朝也ㅣ라】

ᄒᆞᆫ번 蒼江애 누어셔 歲의 느저가ᄆᆞᆯ 놀래노니 몃 디위ᄅᆞᆯ 靑瑣門에 朝班을 혜아리가니오

일와창강경세만 기회청쇄점조반 【점조반(點朝班; 조정의 반열에 참여한다는 말)은 성(省) 가운데 여러 제후들이 조회하는 것을 생각하는 것이다.】

한번 창강(滄江)에 누워 한 해가 저물어가고 있음에 놀라니, 몇 번이나 청쇄문에서 조정의 반열에 참여하였는지 헤아리겠는가?

ᄒᆞᆫ번 : ᄒᆞᆫ[一]#번(番). 한번. 한 차례. 어쩌다. 어쩌다가.

창강(蒼江)애 : 창강(蒼江)+애(처격 조사, 부사격 조사). 창강에. 물의 색깔이 푸른색을 띠어서 창강(滄江, 蒼강)이라 부른 것이다. 여기서는 우선 무협(巫峽)을 가리키고, 나아가 기주(夔州)를 가리킨다.

누어셔 : 눕[臥]-+-어셔(연결 어미). 누워서. '-어셔'의 '셔'는 원래 '시[有]-+-어(연결 어미).'로 분석되는 것이나, 일차적으로 보조사로 재구조화되고 다시 어미의 일부가 된 것으로 본다. '눕-'은 'ㅂ' 불규칙 활용을 하였고, 지금도 같다. '누워셔'를 굳이 '누어셔'로 쓴 것은 연결 어미 '-어'를 고정시키는 의도를 보이는 것이라 할 수 있다.

세(歲)의 : 세(歲)+의(관형격 조사). 한 해의. 여기서 '세(歲)'는 세월의 뜻이라기보다는 '한 해, 두 해'할 때의 '해'를 말하는 것으로. '년(年)'에 해당하는 의미이다.

느저가ᄆᆞᆯ : 늦[晩]-+-어(연결 어미)#가[去]-+-암(명사형 어미)+ᄋᆞᆯ(대격 조사). 늦어 감을. 저물어 감을. 명사형 어미를 '-암'으로 한 것은 초간본을 고려한 것이다. '-암'은 확실성 표지가 없는 것일 수 있다.

놀래노니 : 놀래[驚]-+-ᄂᆞ(현재 시제 선어말 어미)-+-오(확실성 표지)-+-니(연결 어미). 놀라노니. 놀라는데.

몃 디위ᄅᆞᆯ : 몇[幾]#디위(番)+ᄅᆞᆯ(보조사). 몇 번을. 몇 번이나. 여기서 'ᄅᆞᆯ'을 역주자는 대격 조사로 보지 않는다. 'ᄅᆞᆯ' 성분을 요구하는 동사가 없기 때문이다. 'ᄅᆞᆯ'은 어떤 행동과 관련하여 그 관련 회수(回數)를 강조하여 드러내는 기능을 한다.

청쇄문(靑瑣門)에 : 청쇄문(靑瑣門)+에(처격 조사, 부사격 조사). 청쇄문에. 청쇄문은 미앙궁(未央宮)의 문으로, 연꽃 화문에 푸른 색으로 꾸몄기 때문에, 청쇄문이라 한 것이다. 나중에 궁문 일반을 가리키게 되었다.

조반(朝班)을 : 조반(朝班)+을(대격 조사). 조반을. 조열을. 조반은 조열과 비슷한 말로, 조정에서 벼슬아치들이 조회 때에 벌여 서던 차례를 말한다.

혜아리가니오 : 혜아리[算, 數, 點]-+-거(대상성 양태 선어말 어미)-+-아(확실성 표지)-+-니고(의문형 어미). 헤아렸던 것인가. 여기서 '점(點)'은 '점호(點呼)하다'는 뜻으로 조정 반열의 참여 여부를 헤아리는 일을 말한다. '-니고'는 동명사 어미 '-ㄴ' 뒤에 지정 형용사 어간 '이-'가 오고 그 뒤에 의문형 어미 '-고'가 온 것이다.

<제3수>

> **瞿塘峽口曲江頭 萬里風煙接素秋 【此首ᄂᆞᆫ 甫ㅣ 在 夔峽ᄒᆞ야 感秋而思曲江之遊ᄒᆞ니라】**
> 瞿唐峽 입과 曲江ㅅ 머리예 萬里예 ᄇᆞᄅᆞᆷ과 ᄂᆡ 힌 ᄀᆞᅀᆞᆯ히 니엇도다

구당협구곡강두 만리풍연접소추 【이 수는 두보가 기협(夔峽)에 있으면서 가을에 감흥을 느껴 곡강에서 놀던 것을 생각하는 것이다.】

구당협 입구와 곡강 머리의 만리에 바람과 연기가 맑은가을에 이어 있도다.

구당협(瞿唐峽) : 장강 3협 중의 제1협. 기협(夔峽)으로도 불린다. 기주성(夔州省) 동쪽에 있다. 봉절현의 옛 이름이 기주(夔州)였기 때문에, 기협(夔峽)이라고도 하고, 기문(夔門)이라고도 한다. 양자강이 히말리아에서 시작하여, 동쪽으로 흘러 사천성을 지나게 되고 다시 호북지방으로 흐르게 되는데, 그 사이의 삼협(三峽) 중 제1협이 구당협이다. 구당협의 기점인데, 서쪽 봉절현(奉節縣) 백제성(白帝城)에서 시작하여 동쪽 구산현(巫山縣)의 대계(大溪)에 이르는 길이 8킬로미터의 협곡이다.

입과 : 잎[口]+과(접속 조사). 입구와. ¶이페 들 제 걸쇠를 바ᄃᆞ며 보ᄆᆞᆯ 두ᄅᆞ디 말며 이피 여렛거든 ᄯᅩ 열오 이피 다댓거든 ᄯᅩ 다도ᄃᆡ 後에 들리 잇거든 다도ᄆᆞᆯ 다 ᄒᆞ디 마롤디니라(방문에 들 제 걸쇠를 받들며 주위를 둘러 보지 말며 방문이 열어 있거든 또 열고 방문이 닫혀 있거든 또 닫되 뒤에 들 사람이 있거든 닫는 것을 다 하지 말지니라)<내훈 1:5ㄴ>.

곡강(曲江)ㅅ : 곡강(曲江)+ㅅ(관형격 조사). 곡강의. 장강(長江) 입구의. 지금의 강소성[江蘇省] 양주시[揚州市] 남쪽의 장강(長江)을 가리킴. 곡강지(曲江池)라고도 함. 장안성(長安成) 남쪽, 즉 지금의 섬서성 서안(西安)에 있다. 물길이 구불구불하여 붙여진 이름이다. 곡강은 진한(秦漢) 시기에 이미 제왕의 유락지였는데, 진시황이 이곳에 이궁을 짓고 의춘원(宜春苑)이라 하였는데, 여러 번 이름이 바뀌다가, 당에 들어와 곡강(曲江)으로 바뀌었다.

머리예 : 머리〔頭〕+예(처격 조사, 부사격 조사). 머리에. 앞부분에.

만리(萬里)예 : 만리(萬里)+예(처격 조사, 부사격 조사). 만리에.

ᄇᆞᄅᆞᆷ과 : ᄇᆞᄅᆞᆷ〔風〕+과(접속 조사). 바람과.

ᄂᆡ : ᄂᆡ〔烟〕. 내. 연기.

힌 : 히〔白, 素〕-+-ㄴ(관형사형 어미). 흰.

ᄀᆞ올ᄒᆡ : ᄀᆞ옳〔秋〕+ᄋᆡ(처격 조사, 부사격 조사). 가을에.

힌 ᄀᆞ올ᄒᆡ : 흰 가을에. '흰 가을'은 '소추(素秋)'를 번역한 것이다. '소추'는 문어(文語)에서 가을을 달리 부르는 말이다. 가을은 음양오행으로 보아 금(金) 기운으로 방위는 서쪽이며, 색깔은 흰색이다. 한성무(韓成武, 1997: 828)에서는 '소추'를 '청추(淸秋: 맑은 가을)'로 풀이하고 있다.

니엇도다 : 닛〔連, 接〕-+-어(연결 어미)#잇〔有〕-+-도다(감탄형 어미). 이어 있도다. 초간본에는 '니ᅀᅧᆺ도다'로 되어 있다. '니ᇫ-'은 중세어에서 불규칙 활용이 아니었으나, 근대어의 '닛-'은 'ㅅ' 불규칙 활용이 되었다.

구당협(瞿唐峽) 입과 곡강(曲江)ㅅ 머리예 만리(萬里)예 ᄇᆞᄅᆞᆷ와 ᄂᆡ 힌ᄀᆞ올ᄒᆡ 니옛도다 : 구당협 입구와 곡강 머리에 만리에 바람과 연기가 맑은 가을에 이어 있도다. 여기서 문제가 되는 것의 하나는 '머리에'와 '만리에'가 동일한 처격 조사 '에'를 가지고 있다는 것이다. 이를 '머리에는'과 같이 해석하면, '구당협 입구'와 '곡강 머리'의 두 곳에 '만리'나 되는 연기와 바람이 걸쳐 있다는 것으로 해석하기 쉽다. 그러나 두 곳 모두에 바람과 연기, 특히 연기가 펼쳐져 있다는 것은 믿기 어렵다.

이러한 해석을 벗어나기 위해서는 '구당협 입구와 곡강 머리 사이의 만리에'와 같이 '사이의'를 넣어 해석해야 한다. 구당협은 두보가 있는 기주이고, 곡강은 장안에 있으므로, 그 사이가 만리나 되는 것인데 그 사이에 바람과 연기(전란이 벌어진 것)가 뻗어 있는 것을 묘사한 것으로 보면 무리한 해석을 벗어날 수 있다.

다른 하나의 문제는 '소추(素秋)'를 '흰 가을'과 같이 번역한 것이다. 여기서는 '흰 가을'이 무슨 뜻인지 알기 어렵다. '소추'는 '본디의 가을, 청정한 가을'과 같이 해석해야 '연기 낀' 만리(전란에 휩쓸린 지역)과 대조를 이루는 것으로 파악하기 쉽다.

花萼夾城通御氣 芙蓉小苑入邊愁【花萼樓芙蓉苑夾城이 皆在長安ᄒᆞ니 舊日天子遊幸之地러니 今因兵亂而廢故로 甫ㅣ 戀傷而其地ㅣ 乃入愁思之中也ㅣ라】

花萼夾城에 御氣 通ᄒᆞ더니 芙蓉 져고9ㄴ맛 苑이 ᄀᆞᅀᅵᆺ 시르메 드렛도다 화악협성통어기 부용소원입변수 【화악루(花蕚樓)·부용원(芙蓉苑)·협성(夾城)이 다 장안에 있으니, 예전에 천자가 거동하던 땅이었는데, 지금 병란으로 인하여 황폐해진 고로 두보가 애틋하고 안타까워 그 고장이 슬픈 생각 속으로 들어오게 된 것이다(그 고장에 대하여 슬픈 생각을 하게 된 것이다).】

화악루, 협성에 천자가 왕래하였는데, 부용의 조그만 원(苑)이 변방의 시름에 들어 있도다(변방의 경계 대상이 되어 있도다).

화악(花蕚) : 화악루(花蕚樓)를 말함. 중국 광동성 매주(梅州)에 있는 황성의 도관(道觀). 경흥궁 안에 있던 화악상휘루(花蕚相輝樓)로, 당 현종이 흥경궁(興慶宮) 서남쪽에 지은 누각이라 하나, 명조(明朝) 만력제 때 축조되었고, 당 현종이 직접 이름을 지었다고 한다. 화악(花蕚)은 아가위나무의 꽃인데, 꽃과 꽃받침이 붙어 있어 형제간의 우애를 뜻한다고 한다. 뒤편에는 호형산(虎形山), 앞에는 매담하(梅潭河)가 흐르고, 사방이 산으로 둘러싸여 있다. 현종이 여러 아우들과 함께 이 누각에 올라 서로 즐기며 우애 깊게 지냈다고 한다.

부용(芙蓉) : 궁중의 정원, 부용원(芙蓉苑, 芙蓉園)을 말한다. 곡강의 서남쪽에 있어서 남원(南苑)이라고도 하였다. 궁중의 정원은 당나라 때는 이전 왕조에 비해 훨씬 규모가 큰 것을 조성하였는데, 장안(長安)의 남내원(南內苑), 동내원(東內苑), 부용원(芙蓉苑), 그리고 여산(驪山)의 화청궁(華淸宮) 등이 그것이다. 부용원은 현종이 항상 귀비 양옥환(楊玉環: 양귀비)과 함께 이곳에서 놀았다.

협성(夾城) : 길 양쪽에 높은 담장이 있는 사잇길을 말한다. 여기서 협성은 당 현종 개원 20년(732), 대명궁과 흥경궁(興慶宮) 사이에 지어진 협성 복도(夾城複道)를 가리킨다. 협성 복도는 대명국에서 통화문(通化門)을 경유하여 흥경궁에 이어졌는데, 이동 정황을 노출시키지 않은 채 곡강(曲江)의 부용원까지 이동할 수 있었다고 한다.

어기(御氣) ㅣ : 어기(御氣)+ㅣ(주격 조사). 어기가. 임금의 기운이. 임금의 거동이.

통(通)ᄒᆞ더니 : 통(通)+-ᄒᆞ(동사 파생 접미사)-+-더(회상 선어말 어미)-+-니(연결 어미). 통하였는데. 왕래하였는데.

져고맛 : 져고마〔小〕+ㅅ(관형격 조사). 조그만. 자그마한. ¶一切 有를 그추믄 理 至極ᄒᆞ야 情을 니저 져고맛 듣글도 셔디 아니홀 씨니(일체의 유(有)를 그침은 이(理) 지극하여 정(情)을 잊어 조그만 티끌도 생기지 아니할 것이니)<법화 3:76ㄱ>.

원(苑)이 : 원(苑)+이(주격 조사). 원이. 정원이. 앞에 나온 '부용'과 ᄒᆞᆫ께 부용원(芙蓉苑, 芙蓉園)을 가리킴.

ᄀᆞᇫ 시르메 : ᄀᆞ〔邊〕+ᄋᆡ(처격 조사, 부사격 조사)+ㅅ(관형격 조사)#시름〔愁〕+에(원인격 조사, 부사격 조사). 가의 시름에. 변방의 시름에. 변방의 걱정에.

드렛도다 : 들〔入〕-+-어(연결 어미)#잇〔有〕-+-도다(감탄형 어미). 들어 있도다.

ᄀᆞᅀᆞᆺ 시르메 드렛도다 : 변방의 시름에 들어 있도다. 변방의 시름이 깃들도다. 변방의 경계 대상이 되어 있도다. 당의 현종(玄宗)은 항상 흥경궁(興慶宮)에 머물며 비(妃)들과 함께 부용원을 유람하였다. 사기에 의하면, 안록산의 반란 소식이 장안에 전해졌을 때, 당 현종은 사천으로 도망하기 직전에도 흥경궁 화악루에 올라 술을 마셨다고 한다. 황제가 왕래하던 곳이 전쟁터가 되어 버린 것을 두보가 슬퍼하고 있다.

> 珠簾繡柱圍黃鶴 錦纜牙檣起白鷗 【此ᄂᆞᆫ 言昔日에 苑中珠簾繡柱에 圍以盡鶴ᄒᆞ고 御舟ㅣ 遊於曲江ᄒᆞ야 驚起白鷗也ㅣ라】
> 구슬로 ᄒᆞᆫ 발와 繡혼 기동앤 누른 鶴으로 둘엣고 錦으로 혼 빗줄와 엄ᄀᆞ튼 빗대예ᄂᆞᆫ ᄒᆡᆫ ᄀᆞᆯ며기 니더니라

주렴수주위황학 금람아장기백구 【이는 예전에 정원 가운데 구슬과 염주로 수놓은 기둥에 학으로 두르고, 임금의 배가 곡강에 놀아 흰 갈매기를 놀라게 한 것을 말한다.】

구슬로 만든 발과 수놓은 기둥에는 누런 학으로 둘러 있고, 비단으로 만든 닻줄과 어금니 같은(흰) 돛대에는 흰 갈매기 날아가던 것이다.

구슬로 : 구슬〔玉, 珠〕+로(조격 조사, 부사격 조사). 구슬로.

ᄒᆞᆫ : ᄒᆞ〔爲, 造〕-+-ㄴ(관형사형 어미). 한. 만든. 초간본에는 '혼'으로 되어 있는 것이다. 확실성 표지 '-오/우-'가 약화 내지 소멸되어 가는 과정을 보여 준다.

발와 : 발〔簾〕+와(접속 조사). 발과.

수(繡)혼 : 수(繡)+-ᄒᆞ(동사 파생 접미사)-+-오(확실성 표지)-+-ㄴ(관형사형 어미). 수놓은. 위의 '구슬로 ᄒᆞᆫ'의 'ᄒᆞᆫ'과 비교하면, 이곳의 '혼'에는 분명히 확실성 표지 '-오/우/아/어-'가 들어 있음을 알 수 있다.

기동앤 : 기동〔柱〕+애(처격 조사, 부사격 조사)+ㄴ(보조사). 기둥에는. 초간본에는 '기동'이 '기동'으로 되어 있다. '동'의 'ㅇ'이 옛이응 'ㆁ'으로 되어 있었던 것이다.

누른 : 누르〔黃〕-+-ㄴ(관형사형 어미). 누런. 누런 색의.

학(鶴)으로 : 학(鶴)+으로(조격 조사, 부사격 조사). 학으로.

둘엣고 : 둘/두르〔圍〕-+-어(연결 어미).#잇〔有〕-+-고(연결 어미). 둘러 있고.

금(錦)으로 : 금(錦)+으로(조격 조사, 부사격 조사). 비단으로.

혿 : ᄒᆞ〔爲, 造〕-+-오(확실성 표지)-+-ㄴ(관형사형 어미). 한. 이는 구절 앞의 '구슬로 ᄒᆞᆫ'의 'ᄒᆞᆫ'과 비교된다. 동일한 구성인데, 한 군데는 확실성 표지 '-오/우/아/어-'가 들어 있고, 다른 데는 그렇지 않다. 이 형태소의 쓰임이 불확실해 가고 있음을 알 수 있다.

빗줄와 : ᄇᆡ〔纜〕+ㅅ(관형격 조사)#줄〔線〕+와(접속 조사). 닻줄과.

엄ᄀᆞᄐᆞᆫ : 엄〔牙〕#ᄀᆞᆮ〔如〕+-ᄒᆞ(형용사 파생 접미사)-+-ㄴ(관형사형 어미). 어금니 같은(흰).

빗대예ᄂᆞᆫ : ᄇᆡ〔舟〕+ㅅ(관형격 조사)#대〔竿〕+예(처격 조사, 부사격 조사)+ᄂᆞᆫ(보조사). 돛대〔檣〕에는.

힌 ᄀᆞᆯ며기 : ᄒᆡ〔白〕-+-ㄴ(관형사형 어미)#ᄀᆞᆯ며기〔鷗〕. 흰갈매기. 백구.

니더니라 : 닐〔起〕-+-더(회상 선어말 어미)-+-니라(평서형 어미). 일어났더니라. 날아올랐던 것이다. '-니라'는 동명사 어미 '-ㄴ' 뒤에 지정 형용사 '이-'의 활용형이 온 구성이 평서형 어미 '-니라'로 재구조화된 것이다.

> **回首可憐歌舞地 秦中自古帝王州**
>
> 可히 슬픈 놀애 브르며 춤츠던 ᄯᅡ홀 머리 도로혀 ᄇᆞ라노니 秦中은 녜로브터 님금 겨신 ᄀᆞ올히니라

회수가련가무지 진중자고제왕주

가히 슬픈 노래 부르며 춤추던 땅을 머리 돌이켜 바라보니 진중(秦中)은 예로부터 임금 계신 고을이라네.

가(可)히 : 가(可)+-ᄒᆞ(형용사 파생 접미사)-+-이(부사 파생 접미사). 가히.

슬픈 : 슳〔哀〕-+-브(형용사 파생 접미사)-+-ㄴ(관형사형 어미). 슬픈.

놀애 브르며 : 놀〔戲, 遊〕-+-애(명사 파생 접미사)#브르〔歌〕-+-며(연결 어미). 노래〔歌〕 부르며.

춤츠던 : 춤〔舞〕#츠〔舞〕-+-더(회상 선어말 어미)-+-ㄴ(관형사형 어미). 춤추던. '춤'은 파생 명사로, '춤'은 우선 동명사였던 것이, 영파생(零派生)에 의하여 명사가 된 것으로 본다.

ᄯᅡ홀 : ᄯᅡㅎ〔地〕+ᄋᆞᆯ(대격 조사). 땅을. 'ᄯᅡㅎ'가 'ㅎ' 종성 체언이므로 대격 조사 'ᄋᆞᆯ'이 'ᄒᆞᆯ'로 된 것이다.

머리 : 머리〔首〕. 머리.

도로혀 : 돌〔回〕-+-오(부사 파생 접미사)#혀〔引〕-+-어(연결 어미). 돌려. 돌이켜. 돌려서. 현대어의 '돌이키다'는 '돌〔回〕-+-이키(사동 파생 접미사)-+-다(평서형 어미)'로 분석되는데, 그 선대형은 '돌ᄋᆞ혀다'였을 것으로 추측된다. 이에서 '-ᄋᆞ'는 부사 파생 접미사로 분석

된다.'일으키다'에서도 '-으키-'를 사동 파생 접미사로 보는 것인데, 이 또한 그 선대형을 'ᄂᆞᆯ[起]-+-ᄋᆞ(부사 파생 접미사)#혀[引]-+-다(평서형 어미)'와 같이 분석된다. 여기의 '도로혀'에서는 '-오'가 부사 파생 접미사이다. ¶本鄕ㅅ 뫼해 갈 興心이 다ᄋᆞ니 머리 도ᄅᆞ혀 ᄇᆞᄅᆞᄆᆞᆯ 向ᄒᆞ야 ᄇᆞ라노라(본향의 산에 갈 흥심이 다하니 머리 돌려 바람을 향하여 바라보노라)<두시(초) 3:22ㄴ>. 두 녁 軍卒이 도ᄅᆞ혀 干戈ᄅᆞᆯ ▶ 도로혀◀ 자바 賊臣ᄃᆞᆯ히 서르 주기니라(두 녘의 군졸이 도리어 방패와 창을 돌려 잡아 적신들이 서로 죽이는 것이다) <두시(초) 6:38ㄱ>.

ᄇᆞ라노니 : ᄇᆞ라[望]-+-ᄂᆞ(현재 시제 선어말 어미)-+-오(확실성 표지)-+-니(연결 어미). 바라보니. 바라보는 것이니.

진즁(秦中)은 : 진즁(秦中)+은(보조사). 진중은. '진즁(秦中)'은 섬서성(陝西省) 중부의 평원, 즉 관중(關中) 땅을 말한다. 그곳이 춘추전국시대에 진(秦) 나라의 영토였기 때문에 그렇게 부른 것이다. 여기서는 장안(長安)을 임시로 빌려 그렇게 부른 것이다. 장안은 섬서성(陝西省) 서안시(西安市)의 옛 이름이다.

녜로브터 : 녜[古]+로브터(출격 조사, 부사격 조사). 예로부터. 옛날부터.

님금 겨신 : 님금[王. 天子]#겨[在]-+-시(주체 높임 선어말 어미)-+-ㄴ(관형사형 어미). 임금 계신.

ᄀᆞ올히니라 : ᄀᆞ올ㅎ[州]#이(지정 형용사)-+-니라(평서형 어미). 고을이다. 고을이라네. 'ᄀᆞ올ㅎ'이 'ㅎ' 종성 체언이기 때문에 지정 형용사 '이-'가 '히-'로 된 것이다.'-니라'는 동명사 어미 '-ㄴ' 뒤에 지정 형용사 '이-'의 활용형이 온 구성이 평서형 어미 '-니라'로 재구조화된 것이다.

<제4수>

昆明池水漢時功 武帝旌旗在眼中 【漢武帝ㅣ 作昆明池ᄒᆞ야 以習水戰ᄒᆞ니 在長安西ᄒᆞ니라 此首ᄂᆞᆫ 思昆明池之景이 今不得見也ㅣ[10ㄱ]라】
昆明 모샛 므른 漢時節ㅅ 功이니 武帝의 旌旄(旗)ㅣ 누네 이셔 뵈ᄂᆞ다

곤명지수한시공 무제정기재안중 【한 무제가 곤명지를 만들어 거기서 수전(水戰)을 연습했는데, 장안의 서쪽에 있다. 이 시는 곤명지의 모습이 지금은 찾아볼 수 없음을 생각하고 있는 것이다.】

곤명지(昆明池)의 물은 한(漢) 시절의 공적이니, 무제(武帝)의 정기가 눈에 있어

보인다(눈에 있는 듯이 보인다, 눈에 보이는 듯하다).

곤명(昆明) 모샛 : 곤명(昆明)#못[池]+애(처격 조사, 부사격 조사)+ㅅ(관형격 조사). 곤명 못의. 곤명지의. 곤명지는 장안 서쪽의 못이다. ¶ 내 바랫 ᄒᆞᆫ 터리ᄅᆞᆯ 몯 무우리니(내가 바다에 한 털을 못 빠뜨릴 것이니)<석상 6:27>.

므른 : 믈[水]+은(보조사). 물은.

한 시절(漢時節)ㅅ 공(功)이니 : 한(漢)#시절(時節)+ㅅ(관형격 조사)#공(功)#이(지정 형용사)-+-니(연결 어미). 한나라 때의 공이니. 한나라 때에 이룬 공적이니.

무제(武帝)의 : 무제(武帝)+의(관형격 조사). 무제의. 한 무제의. 무제는 중국 전한(前漢) 제7대 황제(B.C.156~B.C.87). 성은 유(劉). 이름은 철(徹). 묘호는 세종(世宗)이다. 한 무제 유철은 기원전 141년에 16세의 나이로 즉위했다. 그는 통치 철학으로 유교를 선택하여, 중앙 집권을 강화하고 흉노를 외몽골로 내쫓는 등 여러 지역을 정벌하였으며, 비단길을 엶으로써 동서 교류를 가능하게 하였다. 동쪽에서는 민월과 동월을 정복하고, 남쪽에서는 남월을 정복하였다. 기원전 108년에는 4년간의 전쟁 끝에 왕검성을 함락시키고 단군조선을 정복하였다.

정기(旌旗)ㅣ : 정기(旌旗)+ㅣ(주격 조사). 정기가. '정기'는 '정'과 '기'를 아울러 이르는 말이다. '정(旌)'은 깃대 끝에 새의 깃으로 꾸민 장목을 늘어뜨린 의장기를 말한다. 기(旗)는 헝겊 따위에 글자나 그림을 넣어 어떤 의미나 특정한 단체를 표시하는 물건으로, 고대의 기에는 용이나 뱀 등이 그려 있었다고 한다. ¶巴山ㅅ 길흘 시름 아니ᄒᆞ거니와 漢ㅅ 旌旗ᄅᆞᆯ 일흘가 젓노라(파산(巴山)으로 가는 길을 걱정하지 않거니와, 한(漢)나라의 정기를 잃을까 두려워하노라)<두시(초) 12:33ㄱ>.

누네 : 눈[眼]+에(처격 조사, 부사격 조사). 눈에.

이셔 : 이시[有]-+-어(연결 어미). 있어.

뵈ᄂᆞ다 : 보[見]-+-이(피동 파생 접미사)-+-ᄂᆞ(현재 시제 선어말 어미)-+-다(평서형 어미). 보인다.

> 織女機絲虛夜月 石鯨鱗甲動秋風 【昆明池예有石人ᄒᆞ니 東西相望ᄒᆞ야 以象牽牛織女ᄒᆞ고 又刻石爲鯨魚ᄒᆞ니 每至雷雨而鳴吼ᄒᆞ니 鬣(렵)尾皆動ᄒᆞ더니라】
>
> 織女의 뵛트렛 시른 ᄃᆞᇙ바ᄆᆡ 부엿고 돌고래의 비ᄂᆞ른 ᄀᆞᅀᆞᇗ ᄇᆞᄅᆞ매 움즈기놋다

직녀기사허월야 석경린갑동추풍 【곤명지에 돌사람이 있는데 동서로 서로 바라보게 하여 그로써 견우와 직녀의 상을 만들고 또 돌을 깎아 고래와 고기가 되게 하니, 매번 번개와 비가 으르렁거릴 때마다 갈기와 꼬리가 모두 움직이더라.】

직녀(織女)의 베틀의 실은 달밤에 비었고 돌고래의 비늘은 가을 바람에 움직이도다

직녀(織女)의 : 직녀(織女)+의(관형격 조사). 직녀의.

뵛트렛 : 뵈〔布〕+ㅅ(관형격 조사)#틀〔機〕+에(처격 조사, 부사격 조사)+ㅅ(관형격 조사). 베틀의. '베틀'은 베를 짜는 틀(기계)이다.

시른 : 실〔絲〕+은(보조사). 실은.

ᄃᆞᆳ바ᄆᆡ : ᄃᆞᆯ〔月〕+ㅅ(관형격 조사)#밤〔夜〕+ᄋᆡ(처격 조사, 부사격 조사). 달밤에. 원문의 '야월(夜月)'은 초간본에서는 '월야(月夜)'로 되어 있다. '달밤'은 '월야(月夜)'이므로 '야월(夜月)'은 잘못된 것으로 보인다.

부엿고 : 부〔虛〕-+ㅣ(y)+-어(연결 어미)#잇〔有〕-+-고(연결 어미). 비어 있고. '뷔어'가 '부여'와 같이 적힌 것이다. 'ㅣ(y)'가 앞 음절이나 뒤 음절에 고정적으로 붙어 있는 것이 아니라, 중간음(interlude)의 성격을 가졌던 것으로 보인다. 'ㅣ'가 앞 음절에 붙은 것이 '뷔-'이고, 뒤 음절과 합해진 것이 '-여'라고 할 수 있다. 반면, '귀예(←귀〔耳〕+에(처격 조사)'와 같은 경우는 '귀'의 'ㅣ'에 의한 'ㅣ'모음 순행 동화에 의하여 처격 조사 '에'가 '예'로 된 것이다.

돌고래의 : 돌〔石〕#고래〔鯨〕+의(관형격 조사). 돌고래의.

비느른 : 비늘〔鱗〕+은(보조사). 비늘은.

ᄀᆞᄋᆞᆳ : ᄀᆞᄋᆞᆶ〔秋〕+ㅅ(관형격 조사). 가을의. 'ᄀᆞᄋᆞᆳ'은 초간본에서 'ᄀᆞᅀᆞᆳ'과 같이 나타났던 것이다. 'ᄀᆞᄋᆞᆶ'은 'ㅎ' 종성 체언이나, 관형격 조사 'ㅅ'앞에서 'ㅎ'이 탈락한 것이다.

ᄇᆞᄅᆞ매 : ᄇᆞᄅᆞᆷ〔風〕+애(처격 조사, 부사격 조사). 바람에.

움즈기놋다 : 움즉이〔動〕-+-ᄂᆞ(현재 시제 선어말 어미)-+-오(확실성 표지)-+-ㅅ다(감탄형 어미). 움직이도다. 움직이는구나. '-ㅅ다'는 본래 사이시옷과 어말 어미 '-다'의 결합이 감탄형 어미로 재구조화된 것이다. '-놋다'를 감탄형 어미로 보는 것 또한 재구조화를 적용하는 것이다.

波漂菰米沈雲黑 露冷蓮房墜粉紅

믌겨레 菰米 ᄠᅥ시니 거믄 구루미 ᄃᆞ맷ᄂᆞᆫ ᄃᆞᆺ고 이스리 蓮ㅅ 고ᄌᆡ 서늘ᄒᆞ니 粉紅이 듣놋다

파표고미침운흑 로랭련방추분홍

물결에 줄쌀이 떠 있으니 검은 구름이 잠겨 있는 듯하고 이슬이 연꽃에 서늘하니 분홍(색)이 떨어지는구나(이슬에 분홍색이 반사되어 떨어지는구나)!

믌겨레 : 믈[水]+ㅅ(관형격 조사)#결[波]+에(처격 조사, 부사격 조사). 물결에.

고미(菰米) : 고미(菰米). 줄쌀. 벼과의 식물. 얕은 물에서 자라며, 쌀과 같은 열매를 맺는데, 양식으로 쓰기도 한다. 중국어로 조호미(雕胡米)라고도 한다.

ᄠᅥ시니 : ᄠᅳ[浮]-+-어(연결 어미)#시[有]-+-니(연결 어미). 떠 있으니.

거믄 : 검[黑]-+-은(관형사형 어미). 검은.

구루미 : 구룸[雲]+이(주격 조사). 구름이.

ᄃᆞ맷ᄂᆞᆫ : ᄃᆞᆷ[沉]-+-아(연결 어미)#잇[有]-+-ᄂᆞ(현재 시제 선어말 어미)-+-ㄴ(관형사형 어미). 담아 있는. 담겨 있는. 잠겨 있는.

ᄃᆞᆺ고 : ᄃᆞᆺ[如]-+-고(연결 어미). 듯하고.

이스리 : 이슬[露]+이(주격 조사). 이슬이.

연(蓮)ㅅ고ᄌᆡ : 연(蓮)+ㅅ(관형격 조사)#곶[花]+ᄋᆡ(처격 조사, 부사격 조사). 연꽃에.

서늘ᄒᆞ니 : 서늘[凉, 冷]+-ᄒᆞ(형용사 파생 접미사)-+-니(연결 어미). 서늘하니. 차거우니.

분홍(粉紅)이 : 분홍(粉紅)+이(주격 조사). 분홍이.

든놋다 : 듣[落, 墜]-+-ᄂᆞ(현재 시제 선어말 어미)-+-오(확실성 표지)-+-ㅅ다(감탄형 어미). 떨어지도다. 떨어지는구나. '-ㅅ다'는 본래 사이시옷과 어말 어미 '-다'의 결합이 감탄형 어미로 재구조화된 것이다. '-놋다'를 감탄형 어미로 보는 것 또한 재구조화를 적용하는 것이다.

이스리 연(蓮)ㅅ고ᄌᆡ 서늘ᄒᆞ니 분홍(粉紅)이 든놋다 : 이슬이 연꽃이 서늘하니 분홍이 떨어지는구나. 이슬이 떨어지는 것이, 이슬에 연꽃의 분홍색이 반사되어 떨어지는 것과 같이 보이는 것을 말한다. 짙은 구름처럼 물에 떠 있는 줄쌀과 연꽃잎에서 떨어지는 이슬의 아름다움을 노래하고 있다.

關塞極天唯鳥道 江湖滿地一漁翁 【此ᄂᆞᆫ 言西蜀關塞(관새)ㅣ 險高ᄒᆞ야 所可行者唯鳥道而已라 漁翁ᄋᆞᆫ 甫ㅣ 自謂라】

關塞ㅣ 하ᄂᆞᆯ해 니르러 오직 새 ᄃᆞᆫ[10]ㄴ니ᄂᆞᆫ 길히로소니 江湖ㅣ ᄀᆞ독ᄒᆞᆫ ᄯᅡ해 ᄒᆞᆫ 고기 잡ᄂᆞᆫ 늘그니로라 관새극천유조도 강호만지일어옹 【이것은 서쪽 촉(蜀)지방의 관새가 험하고 높아 갈 수 있는 바의 것이 새의 길뿐임을 말한다. 고기 잡는 노인은 두보가 자신을 이르는 것이다.】

관새가 하늘에 이르러 오직 새 다니는 길인데, 강과 호수가 가득한 땅에 한 고기 잡는 늙은이로다(한 늙은이가 고기를 잡고 있네).

관새(關塞) ㅣ : 관새(關塞)+ㅣ(주격 조사). 관새가. 관새는 국경에 설치한 관문이나 요새를 가리킨다.

하ᄂᆞᆯ해 : 하ᄂᆞᆯㅎ〔天〕+애(처격 조사, 부사격 조사). 하늘에. '하ᄂᆞᆯㅎ'이 'ㅎ' 종성 체언이므로 처격 조사 '애'가 '해'로 된 것이다.

니르러 : 니르〔到, 極〕-+-러(연결 어미). 이르러. 중세어에는 '니를-' 어간이 많이 쓰이다가 차츰 '니르-' 어간이 많이 쓰이게 되었다. 연결 어미를 '-러'로 상정하면, '러' 불규칙 활용이 된다.

오직 : 오직〔唯〕. 오직.

새 ᄃᆞᆫ니ᄂᆞᆫ : 새〔鳥〕#ᄃᆞᆮ〔走〕-+니〔行〕-+-ᄂᆞ(현재 시제 선어말 어미)-+-ㄴ(관형사형 어미). 새 다니는. 'ᄃᆞᆫ니-'는 'ᄃᆞᆮ니-'가 자음 접변을 일으킨 것이다.

길히로소니 : 길ㅎ〔道〕#이(지정 형용사)-+-로소니(연결 어미). 길이니. 길인데. '길ㅎ'이 'ㅎ' 종성 체언이므로 지정 형용사 어간 '이-'가 '히-'로 된 것이다.

강호(江湖) ㅣ : 강호(江湖)+ㅣ(주격 조사). 강호가. 강과 호수가.

ᄀᆞᄃᆞᆨᄒᆞᆫ : ᄀᆞᄃᆞᆨ〔滿〕+-ᄒᆞ(형용사 파생 접미사)-+-ㄴ(관형사형 어미). 가득한.

ᄯᅡ해 : ᄯᅡㅎ〔地〕+애(처격 조사, 부사격 조사). 땅에.

ᄒᆞᆫ 고기 잡ᄂᆞᆫ : ᄒᆞᆫ〔一〕#고기〔魚〕#잡〔漁〕-+-ᄂᆞ(현재 시제 선어말 어미)-+-ㄴ(관형사형 어미). 한 고기 잡는.

늘그니로라 : 늙〔老〕-+-은(관형사형 어미)#이(의존 명사)#이(지정 형용사)-+-로라(감탄형 어미). 늙은이로다. '늙은이'는 여기서 두보가 자신을 가리키는 것이다.

昆吾御宿自逶迤 紫閣峯陰入渼陂 【昆吾御宿은 皆地名이오 逶迤(위이)ᄂᆞᆫ 延袤(연무)相接皃ㅣ라 紫閣은 山名이오 渼陂ᄂᆞᆫ 水名이니 皆在長安ᄒᆞ다 此首ᄂᆞᆫ 專爲渼陂之景而作ᄒᆞ니라】

昆吾와 御宿괘 스ᄉᆡ로 니엣ᄂᆞ니 紫閣 뫼 그리메 渼陂에 드리비취엣ᄂᆞ니라

곤오어숙자위이 자각봉음입미피 【곤오(昆吾)와 어숙(御宿)은 다 지명이고, 위이(逶迤)는 길게 이어져 서로 닿는 모양이다. 자각(紫閣)은 산이름이고, 미피(渼陂)는 강이름이니 다 장안에 있다. 이 시는 오로지 미피(渼陂)의 경치를 위하여 지은 것이다.】

곤오(昆吾) 정자와 어숙천(御宿川)이 스스로 이어져 있으니 자각봉(紫閣峯) 산 그림자 미피(渼陂) 호수에 들이비치고 있네.

곤오(昆吾)와 : 곤오(昆吾)+와(접속 조사). 곤오와. 곤오는 장안의 지명인데 그곳에 정자가 있다고 한다.

어숙(御宿)괘 : 어숙(御宿)+과(접속 조사)+이(주격 조사). 어숙이. '어숙'은 어숙천(御宿川)을 말한다. 무제(武帝)가 이곳에 와서 잔 일이 있기 때문에, '어숙'이란 말을 얻게 되었다고 한다. 여기의 접속 조사 '과'는 접속되는 성분 모두에 접속 조사를 쓰는 중세어 및 근대어의 접속 조사 대칭 원리에 의하여 앞 성분과 같이 뒷 성분에도 쓰인 것이다.

스ᄉᆡ로 : 스ᄉᆡ로[自]. 스스로. 저절로. 중세어에 일반적으로 나타나는 형태는 '스스로'이다. 초간본에는 '스싀로'로 되어 있다. '스스리, 스싀' 등과 같이도 나타난다. 'ᄉᆡ로'는 매우 드물게 나타나는 형태이다. 이 예 말고는 『완월회맹연』에 나오는 것이 전부이다. ¶自 스스리 ᄌᆞ<광천 18ㄱ>. 奉養호미 이ᄀᆞᄐᆞ시니 비록 스싀 眞實로 淸白ᄒᆞ며 儉約ᄒᆞ야도(봉양함이 이 같으시니 비록 스스로가 진실로 청백하며 검약ᄒᆞ야도)<내훈 3:58ㄱ>. 블근 門 다도ᄆᆞᆯ 잇비 아니ᄒᆞ야셔 힌 河漢ᄋᆡ ᄃᆞ마 가ᄆᆞᆯ 스싀로 기드리노라(붉은 문 닫는 것을 힘들여 아니하여서 흰 은하수에 담아 감을 스스로 기다리노라)<두시(초) 14:15ㄴ>. 진실로 밧긧 것 됴호ᄆᆞᆯ 득ᄒᆞᆯ 저기면 도로혀 제 몸과 ᄆᆞᅀᆞ미 ᄇᆞᆯ셔 스스르 몬져 사오나왯ᄂᆞᆫ 주를 아디 몯ᄒᆞᄂᆞ니라(진실로 바깥의 것 좋음을 얻을 적이면 도리어 자기 몸과 마음이 벌써 스스로 먼저 사나워 있는 줄을 아지 못하는 것이다)<번소 8:7ㄱ>.

니엣ᄂᆞ니 : 닛[連接, 逶迤]-+-어(연결 어미)#잇[有]-+-ᄂᆞ(현재 시제 선어말 어미)-+-니(연결 어미). 이어 있으니.-

자각(紫閣) : 자각봉(紫閣峰)을 이름. 종남산(終南山) 봉만(峰巒)의 이름.

묏 그리메 : 뫼[山]+ㅅ(관형격 조사)#그리메[影]. 산의 그림자. 산 그림자.

미피(渼陂)예 : 미피(渼陂)+예(처격 조사, 부사격 조사). 미피에. 미피는 자각봉 밑에 있는 호수 이름이다. 두보는 일찍이 그 지방에 간 일이 있다.

드리 비취엿ᄂᆞ니라 : 들[入]-+-이(부사 파생 접미사)#비취[照]-+-어(연결 어미)#잇[有]-+-ᄂᆞ(현재 시제 선어말 어미)-+-니라(평서형 어미). 들여 비치고 있는 것이다. '-니라'는 동명사 어미 '-ㄴ' 뒤에 지정 형용사 어간이 오고 그 뒤에 평서형 어미 '-라'가 온 구성이다.

> **香稻啄餘鸚鵡粒 碧梧棲老鳳凰枝**
> 옷고ᄉᆞᆫ 벼ᄂᆞᆫ 鸚鵡의 딕먹던 ᄡᆞᆯ 나치 나맷고 프른 머괴ᄂᆞᆫ 鳳凰의 깃 깃던 가지 늘겟도다

향도탁여앵무립 벽오서로봉황지

향기로운 벼는 앵무가 찍어 먹던 쌀 낱이 남아 있고, 프른 오동은 봉황이 깃을 깃던 가지가 늙어 있도다.

옷고ᄉᆞᆫ 벼ᄂᆞᆫ : 옷곳〔香〕-+-ᄋᆞᆫ(관형사형 어미)#벼〔稻〕+ᄂᆞᆫ(보조사). 향기로운 벼는.
앵무(鸚鵡)의 : 앵무(鸚鵡)+의(관형격 조사). 앵무의. 앵무새의.
딕먹던 : 딕〔啄〕-#먹〔食〕-+-더(회상 선어말 어미)-+-ㄴ(관형사형 어미). 찍어 먹던. 쪼아 먹던.
ᄡᆞᆯ나치 : ᄡᆞᆯ〔米〕#낯〔個〕+이(주격 조사). 쌀 낱이. 쌀 알갱이가.
나맷고 : 남〔餘〕-+-아(연결 어미)#잇〔有〕-+-고(연결 어미). 남아 있고.
프른 : 프ᄅᆞ〔靑, 碧〕-+-ㄴ(관형사형 어미). 푸른. 초간본에는 '프른'으로 되어 있다. 'ㆍ'의 혼동을 보이는 예이다.
머괴ᄂᆞᆫ : 머괴〔梧〕+ᄂᆞᆫ(보조사). 오동은. 오동나무는. 초간본에는 '머귀ᄂᆞᆫ'으로 되어 있다.
봉황(鳳凰)의 : 봉황(鳳凰)+의(관형격 조사). 봉황의. 봉황새의.
깃 깃던 : 깃〔巢〕#깃〔棲〕-+-더(회상 선어말 어미)-+-ㄴ(관형사형 어미). 깃을 깃던 보금자리 깃던.
가지 : 가지〔枝〕. 가지.
늘겟도다 : 늙〔老〕-+-어(연결 어미)#잇〔有〕-+-도다(감탄형 어미). 늙어 있도다.

> **佳人拾翠春相問 仙侶同舟晚更移【問은 贈遺ㅣ라 拾翠相問은 如贈之以芍藥之類ㅣ라 此ᄂᆞᆫ 言昔時渼陂遊觀之事ᄒᆞ[11ㄱ]니라】**
> 고ᄫᆞᆫ 사ᄅᆞᄆᆞᆫ 프른 거슬 주어 보ᄆᆡ 서르 주고 仙人ᄀᆞᄐᆞᆫ 버든 ᄒᆞᆫ ᄇᆡᄅᆞᆯ 타 나조ᄒᆡ 다시 올마가더니라

가인습취춘상문 선려동주만갱이 【문(問)은 주는 것이다. 습취상문(拾翠相問)

은 작약과 같은 것(화초)을 주는 것이다. 이는 예전에 미미(渼陂) 호수에 간 것을 말한다.】

고운 사람은 푸른 것을(화초를) 주워 봄에 서로 주고, 신선 같은 벗은 한 배를 타고 저녁에 다시 옮아갔던 것이다.

고온 : 곱〔佳〕-+-은(관형사형 어미). 고운. 아름다운. '곱-'은 'ㅂ' 불규칙 활용을 하였다.

사ᄅᆞᄆᆞᆫ : 사ᄅᆞᆷ〔人〕+ᄋᆞᆫ(관형사형 어미). 사람은.

프른 거슬 : 프르〔靑, 翠〕-+-ㄴ(관형사형 어미)#것(의존 명사)+을(대격 조사). 푸른 것을. 화초(花草)를. 화초가 봄에는 푸른 색이다.

주어 : 줏〔拾〕-+-어(연결 어미). 주어. 현대어의 '줍-'도 '습(拾)'의 뜻을 가진다. 이는 '줏-'의 연결 어미형 '주어'가 'ㅜ' 모음 순행 동화에 의하여 '주워'로 발음됨으로써 그 어간이 '줍-'으로 역형성(逆形成, back formation)된 것이다(이현희 외(1997) 참조).

보ᄆᆡ : 봄〔春〕+ᄋᆡ(처격 조사, 부사격 조사). 봄에.

서르 : 서르〔相〕. 서로.

주고 : 주〔授, 問〕-+-고(연결 어미). 주고.

선인(仙人) ᄀᆞᄐᆞᆫ : 선인(仙人)#ᄀᆞᆮ〔如〕+-ᄒᆞ(형용사 파생 접미사)-+-ㄴ(관형사형 어미). 신선 같은.

버든 : 벋〔友〕+은(보조사). 벗은. 친구는.

ᄒᆞᆫ ᄇᆡᄅᆞᆯ : ᄒᆞᆫ〔一 同〕#ᄇᆡ〔舟〕+ᄅᆞᆯ(대격 조사). 한 배를. 같은 배를.

타 : 타〔乘〕-+-아(연결 어미). 타. 타서. 타고.

선인(仙人) ᄀᆞᄐᆞᆫ 버든 ᄒᆞᆫ ᄇᆡᄅᆞᆯ 타〔仙侶同舟〕 : 선선 같은 벗은 한 배를 타고. 곽태(郭泰)와 이응(李膺)의 고사에서 연유한 말. 같은 배를 타는 것으로 우정의 두터움을 고양하였다.

곽태(郭泰) : 후한 태원(太原), 계휴(界休) 사람. 자는 임종(林宗). 전적(典籍)에 두루 정통했고, 담론(談論)을 잘 했으며, 높은 학문과 덕으로 일세의 추앙을 받았다. 일찍이 낙양(洛陽)에서 노닐면서 하남윤(河南尹) 이응(李膺)과 절친하게 교유했는데, 명성이 경사(京師)에 울렸다. 외척과 환관이 전횡하는 세상에서도 절조를 굽히지 않았지만, 언행이 신중하여 당고(黨錮)의 화를 면할 수 있었다.

이응(李膺) : 후한 영천(潁川) 양양(襄陽) 사람. 자는 원례(元禮). 처음에 효렴(孝廉)으로 천거되어 청주자사(靑州刺史) 등을 역임하고 나중에 하남윤(河南尹)이 되어 태학생 곽태(郭泰) 등과 교유하면서 환관들의 집정에 반대하였다. 환제(桓帝) 때 사례교위(司隷校尉)가 되어 환관의 횡포를 규탄하다 당고(黨錮)의 화를 당했다.

나조ᄒᆡ : 니조ㅎ〔夕, 晩〕+ᄋᆡ(처격 조사, 부사격 조사). 저녁에. '나조ㅎ'가 'ㅎ' 종성 체언이기 때문에 처격 조사 'ᄋᆡ'가 'ᄒᆡ'로 된 것이다.

다시 : 다시〔更〕. 다시.

올마가더니라 : 옮[移]-+-아(연결 어미)#가[行]-+-더(회상 선어말 어미)-+-니라(평서형 어미). 옮아갔던 것이다.

> **綵筆昔曾干氣象 白頭吟望苦低垂【甫ㅣ 昔日에 遊渼陂ᄒᆞ야 携綵筆題詩ᄒᆞ야 干歷其氣象ᄒᆞ니 今但白頭吟望而已라】**
>
> 빗난 부ᄃᆞ로 녜 일즉 氣象를 干犯호니 셴 머리예 읍퍼 ᄇᆞ라고 심히 ᄂᆞᄌᆞ기 드리웻노라

채필석증간기상 백두음망고저수 【두보가 예전에 미피(渼陂) 호수에 가서 오색 붓을 가지고 시제를 내어 그 기상을 기록해 보았으나 지금은 단지 센머리로 읊으며 바라볼 뿐이다.】

빛난 붓으로 예전에 일찍이 뛰어난 기운과 기세를 떨쳤는데, 센머리에 읊어 바라보고 아주 나직히 드리우고 있노라.

빗난 : 빛[光, 綵]#나[生]-+-ㄴ(관형사형 어미). 빛난. 빛나는. 찬란한.

부ᄃᆞ로 : 붇[筆]+ᄋᆞ로(조격 조사, 부사격 조사). 붓으로.

빗난 부드로[綵筆] : 빛난 붓으로. 채필(綵筆)은 오색 붓으로, 탁월한 문필을 뜻한다. 『남사(南史)』 '강엄전(江淹傳)'에는 강엄(江淹)이, 곽박(郭璞)이란 사람이 그에게 오색의 붓을 주는 꿈을 꾸었는데, 꿈에서 깨어난 뒤에는 시적인 재능이 크게 나아졌다는 기사가 실려 있다고 한다.

녜 일즉 : 녜[昔]#일즉[曾]. 예전에 일찍. 예전에 일찍이.

기상(氣象)을 : 기상(氣象)+을(대격 조사). 뛰어난 기운과 기세를.

간범(干犯)호니 : 간범(干犯)+-ᄒᆞ(동사 파생 접미사)-+-니(연결 어미). 범하니. 저지르니. 여기서는 '올렸는데. 떨쳤는데'의 뜻이다.

셴 : 셰[白]-+-ㄴ(관형사형 어미). 센. 희어진.

머리예 : 머리[頭]+예(처격 조사, 부사격 조사). 머리에.

읍퍼 : 읊[吟]-+-어(연결 어미). 읊어. 초간본에서는 '이퍼'로 되어 있던 것이다. ¶藥ᄋᆞᆯ 심거 衰老ᄒᆞᆫ 病을 扶持ᄒᆞ고 그를 이퍼 嘆嗟ᄅᆞᆯ 그르노라(약초를 심어 노쇠한 병을 부지하고 글을 읊어 탄식과 한탄을 푸노라)<두시(초) 3:27ㄴ>.

ᄇᆞ라고 : ᄇᆞ라[望]-+-고(연결 어미). 바라보고.

심히 : 심[甚, 苦]-+-ᄒᆞ(형용사 파생 접미사)-+-이(부사 파생 접미사). 심히. 심하게. 아주.

ᄂᆞᄌᆞ기 : ᄂᆞᄌᆞᆨ[低]-+-이(부사 파생 접미사). 나직이. 나직하게. 나지막하게. ¶이 大國王 等이 布施코져 ᄒᆞᇙ 제 能히 큰 慈悲 ᄀᆞ자 ᄆᆞᅀᆞᄆᆞᆯ ᄂᆞᄌᆞ기 ᄒᆞ야 우ᅀᅮᆷ 머거 손소 다 布施커나 사ᄅᆞᆷ ᄒᆞ야 주거나(이 대국왕 등이 보시하고자 할 제 능히 큰 자비 가져 마음을 나직이 하여 손수 보시하거나 사람으로 하여금 주거나)<월석 21:139ㄴ~140ㄱ>

드리웻노라 : 드리우[垂]-+-어(연결 어미)#잇[有]-+-ᄂᆞ(현재 시제 선어말 어미)-+-오(확실성 표지)-+-라(평서형 어미). 드리우고 있노라. '-노라'를 감탄형 어미로 분석하기도 하는데, 이는 '-ᄂᆞ(현재 시제 선어말 어미)-+-오(확실성 표지)-+-라(평서형 어미)'를 하나의 감탄형 어미로 재구조화하는 것이다. ¶周公과 孔子ㅣ 일훔 지어 ᄀᆞᄅᆞ치시믈 드리워 겨시거늘(주공과 공자가 이름 지어 가르치심을 내려 계시거늘)<소학 5 21ㄴ>.

洞房

<제목> 동방(귀비의 침실)

동방(洞房) : 귀비의 침실. 흔히 『초사(楚辭)』의 주석에 따라 '동방'을 '깊은 방'을 뜻하는 것으로 본다(이현희 외(1997) 참조). 언해의 번역에도 '깊은 방'으로 되어 있다. 그러나 '동방'은 본래 신혼(新婚)의 방으로 침실을 뜻한다. 여기서는 양귀비의 침실을 가리킨다. '동(洞)'이 비어 있는 것을 뜻하기도 하므로, '동방'은 양귀비가 죽은 뒤의 '비어 있는 방'을 암시하는 것일 수도 있다.

'동방(洞房)': 두보의 '동방'이란 시는 대력(大曆) 원년(766) 두보가 기주(夔州)에 있을 때지은 것으로 되어 있다. 당시 두보는 기주에 우거하고 있었다. 가을 달을 보면서 고국의 옛 임금 현종(玄宗)을 생각하고 있다.

洞房環珮冷 玉殿起秋風 【此篇ᄂᆞᆫ(은) 思長安而懷明皇也ㅣ라】

기픈 房애 環珮 서늘ᄒᆞ니 玉殿에 ᄀᆞᅀᆞᆳ ᄇᆞᄅᆞ미 니렛도다 동방환패랭 옥전기추풍 【이 편은 장안을 생각하고 영명한 황제 현종을 회고하는 것이다. 참고: '此篇ᄂᆞᆫ'의 'ᄂᆞᆫ'은 '편'의 받침 'ㄴ'과 더불어 'ㄴ' 중철을 보이는 것으로, 형태 음소를 고정시키려는 경향을 보인다.】

양귀비의 침실에 둥근 패옥이 싸늘하니, 옥으로 꾸민 아름다운 궁전에 가을 바람이 일고 있구나.

장안(長安) : 중국 섬서성 (陝西省) 서안시(西安市)의 옛 이름. 한(漢)나라, 당나라 때 도읍지였던 곳으로, 낙양(洛陽)에 대하여 서도(西都) 또는 상도(上都)라고도 한다.

명황(明皇) : 영명한 황제. 당나라의 제6대 황제인 현종(玄宗)의 별호. 본명 이융기(李隆基, 685~762). 당 예종 이단의 3남이며, 어머니는 소성황후 두씨이다. 현종은 당 태종 이세민 이후 당나라 재번영을 이끌기도 했으나, 동시에 쇠퇴시키기도 하였다. 현종은 재위 초기에 민생위주의 애민 정치에 힘을 쏟아 태종 이세민이 이룩한 태평성세에 버금가는 치세를 이루었다고 하여 후세 사람들은 그를 당시의 연호인 개원(開元)을 따서 '개원의 치(治)'라 불렀다. 현종은 '짐이 마르더라도, 천하와 백성들이 살찌면 아무 여한이 없다'고 하였다고 한다. 백성들을 사랑한 임금이었으나, 양귀비에 빠져 국정을 소홀히 하였다.

기픈 : 깊〔深, 洞〕-+-은(관형사형 어미). 깊은.

방(房)애 : 방(房)+애(처격 조사, 부사격 조사). 방에.

기픈 방(房) : 깊은 방. 이는 제목의 '동방(洞房)'에 대한 언해의 번역이다. 비록 그 의미가 근접한 것이라고 하더라도, '깊은 방'이 신부의 방이나 신혼의 방을 뜻하기는 어려운 것으로 보인다. '동방'은 신혼의 방, 침실을 뜻하므로, 이를 살리는 것이 적합한 것으로 여겨진다. 실제로는 양귀비가 거처하던 방이므로, 여기서는 '귀비의 침실'혹은 '양귀비의 침실'로 역주하기로 한다. '동(洞)'이 비어 있는 것을 뜻하기도 하므로. '동방'은 양귀비가 죽은 뒤의 '비어 있는 방'을 암시하는 것일 수도 있다. ¶두어라 네 비록 微物이나 無人洞房에 ᄂᆡ ᄠᅳᆮ 알 이ᄂᆞᆫ 너 ᄲᅮᆫ인가 ᄒᆞ노라(두어라 네 비록 미물이나 아무도 없는빈 방에 내 뜻 알 이는 너 뿐인가 하노라)<악학 952>.

환패(環珮) : 부녀자의 장신구인 고리 모양의 패옥.

서늘ᄒᆞ니 : 서늘〔凉, 冷〕+-ᄒᆞ(형용사 파생 접미사)-+-니(연결 어미). 서늘하니. 싸늘하니. 여기서 '서늘ᄒᆞ다'는 시원하다를 뜻한다기보다는 차가운 냉기가 도는 것을 뜻한다. 번역에는 '싸늘하다'를 적용하는 것이 적합한 것으로 생각된다.

옥전(玉殿)에 : 옥전(玉殿)+에(처격 조사, 부사격 조사). 옥으로 꾸민 아름다운 궁전에. 궁전을 높이는 말.

ᄀᆞᅀᆞᆳ : ᄀᆞᅀᆞᆯㅎ〔秋〕+ㅅ(관형격 조사). 가을의. 초간본에는 'ᄀᆞᅀᆳ'과 같이 나타난다.

ᄇᆞᄅᆞ미 : ᄇᆞᄅᆞᆷ〔風〕+이(주격 조사). 바람이.

니렛도다 : 닐[起]-+-어(연결 어미)#잇[有]-+-도다(감탄형 어미). 일고 있도다. 일었도다. '닐다'는 중세어와 근대어에서도 'ㄹ'규칙 활용을 하였다. ¶빗난 지븨 봆 ᄇᆞᄅᆞ미 니니 노픈 城에 ᄂᆡ와 雲霧ㅣ 여렛도다(빛나는 집에 봄바람이 이니 높은 성에 연기와 구름과 안개가 펼쳐 있도다)<두시(초) 7:33ㄴ>.

秦地應新月 龍[11ㄴ]池滿舊宮 【明皇潛邸ㅅ 興慶宮에 小龍이 常遊於宮垣南池中ᄒᆞ니라】
秦ᄯᅡ해ᄂᆞᆫ 당당히 새 ᄃᆞ리어니라 龍 인ᄂᆞᆫ 모ᄉᆞᆫ 녯 宮에 ᄀᆞᄃᆞᆨᄒᆞ엿ᄂᆞ니라

진지응신월 룡지만구궁 【명황 현종의 잠저인 흥경궁에 작은 용이 항상 궁원의 남쪽 연못 가운데서 놀았다.】

진(秦)나라 땅에는 당연히 새 달인 것이므로, 용(龍) 있는 연못은 옛 궁에 가득해 있는 것이다.

진(秦) : 중국 최초의 통일 왕조. 춘추 전국 시대, 제후국의 하나였다가 지금의 감숙(甘肅) 지방에서 일어나 기원전 221년 시황제가 주나라 및 육국(六國)을 멸망시키고 최초로 중국을 통일하였는데 기원전 207년 한나라 고조에게 멸망하였다.

ᄯᅡ해ᄂᆞᆫ : ᄯᅡㅎ[地]+애(처격 조사, 부사격 조사)+ᄂᆞᆫ(보조사). 땅에는. 나라에는. 'ᄯᅡㅎ'가 'ㅎ' 종성 체언이기 때문에 처격 조사 '애'가 '해'가 된 것이다.

당당이 : 당당[應]-+-ᄒᆞ(형용사 파생 접미사)-+-이(부사 파생 접디사). 마땅히. 응당. 틀림없이. 초간본에는 '당당이'로 되어 있다. 옛이응 'ㆁ'이 중간본에 와서 단순한 'ㅇ'으로 바뀌어 나타난다.

새 : 새[新]. 새. ¶새와 녜왜 업다 호ᄆᆞᆫ 몸 드위텨 ᄒᆞᆫ 적 더됴ᄆᆞᆯ ᄇᆡ호면 새와 녜왜 달옴 업슬시라(새 것과 옛 것이 없다 함은 몸 뒤쳐 한번 던지는 것을 배우면 새 것과 옛 것이 다름 없는 것이다)<남명(하) 37ㄱ>.

ᄃᆞ리어니라 : ᄃᆞᆯ[月]#이(지정 형용사)-+-거(대상성의 양태 선어말 어미)-+-ㄴ(동명사 어미)+이(지정 형용사)-+-라(연결 어미). 달인 것이라. 달인 것이므로. '-니라'를 동명사 어미 '-ㄴ' 뒤에 지정 형용사 '이-'의 활용형이 온 구성이 어말 어미르 재구조화된 것으로 볼 수도 있을지 모른다. '-거니라/어니라' 형식은 대부분의 경우, 행의 끝에 사용되는 것이다. 지금 여기에 쓰이고 있는 것은 행의 중간이다. 『두시언해』 전편을 통하여 행의 중간에 종결 어미가 쓰이는 것은 아주 특이한 경우이다. '-니라'가 연결 어미로 쓰이는 예는 찾기

어렵기 때문에, 종결 어미라도 연결 어미적인 의미로 쓰이는 것이 가능하다고 할지 모르나, '-라'에 이유를 나타내는 연결 어미의 기능이 있으므로 이를 적용하는 것이 적합한 것으로 여겨진다. 종결 어미적인 예는 다음과 같다. ¶고지 절로 폣고 봄나래 새 도로 늘어니라(꽃이 저절로 피어 있고 봄날에 새 도로 나는 것이니라)<두시(초) 8:35ㄱ>. 벼슬ᄒᆞ야 쇼매 樽엣 수를 一定ᄒᆞ야 댱샹 열어니라(벼슬하고 있음에 잔의 술을 일정하게 하여 오랫동안 열어놓고 있던 것이니라)<두시(초) 21: 45ㄱ>. 故鄕 뫼햇 고사리 시름도외얫거니라 ᄒᆞ노라(고향 산의 고사리 시름되고 있는 것이니라 하니)<두시(초) 17: 19ㄴ>.

룡(龍) 잇ᄂᆞᆫ : 용(龍)#잇[有]-+-ᄂᆞ(현재 시제 선어말 어미)-+-ㄴ(관형사형 어미). 용 있는. 용이 있는.

모ᄉᆞᆫ : 못[池]+ᄋᆞᆫ(보조사). 못은. 연못은.

녯 궁에 : 녜[故, 舊]+ㅅ(관형격 조사)#궁(宮)+에(처격 조사, 부사격 조사). 옛 궁에. 옛 궁전에.

ᄀᆞ득ᄒᆞ엿ᄂᆞ니라 : ᄀᆞ득[滿]+-ᄒᆞ(형용사 파생 접미사)-+-여(연결 어미)#잇[有]-+-ᄂᆞ(현재 시제 선어말 어미)-+-니라(평서형 어미). 가득 차 있구나. 가득해 있는 것이다. '-니라'는 동명사 어미 '-ㄴ' 뒤에 지정 형용사 '이-'가 오고 다시 그 활용 어미가 온 구성이 평서형 어미로 재구조화된 것이다.

> 繫舟今夜遠 淸漏往時同 【言今繫舟處ㅣ 去秦地爲遠而想像淸漏ᄂᆞᆫ 與往時로 無異也ㅣ라】
> ᄇᆡ ᄆᆡ야 오ᄂᆞᆳ 바ᄆᆡ 머리 왯노니 ᄆᆞᆯᄀᆞᆫ 漏刻은 니건 時節와 ᄀᆞᆮ거니라

계주금야원 청루왕시동 【지금 배를 맨 곳이 진(秦)나라 땅을 떠나 먼 곳이니 맑은 물시계를 상상하는 것은 옛날과 다름이 없음을 말한다.】

배 매어 오늘 밤에 멀리 와 있으니, 맑은 물시계는 지난 시절과 같은 것이네.

ᄇᆡ : ᄇᆡ[舟]. 배.

ᄆᆡ야 : ᄆᆡ[繫]-+-아(연결 어미). 매어. 'ᄆᆡ야'는 연결 어미 '-아'가 어간 'ᄆᆡ-'의 말음 'ㅣ'에 의한 동화에 의하여 '-야'가 된 것이다. 이는 'ᆡ'가 중세어나 근대어에서 단모음이 아니라 이중모음으로 발음되었음을 말해 준다.

오ᄂᆞᆳ : 오ᄂᆞᆯ[今日]+ㅅ(관형격 조사). 오늘의.

바ᄆᆡ : 밤[夜]+ᄋᆡ(처격 조사, 부사격 조사). 밤에.

머리 : 멀[遠]-+-이(부사 파생 접미사). 멀리.

왯노니 : 오[來]-+-아(연결 어미)#잇[有]-+-ᄂᆞ(현재 시제 선어말 어미)-+-오(확실성 표지)-+-니(연결 어미). 와 있노니. 와 있는데. 와 있는 것이니. '-니라'를 하나의 어미로 취급하는 것은 동명사 어미 '-ㄴ'에 지정 형용사 '이-'가 오고 다시 그 활용형 어미가 연결된 구성을 하나의 어미로 재구조화하는 것이다.

ᄆᆞᆯᄀᆞᆫ : ᄆᆞᆰ[淸]-+-ᄋᆞᆫ(관형사형 어미). 맑은.

누각(漏刻)은 : 누각(漏刻)+은(보조사). 누각은. 물시계는. 물시계 소리를 말하는 것으로 본다.

니건 : 니[去]-+-거(대상성의 양태 선어말 어미)-+-ㄴ(관형사형 어디). 지나간. 지난.

시절(時節)와 : 시절(時節)+와(공동격 조사). 시절과. '시절와'가 서술어 'ᄀᆞᇀ-'의 보어가 되므로, '와' 성분을 보어로 보기 때문에, '와'를 공동격 조사라고 하는 것임. '와/과' 성분이 서술 성분과 관련되지 않으면, '와/과'는 접속 조사가 된다.

ᄀᆞᆮ거니라 : ᄀᆞᇀ[同]-+-거(대상성의 양태 선어말 어미)-+-니라(평서형 어미). '-니라'를 하나의 어미로 취급하는 것은 동명사 어미 '-ㄴ'에 지정 형용사 '이-'가 오고 다시 그 활용형 어미가 연결된 구성을 하나의 어미로 재구조화한 것이다.

萬里黃山北 園陵白露中 【黃山宮이 在扶風ᄒᆞ니 言黃山之北에 玄宗之陵이 今在白露中이니라】

萬里ㅅ 黃山 北녀긔 園陵이 ᄒᆡᆫ 이슰 가온ᄃᆡ 잇ᄂᆞ니라

만리황산북 원릉백로중 【황산궁이 부풍(扶風)에 있는데, 황산 북녘에 현종의 능이 지금 흰 이슬 가운에 있는 것을말한다.】

만리나 떨어져 있는 황산 북녘에 현종의 원릉(園陵)이 흰 이슬 가운데 있네.

부풍(扶風) : 중국 섬서성 남쪽에 있는 현의 이름. 감숙성 남쪽과 가까운 거리에 있다.

만리(萬里)ㅅ : 만리(萬里)+ㅅ(관형격 조사). 만리의. 촉(蜀) 지방에서 장안(長安)까지의 거리0가 만리가 된다고 한다.

황산(黃山) : 황산(黃山). 중국 안휘성(安徽省) 남동부에 있는 중국의 명산. 진나라 때 황산은 이산(黟山)으로 불렸으며, 당나라 현종 때 현재의 명칭으로 바뀌었다고 한다. 여기서는 황산궁(黃山宮)을 황산으로 부른 것임.

북(北)녀긔 : 북(北)#녁(方)+의(처격 조사, 부사격 조사). 북녘에. 북쪽에. 중간본에도 '녁'이 '녘'으로 쓰인 예가 있다.

원릉(園陵)이 : 원릉(園陵)+이(주격 조사). 원릉이. 원릉은 한 무제의 무릉(茂陵)인데. 당 현종

의 태릉(泰陵)을 한 무제의 원릉(園陵)이라 한 것임. 당 현종을 한 무제와 비견되는 인물로 높인 것이다.

ᄒᆡᆫ : ᄒᆡ[白]-+-ㄴ(관형사형 어미). 흰.

이슰 : 이슬[露]+ㅅ(관형격 조사). 이슬의.

가온ᄃᆡ : 가온ᄃᆡ[中]. 가운데. '가온ᄃᆡ'의 이전 형태는 '가ᄫᆞᆫᄃᆡ'였다. 'ᄃᆡ'는 장소를 나타내는 의존 명사로 볼 수 있는데, '가ᄫᆞᆫ'의 어원이 잘 밝혀지지 않는다. 'ᄀᆞᆲ다[竝]'와 관련이 있을 듯하나, '아래 아'와 '위의 아'와의 차이가 있고 받침 'ㄹ'이 있고 없고의 차이가 있다.

잇ᄂᆞ니라 : 잇[有]-+-ᄂᆞ-(현재 시제 선어말 어미)-+-니라(평서형 어미). 있느니라. 있는 것이다. 있네. '-니라'를 하나의 어미로 취급하는 것은 동명사 어미 '-ㄴ'에 지정 형용사 '이-'가 오고 다시 그 활용형 어미가 연결된 구성을 하나의 어미로 재구조화한 것이다.

宿昔

<제목> 숙석(오랜 옛날)

숙석(宿昔) : 오랜 옛날. 지나간 날들. 지난날들. 이 시는 위의 시 <동방(洞房)>의 마지막 구(句)에 이어, 당나라 현종의 생전의 일화들을 추가하고 있다. 앞의 4구는 임금의 바깥 출입을 그린 것이고, 뒤의 4구는 귀비와의 애정을 그린 것이다.

宿昔青門裏 蓬萊仗數移【此篇은 咏明皇天寶中事ᄒᆞ다 青門[12ㄱ]은 長安東門也ㅣ라】

녜 靑門 안햇 蓬萊殿에 儀仗을 ᄌᆞ조 옮기더시니라

숙석청문리 봉래장수이【이 시편은 명황 현종의 천보 연간의 일을 읊었다. 청문(靑門)은 장안의 동문이다】

예전의 장안 동문 안의 봉래전에 행차하실 때 의장기와 병기들을 자주 옮기셨었지.

녜 : 녜〔古, 宿昔〕. 옛. 예전. 예전의. 옛날의.

청문(靑門) : 장안의 동문.

안햇 : 안ㅎ〔內, 裏〕+애(처격 조사, 부사격 조사)+ㅅ(관형격 조사). 안의. 속의.

봉래전(蓬萊殿)에 : 봉래전(蓬萊殿)+에(처격 조사, 부사격 조사). 봉래전에. 봉래전에서. 봉래전은 당나라 때 대명궁(大明宮) 안에 있던 전각이다. 선정전宣政殿 북쪽으로 자신전(紫宸殿)과 봉래전(蓬萊殿)이 있고, 그 북쪽으로는 봉래산(蓬萊山)이 있는 태액지(太液池)가 있으며, 그 너머 북쪽으로는 함량전(含涼殿), 자란전(紫蘭殿), 현무전(玄武殿) 등이 차례로 위치해 있었다.('관풍재의 한시사랑' 참조)

의장(儀仗)을 : 의장(儀仗)+을(대격 조사). 의장을. 의장은 천자(天子)나 왕공(王公) 등 지위가 높은 사람이 행차할 때 위엄을 보이고 격식을 갖추기 위하여 서우는 병장기(兵仗器)나 물건을 말한다. 의(儀)는 위의(威儀)를, 장(仗)은 창이나 칼 같은 병기를 가리킨다.

ᄌᆞ조 : ᄌᆞᆽ〔頻, 數〕-+-오(부사 파생 접미사). 자주. 빈번하게.

옮기더시니라 : 옮〔移〕-+-기(사동 파생 접미사)-+-더(회상 선어말 어미)-+-시(주체 높임 선어말 어미)-+-니라(평서형 어미). 옮기셨던 것이다. 옮기셨지. '-니라'를 하나의 어미로 취급하는 것은 동명사 어미 '-ㄴ'에 지정 형용사 '이-'가 오고 다시 그 활용형 어미가 연결된 구성을 하나의 어미로 재구조화한 것이다.

> 花嬌迎雜樹 龍喜出平池
> 고지 아리다온 雜남기 迎逢ᄒᆞ고 龍은 즐겨 平ᄒᆞᆫ 모새셔 나더니라

화교영잡수 룡희출평지

꽃이 아리따운 잡나무가 환영하여 반기고, 용은 즐겨 평평한 못(경흥지)에서 나왔지(아리따운 꽃과 여러 나무가 환영하여 반기고, 용은 자주 경흥지에서 났었지).

고지 : 곶〔花〕+이(주격 조사). 꽃이.

아리다온 : 아리〔美 嬌〕+-답(형용사 파생 접미사)-+-은(관형사형 어미). 아리따운. 생김새나 몸가짐이 맵시 있고 고운. '고지'는 '아리답-'의 주어이다. '곶'은 잡나무의 꽃이다. 초간본에는 '아룻다온'으로 나타난다. 초간본의 '*아룻'은 현대어 '아름답다'의 '아름'의 전신인 '아룸〔美〕'에서 'ㅁ'이 떨어지고 그 자리에 사시시옷이 연결된 것이다. 사이시옷이

결합한 것은 '*아ᄅᆞ'가 명사로서 불완전한 형식이기 때문이다. '*아ᄅᆞ'에서 'ᄅᆞ'가 '리'로 변한 것이 '*아리'이다. 'ᄅᆞ'가 '아래 아'의 변화에 의하여 '리'가 된 것으로 추측된다. '*아리'는 '아ᄅᆞ'와 다름없이 불완전한 형식이다. 따라서 이에도 사이시옷이 필요하다. 이를 보충한 것이 '아릿답다'이다. 표준적인 현대어는 '아리땁다'로 되어 있다. 본 예의 '아리다온'은 'ㅅ'이 표기되지 않은 것이다. '아릿답다'는 요염하다는 뉘앙스를 가지며 여성에만 쓰이는 특이성을 가진다. ¶溫和ᄒᆞ며 부드러운 顏色ᄋᆞᆯ ᄇᆞ리고 아ᄅᆞᆺ다온 양ᄌᆞᆯ 지ᄉᆞ면 이 輕薄ᄒᆞᆫ 겨지비니라(온화하며 부드러운 안색을 버리고 요염한 자태를 지으면 경박한 여자인 것이다)<내훈 1:27ㄴ>. 雜고ᄌᆞᆫ 이플 ᄂᆞᆫ화 비취옛고 아ᄅᆞᆺ다온 져비ᄂᆞᆫ 집기슬게 드러 횟도놋다(잡꽃은 잎을 나누어 비추고 있고 아릿다운 제비는 집 기슭에 들어 휘도는구나)<두시 7:34ㄱ>.

잡(雜)남기 : 잡(雜)-#낢[木]+이(주격 조사). 잡나무가. '잡나무'는 여러 가지가 뒤섞인 수목을 이르기도 하고, 경제적으로 긴하지 않은 수목을 이르기도 한다. 여기서는 후자를 의미하는 것으로 본다. 그이는 지체가 낮은 빈(嬪)이나 후궁들을 암시한다. '이한림별집서(李翰林別集序)'에 의하면, 개원(開元: 당 현종의 연호) 중에 목작약(木芍藥)을 심어, 붉은색, 자주색, 연분홍색, 환한 흰색의 4그루를 얻어 임금이 흥경지 동쪽 침향정 앞에 옮겨 심었는데, 꽃이 바야흐로 만개하자 임금이 밤을 대낮같이 밝혔는데, 양귀비가 어가를 따라 걸으며 뒤좇았다고 한다.

영봉(迎逢)ᄒᆞ고 : 영봉(迎逢)+-ᄒᆞ(동사 파생 접미사)-+-고(연결 어미). 환영하여 맞이하고. 환영하여 반기고.

고지 아리다온 잡(雜)남기 영봉(迎逢)ᄒᆞ고 : 꽃이 아름다운 잡나무가 환영하여 반기고. 이는 원문의 '화교영잡수(花嬌迎雜樹)'에 대한 언해의 번역이다. '화교(花嬌)'가 동사 '영(迎)'을 넘어 '잡수(雜樹)'를 수식하는 것과 같이 번역되었다. 이는 한문 구성으로는 받아들이기 어려운 구성이다. '고지 이리다온'의 '아리다온'이 앞에 오는 '곶'을 수식하는 것으로도 볼 수 없다. '아리다온'의 '온'을 '-이'로 보아 부사절을 이끄는 것으로 보면, '꽃이 아리땁게 여러 나무를 환영하여 반기고'와 같이 해석할 수 있다. 이러한 의미로는 '잡남기'를 '잡남ᄀᆞᆯ'로 보아야 한다.

룡(龍)ᄋᆞᆫ : 용(龍)+ᄋᆞᆫ(보조사). 용은.

즐겨 : 즐기[喜]-+-어(연결 어미). 즐겨. 즐거워하면서. 기뻐서. 자주.

평(平)ᄒᆞᆫ : 평(平)+-ᄒᆞ(형용사 파생 접미사)-+-ㄴ(관형사형 어미). 평평한.

모새셔 : 못[淵, 池]+애셔(출격 조사, 부사격 조사). 못에서. 연못에서.

룡(龍)ᄋᆞᆫ 즐겨 평(平)ᄒᆞᆫ 모새셔 : 용은 즐겨 평평한 못에서. '평한 못[平池]'은 '흥경지(興慶池)'를 가리킨다. 천보(天寶) 연간에 흥경지(興慶池)에는 작은 용이 자주 대궐의 물도랑에 나타나 천자의 수레와 더불어 서쪽으로 갔다고 한다. 어느 날 저녁 용은 구름 비를 타고 서남쪽을 바라보다가 사라졌다고 한다.

나더니라 : 나[出]-+-더(회상 선어말 어미)-+-니라(평서형 어미). 나왔던 것이다. 나왔었지. 나왔다네. '-니라'를 하나의 어미로 취급하는 것은 동명사 어미 '-ㄴ'에 지정 형용사 '이-'가 오고 다시 그 활용형 어미가 연결된 구성을 하나의 어미로 재구조화하는 것이다.

落日留王母 微風倚少兒【王母ᄂᆞᆫ 喩楊貴妃也ㅣ라 少兒ᄂᆞᆫ 衛青傳에 衛媼의 次女名이니 以喩娣妹也ㅣ라】 지ᄂᆞᆫ ᄒᆡ예 王母ᄅᆞᆯ 머믈오시고 ᄀᆞ마니 부ᄂᆞᆫ ᄇᆞᄅᆞ매 少兒ㅣ 비겻더니라

락일류왕모 미풍의소아【왕모ᄂᆞᆫ 양귀비(楊貴妃)를 비유한 것이다. 소아(少兒)는 『衛青傳』에 나오는 위온(衛媼)의 차녀의 이름이니 양귀비의 여형제를 비유한 것이다.】

지는 해에 서왕모처럼 양귀비를 머물게 하시고, 부드럽게 부는 바람에 '소아' 같은 귀국부인이 기대고 있었지('소아' 같은 귀국부인 등 뒤에서는 부드러운 바람이 불고 있었지).

지ᄂᆞᆫ : 지[落]-+-ᄂᆞ(현재 시제 선어말 어미)-+-ㄴ(관형사형 어미). 지는. 떨어지는.

ᄒᆡ예 : ᄒᆡ[日]+예(처격 조사, 부사격 조사). 해에.

왕모(王母)ᄅᆞᆯ : 왕모(王母)+ᄅᆞᆯ(대격 조사). 왕모를. 왕모(王母)는 본래 왕의 어머니라는 뜻이지만, 흔히 중국 주나라 목왕이 요지에서 데리고 놀았다는 선녀 서왕모(西王母)를 가리킨다. 이에 대한 비유로 여기서 '왕모'는 당 나라 현종이 총애하던 양귀비(楊貴妃)를 가리킨다. 양귀비가 일찍이 속세를 떠나 도사(道士)가 되었던 일이 있었는데, 때문에 당나라 사람이 그를 왕모로 비유하였다고 한다.

머믈오시고 : 머믈[留]-+-오(사동 파생 접미사)-+-시(주체 높임 선어말 어미)-+-고(연결 어미). 머물게 하시고.

ᄀᆞ마니 : ᄀᆞ만[微]+-ᄒᆞ(형용사 파생 접미사)-+-이(부사 파생 접미사). 가만히. 조용히. 부드럽게. 미미하게.

부ᄂᆞᆫ : 불[吹]-+-ᄂᆞ(현재 시제 선어말 어미)-+-ㄴ(관형사형 어미). 부는. '불-'은 'ㄹ' 불규칙 활용을 하였다. 지금도 같다.

ᄇᆞᄅᆞ매 : ᄇᆞᄅᆞᆷ[風]+애(처격 조사, 부사격 조사). 바람에.

소아(少兒)ㅣ : 소아(少兒)+ㅣ(주격 조사). 소아가. '소아(小兒)'는 『한서(漢書)』 '위청전(衛青

傳)'에 나오는 위온(衛媼)의 차녀를 말한다. 장녀는 위군유(衛君孺)였고, 삼녀가 위자부(衛子夫)였다. 소아(小兒)는 먼저 곽중유(霍仲孺)와 정을 통하여 곽거병(霍去病)을 낳았고, 위황후가 섰을 때에는 다시 진장(陳掌)의 처가 되었다. 이에서 '소아'는 바람을 일으키며 방탕한 생활을 하는 여자를 비유적으로 가리킨다. 이는 당나라 현종이 진국부인, 괵국부인과 부당한 관계를 맺고 있음을 암시하고 있다. 양귀비 양옥환의 셋째 언니 양옥쟁(楊玉琤)은 괵국부인으로 양귀비보다 더 아름다웠다고 한다. 현종이 괵국부인을 가까이 하자, 양귀비가 질투하여 사가(私家)로 쫓아내기도 하였다고 한다.

언해에서는 '소아'를 비(妃)의 '제매(娣妹)'로 주석을 달고 있다. '제(娣)'는 '여동생, 손아래동서'를 가리키고, '매(妹)'는 '누이'를 가리킨다. 이 둘을 합한 '제매(娣妹)'가 무엇을 뜻하는지 알기 어렵다. 괵국부인 양옥쟁은 양귀비의 셋째 언니이기 때문에, 그를 '제매(娣妹)'라고 하는 것은 적합하지 않다. '제매(娣妹)'를 동생의 아내라고 풀이한 데도 있으나, 이 역시 적합하지 않다. 양옥쟁은 양귀비의 셋째 언니이기 때문에 '제매'를 '여자형제'라고 하면 적합할 것이다.

비겻더니라 : 비기〔倚〕-+-어(연결 어미)#잇〔有〕-+-더(회상 선어말 어미)-+-니라(평서형 어미). 기대고 있었던 것이다. 기대고 있었지. 의지하고 있었지. '-니라'는 동명사 어미 '-ㄴ' 뒤에 지정 형용사 '이-'가 오고 그 활용 어미가 연결된 구성이 평서형 어미로 재구조화된 것이다.

ᄀᆞ마니 부는 ᄇᆞᄅᆞ매 소아(少兒)ㅣ 비겻더니라 : 가만히 부는 바람에 소아가 의지하고 있었지. 부드럽게 부는 바람에 '소아'가 기대고 있었지. '소아'와 같은 괵국부인 등 뒤에서는 부드러운 바람이 불고 있었지.

'가만히 부는 바람'에는 조비연(趙飛燕)의 일화가 배경이 되고 있다. 비연은 본명이 조의주(趙宜主)고, 호가 비연(飛燕)이다. 성양후(成陽侯) 조임(趙臨)의 딸이다. 그녀는 가냘픈 몸매에 가무를 잘해 '나는 제비'라는 뜻의 비연(飛燕)이라고 불렸다. 궁녀 출신의 후궁이었으나 서한 성제(成帝) 유오의 총애를 받았다. 한번은 배 위에서 벌어진 연회에서 그녀가 춤추던 도중 강풍이 불어 몸이 휘청거렸다. 이때 황제가 그녀의 발목을 잡아 물에 빠지는 것을 막았다. 그녀는 계속 황제의 손바닥 위에서 춤을 추었다고 한다. 황제가 그녀를 붙잡다가 찢어진 치마는 오늘날 중국 여인들의 전통 의상인 유선군(留仙裙)의 유래가 되었다고 한다. 조비연은 중국 민간 역사에서 전기(傳奇)적 요소를 가진 미녀로, 『서경잡기』, 『비연외전(飛燕外傳)』 등과 같은 야사에 많이 등장한다.

宮中行樂秘 少有外人知

宮中에 行樂ᄒᆞ샤미 秘密ᄒᆞ실ᄉᆡ 밧긧 사ᄅᆞ미 알 리 젹더니라

궁중행락비 소유외인지

궁중에서 즐겨 노시는 것이 비밀스럽기 때문에 밖의 사람이 알 사람이 적었다네.

궁중(宮中)에 : 궁중(宮中)+에(처격 조사, 부사격 조사). 궁중에. 대궐에. 궁중에서.

행락(行樂)ᄒᆞ샤미 : 행락(行樂)+-ᄒᆞ(동사 파생 접미사)-+-시(주체 높임 선어말 어미)-+-암(명사형 어미)+이(주격 조사). 행락하시는 것이. 즐기며 노는 것이. 중세어 문법에서 흔히 '-샴'을 설명하는 방식은 '-시(주체 높임 선어말 어미)-+-옴/움(명사형 어미)→-샴'이 되는 것으로 보는 것이다. 그러나 본 역주에서는 중세어나 근대어에서 명사형 어미가 되는 것에 '-옴/움' 외에도 '-암/엄'이 있는 것으로 보기 때문에, '-시-+-암'이 '-샴'이 되는 것으로 본다. '-샤미'와 같이 'ㅁ'이 중철된 것은 형태 음소를 고정시키려는 경향을 보이는 것이라 할 수 있다.

비밀(秘密)ᄒᆞ실ᄊᆡ : 비밀(秘密)+-ᄒᆞ(형용사 파생 접미사)-+-시(주체 높임 선어말 어미)-+-ㄹᄊᆡ(연결 어미). 비밀스러우시기 때문에. 비밀스럽기 때문에. 비밀이시기 때문에. 비밀이기 때문에.

밧긧 : 밝[外]+의(처격 조사, 부사격 조사)+ㅅ(관형격 조사). 밖의.

사ᄅᆞ미 : 사ᄅᆞᆷ[人]+이(보조사). 사람이. '젹[少]-'의 주어는 '알 리'의 '이'이기 때문에, 본역주자는 '밧긧 사ᄅᆞ미'는 문제의 대상을 드러내는 주제어가 되는 것으로 본다. '이'의 기능을 보조사로 본 것은 이 때문이다.

알 리 : 알[知]-+-ㄹ(미래 관형사형 어미)#이(의존 명사). 알 이가. 알 사람이. '알 리'의 '알'은 '알다'의 어간 '알-'에서 'ㄹ'이 탈락하고 미래 관형사형 어미 '-ㄹ'이 결합한 형식이다. 미래 관형사형 어미 '-ㄹ' 앞에서 '알-'의 어간 말음 'ㄹ'이 탈락한 것이라고도 할 수 있다. 이는 '아니, 아니까'와 같은 예에서 어간 '알-'이 '아-'가 되고 그 뒤에 연결 어미 '-니, -니까'와 같은 연결 어미가 온 것과 같다. '알#이'가 '알 이[리]'가 된 것은 '알#이' 사이게 'ㄴ-삽입'이 일어나 '알-ㄴ-이'가 된 뒤에 자음 접변(자음 동화)에 의하여 '알 이[리]'가 된 것으로 설명된다.

젹더니라 : 젹[少]-+-더(회상 선어말 어미)-+-니라(평서형 어미). 적었던 것이다. 적었지. 적었다네. '-니라'를 하나의 어미로 취급하는 것은 동명사 어미 '-ㄴ'에 지정 형용사 '이-'가 오고 다시 그 활용형 어미가 연결된 구성을 하나의 어미로 재구조화하는 것이다.

밧긧 사ᄅᆞ미 알 리 젹더니라 : 밖의 사람이 알 이 적었던 것이다. 밖의 사람이 알 이 적었지. 『한서(漢書)』에 의하면, 주인(周仁)이 낭중령(郎中令)이 되었는데, 신중하여 말을 입 밖에 내지 않았다. 주인은 이것으로 행운을 얻어 왕의 침실에 들게 되었다. 후궁의 침실 비밀을 그는 그 옆에 있었으면서도 끝끝내 입 밖에 내지 않았다고 한다.

能畫【此篇ᄋᆞᆫ 言明皇之好技戲ᄒᆞ니라】

<제목> 능화(그림을 잘 그리다) 【이 편은 명황(현종)이 기예와 유희를 즐겼음을 말한다.】

능화(能畵) : 그림을 잘 그리다. 그림에 능하다. 이 시는 <동방(洞房)>, <숙석(宿昔)>과 같이 대력(大曆) 원년(766)에 지어진 것이다. 당시 두보는 기주(夔州)에 머물러 있었다. 두보는 가을 달로 인하여 고향과 고국의 옛 임금을 떠올리고 있다. 이 시에서 두보는 사람을 풍자하는 온후한 필치로, 현종 때의 즐거운 춤과 잡기의 즐거움을 그리고 있다.

能畫毛延壽 投壺郭舍人 每蒙天一笑 復似[12ㄴ]物皆春【延壽ᄂᆞᆫ 漢元時人이니 能畫而使物如春ᄒᆞ고 舍人ᄋᆞᆫ 漢武時人이니 能投壺而得蒙天笑ᄒᆞ니 皆借言唐事ᄒᆞ다】

그림 잘 그리던 毛延壽와 壺애 더디ᄂᆞᆫ 郭舍人이 ᄆᆡ양 하ᄂᆞᆳ ᄒᆞᆫ 우으믈 니브며 ᄯᅩ 萬物로 다 봄 ᄀᆞᆮ게 ᄒᆞ더니라

능화모연수 투호곽사인 매몽천일소 부사물개춘 【연수(延壽)는 한나라 원제(元帝) 때 사람인데 그림을 잘 그려서 봄처럼 사물이 살아나게 하고, 사인(舍人)은 한나라 무제(武帝) 때 사람인데 투호를 잘하여 임금의 웃음을 얻을 수 있었는데, 모두 당나라 일을 빌어 말한 것이다.】

그림 잘 그리던 모연수(毛延壽)와 호에 던지는(투호를 하던) 곽사인(郭舍人)이 언제나 천자의 큰 웃음을 받으며 또 만물로 하여금 다 봄 같게 했었다네.

그림 : 그리[畫]-+-ㅁ(명사 파생 접미사). 그림. '그림'은 '그리[畫]-'에서 파생된 명사이다. 명사 '그림'과 달리 '그리-'에 명사형 어미가 연결된 것은 확실성 표지 '-오/우-' 등을 가지기 때문에, '그륨'과 같이 된다. '그림'은 '그리-'의 명사형이 아니라, 파생 명사이고, '-ㅁ'은 명사 파생 접미사이다.

잘 : 잘[善]. 익숙하고 능란하게. ¶迦毗羅等 네흔 다 外道ㅣ니 幻術을 잘 ᄒᆞᄂᆞ니라(가비라 등 넷은 다 외도이니 환술을 잘 하는 것이다)<능엄 3:78ㄴ>.

그리던 : 그리[畵]-+-더(회상 선어말 어미)-+-ㄴ(관형사형 어미). 그리던.

모연수(毛延壽) : 모연수는 서한의 두릉인(杜陵人, ?~BC 33년)으로 궁정 화사(畵師)였다. 모연수는『한서』에는 기재되어 있지 않으나, 인물화를 잘 그렸다. 믈론 가축이나 노인이나 소년이나 도시도 그렸다. 한나라 원제(元帝: BC 48~33)는 후궁이 너무 많아 따로 한 사람씩 만날 수 없었으므로, 궁정 화가 모연수가 그린 궁녀들의 초상화를 참고해 간택했다. 그래서 궁녀들이 그에게 잘 보이려고 하였는데, 왕소군(王昭君)만이 뇌물을 주려고 하지 않아 모연수는 그녀의 초상화를 매우 추하게 그렸다. 그런데, 흉노족이 화친을 요구해 왔을 때 원제는 그림에 의거, 예쁘지 않은 왕소군을 선택해 그녀를 흉노 왕에게 시집보내려고 하였는데, 그를 만난 원제는 그녀가 출중하다는 것을 알았다. 일이 어쩔 수 없이 되어 화가 난 원제는 모연수를 죽여 버렸다고 한다.

호(壺)애 : 호(壺)+애(달격 조사, 부사격 조사). 호에. 병(甁)에. 단지에.

더디ᄂᆞᆫ : 더디[投]-+-ᄂᆞ(현재 시제 선어말 어미)-+-ㄴ(관형사형 어미). 던지는. '더디-'는 조선 후기까지 쓰였다. 그 대체형 '던지-'는 19세기가 되어서야 국어사에 등장한다. ¶한님(翰林)이 그 거동을 목견(目見)ᄒᆞ매 비위(脾胃) 심히 조티 아닌디라 가연이 옷슬 버셔 더디고 금금(錦衾)의 말니여 낫출 덥고 쾌히 ᄌᆞᄃᆡ 종시(終始) 일언(一言)을 아니니(한림이 그 거동을 눈으로 보매 비위 심히 좋지 아니한지라 가연이 옷을 벗어 던지고 금금(錦衾)이 말리어 얼굴을 덮고 즐겁게 자되 종시 한 마디를 아니하니)<현몽 5:13b>. 살수 삼빅을 ᄡᅩ아 도적을 무수이 죽이고 살이 진ᄒᆞ니 활과 칼을 블 가온대 더디고 드ᄃᆡ여 스ᄉᆞ로 블에 드러 죽으니(화살을 삼백을 쏘아 도적을 무수히 죽이고 화살이 다하니 활과 칼을 불 가운데 던지고 드디어 스스로 불에 들어가 죽으니)<오륜(충) 68ㄱ>. 投 던지다 <광재(형기) 4ㄱ>.

곽사인(郭舍人) : 한나라 무제(武帝) 때의 사람. 투호를 잘하여 임금의 웃음을 자아내게 하였다고 한다. 대나무를 화살로 삼고 가시나무[棘]를 쓰지 않았다고 한다. 예전의 투호는 가운데 맞으면 화살을 돌려 달라 하지 않았다. 대신에 팥을 넣었다. 호에 들어가지 못한 화살은 튀어 나왔다. 반면, 곽사인은 맞은 화살을 돌려 달라 하였다. 하나의 화살이 백여 번이나 돌아 나오게 되었다. 이를 '효(驍)'라 하였는데, 같은 무리 중에서 '효걸(驍傑: 용사)'이 되었다. 화살을 던질 때마다 매번 임금은 비단을 하사하였다.

ᄆᆡ양 : ᄆᆡ양[每]. 매번. 늘. 매번. 언제나. 초간본에는 'ᄆᆡ샹'으로 나타난다.

하ᄂᆞᆶ : 하ᄂᆞᆯㅎ[天]+ㅅ(관형격 조사). 하늘의. 임금의. '하ᄂᆞᆯ'은 여기서 임금을 가리킨다. '하ᄂᆞᆯㅎ'은 'ㅎ' 종성 체언이나, 독립적으로 쓰일 때나 관형격 조사 'ㅅ'앞에서는 'ㅎ'이 탈락하였다. ¶天中天은 하ᄂᆞᆳ 하ᄂᆞᆯ히니 부텻 둘찻 일후미시니라 하ᄂᆞᆯ 祭ᄒᆞᄂᆞᆫ ᄃᆡ 가ᄉᆞᇙ 저기 부텻 나히 세히러시니(하늘 가운데 하늘은 하늘의 하늘이니 부처의 두 번째 이름이시니, 하늘 제사하는 데 가실 적이 부처의 나이 셋이었는데)<석상 3:4ㄴ>.

ᄒᆞᆫ : ᄒᆞᆫ〔一〕. 한. 하나의.

우으믈 : 웃〔笑〕-+-음(명사형 어미)+을(대격 조사). 웃음을. 웃는 것을. 초간본에는 '우수믈'과 같이 나타났던 것이다. '우수믈'은 '웄〔笑〕-+-움(명사형 어미)+을(대격 조사)'과 같이 분석된다. 중간본의 '-음'은 확실성 표지 '-오/우-'를 가지고 있지 않음을 알 수 있다. 중간본에서 중요한 변화가 일어났음을 알 수 있다.

니브며 : 닙〔被, 着, 蒙〕-+-으며(연결 어미). 입으며. 받으며. ¶귀예 됴ᄒᆞᆫ 소리 듣고져 고해 됴ᄒᆞᆫ 내 맏고져 이베 됴ᄒᆞᆫ 맛 먹고져 모매 됴ᄒᆞᆫ 옷 닙고져 ᄒᆞᆯ 씨라(귀에 좋은 소리 듣고자, 코에 좋은 냄새 맡고자, 입에 좋은 맛 먹고자, 몸에 좋은 옷 입고자 하는 것이다)<석상 3:22ㄴ>.

ᄯᅩ : ᄯᅩ〔亦, 復〕. 또. 역시.

만물(萬物)로 : 만물(萬物)+로(조격 조사, 부사격 조사). 만물로 하여금. 현대어에서 조사 '로'는 특정한 동사와 함께 쓰여 작용의 객체를 드러나게 한다. '하여금'을 뒤따르게 하여 시킴의 대상이 되게 하거나, '더불어'를 뒤따르게 하여 동반의 대상이 되게 한다. 현대어로는 '로'자체만으로는 피사동주(被使動主, causee)를 나타낼 수 없다. ¶나로 하여금 정의와 진리를 위해 헌신하게 하소서(<표준국어대사전> 참조).

다 : 다〔皆〕. 다. 모두.

봄 ᄀᆞᆮ게 : 봄〔春〕#ᄀᆞᇀ〔如〕-+-게(연결 어미). 봄 같게. 봄처럼. 'ᄀᆞᆮ-'은 'ᄀᆞᆮ〔如〕+-ᄒᆞ(형용사 파생 접미사)-'와 대등하나, 그 쓰임이 항상 같은 것은 아니다. 기본적으로는 'ᄀᆞᆮᄒᆞ-'가 'ᄀᆞᇀ-'으로 재구조화된 뒤에 다시 'ᄀᆞᇀ-'이 자음군단순화에 의하여 'ᄀᆞᆮ-'이 된 것으로 본다. 결과적으로는 어근 'ᄀᆞᆮ〔如〕'이 어간 'ᄀᆞᆮ-'으로 재구조화된 양상을 보인다.

ᄒᆞ더니라 : ᄒᆞ〔爲〕-+-더(회상 선어말 어미)-+-니라(평서형 어미). 하였던 것이다. 하였었지. 했었네. '-니라'를 하나의 어미로 취급하는 것은 동명사 어미 '-ㄴ'에 지정 형용사 '이-'가 오고 다시 그 활용형 어미가 연결된 구성이 하나의 어미로 재구조화한 것이다.

政化平如水 皇恩斷若神 時時用抵戲 亦未雜風塵【如水ᄂᆞᆫ 言其平也ㅣ오 若神은 言不可測也ㅣ라 此ᄂᆞᆫ 言化如水ᄒᆞ며 恩若神ᄒᆞ야 爲治大要ㅣ 旣無所損則時或用戲라두 亦不至於亂世也ㅣ니라】

政化ㅣ 平호미 믈 ᄀᆞᆮᄒᆞ며 님굸 恩惠로 決斷호미 神靈 ᄀᆞᆮᄒᆞ면 時時예 角抵戲ᄅᆞᆯ ᄡᅥ도 ᄯᅩ 風塵에 섯디 아니ᄒᆞᄂᆞ니라

정화평여수 황은단약신 시시용저희 역미잡풍진【물과 같음은 그 평평함을 말

하고, 신과 같음은 측량할 수 없음을 말하는 것이다. 이는 다스림이 물과 같고 은혜가 측량할 수 없어 정치를 함의 대요가 이미 훼손될 것이 없으면 어쩌다가 유희를 하더라도 또한 난세에 이르지 않음을 말한다.】

정치가 이루어지는 것이 평평한 것이 물 같으며, 임금의 은혜로 결단하는 것이 신(神)과 같이 측량할 수 없는 것이라면, 때때로 씨름 행사를 시행하더라도 또 혼란에 섞이지(빠지지는) 않는다네.

정화(政化)ㅣ : 정화(政化)+ㅣ(주격 조사). 정치의 교화가. 정치가 이루어짐이. 정치가 이루어지는 것이. 다스려짐이.

평(平)호미 : 평(平)+-ᄒᆞ(형용사 파생 접미사)-+-옴(명사형 어미)+이(주격 조사). 평함이. 평한 것이. 평평함이.

믈 ᄀᆞᆮᄒᆞ며 : 믈[水]#ᄀᆞᆮ[如]+-ᄒᆞ(형용사 파생 접미사)-+-며(연결 어미). 물 같으며. 물과 같으며.

님긊 : 님금[王, 帝]+ㅅ(관형격 조사). 님금의.

은혜(恩惠)로 : 은혜(恩惠)+로(조사, 부사격 조사). 은혜로.

결단(決斷)호미 : 결단(決斷)+-ᄒᆞ(동사 파생 접미사)-+-옴(명사형 어미)+이(주격 조사). 결단함이. 결단하는 것이.

신령(神靈) ᄀᆞᆮᄒᆞ면 : 신령(神靈)#ᄀᆞᆮ[如]+-ᄒᆞ(형용사 파생 접미사)-+-면(연결 어미). 신령 같으면. 신 같으면. 뛰어난 판단력을 가지고 있다면.

님긊 은혜(恩惠)로 결단(決斷)호미 신령(神靈) ᄀᆞᆮᄒᆞ면 : 임금의 은혜로 결단하는 것이 신과 같으면. 이는 원문의 '황은단약신(皇恩斷若神)'을 번역한 것이다. 그러나 이 구절은 그 의미가 매우 불투명하다. 초간본도 해당 구절이 '황은단약신(皇恩斷若神)'과 같이 되어 있으나, '은(恩)'을 가지고는 '임금의 은혜가 결단을 하였다'는 것과 같은 이상한 해석을 해야 한다. 이 구절은 한성무 외(1997: 843)에도 '황명단약신(皇明斷若神)'과 같이 '은(恩)'이 '명(明)'으로 되어 있고, 두보(杜甫) 저, 구조오(仇兆鰲) 주(1979/2009: 중인: 1522)에도 '은(恩)'이 '명(明)'으로 되어 있다. 이를 반영하면, '임금이 신과 같이 밝게 결단하면'과 같이 번역할 수 있다.

시시(時時)예 : 시시(時時)+예(처격 조사, 부사격 조사). 때때로. 간혹. 어쩌다가.

각저희(角抵戲)ᄅᆞᆯ : 각저희(角抵戲)+ᄅᆞᆯ(대격 조사). 각저희를. 씨름을. '각저희'는 힘겨루기를 하는 씨름을 지칭하는 말. 한자어로는 각력(角力)이나 상박(相撲) 로도 쓴다.

ᄡᅥ도 : ᄡᅳ[用]-+-어(연결 어미)+도(보조사). 써도. 쓰더라도. '-어도'를 하나의 어미로 취급할 수도 있는데, 이는 '-어도'를 하나의 어미로 재구조화하는 것이다.

ᄯᅩ : ᄯᅩ[亦]. 또. 다시.

풍진(風塵)에 : 풍진(風塵)+에(처격 조사, 부사격 조사). 바람과 먼지에. 혼란에. 난세에.

섯디 : 섟〔混, 雜〕-+-디(연결 어미). 섞지. 섞이지. 혼란스럽지. 어간 말음 'ㄱ'이 뒤에 자음으로 시작하는 어미가 올 때에는 탈락한다. 기본형을 '섯다'와 같이 설정하면 안 된다. 연결 어미 '-어' 연결형이 '섯거'와 같이 된다. '섯돌다'도 '섟돌다(섞어 돌다)'에서 'ㄱ'이 탈락한 것으로 보아야 하고, '섯듣다(섞어 떨어지다)'도 '섟듣다'에서 'ㄱ'이 떨어진 것으로 보아야 한다. ¶等覺ᄋᆞᆫ ᄀᆞᆮᄒᆞᆫ 아로미라 ᄒᆞᆫ 마리니 十地菩薩이 世俗ᄋᆞᆯ 섯거 衆生 利케 ᄒᆞ샤ᄆᆞᆫ 如來와 ᄀᆞᆮ거시니와(등각은 같은 앎이라 하는 말이니 십지보살이 세속을 섞어 중생 이롭게 하심은 여래와 같으시거니와)<월석 2:61ㄴ>.

아니ᄒᆞᄂᆞ니라 : 아니〔不, 未〕+-ᄒᆞ(동사 파생 접미사)-+-ᄂᆞ(현재 시제 선어말 어미)-+-니라(평서형 어미). 아니하는 것이다. 않는다네. '-니라'를 하나의 어미로 취급하는 것은 동명사 어미 '-ㄴ'에 지정 형용사 '이-'가 오고 다시 그 활용형 어미가 연결된 구성을 하나의 어미로 재구조화한 것이다.

13ㄱ鬪雞

<제목> 투계(닭싸움)

투계(鬪鷄) : 닭싸움. 이 시는 위의 <동방(洞房)>, <숙석(宿昔)>, <능화(能畫)> 등과 같이 대력(大曆) 원년(766)에 지어진 것이다. 당시 두보는 기주(夔州)에 머물러 있었다.

현종은 왕이 되기 전에 민간에서 청명절(淸明節)에 행해지는 닭싸움 놀이를 좋아하였는데, 즉위한 뒤에는 양궁 사이에 닭부서〔계방(鷄坊)〕를 설치하고 육군(六軍) 소아(小兒) 5백으로 장안에서 수탉으로 금색의 가는 털〔金毫〕을 가지며, 발톱〔鐵距〕이 강하고 볏이 높고 꼬리가 들린 닭 수천 마리를 찾아 계방에서 기르게 하였다.

말에 대해서도 현종은 특별한 애정을 보였다. 『명황잡록(明皇雜錄)』에 의하면, 왕은 일찍이 춤추는 말 4백 필을 훈련시킬 것을 명하였다. 때로 변경 밖에서 좋은 말을 선물할 때에는 위에서 그것을 교습하도록 하여 묘기를 보이도록 하였다.

이 시에서 앞의 4구는 현종 때의 성대한 일을 베풀어 생전의 즐거움을 보이고, 뒤의 4구는 현종의 남긴 흔적을 추념하며 죽은 뒤의 슬픔을 말하고 있다.

鬪雞初賜錦 舞馬旣登牀 【明皇이 好鬪鷄ᄒᆞ시니 有賈昌者ㅣ 善養鷄어늘 日賜金銀ᄒᆞ며 又敎舞馬ᄒᆞ샤 施三層木牀이어든 乘馬其上ᄒᆞ야 奮首鼓尾ᄒᆞ야 皆應節奏ᄒᆞ니라】

사호ᄂᆞᆫ ᄃᆞᆯᄀᆞᆯ 처엄 錦을 주시니 춤츠ᄂᆞᆫ ᄆᆞ리 이ᄆᆡ셔 牀애 오ᄅᆞ니라

투계초사금 무마기등상 【명황 현종이 닭싸움을 좋아하셨는데, 가창(賈昌)이란 사람이 닭 기르는 것을 잘하거늘 날마다 금은을 하사하며, 또 춤추는 말을 훈련시켜, 삼층 나무상을 설치하면 그 위에서 말을 타고 머리를 흔들게 하고 꼬리로 북을 치게 하였는데 모두 절도에 맞춘 음악에 맞춘 것이다.】

싸우는 닭에게 처음 비단을 주셨는데 춤추는 말이 그 전에 이미 상(牀)에 올라 있네.

사호ᄂᆞᆫ : 사호〔鬪〕-+-ᄂᆞ(현재 시제 선어말 어미)-+-ㄴ(관형사형 어미). 싸우는. ¶피나게 사호니 乾坤이 븕고 氣運이 迷亂ᄒᆞ니 日月이 누르도다(피나게 싸우니 하늘과 땅이 붉고 기운이 어지럽게 흩어지니 해와 달이 누렇도다)<두시(초) 23:55>.

ᄃᆞᆯᄀᆞᆯ : ᄃᆞᆰ〔鷄〕+ᄋᆞᆯ(보조사). 닭을. 'ᄃᆞᆰ ᄋᆞᆯ(닭을)'성분은 '주-'의 직접 도적어가 되지 못한다. 기본 성분으로는 'ᄃᆞᆰᄋᆡᄀᆡ(닭에게)'와 같은 기능을 하는 것이라고 할 수 있다. 그러나 'ᄃᆞᆰᄋᆡᄀᆡ'와 같이 나타난 것이 아니므로, 여기서는 'ᄋᆞᆯ'이 또 다른 기능을 하는 것으로 보아야 한다. 그것을 본역주자는 주제 표시의 기능을 하는 것으로 본다. 그것이 대격 조사의 기능이 아니므로, 'ᄋᆞᆯ'을 보조사로 본 것이다. 'ᄋᆞᆯ' 주제화는 문제의 대상을 다른 대상과 달리 특별히 드러내는 역할을 한다.

처엄 : 처엄〔初〕. 처음. 초간본에는 '처ᅀᅥᆷ'으로 되어 있다.

금(錦)을 : 금(錦)+을(대격 조사). 비단을.

주시니 : 주〔與, 賜-+-시(주체 높임 선어말 어미)-+-니(연결 어미). 주시니. 하사하시니.

춤츠ᄂᆞᆫ : 춤〔舞〕#츠〔舞〕-+-ᄂᆞ(현재 시제 선어말 어미)-+-ㄴ(관형사형 어미). 춤추는. '춤'은 파생 명사로, 우선 동명사였던 것이, 영파생(零派生)에 의하여 명사가 된 것으로 본다.

ᄆᆞ리 : ᄆᆞᆯ〔馬〕+이(주격 조사). 말이.

이ᄆᆡ셔 : 이ᄆᆡ〔旣〕+셔(보조사). 이미. 그 전에. '셔'는 '-시〔有〕-+-어(연결 어미)'의 결합으로 보조사로 재구조화된 것이다. 문제의 대상이나 상태나 상황이 그 전에 주어져 있음을 나타낸다. '이믜/이ᄆᆡ'가 이미 주어진 것인데, 그 뒤에 '셔'를 쓰면 '이믜/이ᄆᆡ'의 상태가 이전에

주어진 것을 뜻하게 되는데, 이것이 깨달음의 의미를 가져오게 된다. '나중에 보니까 이미 주어져 있더라'와 같은 의미이다. ¶도적이 녀기되 이ᄆᆡ 주것다 ᄒᆞ야 ᄇᆞ리고 가니(도적이 여기되 이미 죽었다 하여 버리고 가니)<동국(열) 4:81ㄴ>. 이ᄆᆡ 苦로온 주ᄅᆞᆯ 아디 몯ᄒᆞ거든(이미 괴로운 줄을 알지 못하거든)<가례 5:22ㄴ>.

상(牀)애 : 상(牀)+애(달격 조사, 부사격 조사). 상에. 상은 평평한 판자에 다리를 네 개 붙여 지면에 평행하게 설 수 있게 한 구조물을 가리킨다.

오ᄅᆞ니라 : 오ᄅᆞ[上, 登]-+-니라(평서형 어미). 오른 것이다. 올라 있네. 오르네. '-니라'를 하나의 어미로 취급하는 것은 동명사 어미 '-ㄴ'에 지정 형용사 '이-'가 오고 다시 그 활용형 어미가 연결된 구성을 하나의 어미로 재구조화하는 것이다.

사호ᄂᆞᆫ ᄃᆞᆯᄀᆞᆯ 처엄 금(錦)을 주시니 춤츠ᄂᆞᆫ ᄆᆞᄅᆞ 이ᄆᆡ셔 상(牀)애 오ᄅᆞ니라 : 싸우는 닭에게 처음 비단을 주셨는데 춤추는 말이 그 전에 이미 상(牀)에 올라 있네. 이 문장은 '처음'과 '이미' 사이에서 갈등을 초래한다. 닭에게 비단을 준 것이 먼저라면, 춤추는 말이 상에 오른 것은 그 다음의 일이 된다. 그러나 뒤의 일에는 '이미'라는 말이 쓰이고 있다. 그것은 춤추는 말이 그 전에 상에 올랐다는 뜻이 된다. 그렇다면, 닭에게 비단을 준 것은 처음 있는 일이 아니다. 그런데도 거기에 '처음'이라는 말이 쓰이고 있다. 앞의 일이 참이라면, 뒤의 일이 참일 수 없고, 뒤의 일이 참이라면, 앞의 일이 참일 수 없다. 어느 것이 앞이고 뒤라고 할 수 없으니, 이는 두 일이 동시에 이루어진 일임을 표현한 것이다. '이ᄆᆡ셔(이미서)'의 '셔'는 표현자가 이러한 인식을 가지고 있음을 뜻한다.

簾下宮人出 樓前御柳長

발 아래ᄂᆞᆫ 宮人이 나셔 보고 樓ㅅ 알ᄑᆡᄂᆞᆫ 御柳ㅣ 기렛도다

렴하궁인출 루전어류장

발 아래로는 궁인이 나와 있어 보이고, 누각 앞에는 궁궐의 버들이 길게 자랐도다.

발 아래ᄂᆞᆫ : 발[簾]#아래[下]+ᄂᆞᆫ(보조사). 발 아래는. 작중 화자는 방이나 다락과 같은 일정한 공간에 있고, 발이 위에서 아래로 반쯤 혹은 그 아래쯤 쳐져 있는 상태이고, 그 아래에는 밖으로 보이는 공간이 터져 있는 상태이다.

궁인(宮人)이 : 궁인(宮人)+이(주격 조사). 궁인이. 궁녀가. 궁녀는 궁중에서 임금, 왕비, 왕세자를 가까이 모시어 시중들던 여자를 통틀어 부르는 이름이다. 나인. 궁빈. 궁아. 궁첩, 시

녀 등과 같이도 불린다.

나 셔 : 나[出]-+-아(연결 어미)#시[有]-+-어(연결 어미). 나아 있어. 나와 있어. 나와서.

보고 : 보[見]-+-고(연결 어미). 보고. 보이고.

발 아래ᄂᆞᆫ 궁인(宮人)이 나 셔 보고 : 발 아래는 궁인이 나와 있어 보이고. 원문에는 '보[見]-'로 번역될 만한 한자가 들어 있지 않다. 언해자가 여기에 '보[見]- 를 보충한 것은 문맥으로 보아 궁인이 발 아래로 나오는 행동이 들어 있는 것이 아니기 때문이다. 발 아래에 터진 공간으로 왔다갔다 하는 궁인이 작중 화자에게 보이는 것이다. '발 아래는 궁인이 나 있고'로도 동일한 사건이 표현될 수 있는 것이지만, 그 의미 관련이 명확하지 않다고 할 수 있다. '발 아래로는 궁인이 나와 있고'라고 하면 더 분명해진다. '보고'도'보이고'라고 하면 화자가 능동적으로 그들을 보려고 하지 않아도 보이는 것을 드러내는 효과를 가진다.

루(樓)ㅅ 알ᄑᆡᄂᆞᆫ : 누(樓)+ㅅ(관형격 조사)#앒[前]+ᄋᆡ(처격 조사, 부사격 조사)+ᄂᆞᆫ(보조사). 누 앞에는. 누각 앞에는.

어류(御柳) ㅣ : 어류(御柳)+ㅣ(주격 조사). 궁궐의 버들이. 궁궐의 버드나무가.

기렛도다 : 길[長]-+-어(연결 어미)#잇[有]-+-도다(감탄형 어미). ᄀᆞᆯ어 있도다. 길게 자랐구나. 자랐도다.

> 仙遊終一闋 女樂久無香 【此ᄂᆞᆫ 言明皇이 上升ᄒᆞ니 女樂이 無復存也ㅣ라】
> 仙遊ㅣ ᄆᆞᄎᆞ매 ᄒᆞᆫ번 闋密ᄒᆞ니 女樂이 오래 곳다오미 업도다

선유종일비 녀락구무향 【이는 명황 현종이 승하하니 여자놀이[女樂]가 다시 있지 않게 된 것을 말한다.】

선세계에 노는 것이 마침내 일단 뚝 멎으니 여악(황제이원여제자[皇帝梨園女弟子])이 오래 향기로움이 없도다.

선유(仙遊) ㅣ : 선유(仙遊)+ㅣ(주격 조사). 신선놀음이. 신선놀이가. 신선의 생활이. 신선처럼 지내는 것이. 신선 세계에 노는 것이. 『개원전신록(開元傳信錄)』에 의하면, 명황 현종이 꿈에 월궁(月宮)에 간 일이 있다고 한다. 여러 신선들이 더없이 맑은 음악을 즐기고 있었다. 그 곡이 쓸쓸하고 산뜻한 것이 사람을 움직여, 명황이 옥피리로 신선들을 찾을 수 있었다고 한다.

ᄆᆞᄎᆞ매 : ᄆᆞᄎᆞ매[終]. 마침내.

ᄒᆞᆫ번 : ᄒᆞᆫ[一]#번(番). 한번. 일단. '일단'의 뜻을 가지는 '한번'은 하나의 단어로 붙여 쓴다. 반대로 '한 번'이 '한 번, 두 번, 세 번, …' 등과 같이 여러 번 중의 하나일 때에는 두 단어이므로 띄어 써야 한다. 여기서 '한번'은 '두 번'에 대립되는 것이 아니라 '일단'의 뜻이다.

비밀(閟密)ᄒᆞ니 : 비밀(閟密)+-ᄒᆞ(동사 파생 접미사)-+-니(연결 어미). 굳게 닫히니. 꽉 닫히니. 뚝 그치니. 딱 멎으니. 이는 현종의 죽음을 가리킨다.

여락(女樂)이 : 여락(女樂)+이(주격 조사). 여악이. '황제이원여제자(皇帝梨園女弟子)'들이. 여악은 '황제이원(皇帝梨園)'의 여제자들을 말한다. '황제이원'은 줄여서 '이원'이라 한다. 당 현종은 궁궐 안에 배나무를 심은 정원에서 음악이나 연극의 각본 등에 대하여 스스로 여제자들을 가르쳤는데, 그 궁정을 이원(梨園), 그 제자들을 '황제이원제자(皇帝梨園弟子)'라 한 것이다. 현종이 죽으니, '황제이원'도 안녹산의 난 이후에 모두 흩어지게 되었다.

오래 : 오라[久]-+-이(부사 파생 접미사). 오래. 오랫동안.

곳다오미 : 곶[花]+-답(형용사 파생 접미사)-+-옴(명사형 어미)+이(주격 조사). 향기로움이. 일부의 고어 사전에는 '곳답다'를 '꽃과 같다'와 같은 의미로 풀이를 해 놓은 것이 있으나, 중세어나 근대어의 예에서 '곳답다'를 '꽃과 같다'의 의미로 해석할 수 있는 예는 찾기 어렵다. ¶마ᄉᆞᆫ 엇뎨 金 ᄀᆞᄐᆞᆫ 菊花와 ᄀᆞᆮᄒᆞ리오 곳다오ᄆᆞᆫ ᄑᆞ른 아오개 어울워 머구미 맛당ᄒᆞ니라(맛은 어찌 금 같은 국화와 같으리오? 향기로움은 푸른 아욱에 섞어 먹는 것이 마땅한 것이다)<두시(초) 7:39ㄴ>. ᄇᆞᆷ 蘭란과 ᄀᆞᅀᆞᆳ 菊국花황ㅣ 各각各각 제여곰 곳다오니라(봄의 난초와 가을의 국화가 각각 제가끔 향기로운 것이다)<금삼 4:53ㄴ>. 곳다온 雲霧에 구룸 ᄀᆞᆺᄒᆞᆫ 머리 저젓고(향기로운 구름과 안개에 머리 젖어 있고)<두시(중) 12:4ㄴ>. 堂 우흿 書生이 쇽졀업시 머리 셰유니 ᄇᆞᄅᆞᄆᆞᆯ 臨ᄒᆞ야 곳다온 내ᄅᆞᆯ 세 번 맛고 우노라(당 위에 있는 서생이 속절없이 머리칼이 세어 버려, 바람을 임하여[바람을 맞아] 향기로운 냄새를 세 번 맡고 우노라)<두시(중) 12:14ㄴ>.

업도다 : 없[無]-+-도다(감탄형 어미). 없도다.

> **寂寞驪山道 淸秋草木黃【此ᄂᆞᆫ 言不 13ㄴ復行幸也ㅣ라】**
> 괴외ᄒᆞᆫ 驪山ㅅ 길헤 ᄆᆞᆯᄀᆞᆫ ᄀᆞ올히(ᄒᆡ) 草木곳 누르렛도다

적막려산도 청추초목황 **【이는 다시 임금이 밖으로 거동하지 못한 것을 말한다.】**
고요한 여산(驪山) 길에 맑은 가을에 초목만 누르러 있도다.

괴외호 : 괴외[黙, 寂]+-호(동형용사 파생 접미사)-+-ㄴ(관형사형 어미). 고요한. '고요호다'는 18세기에 나타난다. 18세기 이후에는 '괴외호다'가 하나의 예도 나타나지 않는다. ¶그쁴 舍利弗이 호 나모 미트 안자 入定호야 諸根이 괴외호야[諸根은 여러 불휘니 눈과 귀와 고콰 혀와 몸과 뜯괘라] 므수미 一定호 고대 들면(그때 사리불이 한 나무 밑에 앉아 정(定)에 들어 제근(諸根)이 고요하여[제근(諸根)은 여러 뿌리니 눈과 귀와 코와 혀와 몸과 뜻이다] 마음이 일정한 곳에 들면)<석상 6:28ㄴ>. 靜은 괴외호야 일 업슬 씨라(정(靜)은 고요하여 일 없는 것이다)<월석 1:월석서 25ㄱ>. 외로온 힛비치 도라볼 亽이예 디누니 내 괴외호 듸셔 슬허호노라(외로운 햇빛이 뒤 돌아볼 사이에 지나니 내 고요한 데서 슬퍼하노라)<두시(중) 1:34ㄴ>. 고드며 고요호며 그윽호며 한아호고 단졍호며 장엄호며 셩실호며 호골곧톰은 女子의 德性이니 (곧으며 고요하며 그윽하며 조용하고 품위가 있고 단정하며 장엄하며 성실하며 한결같음은 여자의 덕성이니)<여사 3:11ㄱ~ㄴ>

려산(驪山)ㅅ : 여산(驪山)+ㅅ(관형격 조사). 여산의. 여산은 지금의 섬서성 임동현(臨潼縣) 동남쪽에 있는 산으로, 여산에 화청궁(華淸宮)이 있었다고 한다.

길헤 : 길ㅎ[道]+에(처격 조사, 부사격 조사). 길에. '길ㅎ'이 'ㅎ' 종성 체언이기 때문에 처격 조사 '에'가 '헤'로 된 것이다.

믈근 : 묽[淸]-+-은(관형사형 어미). 맑은.

ᄀ올히(히) : ᄀ올ㅎ[秋]+이(처격 조사, 부사격 조사). 가을에. 'ᄀ올ㅎ'이 'ㅎ' 종성 체언이기 때문에 처격 조사 '이'가 '히'로 된 것이다. 초간본에 'ᄀ숤히'로 되어 있다. 여기 중간본의 'ᄀ올히'는 'ᄀ올히'의 잘못으로 본다.

초목(草木)곧 : 초목(草木)+곧(보조사). 초목곧. 초목만. 초목은. 초목만이. 초간본에는 보조사 '곧'이 '곳'으로 되어 있다.

누르렛도다 : 누를[黃]-+-어(연결 어미)#잇[有]-+-도다(감탄형 어미). 누르러 있도다. 누레져 있도다. ¶鑞과 鉛과 錫과[세 거시 곧호 둧호듸 實엔 다르니 鑞은 뭇 히오 鉛은 누르고 히오 錫은 프르고 거므니라](납(鑞)과 연(鉛)과 석(錫)과[세 것이 같은 듯하되 실제로는 다르니 납은 가장 희고, 연은 누르고 희고, 석은 푸르고 검은 것이다)<법화 1:219ㄱ>.

省守【律詩五首】

<대분류 제목> 성수(성을 지킴) 【율시 다섯 수】

성수(省守) : 성(省)을 지킴. '성수'는 두보시의 대분류 제목이다. 이 제목 아래에는 <제성중원

벽(題省中院壁)>, <춘숙좌성(春宿左省)>, <만출좌액(晩出左掖)>, <숙부(宿府)>. <원중만청회서곽모사(院中晩晴懷西郭茅舍)> 다섯 편의 시가 들어 있다. 두보가 문하성의 좌습유(左拾遺) 벼슬을 하면서 겪은 일과 감회를 읊은 시들이다.

율시(律詩) : 여덟 구로 되어 있는 한시체(漢詩體). 한 구가 다섯 자로 되어 있는 것을 오언 율시라고 하고, 일곱 자로 되어 있는 것을 칠언 율시라고 한다.

題省中院壁

<제목> 제성중원벽(문하성 중원의 벽에 제한다)

제성중원벽(題省中院壁) : 문하성 중원의 벽에 제한다. '성(省)'은 두보가 좌습유(左拾遺)로 근무하던 문하성(門下省)을 가리킨다. 단순한 '성'을 '문하성'으로 부연하여 번역 제목을 달았다. '중원(中院)'은 문하성 가운데 있는 건물을 말한다. 이 시는 건원(乾元) 원년(758) 봄에 지어진 것으로 되어 있다. 이 시의 제목이 한성무 외(1997: 192)에도 '제성중벽(題省中壁)'으로 되어 있고, 두보(杜甫) 저, 구조오(仇兆鰲) 주(1979/2009: 중인: 441)에도 '제성중벽(題省中壁)'으로 되어 있다. 시는 두보가 좌습유로 간관(諫官)이었으나 물러나 조정의 일을 도울 수 없게 된 것을 묘사하고 있다. 당시는 환관 이보국(李輔國)이 숙종을 부추겨 현종 때의 옛날 신하들을 배제하고 있었다.

掖垣竹埤梧十尋 洞門對雪常陰陰 【掖은 禁掖也ㅣ라 垣埤는 皆墻也ㅣ니 言垣竹埤梧ㅣ 長十尋也ㅣ니 八尺曰尋이라 唐省中에 皆青壁에 畫雪ᄒᆞ니라】

禁掖ㅅ 다매 대와 다맷 머귀 기릐 열 尋이로소니 훤ᄒᆞᆫ 門이 누늘 相對ᄒᆞ야 샹네 어득ᄒᆞ얫도다

액원죽비오십심 동문대설상음음 【액(掖)은 궁궐의 옆구리이다. 원(垣)과 비

(埤)는 모두 담장이니, 원(垣) 대나무와 비(埤) 오동나무가 길이 10심(尋)인데, 8척을 1심(尋)이라 한다. 당의 성 가운데 모든 푸른 벽에는 설경을 그렸다.】

궁궐 옆구리의 높은 담의 대나무와 낮은 담의 오동나무 길이 열 심(尋)이니 훤한 문이 흰 눈에 대조되어 항상 어둑어둑하구나.

금액(禁掖)ㅅ : 금액(禁掖)+ㅅ(관형격 조사). 대궐 곁에. 대궐 옆구리의.

다매 : 담[墻]+애(처격 조사, 부사격 조사). 담에.

대와 : 대[竹]+와(접속 조사). 대와. 대나무와.

다맷 : 담[墻]+애(처격 조사, 부사격 조사)+ㅅ(관형격 조사). 담의. 언해는 '원(垣)'과 '비(埤)'를 다같이 '담'으로 번역하고 있다. 채몽필(蔡夢弼) 주에 의하면, 원(垣)'과 '비(埤)'는 모두 장(墻))인데, 높은 것을 '원(垣)'이라 하고, 낮은 것을 '비(埤)'라 한다고 하였다.

머귀 : 오동(梧桐). 오동나무.

기릐 : 길[長]-+-의(명사 파생 접미사). 길이. '-의'는 일부 형용사 뒤에 붙어 명사를 만드는 접미사였다. 중세어에서 '-이'는 본래 부사 파생 접미사였는데, 명사 파생 접미사 '-의'의 'ᄋᆞ'가 약화됨으로써, '-이'에 합류하는 결과를 빚게 되었다. ¶風輪이 닐어늘 光音天이 한비를 ᄂᆞ리와 므리 下界예 ᄀᆞ득ᄒᆞ야 기픠 十一億二萬由旬이러니(풍륜이 이르기를 광음천이 큰비를 내리와 물이 하계에 가득하여 깊이 11억 2만 유순이더니[억은 열 만이라 유순은 40리다])<월석 1:39ㄴ>. 알ᄑᆡᆺ 藥이 업거든 附子 므긔 닐굽 돈 남ᄌᆞᆺᄒᆞ닐 炮ᄒᆞ야(앞의 약이 없으면 부자 무게 일곱 돈 남짓한 것을 구워)<구급(상):38ㄴ>. 훤히 뮈워 ᄡᅳ미 靈령히 ᄉᆞᄆᆞᄎᆞ며 훤히 기릐와 너븨왜 自쭝在찡ᄒᆞ도다(시원스럽게 움직여 씀이 신통하게 통하며 시원하게 길이와 넓이가 스스로[마음대로] 있도다)<금삼 2:20ㄱ>.

열 심(尋)이로소니 : 열[十]#심(尋)#이(지정 형용사)-+-로소(재확인 양태 선어말 어미)-+-니(연결 어미). 10심(尋)이니. 10심인 것이니. 8척이 1심이므로, 1심은 2.4미터가 된다.

훤ᄒᆞᆫ : 훤[洞]+-ᄒᆞ(형용사 파생 접미사)-+-ㄴ(관형사형 어미). 환한. 시원한. 뻥 뚫린. 열린.

문(門)이 : 문(門)+이(주격 조사). 문이.

누늘 : 눈[雪]+을(대격 조사). 눈을. 흰 눈을.

상대(相對)ᄒᆞ야 : 상대(相對)+-ᄒᆞ(동사 파생 접미사)-+-야(연결 어미). 상대하여. 서로 보고 있으면서.

샹녜 : 늘. 언제나. 항상. 초간본에는 '샹녜'로 되어 있다. '이응(ㅇ)'이 '옛이응(ㆁ)'이었다.

어득ᄒᆞ얫도다 : 어득[陰]+ᄒᆞ(형용사 파생 접미사)-+-야(연결 어미)#잇[有]-+-도다(감탄형 어미). 어둑하여 있도다. 어둑어둑해 있구나. 어둑어둑하구나.

> 落花遊絲白日靜 鳴鳩乳鷰青春深
> 지ᄂᆞᆫ 곶과 노ᄂᆞᆫ 시레 ᄇᆞᆯᄀᆞᆫ 나리 寂靜ᄒᆞ고 우ᄂᆞᆫ 비두리와 삿기 치ᄂᆞᆫ 졔비예 ᄑᆞ[14ㄱ]ᄅᆞᆫ 보미 기펫도다

락화유사백일정 명구유연청춘심

지는 곳과 흔들리는 거미줄에 밝은 날이 쓸쓸하게 조용하고, 우는 비들기와 새끼 치는 제비에 푸른 봄이 깊었도다.

지ᄂᆞᆫ : 지〔落〕-+-ᄂᆞ(현재 시제 선어말 어미)-+-ㄴ(관형사형 어미). 지는. 떨어지는. 초간본에는 '디ᄂᆞᆫ'으로 되어 있다. 어간 '디-'의 'ㄷ'이 구개음화에 의하여 '지-'로 된 것이다.

곶과 : 곶〔花〕+과(접속 조사). 꽃과.

노ᄂᆞᆫ : 놀〔遊〕-+-ᄂᆞ(현재 시제 선어말 어미)-+-ㄴ(관형사형 어미). 노는. 흔들리는. 어간 '놀-'의 받침 'ㄹ'이 'ㄴ'으로 시작되는 어미 앞에서 탈락한 것이다.

시레 : 실〔絲〕+에(처격 조사, 부사격 조사). 실에. 거미줄에. ¶다봇 ᄀᆞᄐᆞᆫ 구믿터리 드믈언 디 오라니 ᄒᆡᆫ 시레 가ᄌᆞᆯ뵤ᄆᆞᆯ 잇비 아니ᄒᆞ리로다(다복쑥 같은 귀밑털이 드물게 된 지 오래니 흰 실에 비교하는 것을 힘들게 아니할 것이다)<두시(초) 11:8ㄱ>.

ᄇᆞᆯᄀᆞᆫ : ᄇᆞᆰ〔明, 白〕-+-ᄋᆞᆫ(관형사형 어미). 밝은.

나리 : 날〔日〕+이(주격 조사). 날이.

적정(寂靜)ᄒᆞ고 : 적막(寂靜)+-ᄒᆞ(형용사 파생 접미사)-+-고(연결 어미). 적막하게 조용하고. 쓸쓸하게 조용하고.

우ᄂᆞᆫ : 울〔鳴〕-+-ᄂᆞ(현재 시제 선어말 어미)-+-ㄴ(관형사형 어미). 우는.

비두리와 : 비두리〔鳩〕+와(접속 조사). 비둘기와.

삿기 치ᄂᆞᆫ : 삿기〔雛〕#치〔養〕-+-ᄂᆞ(현재 시제 선어말 어미)-+-ㄴ(관형사형 어미). 새끼 치는. '삿기'에서 '이'모음 역행 동화에 의한 '새끼'란 말이 처음 나타나는 것은 판소리 '옹고집전'이다. ¶우리 어미ᄂᆞᆫ 즁ᄉᆡᆼ도 ᄀᆞᆮ디 몯도다 내 즁ᄉᆡᆼᄋᆞᆯ 본ᄃᆡᆫ 사ᄉᆞᆷ도 삿기 ᄇᆡ 골하 ᄒᆞ거든 ᄆᆞᅀᆞ매 닛디 몯ᄒᆞᄂᆞ다(우리 어미는 짐승만도 같지 못하도다. 내 짐승을 본댄 사슴도 새끼 배 곯아 하면 마음에 잊지 못한다)<석상 11:41ㄱ>. 홀로 누워 전전반측 잠 못 들어 수심으로 지내는가 슬하의 어린 새끼 금옥같이 사랑하여 어를 제(홀로 누워 뒤척이며 잠 못 들어 근심으로 지내는가? 슬하의 어린 새끼 금과 옥같이 사랑하여 달랠 때)<옹고집전.txt 94>.

졔비예 : 졔비〔燕〕+예(처격 조사, 부사격 조사). 제비에. 중세어나 근대어에서 '제비'를 가리키는 일반적인 형태는 '져비'였다. '졔비는 『두시언해』 초간본에도 '졔비'가 나타나는 일이

있으나. 중간본에 와서 '졔비'가 다소 많이 나타난다. 중간본에도 '져비'가 많이 나타난다. ¶朝會 ᄆᆞᆾ고 香爐ㅅ ᄂᆡᄅᆞᆯ ᄉᆞ매예 ᄀᆞᄃᆞ기 가져가ᄂᆞ니 詩句ᄅᆞᆯ 일우니븐 두루튜매 잇도다(조회 마치고 향로의 연기를 소매에 가득하게 가져가는 것이니 시구를 이루는 구슬이 붓 휘두름에 있도다)<두시(중) 6:4ㄱ~ㄴ>. 또 ᄒᆞ로ᄂᆞᆫ 곤ᄒᆞ야 방문 밧긔 누엇더니 홀연 졔비 똥이 두 눈에 떠러져 보지 못ᄒᆞ야 소경이 된 지라(또 하루는 곤하여 방문 밖에 누워 있었는데 갑자기 제비똥이 두 눈에 떨어져 보지 못하여 소경이 된 지라)<주년 39ㄴ>.

프른 : 프르[靑]-+-ㄴ(관형사형 어미). 푸른. '프'가 '푸'로 된 것은 원순 모음화이다.

보미 : 봄[春]+이(주격 조사). 봄이.

기펫도다 : 깊[深]-+-어(연결 어미)#잇[有]-+-도다(감탄형 어미). 깊어 있도다. 깊었도다. 깊었구나. '깊다'는 구개음화를 겪어 '짚다'로 되는 일은 아주 드물다. 국어사 전체를 통하여 몇 개의 예만이 있다. ¶ᄉᆞᆫ 신임ᄂᆡ 집탈인ᄀᆞ 병세 졈졈 지퍼 가니 압 못 보난 ᄂᆡ 신셰와 강보의 ᄊᆡ인 ᄌᆞ식 엇지ᄒᆞᄌᆞ 이리ᄒᆞ오(산 신임내 집 때문에 생긴 탈인가? 병세 점점 깊어 가니 앞 못 보는 내 신세와 강보에 싸인 자식 어찌하자고 이리 하오)<심청가(신재효본).txt(72)>

腐儒衰晩謬通籍 退食遲回違寸心【通籍ᄋᆞᆫ 用二尺竹牒ᄒᆞ야 記年名字物色ᄒᆞ야 懸之宮門ᄒᆞ야 應驗得入ᄒᆞᄂᆞ니라 違寸心ᄋᆞᆫ 甫ㅣ晩得拾遺ᄒᆞ야 思欲報主而不得故로 退朝之際예 遲回徐行ᄒᆞ야 恨其違本心也ㅣ라】

腐儒ㅣ 늘거서 외오 通籍호니 밥 머그라 믈러올 제 날호야 녀 죠고맛 ᄆᆞᄋᆞ매 어긔으르체라

부유쇠만류통적 퇴식지회위촌심 【통적(通籍)은 2자 길이의 대나무판을 사용하여 나이, 이름, 얼굴 모습을 적어 궁문에 걸어 넣고 대조하여 들어갈 수 있게 한 것이다. 작은 뜻에 어긋남[違寸心]은 두보가 나이 들어 습유 벼슬을 얻어 임금의 은혜에 보답하고자 하나 이루지 못한 고로 조회를 마칠 즈음에 머뭇거리고 천천히 걸으며 그 본심에 어긋남을 원망하는 것이다.】

썩은 선비가 늙어서 잘못 대궐에 들어가니 밥 먹으러 물러올 때 천천히 걸으며 조그만 마음에 안타까웠도다.

부유(腐儒) ㅣ : 부유(腐儒)+ ㅣ(주격 조사). 썩은 선비가.

늘거셔 : 늙[老 衰 晩]-+-어셔(연결 어미). 늙어서. 늙어 가지고. '-어셔'를 하나의 어미로 보는 것은 '-어(연결 어미)+셔(보조사)'를 하나의 연결 어미로 재구조화하는 것이다. '셔'를 하나의 보조사로 취급하는 것도 '-시[有]-+-어(연결 어미)'를 보조사 '셔'로 재구조화하는 것이다.

외오 : 외[誤, 謬]-+-오(부사 파생 접미사). 잘못. 그릇. '외오'를 '외따로, 멀리'로 보기 쉽다.

통적(通籍)ㅎ니 : 통적(通籍)+-ㅎ(동사 파생 접미사)-+-오(확실성 표지)-+-니(연결 어미). 통적하니. 대궐에 들어가니. 통적(通籍)은 출입증과 같은 것으로, 2자 길이의 대나무판에 나이, 이름, 얼굴 모습을 적어 궁문에 걸어 넣고 대조하여 들어갈 수 있게 한 것이다.

밥 머그라 : 밥[飯]#먹[食]-+-으라(연결 어미). 밥 먹으러.

믈러올 : 므르[退]-+-어(연결 어미)#오[來]-+-ㄹ(미래 관형사형 어미). 물러올. 물러나올.

제 : 제[時]. 적에. 때.

날호야 : 날호[遲]-+-야(연결 어미). 천천히. '날호-'는 '날호라, 날호믈, 날호야셔, 날호예라, 날호져, 날호여'와 같은 활용형만을 보인다. 1613년 『시경언해』 이후로는 '널호여'형만이 나타날 뿐이다. 『현몽쌍룡기』 이후로는 그 쓰임을 찾을 수 없게 된다. ¶도ᄐᆞ랏 딥고 날호야 거러 곳다온 믌ᄀᆞ쇠 셔쇼라(명아주 지팡이 짚고 천천히 걸어 향기로운 물가에 서 있도다)<두시(중) 10: 8ㄱ>. 내 ᄒᆞᆫ 벗이 이셔 ᄲᅥ뎌 오매 내 길흘 조차 날호여 녜여 기ᄃᆞ려 오노라 ᄒᆞ니 이런 젼ᄎᆞ로 오미 더듸여라(내 한 벗이 있어 떨어져 오매 내 길을 따라 천천히 가서 기다려 오노라 하니 이런 까닭으로 옴이 더디도다)<노걸(상) 1ㄴ>.

녀 : 녀[行]-+-어(연결 어미). 가. 가서. 가며. 걸으며.

죠고맛 : 죠고마[寸]+ㅅ(관형격 조사). 조그만. '죠고마'가 명사의 성격을 가졌던 것으로 추정된다. ¶異王ᄋᆞ로 노폰 功勳을 冊命ᄒᆞ시니 죠고맛 비편ᄋᆞᆫ 眞實로 저논 배로다(성이 다른 왕으로 높은 공훈을 책봉하시니 조그만 적(敵)은 진실로 두려워하는 바이로다)<두시(초) 24:16ㄴ>.

ᄆᆞᅀᆞ매 : ᄆᆞᅀᆞᆷ[心]+애(처격 조사, 부사격 조사). 마음에. 초간본에는 'ᄆᆞᅀᆞ매'로 되어 있다.

어긔으르체라 : 어긔[違]-+그릋[誤]-+-어(연결 어미)#이(지정 형용사)-+-라(평서형 어미). 어기었도다. 어그러뜨려졌도다. 어긋났도다. 안타까웠도다. '어긔그릋-'이 '어긔으릋-'이 된 것은 '긔'의 반모음 'y'에 의한 것이다. 반모음 'y'에 의하여 '그'의 'ㄱ'이 탈락하였다. '어긔으릋-'은 '어긔릋-'까지 변한다. ¶仙賞홀 ᄆᆞᅀᆞ미 어그르츨시 눉므를 섯흘류라(선을 감상할 마음이 어그러뜨려지기 때문에 눈물을 섞어흘리도다)<두시(초) 9:5ㄱ>.

衮職曾無一字補 許身媿比雙南金【衮職ᄋᆞᆫ 指言天子ᄒᆞ니 謂曾無一字奏疏ᄒᆞ야 以補衮職之闕故로 媿比身於雙金之珍貴也ㅣ라】
衮職을 일즉 ᄒᆞᆫ ᄌᆞ로도 깁디 몯ᄒᆞᄋᆞ오니 몸 許ᄒᆞ요ᄆᆞᆯ 雙南金에 가ᄌᆞᆯ뵤ᄆᆞᆯ 붓그리노라

곤직증무일자보 허신괴비쌍남금 【곤직(衮職)은 천자를 가리켜 말하니, 일찍이 한 글자도 임금께 상주하여 천자를 보필하는 것이 없는 고로 자신을 쌍남금의 진귀함에 비유한 것을 부끄러워하는 것이다.】

천자를 일찍이 한 글자도 상주(上奏)하지 못하오니, 자신을 귀중한 보물인 쌍남금(雙南金)에 비교한 것을 부끄러워하노라.

곤직(衮職)을 : 곤직(衮職)+을(대격 조사). 임금의 직이라는 의미로 임금을 가리킴.

일즉 : 일즉[曾]. 일찍. 일찍이.

ᄒᆞᆫ ᄌᆞ로도 : ᄒᆞᆫ[一]#ᄌᆞ(字)+로(조격 조사, 부사격 조사)+도(보조사). 한 자로도. 한 글자로도.

깁디 : 깁[補]-+-디(연결 어미). 깁지. 보충하지. 갚지. 도움을 주지. ¶힝뎐과 보션도 ᄒᆞ나 둗거이 기워 가ᄂᆞ니 길히 시ᄂᆞ시게(행전과 버선도 하나 두껍게 기워서 가니 길에 신으시게) <순천 17:4>. ᄡᆞᆯ 쟈ᄅᆞ 헌 ᄃᆡ 깁고 다 쳐 티고 ᄢᅢ 쟈ᄅᆞ 다 쳐 텨 가ᄂᆞ니(쌀자루 헌 데 깁고 다 짜서 치고 깨 자루 다 짜서 쳐서 가는데)<순천 39:1>.

몯ᄒᆞᄋᆞ오니 : 몯[不能]+-ᄒᆞ(동사 파생 접미사)-+-ᄋᆞᆸ(주체 겸양 양태 선어말 어미)-+-으니(연결 어미). 못하오니.

몸 허(許)ᄒᆞ요ᄆᆞᆯ : 몸[身]#허(許)+-ᄒᆞ(동사 파생 접미사)-+-욤(명사형 어미)+ᄋᆞᆯ(대격 조사). 몸 허하는 것을. 몸 허락하는 것을. 두보가 자신을 쌍남금에 비유한 것이다.

쌍남금(雙南金)에 : 쌍남금(雙南金)+에(처격 조사, 부사격 조사). 쌍남금에. 쌍남금은 질좋고 가치가 나가는 귀중한 보물을 가리킨다. 남금 (南金)은 남방에서 나는 질 좋은 금을 가리킨다. 보통 금보다 두 배 의 가치가 나가서 쌍금 (雙金) 혹은 쌍남금 (雙南金) 이라 한다 .

가ᄌᆞᆯ뵤ᄆᆞᆯ : 가ᄌᆞᆯ비[比]-+-옴(명사형 어미)+ᄋᆞᆯ(대격 조사). 비유한 것을. 비유하는 것을. 비교하는 것을. ¶獅子ᄂᆞᆫ 즁ᄉᆡᆼ돌히 다 저흘ᄊᆡ 부텻 威嚴과 德과ᄅᆞᆯ 가ᄌᆞᆯ벼 獅子座ㅣ라 ᄒᆞᄂᆞ니라(사자는 짐승들이 다 두려워하기 때문에 부처의 위엄과 덕을 비유하여 사자좌라 하는 것이다)(석상 3:43ㄱ>. 그림 ᄉᆞ랑호미 骨髓에 드렛도다 제 두 아ᄃᆞᄅᆞᆯ 뒷ᄂᆞ니 그림 그리기 ᄯᅩ 가ᄌᆞᆯ비리 업도다(그림 사랑하는 것이 골수에 들었도다. 저가 두 아들을 두고 있는데 그림

그리는 것이 또 비교할 사람이 없도다)<두시(중) 16:30ㄴ>.

붓그리노라 : 붓그리〔恥, 媿〕-+-ᄂᆞ(현재 시제 선어말 어미)-+-오(확실성 표지)-+-라(평서형 어미). 부끄러워하노라. ¶ᄆᆞᅀᆞ미 正直디 몯ᄒᆞ야 알며 行호미 邪曲홀ᄊᆡ 일후미 諂이오 지손 罪예 제 붓그리디 아니호려 홀ᄊᆡ 일후미 慚이오(마음이 정직하지 못하여 알며 행하는 것이 사곡하기 때문에 이름이 첨(諂)이고 지은 죄에 스스로 부끄러워하지 아니하려 하기 때문에 이름이 참(慚)이고)<법화 6:175ㄴ>.

14ㄴ春宿左省

<제목> 춘숙좌성(봄에 좌성 즉 문하성에서 자다)

춘숙좌성(春宿左省) : 봄에 좌성 즉 문하성(門下省)에서 자다. 이 시는 건원(乾元) 원년(758) 봄, 두보가 문하성에서 밤을 지낼 때 지은 것이라 한다. 시는 궁중의 저녁 풍경과 밤경치를 그리고 있다.

花隱掖垣暮 啾啾棲鳥過
고지 禁掖ㅅ 닶 나조ᄒᆡ 그윽ᄒᆞ니 기세 잘 새 우러 지나가놋다

화은액원모 추추서조과
꽃이 궁궐 곁담 저녁에 그윽한데, 둥지에 자야 할 새 지저귀며 지나가도다.

고지 : 곶〔花〕+이(주격 조사). 꽃이.

금액(禁掖)ㅅ : 금액(禁掖)+ㅅ(관형격 조사). 금액의. 궁궐의. 금액(禁掖)은 대궐의 곁, 겨드랑이, 양쪽 가장자리를 가리킨다.

닶 : 담〔墻〕+ㅅ(관형격 조사). 담의. 담장의.

나조ᄒᆡ : 나조ㅎ〔夕, 暮〕+ᄋᆡ(처격 조사, 부사격 조사). 저녁에. '나죄'는 '나조ᄒᆡ'의 축약형으로 보인다. 15세기 초에도 '나조ᄒᆡ'와 '나죄'형이 비등하게 쓰였다. '나죄'가 다시 'ㅎ' 종성

체언으로 쓰인 예가 있으나 그 예가 매우 희귀하다. ¶바ᄅᆞᆳ 믈 ᄉᆡᄂᆞᆫ 굼긔 드러 이셔 아ᄎᆞᄆᆡᄂᆞᆫ 虛空애 나아 노다가 나조ᄒᆡᆫ 므레 가 자ᄂᆞ니(바닷물이 새는 그멍에 들어가 있어서 아침에는 허공에 나가 놀다가 저녁에는 물에 가서 자는데)<석상 13:10ㄴ>. ᄯᅩ 주거믈 업티리로다 노피 벼개 볘여 나죄 虛히 조오노니 슬픈 놀애ᄅᆞᆯ 뉘 對答고져 ᄒᆞ리오(또 시체를 엎어 치리로다. 높이 베개 베어 저녁에 하릴없이 조니 슬픈 노래를 누가 대답하려고 하리오) <두시(초) 3:7ㄱ>.

그윽ᄒᆞ니 : 그윽[幽, 隱]+-ᄒᆞ(형용사 파생 접미사)-+-니(연결 어미). 그윽하니. '그윽하다'는 깊고 아늑하여 고요한 것을 말한다. 초간본에는 '그슥ᄒᆞ니'로 되어 있다.

기세 : 깃[羽, 巢]+에(처격 조사, 부사격 조사). 깃에. 둥지에. 새둥지에.

잘 : 자[宿, 棲]-+-ㄹ(미래 관형사형 어미). 잘. 자야 할. 자고 있을. 원문의 '추추(啾啾)'는 의성어이지만 '잘'의 의미를 표현하고 있다.

새 : 새[鳥]. 새.

우러 : 울[鳴]-+-어(연결 어미). 울어. 울면서.

지나가놋다 : 지나[過]-+-아(연결 어미)#가[行]-+-ᄂᆞ(현재 시제 선어말 어미)-+-오(확실성 표지)-+-ㅅ다(감탄형 어미). 지나가는도다. 지나가는구나. 초간본에는 '디나가놋다'로 되어 있다. '-놋다'를 하나의 어미로 취급하는 것은 '-ᄂᆞ(현재 시제 선어말 어미)-+-오(확실성 표지)-+-ㅅ다(감탄형 어미)'를 감탄형 어미로 재구조화하는 것이다. '-ㅅ다'를 하나의 어미로 취급하는 것도 'ㅅ(사이시옷)+다'를 다시 재구조화하는 것이다.

星臨萬戶動 月傍九霄多 벼른 萬戶애 臨ᄒᆞ야 뮈오 ᄃᆞᆯ비ᄎᆞᆫ 九霄애 바라 하도다

성림만호동 월방구소다

별은 모든 사람 집에 임하여(머물러) 움직이고, 달빛은 높은 하늘을 따라가며 많도다.

벼른 : 별[星]+은(보조사). 별은.

만호(萬戶)애 : 만호(萬戶)+애(처격 조사, 부사격 조사). 만호에. 많은 집에. 모든 집에.

임(臨)ᄒᆞ야 : 임(臨)+-ᄒᆞ(동사 파생 접미사)-+-야(연결 어미). 임ᄒᆞ여. 머물러.

뮈오 : 뮈[動]-+-고(연결 어미). 움직이고. 어미 '-고'의 'ㄱ'이 반모음 'ㅣ' 뒤에서 탈락하였다.

¶夭ᄂᆞᆫ 즐어딜 씨라 父ᄂᆞᆫ 아비오 母ᄂᆞᆫ 어미라 本ᄋᆞᆫ 미티라 哀感ᄋᆞᆫ 슬흘 씨라 感ᄋᆞᆫ ᄆᆞᅀᆞᆷ 뮈

울 씨라(요(夭)는 지레 죽는 것이다. 부(父)는 아비이고, 모(母)는 어미이다. 본(本)은 밑이다. 애척(哀戚)은 슬퍼하는 것이다. 감(感)은 마음 움직이는 것이다.)<월석(서) 14ㄱ>.

둜 : 돌[月]+ㅅ(관형격 조사). 달의.

비츤 : 빛[光]+은(보조사). 빛은.

구소(九霄)애 : 구소(九霄)+애(처격 조사, 부사격 조사). 구소에. 높은 하늘[層宵]에.

바라 : 바라[傍]. 곁따라. 의지하여. 기대어. 따라가며.

하도다 : 하[多]-+-도다(감탄형 어미). 많도다. 많구나.

不寢聽金鑰 因風想玉珂【珂ᄂᆞᆫ 飾馬勒之物이라 此ᄂᆞᆫ 言想聞會朝之士ᄋᆡ 鳴玉珂而來也ㅣ라】

자지 아니ᄒᆞ야셔 門ㅅ ᄌᆞ믈쇠 여로ᄆᆞᆯ 듣고 ᄇᆞᄅᆞᆷ 부로ᄆᆞᆯ 因ᄒᆞ야 玉珂ㅅ 소리ᄅᆞᆯ ᄉᆞ치노라

불침청금약 인풍상옥가【가(珂)는 말의 굴레를 장식하는 것이다. 이는 조회에 만나는 선비들이 말굴레 소리를 울리며 오는 것을 생각하는 것을 말한다.】

잠이 깨어 대궐문의 자물쇠 여는 소리를 듣고, 바람 불어서 선비들이 말굴레의 옥가(玉珂)소리를 울리며 오는 소리를 상상하노라.

자지 : 자[寢]-+-지(연결 어미). 자지. 잠들지. 초간본에는 '자디'로 되어 있다.

아니ᄒᆞ야셔 : 아니[不]+-ᄒᆞ(동사 파생 접미사)-+-야셔(연결 어미). 아니하여서. 않아서. 연결 어미 '-야셔'는 연결 어미 '-야' 뒤에 보조사 '셔'가 연결된 구성을 다시 연결 어미로 재구조화한 것이다. '셔'는 '시[有]-+-어(연결 어미)'가 보조사로 재구조화된 것이다.

문(門)ㅅ : 문(門)+ㅅ(관형격 조사). 문의. 관형격 조사 'ㅅ'이 보통보다 크게 쓰여져 있어 '사람 인(人)'자 같이 보일 수 있다. 필사의 부주의에서 빚어진 현상일 수도 있으나, 필사자가 한글을 잘 모르는 것은 아닌가 의심된다.

ᄌᆞ믈쇠 : ᄌᆞᄆᆞ[鎖]-+-ㄹ(미래 관형사형 어미)#쇠[金]. 자물쇠[金鑰(금약)]. ¶目連이 耶輸ㅅ宮의 가 보니 門ᄋᆞᆯ 다 ᄌᆞᄆᆞ고 유무 드를 사ᄅᆞᆷ도 업거늘 즉자히 神通力으로 樓 우희 ᄂᆞ라올아 耶輸ㅅ 알ᄑᆡ 가 셔니 耶輸ㅣ 보시고 ᄒᆞᆫ녀ᄀᆞ론 분별ᄒᆞ시고 ᄒᆞᆫ녀ᄀᆞ론 깃거 구쳐 니러 절ᄒᆞ시고 안ᄌᆞ쇼셔 ᄒᆞ시고 世尊ㅅ 安否 묻ᄌᆞᆸ고 니ᄅᆞ샤ᄃᆡ 므스므라 오시니잇고(목련이 야수의 궁에 가 보니 문을 다 잠그고 소식 들을 사람도 없거늘 즉시 신통력으로 누 위에 날아

올라 야수의 앞에 가서 서니 야수가 보시고 한편으론 걱정되고 한편으론 기쁘고 언짢아 일어나 절하시고 앉으소서 하시고 세존 안부 묻자옵고 이르시되 무엇 때문에 오셨습니까?)<석상 6:2ㄴ ~ 3ㄱ>.

여로ᄆᆞᆯ : 열〔開〕-+-옴(명사형 어미)+ᄋᆞᆯ(대격 조사). 엶을. 여는 것을. 여는 소리를.

듣고 : 듣〔聽〕-+-고(연결 어미). 듣고.

ᄇᆞᄅᆞᆷ 부로ᄆᆞᆯ : ᄇᆞᄅᆞᆷ〔風〕#불〔吹〕-+-옴(명사형 어미)+ᄋᆞᆯ(대격 조사). 바람 붊을. 바람 부는 것을.

인(因)ᄒᆞ야 : 인(因)+ᄒᆞ(동사 파생 접미사)-+-야(연결 어미). 인하여. 때문에. '인하여'는 현대어에서는 '~에/로 인하여'와 같이 선행어에 '에'-조사구나 '로'-조사구가 와야 하나, 중세어나 근대어에서는 '를'-조사구를 가졌다.

옥가(玉珂)ㅅ : 옥가(玉珂)+ㅅ(관형격 조사). 옥가의. 말의 굴레 장식으로 치렁치렁 소리를 내었다.

소리ᄅᆞᆯ : 소리(音)+ᄅᆞᆯ(대격 조사). 소리를.

ᄉᆞ치노라 : ᄉᆞ치〔想〕-+-ᄂᆞ(현재 시제 선어말 어미)-+-오(확실성 표지)-+-라(평서형 어미). 생각하노라. 상상하노라. 중세어의 'ᄉᆞ랑ᄒᆞ다'는 '생각하다〔思〕'와 '사랑하다〔愛〕'의 두 가지 뜻을 가졌으나, 'ᄉᆞ치다'는 '사랑하다〔愛〕'의 뜻을 가지는 일이 없다. 현대어의 '스치다'는 '뇌리를 스치다, 눈앞에 스치다'와 같이 말해야 온전한 의미가 된다. '*철수를 스쳤다'고 하여서는 온전한 의미를 전달할 수 없다. ¶時物을 보아셔 故國을 ᄉᆞ치노니 열 ᄒᆡᄅᆞᆯ 鄕村ᄋᆞᆯ 여희옛노라(시절 물건을 보고서 고향을 생각하니 열 해를 고향 산천을 떨어져 있었노라)<두시(상) 6:50ㄱ>.

> **明朝有封事 數問夜如何【封事ᄂᆞᆫ 上章疏者ㅣ 欲其秘密故로 封之以達ᄒᆞᄂᆞ니라】**
>
> ᄂᆡ일 아ᄎᆞᄆᆡ 封事ㅣ 이실ᄉᆡ ᄌᆞ조 바미 어도(ᄃᆞ)록고 뭇노라

명조유봉사 수문야여하 【봉하는 것은 장소(章疏: 임금에게 올리는 글)을 상소자가 그것을 비밀로 하기를 원하는 고로 봉하여 전달하는 것이다.】

내일 아침에 임금께 장소하는 일이 있기 때문에 자주 밤이 얼마인고 묻도다.

ᄂᆡ일 : ᄂᆡ일(來日). 내일. 초간본에는 'ᄂᆞᇫ'로 되어 있다. 초간본에도 'ᄂᆡ실'이 나타나는 일이 있고, 중간본에도 'ᄂᆞ일'이 나타나는 일이 있다. 『번역노걸대』에는 'ᄅᆡ실'이란 말도 나타

난다. 'ᄂᆞ실'은 한자어 'ᄅᆡ실'에서 온 것인데, 비교적 초창기에 'ᄅᆡ'가 아닌 'ᄂᆡ'가 된 것이 특이하다. 'ᄂᆞ'는 'ᄂᆡ'의 'ᄋᆡ'가 이중 모음 /ʌy/였기 때문에, 그 앞의 모음 /ʌ/만 발음된 것이다. ¶나히 百年엣 半이 디나ᄃᆡ ᄠᅳ데 마ᄌᆞᆫ 이리 업스니 ᄂᆡ실 구루믈 보고 도로 도ᄐᆞ랏 막다히를 디퍼 이시리로다(나이 백년의 반이 지났는데 뜻에 맞은 일이 없으니 내일 구름을 보고 도로 명아주지팡이를 짚고 있으리로다)<두시(중) 3:45ㄴ>. 져그나 ᄌᆞᆷ곳 자면 ᄅᆡ실 ᄌᆞᆷ 낟브디 아니ᄒᆞ리라(적지만 잠을 자면 내일 잠 나쁘지 아니하리라)<번노(상) 57ㄱ>. 나도 ᄂᆡ일 나죄나 모ᄅᆡ 가리커니와 그리 아라셔 ᄎᆞ리소(나도 내일 저녁이나 모레 갈 것이니 그리 알아서 짐을 차리소)<번노(상) 57ㄱ>.

아ᄎᆞᄆᆡ : 아ᄎᆞᆷ〔朝〕+ᄋᆡ(처격 조사, 부사격 조사). 아침에.

봉사(封事)ㅣ : 봉사(封事)+ㅣ(주격 조사). 봉사가. 봉사는 간관이 임금께 올리는 상장(上章: 상소)을 비밀로 하기 위하여 상장을 봉하는 일을 말함.

이실ᄉᆡ : 이시〔有〕-+-ᄅᆞᄉᆡ(연결 어미), 있으므로. 있기 때문에.

ᄌᆞ조 : ᄌᆞᆽ〔頻, 數〕-+-오(부사 파생 접미사). 자주. 빈번하게. 언해는 원문의 '수(數)'를 'ᄌᆞ조'로 번역하였으나. '몇 번이고'정도의 번역이 원문에 충실한 번역이라 할 수 있다. 언해의 'ᄌᆞ조'도 깔끔한 번역이다.

바미 : 밤〔夜〕+이(주격 조사). 밤이.

어ᄃᆞ(드)록고 : 어드록〔如何〕#고(의문 보조사). 얼마인고. 얼마나 지났는지.

뭇노라 : 묻〔問〕+ᄂᆞ(현재 시제 선어말 어미)-+-오(확실성 표지)-+-라(평서형 어미). 묻노라. 몯도다. '묻-'은 'ㄷ' 불규칙 활용을 하였다. '-노라'를 하나의 감탄형 어미로 분석하는 일도 있다. 이는 'ᄂᆞ(현재 시제 선어말 어미)-+-오(확실성 표지)-+-라(평서형 어미)'를 하나의 감탄형 어미로 재구조화하는 것이다.

[15ㄱ]晩出左掖

<제목> 만출좌액(저녁에 대궐의 왼쪽 곁 즉 문하성을 나오다)

만출좌액(晩出左掖) : 저녁에 대궐의 왼쪽 곁 즉 문하성(門下省)을 나오다. 저녁에 문하성을 나오다. 이 시는 건원(乾元) 원년(758) 봄, 두보가 문하성에서 하루 종일 근무하고 저녁에 퇴근을 할 때 지은 것이라 한다.

晝刻傳呼淺 春旗簇仗齊【傳呼淺ᄂᆞᆫ(ᄋᆞᆫ) 在晝ᄒᆞ야 不若夜之遠也ㅣ라】
나지 漏刻ᄋᆞᆯ 傳傳ᄋᆞ로 브르ᄂᆞᆫ 소리 녀트니 ᄇᆞᆷ 旗ᄂᆞᆫ 儀仗이 모다 ᄀᆞᄌᆞᆨᄒᆞ얫도다

주각전호천 춘기족장제【시각을 전하여 오는 소리가 약한 것은 낮에 있어서는 밤과 같이 멀지 않은 것이다.】

낮에 물시계의 시각을 전하여 부르는 소리 약한데, 봄의 깃발은 의장이 가지런하게 모아져 있도다.

나지 : 낮[晝]+이(처격 조사, 부사격 조사). 낮에.
누각(漏刻)ᄋᆞᆯ : 누각(漏刻)+ᄋᆞᆯ(대격 조사). 누각을. '누각'은 물시계를 말한다.
전전(傳傳)ᄋᆞ로 : 전전(傳傳)+ᄋᆞ로(조격 조사, 부사격 조사). 전전으로. 사람으로 전하여지는 것으로. 시각을 궁궐의 곳곳으로 전하는 것을 말한다.
브르ᄂᆞᆫ : 브르[呼]-+-ᄂᆞ(현재 시제 선어말 어미)-+-ㄴ(관형사형 어미). 부르는. 물시계의 시각을 부르는. '브르다'는 현대어에서와 같이 중세어와 근대어에서도 '르' 불규칙 활용을 하였다.
소리 : 소리[聲]. 소리. 이는 물시계의 소리라기보다는 시간을 알리는 사람의 소리이다.
녀트니 : 녙[淺]-+-으니(연결 어미). 옅으니. 낮으니. 얕으니. 약하니.
ᄇᆞᆷ 기(旗)ᄂᆞᆫ : ᄇᆞᆷ[春]+ㅅ(관형격 조사)#기(旗)+ᄂᆞᆫ(보조사). 봄의 기는. 봄의 깃발은. 봄의 기는 봄에 세우는 깃발을 말한다.
의장(儀仗)이 : 의장(儀仗)+이(주격 조사). 의장이. 의장은 천자(天子)나 왕공(王公) 등 지위가 높은 사람이 행차할 때 위엄을 보이기 위하여 격식을 갖추어 세우는 병장기(兵仗器) 등의 차림을 말한다. 의(儀)는 위의(威儀)를, 장(仗)은 창이나 칼 같은 병기를 가리킨다.
모다 : 몯[集, 簇]-+-아(연결 어미). 모아져. 모아서.
ᄀᆞᄌᆞᆨᄒᆞ얫도다 : ᄀᆞᄌᆞᆨ[齊]+-ᄒᆞ(형용사 파생 접미사)-+-야(연결 어미)#잇[有]-+-도다(감탄형 어미). 가지런하게 있도다.
모다 ᄀᆞᄌᆞᆨᄒᆞ얫도다 : 모두어 가지런하게 있도다. 가지런하게 모아 놓았도다.

退朝花底散 歸院柳邊迷【唐ㅅ宮中에 種花柳ᄒᆞ더니라】
朝會코 믈러올 제 곳(곶) 미틔셔 ᄒᆞ터오고 마ᄋᆞᆯ로 갈 제 버드나못 ᄀᆞᅀᅵ 어즐호라

퇴조화저산 귀원류변미【당나라 궁중에서 꽃과 버들을 육종(育種)하였다.】
조회하고 물러올 제 꽃 밑에서 흩어져 오고 궁실로 갈 제 버드나무의 가에서 어지럽도다.

조회(朝會)코 : 조회(朝會)+-ᄒᆞ(동사 파생 접미사)-+-고(연결 어미). 조회하고. 조회는 모든 벼슬아치가 함께 정전에 모여 임금에게 문안드리고 정사를 아뢰던 일. 초하루와 보름날 아침에 모든 문무백관들이 임금에게 문안을 드리고 결재를 받던 큰 조회인 대조(大朝), 한 달에 네 번 중앙에 있는 문무백관이 정전에 모여 임금에게 문안을 드리고 정를 아뢰던 조참(朝參), 의정(議政)을 비롯한 중신과 시종관(侍從官)이 매일 편전에서 임금에게 정사를 아뢰던 상참(常參) 따위가 있었다.

믈러올 : 므르〔退〕-+-어(연결 어미)#오〔來〕-+-ㄹ(미래 관형사형 어미). 물러나올. '므르다'는 현대어와 같이 '르' 불규칙 활용을 하였다.

제 : 제〔時〕. 제. 때. 적에. 현대어에서 '제, 때, 적'은 그 쓰임이 일정하지 않다. 예, 갈 제/때/적에 우리 집에 들러라. 그 때/그 *제/ 쩍에/ 그가 그런 말을 하였지. 옛날 옛적/*때/*제. 등.

곳(곶) : 곶〔花〕. 꽃. 중세어의 '곶'이 '곳'과 같이 적혔다. '곶'이 '곳'과 같이 적힌 것은 어말 자음이 외파(外破, explosion)되지 않았음을 의미한다.

미틔셔 : 밑〔底〕+의셔(처격 조사, 부사격 조사). 밑에서. 보조사 '셔'는 '시〔有〕-+-어(연결 어미)'가 보조사로 재구조화된 것이며, '의셔'를 처격 조사로 보는 것도 '처격 조사 +보조사'를 다시 처격 조사로 재구조화된 것으로 보는 것이다.

ᄒᆞ터오고 : ᄒᆞᇀ〔散〕-+-어(연결 어미)#오〔來〕-+-고(연결 어미). 흩어져 오고. 초간본에는 'ᄒᆞ러오고'로 되어 있다. 여기서 'ᄒᆞ러'는 'ᄒᆞᆯ〔散〕-+-어(연결 어미)'와 같이 분석된다. 의미는 거의 차이를 보이지 않는다.

곳(곶) 미틔셔 ᄒᆞ터오고 : 꽃이 밑에서 흩어져 오고. 봄에 꽃이 피어 꽃잎이 떨어져 바람이 불어 그것이 발 밑에서 흩어져 온다는 말.

마ᄋᆞᆯ로 : 마ᄋᆞᆯ〔官, 院〕+로(달격 조사, 부사격 조사). 관청으로. 궁실로. 여기서 '마ᄋᆞᆯ'은 궁궐 속의 한 부서로 문하성(門下省)를 가리킨다. 궁실(宮室) 혹은 성실(省室)로 번역하는 것이 적합하다. 초간본에는 '마ᅀᆞᆯ로'로 되어 있다.

갈 제 : 가[去, 歸]-+-ㄹ(미래 관형사형 어미)#제[時]. 갈 제. 갈 때. 갈 적에.

버드나뭇 : 버들[柳]#나모[木]+ㅅ(관형격 조사). 버드나무의.

ᄀᆞᄋᆡ : ᄀᆞ[邊]+ᄋᆡ(처격 조사, 부사격 조사). 가에. 가에서. 이것을 번역된 그대로 부사어 '가에'로 받아들이면, 한성무 외(1997: 191)에서와 같이 '버드나무에 이르러서는'과 같은 문맥을 부연해야 한다. 중간본 언해자는 초간본의 'ᄀᆞᅀᆡ'의 번역이 마음에 들지 않았던 것으로 생각된다. 'ᄀᆞᄋᆡ'의 'ᄋᆡ'의 아랫점 '・'가 'ㅇ'바깥쪽에 치우쳐 찍혀 있음을 눈여겨 볼 필요가 있다. 그것은 찍기 싫은 것을 억지로 찍었음을 암시하는 듯하다.

어즐호라 : 어즐[迷]+-ᄒᆞ(형용사 파생 접미사)-+-오(확실성 표지)-+-라(평서형 어미). 어지럽도다. 어지럽구나. 어즐어즐하도다.

버드나뭇 ᄀᆞᄋᆡ 어즐호라 : 버드나무 가[邊]가 어지럽도다. 버드나무 가에 이르는 동안 버드나무 줄기가 어지럽도다. 여기서 문제의 핵심은 '어즐호라'라는 말이다. '눈이 어지럽다'로 해석한 곳도 있고, '정신이 아찔하였다'로 해석한 곳도 있다. 그러나 이곳은 아침에 조회를 마치고 각자 근무처로 이동하는 도중이다. 앞에서는 발 밑에서 꽃이 흩어지고, 버드나무를 지날 때에는 버드나무 가지가 바람에 휘날려 어지러운 것이다. 나의 정신 상태와는 관련이 없다. 나는 버드나무 줄기의 상태를 인식하는 주체일 뿐이고, 나는 당당하게 근무를 하러 가는 것이다.

樓雪融城濕 宮雲去殿低 樓에 누는 城에 노가 저젯고 宮읫 구루믄 殿에 벙으러 ᄂᆞ죽ᄒᆞ얫도다

루설융역습 궁운거전저

누각의 눈은 성벽에 녹아 젖어 있고, 궁 위의 구름은 궁전에서 조금 떨어져 나직해 있도다.

루(樓)에 : 누(樓)+에(처격 조사, 부사격 조사)+ㅅ(관형격 조사). 누(樓)에. 누각에. 초간본에는 '누(樓)엣'으로 되어 있다. '누(樓)엣'이 문맥에 더 호응하는 것으로 여겨진다. 뒤에 나오는 '궁(宮)읫'과 대응이 되기 때문이다.

누는 : 눈[雪]+은(보조사). 눈은.

성(城)에 : 성(城)+에(처격 조사, 부사격 조사). 성에. 성벽에.

노가 : 녹[融]-+-아(연결 어미). 녹아.

저젯고 : 젖〔濕〕-+-어(연결 어미)#잇〔有〕-+-고(연결 어미). 젖어 있고.

궁(宮)읫 : 궁(宮)+의(처격 조사, 부사격 조사)+ㅅ(관형격 조사). 궁의. 궁 위의.

구루믄 : 구룸〔雲〕+은(보조사). 구름은.

전(殿)에 : 전(殿)+에(처격 조사, 부사격 조사). 궁전에.

벙으러 : 벙을〔離, 去〕-+-어(연결 어미). 사이가 떨어져. 사이가 벌어져. 초간본에는 '벙으러'로 되어 있다. '벙'의 'ㅇ'이 옛이응으로 되어 있다.

ᄂᆞ즉ᄒᆞ얫도다 : ᄂᆞ즉〔低〕+-ᄒᆞ(형용사 파생 접미사)-+-야(연결 어미)#잇〔有〕-+-도다(감탄형 어미). 나직하게 있도다. 나직하도다. ¶ᄂᆞᄆᆡ 物을 ᄇᆞ라디 아니ᄒᆞ며 내 쳔을 앗기디 아니ᄒᆞ며 侵犯을 즐기디 아니ᄒᆞ며 샹녜 質直을 머거 ᄆᆞᅀᆞ미 과ᄀᆞᄅᆞ디 아니ᄒᆞ야 샹녜 ᄂᆞ즉호ᄆᆞᆯ 즐기며 이베 모딘 말 업스며 모매 모딘 行 업스며 ᄆᆞᅀᆞ미 諂曲디 아니ᄒᆞ야 三業이 淸淨ᄒᆞ야 잇논ᄃᆡ 便安ᄒᆞ야 모든 障難이 업서 憎愛ᄒᆞ다가 그츠면 一切 훤ᄒᆞ야 내 거슬 앗기디 아니ᄒᆞ며(남의 재물을 바라지 아니하며, 내 돈을 아끼지 아니하며, 침범하는 것을 즐기지 아니하며, 항상 솔직하고 정직한 마음을 먹어 마음이 과격하지 아니하여 항상 나직함을 즐기며, 입에 모진 말 없으며, 모진 행동 없으며, 마음이 지조를 굽히며 아첨하지 않아, 삼업〔몸, 입, 뜻으로 짓는 세 가지 업〔신업(身業), 구업(口業), 의업(意業)을 말한다〕이 깨끗하여, 있는 것이 편안하여 모든 장난〔障難: 질병과 천재지변〕이 없어 미워하고 사랑하다가 그치면 모든 것이 훤하여 내 것을 아끼지 아니하며)<영가(하) 139ㄱ>.

避人焚諫草騎馬欲雞栖【焚諫草호ᄃᆡ 避人ᄒᆞ니 尤不欲人知也ㅣ라】

사ᄅᆞᄆᆞᆯ 어여 가 諫諍ᄒᆞ던 글 草ᄅᆞᆯ ᄇᆞ레 ᄉᆞᆯ오 ᄆᆞᆯ [15ㄴ]타 나오니 ᄃᆞᆯ기 기세 오ᄅᆞ고져 ᄒᆞᄂᆞᆺ다

피인분간초 기마욕계서 【간언하던 초고를 태우고 사람을 피하니 더욱 사람을 알지 않으려고 하는 것이다.】

사람을 피하여 가서 잘못을 간언하던 글 초고를 불에 사르고 말을 타고 나오니 닭이 둥지에 오르고자 하는구나.

사ᄅᆞᄆᆞᆯ : 사ᄅᆞᆷ〔人〕+ᄋᆞᆯ(대격 조사). 사람을.

어여 : 어이〔避〕-+-어(연결 어미). 피하여. 초간본에는 '에여'로 되어 있다. 초간본의 '에여'의 '에'를 이중 모음으로 보면 '에여'는 /əyyə/와 같이 적을 수 있다. 중간본의 '어여'는 /əyə/와 같이 적을 수 있다. '에여'와 '어여'는 반모음이 두 개가 겹치느냐 않느냐의 차이밖에는 없

다. 반모음 두 개가 하나로 발음되면, '에여'와 '어여'의 차이는 표기만큼 그렇게 크지 않게 된다. '어여'가 나타나는 곳은 중간 『두시언해』 권6의 15ㄱ에서뿐이다. ¶陶潛ᄋᆞᆫ 世俗ᄋᆞᆯ 에여 ᄃᆞᆫ니ᄂᆞᆫ 한아비니 반ᄃᆞ기 能히 道理ᄅᆞᆯ 아디 몯ᄒᆞ니라 제 지ᅀᅩᆫ 詩集을 보니 ᄌᆞ모 ᄯᅩ 이우로ᄆᆞᆯ 슬허ᄒᆞ도다(도잠은 속세를 피해 다니는 할아비이니 틀림없이 능히 도리를 알지 못하는 것이다. 제가 지은 시집을 보니 자못 시드는 것을 슬퍼하도다)<두시(초) 3:58ㄴ>.

가 : 가[去]-+-아(연결 어미). 가. 가서.

간쟁(諫諍)ᄒᆞ던 : 간쟁(諫諍)+-ᄒᆞ(동사 파생 접미사)-+-더(회상 선어말 어미)-+-ㄴ(관형사형 어미). 간언하던. 임금에게 옳지 못하거나 잘못된 일을 고치도록 간언하던.

긄 : 글[文]+ㅅ(관형격 조사). 글의.

초(草)ᄅᆞᆯ : 초(草)+ᄅᆞᆯ(대격 조사). 초고를. 글의 대강을 잡은 원고를.

브레 : 블[火]+에(처격 조사, 부사격 조사). 불에.

ᄉᆞᆯ오 : ᄉᆞᆯ[焚]-+-고(연결 어미). 불사르고. 불태우고. 중세어에도 'ᄉᆞᄅᆞ시고'와 같은 형식이 나타나나, 이는 'ᄉᆞᆯ[焚]-+-ᄋᆞ시(주체 높임 선어말 어미)-+-고(연결 어미)'와 같이 분석된다. 중세어나 18세기어에 '*ᄉᆞᄅᆞ다'와 같은 어형이 있었던 것은 아니다. 'ᄉᆞᆯ오'가 아니라 'ᄉᆞ르고'와 같은 어형이 나타나는 것은 19세기의 『광재물보』나 『ᄯᅧᆫ성경』에 와서이다. ¶그ᄢᅴ 父王과 小王ᄃᆞᆯ히 [小王ᄋᆞᆫ 혀근 王이라] 牛頭栴檀香 남ᄀᆞ로 太子 ᄉᆞᄅᆞ시고 七寶塔 셰여 供養ᄒᆞ더시니라(그때 부왕과 소왕들이[소왕은 작은 왕이다] 우드전단향 나무로 태자를 불사르시고 칠보탑 세워 공양하시던 것이다)<석상 11:22ㄱ>. ᄂᆡ게 븟쳐 ᄠᅱᆺ글 셰샹의 젼ᄒᆞ니 가히 보기를 가ᄇᆡ야이 아니 ᄒᆞᆯ지니라 향을 불ᄉᆞ르고 놉히 외우고 ᄉᆡᆼ각ᄒᆞ면 그 복이 곳 와셔 림ᄒᆞᆯ 거시오(네게 부쳐 뒷글 세상에 전하니 가히 보기를 가볍게 아니 할지니라 향을 불사르고 높이 외우고 생각하면 그 복이 곧 와서 임할 것이고)<명성 6ㄴ>.

ᄆᆞᆯ 타 : ᄆᆞᆯ[馬]#타[乘, 騎]-+-아(연결 어미). 말 타. 말을 타고.

나오니 : 나[出]-+오[來]-+-니(연결 어미). 나오니.

ᄃᆞᆯ기 : ᄃᆞᆰ[鷄]+이(주격 조사). 닭이.

기세 : 깃[巢]+에(처격 조사, 부사격 조사). 깃에. 둥지에.

오ᄅᆞ고져 : 오ᄅᆞ[上]-+-고져(연결 어미). 오르고자. 오르려고.

ᄒᆞᄂᆞᆺ다 : ᄒᆞ[爲]-+-ᄂᆞ(현재 시제 선어말 어미)-+-오(확실성 표지)-+-ㅅ다(감탄형 어미). 하는구나. 하는도다. 하도다. '-ㅅ다'는 본래 사이시옷과 어말 어미 '-다'의 결합이 감탄형 어미로 재구조화된 것이다. '-ᄂᆞᆺ다'를 감탄형 어미로 보는 것 또한 재구조화를 적용하는 것이다.

宿府

<제목> 숙부(막부에서 자다)

숙부(宿府) : 막부(幕府)에서 자다. 막부는 변방에서 지휘관이 머물면서 군사를 지휘하던 군막(軍幕)이다. 이 시는 광덕(廣德) 2년(764) 가을에 지어진 것이라 한다. 시는 막부에서 밤에 잔 감회를 묘사하고 있다. 마음의 중심은 고향을 생각하는 것이다. 757년 2월, 숙종이 행재소를 봉상(鳳翔)으로 옮겼을 때 두보는 위험을 무릅쓰고 장안을 탈출해 숙종을 배알하여 그 공으로 좌습유(左拾遺)의 벼슬을 받았다. 두보는 토벌에 실패한 방관(房琯)을 변호하다 숙종의 미움을 사게 되고 곧이어 파직되었다. 나중에는 엄무(嚴武)의 추천으로 막부(幕府)에서 검교공부원외랑(檢校工部員外郎)이란 벼슬을 받기도 하였다.

清秋幕府井梧寒 獨宿江城蠟炬殘

ᄆᆞᆯᄀᆞᆫ ᄀᆞᄋᆞᆳ 幕府에 우므렛 머귀 서늘ᄒᆞ니 ᄀᆞᄋᆞᇝ(ᄀᆞᄅᆞᇝ) 城에 ᄒᆞ오아 자니 미레 현 브리 ᄉᆞ라 가ᄂᆞᆺ다

청추막부정오한 독숙강성랍거잔

맑은 가을 막부(幕府)에 우물의 오동나무 서늘하니 강성(江城)에 홀로 자니 밀초에 켠 불이 사위어 가는구나.

ᄆᆞᆯᄀᆞᆫ : ᄆᆞᇌ[淸]-+-ᄋᆞᆫ(관형사형 어미). 맑은.

ᄀᆞᄋᆞᆳ : ᄀᆞᄋᆞᆶ[秋]+ㅅ(관형격 조사). 가을의. 초간본에는 'ᄀᆞᅀᆞᆳ'로 되어 있다.

막부(幕府)에 : 막부(幕府)+에(처격 조사, 부사격 조사). 막부에. 막부는 변방에서 지휘관이 머물면서 군사를 지휘하던 군막(軍幕)이다.

우므렛 : 우믈[井]+에(처격 조사, 부사격 조사)+ㅅ(관형격 조사). 우물의.

머귀 : 머귀[梧]. 오동나무.

서늘ᄒᆞ니 : 서늘[寒]+-ᄒᆞ(형용사 파생 접미사)-+-니(연결 어미). 서늘하니.

ᄀᆞᄋᆞᇝ(ᄀᆞᄅᆞᇝ) : ᄀᆞᄅᆞᆷ[江]+ㅅ(관형격 조사). 강의.

성(城)에 : 성(城)+에(처격 조사, 부사격 조사). 성에.

ᄀᆞᇗ(䋂) 성(城) : 강의 성. 강성. 여기서 강성(江城)은 촉의 성도(成都)를 말한다. 강은 금강(錦江)이다. 'ᄀᆞᇗ'은 'ᄀᆞᇙ'의 잘못으로 본다. 초간본은 'ᄀᆞᇙ'으로 되어 있다.

ᄒᆞ오아 : ᄒᆞ오아[獨]. 혼자. 홀로. 초간본에는 'ᄒᆞ오ᅀᅡ'로 되어 있다. 'ᄒᆞ오ᅀᅡ'가 일부 'ㆍ'와 '오'가 축약되어 '호ᅀᅡ'가 되었다가 'ㄴ'이 첨가되어 '혼자'가 된 것으로 본다. 한편 'ᄒᆞ올로'가 축약된 것이 '홀로'이다. ¶燕山저긔 어미 죽거늘 그 제 短喪홀 法이 嚴嚴ᄒᆞ니 사ᄅᆞ미 거스디 몯거늘 有文이 호ᅀᅡ 거상을 禮로 ᄀᆞ장 삼가ᄒᆞ더니 ᄆᆞᅀᆞᆯ 아ᅀᆞᆷ돌히 다 닐오ᄃᆡ 災禍ㅣ 그지 업스리라(연산군 때에 어미 죽거늘 그때 단상[短喪: 삼년상을 1년만 상복을 입는 것]할 법이 엄하여 사람이 거스르지 못하거늘 유문(有文)이 혼자 상제 노릇하는 것을 예로 아주 삼갔는데, 마을의 친척들이 다 말하기를 재화가 그지없을 것이다)<속삼(효) 34ㄱ>.

자니 : 자[宿]-+-니(연결 어미). 자니. 잠드니.

미레 : 밀[蠟]+에(처격 조사, 부사격 조사). 밀초에. 밀랍으로 만든 초에. '밀(蠟)'은 고급 지방산과 일가(一價) 알코올로 된 에스테르. 천연으로는 동물이나 식물에서 고체 또는 액체로 나며, 열을 가하면 녹기 쉽고 타기 쉽다. 백랍, 경랍, 밀랍, 목랍 따위가 있다. 양초를 만드는 재료가 된다.

현 : 혀[縱火, 炬]-+-ㄴ(관형사형 어미). 켠. '불을 켜다'의 '켜'는 1670년 『노걸대언해』에도 나타난다. ¶이럴ᄊᆡ 내 이제 有情돌홀 勸ᄒᆞ야 燈 혀며 幡 ᄆᆡᇰᄀᆞᆯ며 산 것 노하 福올 닷가 苦厄올 버서나(이렇기 때문에 내 이제 중생들을 권하여 등불 켜며 기(旗) 만들며 산 것 놓아 복을 닦아 고통과 재액을 벗어나)<월석 9:60ㄱ>. ᄃᆞᆰ 울거든 니러 즉제 가쟈 主人아 등잔블 켜 오라(닭 울거든 일어나 즉시 가자. 주인아 등잔블 켜서 오라)<노걸(상) 23ㄱ>.

브리 : 블[火, 燭]+이(주격 조사). 불이. '블'이 '불'이 된 것은 원순모음화이다.

ᄉᆞ라 : ᄉᆞᆯ[銷(소: 다하여 없어지다), 殘]-+-아(연결 어미). 사라져. 사위어. ¶둘흔 웃 양ᄋᆞ로 ᄒᆞ마 비 오려다 홇 저긔 火界增上力이 아니면 비와 구룸괘 ᄉᆞ라디여 업슬 씨오(둘은 위의 모양으로 이미 비 올 것이다 할 적에 화계증상력이 아니면 비와 구름이 사라져 없는 것이고)<월석 10:85ㄴ>. 마음의 ᄆᆡᆼ셰ᄒᆞ야 기리 경계ᄒᆞ면 옥황ᄃᆡ텬죤긔오셔 일톄 죄악을 ᄉᆞᄒᆞ야 ᄉᆞ라지게 ᄒᆞ시리라(마음에 맹세하여 길이 경계하면 옥황황대천존께서 일체 죄악을 사하여 사라지게 ᄒᆞ시리라)<응진경 8>.

가놋다 : 가[去]-+-ᄂᆞ(현재 시제 선어말 어미)-+-오(확실성 표지)-+-ㅅ다(감탄형 어미). 가는구나. 가도다. '-ㅅ다'는 본래 사이시옷과 어말 어미 '-다'의 결합이 감탄형 어미로 재구조화된 것이다. '-놋다'를 감탄형 어미로 보는 것 또한 재구조화를 적용하는 것이다.

永夜角聲悲自語 中天月色好誰看

긴 밤 吹角 소리예 슬허셔 내 말ᄒᆞ노니 하ᄂᆞᆯ 가온ᄃᆡ ᄃᆞᆳ비치 됴ᄒᆞ니 눌와 보리오

영야각성비자어 중천월색호수간

긴 밤의 뿔나발 소리에 슬퍼서 내 말하노니 하늘 가운데 달빛이 좋은데 누구와 보겠는가?

긴 : 길[長, 永]-+-ㄴ(관형사형 어미). 긴. '길-'은 'ㄹ' 불규칙 활용을 하였다.

바ᇝ : 밤[夜]+-ㅅ(관형격 조사). 밤의.

취각(吹角) : 취각(吹角). 뿔나발. 뿔로 만든 나팔. '각(角)'은 짐승의 뿔로 만들어 음악 연주에서 쓰던 나발을 말한다. 대각, 중각, 소각 따위로 나눈다.

소리예 : 소리[音, 聲]+예(처격 조사, 부사격 조사). 소리에.

슬허셔 : 슳[悲]-+-어셔(연결 어미). 슬퍼하여서. 슬픔을 느끼며. '어셔'를 하나의 어미로 취급하는 것은 '-어(연결 어미)+셔(보조사)'를 하나의 어미를 재구조화하는 것이다. 다시 '셔'를 하나의 보조사로 취급하는 것은 '-시[有]-+-어(연결 어미)'를 보조사로 재구조화하는 것이다.

내 : 나[我, 吾]+ㅣ(주격 조사). 내가.

말ᄒᆞ노니 : 말[言, 語]+-ᄒᆞ(동사 파생 접미사)-+-ᄂᆞ(현재 시제 선어말 어미)-+-오(확실성 표지)-+-니(연결 어미). 말하니. 말하는 것이니. 말하는데.

하ᄂᆞᆯ : 하ᄂᆞᆯㅎ[天]. 하늘. '하ᄂᆞᆯㅎ'이 'ㅎ' 종성 체언이나, 뒤에 다른 말이 없거나 관형격 조사 'ㅅ'앞에서는 'ㅎ'이 탈락한다. ¶一萬 神靈이 侍衛ᄒᆞᅀᆞᄫᆞ며 자ᄇᆞ리 업시 닐굽 거르믈 거르샤 니ᄅᆞ샤ᄃᆡ 하ᄂᆞᆯ 우 하ᄂᆞᆯ 아래 나ᄲᅮᆫ 尊호라 ᄒᆞ시며 모미 金ㅅ비치시며 三十二相 八十種好ㅣ ᄀᆞᆮ더시니(일만 신령이 모시고 보위하오며 잡을 사람이 없이 일곱 걸음을 걸으시어 이르시되 하늘 위 하늘 아래 나만 높도다 하시며 몸이 금빛이시며 삼십이상 팔십종호 같으셨었는데)<석상 6:17ㄴ>.

가온ᄃᆡ : 가온ᄃᆡ[中]. 가운데.

ᄃᆞᆳ비치 : ᄃᆞᆯ[月]+ㅅ(관형격 조사)#빛[光]+이(주격 조사). 달의 빛이. 달빛이.

됴ᄒᆞ니 : 둏[好]-+-ᄋᆞ니(연결 어미). 좋으니.

눌와 : 누[誰]+와(공동격 조사). 누구와. 누구와 함께. '누[誰]'는 조사 '와'나 '로'앞에서는 '눌'

과 같이 변하였다. 이는 조사의 대격형 지배로 볼 수 있을 것이다. '눌'은 일반적으로 대격형으로 목적어를 나타낸 것이지만, '눌와'의 '눌'은 타동사의 목적어라고 할 수 없다. 조사 '와'나 '로'가 '누'를 취할 때 특수하게 나타나는 대격형이라 할 수 있다. 한문 구성으로 '수간(誰看)'은 '뉘 보리오?'로 번역하는 것이 평범한 것이나, 이를 '눌와 보리오?'로 번역하여 문맥을 파악하는 것이 까다롭게 되었다. '눌와 보리오?'에서 보는 것에는 '눌'도 포함된다. '눌'을 목적어로 보는 견해가 있으나, 주어를 특정하기 어렵다. 15세기에 '눌'은 대체로 언제나 상성을 가지고 있었다. 다만 『두시언해』(초) 8권 46ㄴ에서만 평성으로 나타나는 것이 특이하다. '눌와'의 '와'는 평성으로 나타나는 것도 있고 거성으로 나타나는 것도 있어 불규칙하다. '누구와 함께'의 '눌와'가 항상 평거형으로 되어 있는 것도 아니다. ¶여·희여·슈메 (時節)·이 밧·고·와 :가ᄆᆞᆯ :놀라ᄂᆞ·니 聽明ᄒᆞ·며 ᄉᆞᆯ가·오ᄆᆞᆯ ᄂᆞᆯ·와 다ᄆᆞᆺ議論ᄒᆞ·리오(헤어져 있음에 계절이 바뀌어 가는 것을 놀라니 총명하며 살가운 것을 누구와 함께 의론할 것인가?)<두시(초) 8:46ㄴ>. :눌와 다ᄆᆞᆺ·ᄒᆞ야 議論ᄒᆞ·리오(누구와 함께하여 의론할 것인가)<두시(초) 16:3ㄴ>.

보리오 : 보[見, 看]-+-리(미래 시제 선어말 어미)-+-고(의문형 어미). 보리오. 볼 것인가. 어미 '-오'는 의문형 어미 '-고'의 'ㄱ'이 미래 시제 선어말 어미 '-리-' 뒤에서 탈락한 것이다. 의문형 어미 '-고'는 의문사를 가진 의문문에 쓰였는데, 여기서는 '눌와'의 '누'가 의문사이다.

> **風塵荏苒音書絶 關塞蕭條行路難 【音書ᄂᆞᆫ 謂鄕信이라】**
>
> 風塵이 어른어른ᄒᆞ야시니 音書ㅣ 그쳇고 關塞이 서의ᄒᆞ니 녀ᄃᆞᆫ니ᄂᆞᆫ 길히 어렵도다

풍진임염음서절 관새소조행로난 **【음서(音書)는 고향소식이다.】**

전쟁과 병란이 눈앞에 어른거리고 있으니 고향 소식이 끊어졌고, 국경의 관문이 사람의 발길이 없으니 다니는 길이 어렵도다.

풍진(風塵)이 : 풍진(風塵)+이(주격 조사). 바람과 먼지가. 병란이. 전란이. 전쟁과 병란이.

어른어른ᄒᆞ야시니 : 어른어른[荏苒]+-ᄒᆞ(형용사 파생 접미사)#시(有)-+-니(연결 어미). 어른어른하고 있으니. 끝없이 계속되고 있으니. 눈앞에 어른거리고 있으니. 원문의 '임염(荏苒)'은 '덧없이 흐르는 것'을 뜻하나, 여기서는 전쟁과 병란이 끝없이 계속되는 것으로 해석한다.

음서(音書) ㅣ : 음서(音書)+ ㅣ(주격 조사). 집의 서찰이. 집의 편지가. 고향 편지가. 고향소식이.

그쳿고 : 긏[絶]-+-어(연결 어미)#잇[有]-+-고(연결 어미). 그쳐 있고. ¶見性이 그처 업스리어니 엇뎨 ᄇᆞᆯ고ᄆᆞᆯ 보리오(견성을 끊어져 없으리니 어찌 밝음을 볼 것인가?)<능엄 2:66ㄴ>

관새(關塞) ㅣ : 관새(關塞)+ ㅣ(주격 조사). 국경의 관문이. 국경의 요새가.

서의ᄒᆞ니 : 서의[蕭條]+-ᄒᆞ(형용사 파생 접미사)-+-니(연결 어미). 고요하고 쓸쓸하니. 사람의 발길이 없으니. 사람의 발길이 뜸하니. ¶새려 블 브튼 棧道ᄂᆞᆫ 서의ᄒᆞ얫고 녯 ᄉᆞ던 壇場ᄋᆞᆫ 아ᄉᆞ라ᄒᆞ도다(새로 불 붙은 잔도[험한 벼랑 같은 곳에 선반처럼 달아서 낸 길]는 쓸쓸하고 예전에 살던 단장[단을 마련해 놓은 곳]은 아스라하도다)<두시(초) 5:12ㄴ>.

녀ᄃᆞᆫ니ᄂᆞᆫ : 녀[行]-+-어(연결 어미)#ᄃᆞᆮ[走]-+니[去]-+-ᄂᆞ(현재 시제 선어말 어미)-+-ㄴ(관형사형 어미). 다니는. 돌아다니는. 오가며 다니는. '녀ᄃᆞᆫ니ᄂᆞᆫ'은 '녀[行]-+ᄃᆞᆮ[走]-+니[去]-+-ᄂᆞ(현재 시제 선어말 어미)-+-ㄴ(관형사형 어미)'와 같이도 분석할 수 있을 것이다. 그러나 여기서는 이를 취하지 않는다. '*녀ᄃᆞᆮ다'와 같은 합성어가 없기 때문이다. 이와 달리 'ᄃᆞᆮ니다'는 전형적인 비통사적 합성어이다. 'ᄃᆞᆫ니-'는 'ᄃᆞᆮ니-'가 자음 접변을 일으킨 것이다. ¶男兒ᄂᆞᆫ 녀ᄃᆞᆫ니ᄂᆞᆫ ᄯᅡ해 이리 ᄒᆞ곡 客子ᄂᆞᆫ 모ᄆᆡ 强호ᄆᆞᆯ ᄃᆞ톨디니라(남아는 돌아다니는 땅에서 이리 하지만, 나그네는 몸의 강함을 다툴 것이다)<두시(초) 20:37ㄱ>.

길히 : 길ᇂ[路]+이(주격 조사). 길이. '길ᇂ'이 'ᇂ' 종성 체언이기 때문에, 주격 조사 '이'가 '히'로 된 것이다.

어렵도다 : 어렵[難]-+-도다(감탄형 어미). 어렵도다. 어렵구나. '어렵-'은 'ㅂ' 불규칙 활용을 하였다.

已忍伶俜[16ㄱ]十年事 强移栖息一枝安【伶ᄋᆞᆫ 郎丁反ᄒᆞ고 俜ᄋᆞᆫ 普丁反ᄒᆞ니 孤苦單獨皃ㅣ라 莊子애 鷦鷯이 巢林에 不過 一枝라 ᄒᆞ니 甫ㅣ 寓嚴武幕府ᄒᆞ야 爲參謀ㅣ 如鷦鷯의 栖一枝之安也ㅣ라】

ᄒᆞ마 伶俾ᄒᆞᆫ 열 ᄒᆡ옛 이ᄅᆞᆯ 견ᄃᆡ엿ᄂᆞ니 고ᄃᆞᆯ파 올마 ᄒᆞᆫ 가지예 깃 기서 便安히 잇노라

이인령빙십년사 강이서식일지안【령(伶)은 랑(郞)과 정(丁)의 반절이고, 빙(俜)은 보(普)와 정(丁)의 반절이니, 외롭고 괴롭고 고독한 모양이다. 『장자』에 뱁새가 둥지 수풀에 한 가지에 지나지 않는다 하니, 두보가 엄무의 막부에 몸을 맡겨 참모가 된 것이 뱁새가 한 가지에 편안히 깃들어 있는 것과 같은 것이다.】

이미 외롭고 고달픈 열 해의 일을 견디었는데, 억지로 옮겨 와 가지 하나에 깃들어 편안히 있노라.

ᄒᆞ마 : ᄒᆞ마[已]. 이미. 벌써.
령비(伶俜)ᄒᆞᆫ : 영비(伶俜)+-ᄒᆞ(형용사 파생 접미사)-+-ㄴ(관형사형 어미). 외롭고 고달픈.
열 ᄒᆡ옛 : 열[十]#ᄒᆡ[年]+예(처격 조사, 부사격 조사)+ㅅ(관형격 조사). 열 해의.
이ᄅᆞᆯ : 일[事]+ᄋᆞᆯ(대격 조사). 일을.
견듸엿ᄂᆞ니 : 견듸[忍]-+-어(연결 어미)#잇[有]-+-ᄂᆞ(현재 시제 선어말 어미)-+-니(연결 어미). 견디었으니. 견디었는데. 초간본에는 '견듸옛노니'로 되어 있다. '-노니'를 '-ᄂᆞ니'로 적은 것은 확실성 표지 '-오-'의 기능이 약화되었음을 말하는 것으로 여겨지는 것이다. '-옛-'이 '-엿'으로 적힌 것도 '예'의 'yəy'와 '여'의 'yə'가 큰 차이가 없었음을 암시해 준다. '-ᄂᆞ니'를 하나의 어미로 분석하는 것은 재구조화를 적용하는 것이다.
고ᄃᆞᆯ파 : 고ᄃᆞᆯ프[强]-+-어(연결 어미). 억지로. 애써. 다음의 예는 언해가 원문의 '강의(强擬)'를 잘못 번역한 것으로 여겨지는 것이다. ¶ᄀᆞᄅᆞᇝ ᄀᆞᅀᅵ 늘거 病ᄒᆞ야 비록 히미 업스나, 갠 하ᄂᆞᆯ해 낙주를 다ᄉᆞ리고져 고ᄃᆞᆯ파 너기노라(강가에 늙어 병들어 비록 힘이 없으나 갠 하늘에 억지로 낚시줄을 다듬고자 하노라)<두시(초) 33ㄱ~34ㄴ>.
올마 : 옮[移]-+-아(연결 어미). 옮아. 자리를 옮겨. ¶모미 遷流ᄒᆞ야 갈ᄊᆡ 三世 잇다 호ᄆᆞᆫ 아니 한 ᄉᆞᅀᅵ도 머므러 잇디 몯ᄒᆞ야 時節이 올마 흘러가면 모로매 디나건 時節와 이젯 時節와 아니왯ᄂᆞᆫ 時節이 이실ᄊᆡ 三世 잇다 ᄒᆞ니라(몸이 표류하여 가므로 삼세(三世) 있다고 하는 것은 잠깐도 머물러 있지 못하여 시절이 바뀌어 옮아 흘러가면 모름지기 지난 시절과 이제의 시절이 와 있지 않은 시절이 있으므로 삼세(三世)가 있다고 하는 것이다)<석상 19:11ㄱ>.
ᄒᆞᆫ 가지 : ᄒᆞᆫ[一]#가지[枝]+예(처격 조사, 부사격 조사). 한 가지에.
깃 기서 : 깃[巢]#깃[栖]-+-어(연결 어미). 깃들어. 둥지 틀어.
편안(便安)히 : 편안(便安)+ᄒᆞ(형용사 파생 접미사)-+-이(부사 파생 접미사). 편안히.
잇노라 : 잇[有]-+-ᄂᆞ(현재 시제 선어말 어미)-+-오(확실성 표지)-+-라(평서형 어미). 있도다. 있구나. '-노라'를 감탄형 어미로 분석하기도 하는데, 이는 '-ᄂᆞ(현재 시제 선어말 어미)-+-오(확실성 표지)-+-라(평서형 어미)'를 하나의 감탄형 어미로 재구조화하는 것이다.

院中晚晴懷西郭茅舍

<제목> 원중만청회서곽모사(군막의 저녁에 날이 개어 서쪽 교외의 띠집을 생각한다)

원중만청회서곽모사(院中晩晴懷西郭茅舍) : 군막의 저녁에 날이 개어 서쪽 교외의 띠집을 생각한다. 이 시는 광덕(廣德) 2년(764) 가을에 지은 것이라 한다. 당시 두보는 엄무(嚴武)의 막부(幕府)에 있었다. 군막의 저녁에 날이 개자 두보는 서쪽 교외의 초당을 생각한다.

> 幕府秋風日夜清 澹雲踈雨過高城
> 幕府에 ᄀᆞᅀᆞᆳ ᄇᆞᄅᆞ미 밤나ᄌᆡ ᄆᆞᆯᄀᆞ니 ᄆᆞᆯᄀᆞᆫ 구룸과 드믄 비 노ᄑᆞᆫ 城를 디나놋다

막부추풍일야청 담운소우과고성

막부(幕府)에 가을 바람이 밤낮으로 맑으니, 맑은 구름과 드문 비 높은 성을 지나가는구나.

막부(幕府)에 : 막부(幕府)+에(처격 조사, 부사격 조사). 막부에. 막부는 변방에서 지휘관이 머물면서 군사를 지휘하는 군막(軍幕)을 말한다.

ᄀᆞᅀᆞᆳ : ᄀᆞᅀᆞᆶ〔秋〕+ㅅ(관형격 조사). 가을의. 초간본에는 반치음을 가진 'ᄀᆞᅀᆞᆳ'로 되어 있다.

ᄇᆞᄅᆞ미 : ᄇᆞᄅᆞᆷ〔風〕+이(주격 조사). 바람이.

밤나ᄌᆡ : 밤〔夜〕#낮〔日〕+ᄋᆡ(처격 조사, 부사격 조사). 밤낮에. 밤낮으로.

ᄆᆞᆯᄀᆞ니 : ᄆᆞᆰ〔淸〕-+-ᄋᆞ니(연결 어미). 맑으니.

ᄆᆞᆯᄀᆞᆫ : ᄆᆞᆰ〔淸, 澹〕-+-ᄋᆞᆫ(관형사형 어미). 맑은. 이에 해당하는 원문의 한자는 '담(澹)'이므로, 이를 '맑은'으로 번역하는 것은 적합하지 않은 것으로 여겨진다. '조용한, 담백한' 등의 의미가 적합하다. 비를 내리던 구름이 지나고, 그 후 조용한 구름이 지나가는 것이다.

구룸과 : 구룸〔雲〕+과(접속 조사). 구름과.

드믄 비 : 드믈〔踈〕-+-ㄴ(관형사형 어미)#비〔雨〕. 드문 비.

노ᄑᆞᆫ 성(城)을 : 높〔高〕-+-ᄋᆞᆫ(관형사형 어미)#성(城)+을(대격 조사). 높은 성을.

디나놋다 : 디나〔過〕-+-ᄂᆞ(현재 시제 선어말 어미)-+-오(확실성 표지)-+-ㅅ다(감탄형 어미). 지나는구나. 지나도다. '디나-'는 중간본의 다른 곳에서는 '지나-'로 나타나기도 한다. '-놋다'를 하나의 어미로 취급하는 것은 '-ᄂᆞ(현재 시제 선어말 어미)-+-오(확실성 표지)-+-ㅅ

다(감탄형 어미)'를 다시 감탄형 어미로 재구조화하는 것이다. '-ㅅ다'를 하나의 어미로 취급하는 것도 'ㅅ(사이시옷)+다'를 하나의 어미로 재구조화하는 것이다. ¶虛空애셔 耶輸씌 니르샤딕 네 디나건 녜 뉫 時節에 盟誓 發願혼 이를 혜는다 모르는다(허공에서 야수께 이르시되 네가 지난 옛 누리 시절에 맹세 발원한 일을 아는가 모르는가)<석상 6:8ㄱ>.

葉心朱實堪時落 階面青苔先自生 【堪은 不堪也ㅣ오 先은 去聲이라】
닙 소[16ㄴ]갯 블근 여르믄 時로 떠(떠)러뎜 직ᄒᆞ니아 階砌面엣 프른 이슨 볼셔 절로 냇도다

엽심주실감시락 계면청태선자생 【감(堪)은 견디지 못함이고 선(先)은 거성이다.】

잎 속의 붉은 열매는 때로 떨어짐 직한 것이 아닌가(떨어짐 직한데), 섬돌 표면의 푸른 이끼는 벌써 절로 나 있도다.

닙 : 닢〔葉〕#속〔裏, 心〕+애(처격 조사, 부사격 조사)+ㅅ(관형격 조사). 잎 속의.
블근 여르믄 : 븕〔赤, 朱〕-+-은(관형사형 어미)#여름〔實〕+은(보조사). 붉은 여름은.
시(時)로 : 시(時)+로(조격 조사, 부사격 조사). 때로.
떠(떠)러뎜 : 떨〔振〕-+-어(연결 어미)#디〔落〕-+-엄(명사형 어미). 떨어짐. 여기서는 명사형 어미가 '-엄'이라는 데 주의해야 한다. 그렇지 않으면 '-어-'의 존재가 해독자를 당혹하게 한다. 흔히 의도법 '-오/우-'라고 하는 것을 본역주자는 확실성 표지로 본다. 그 이형태에는 '-오/우-'뿐만 아니라, '-아/어-'도 있다. 따라서 흔히 명사형 어미에는 '-옴/움/암/엄-'과 같은 이형태가 있게 된다. 'ᄒᆞ다'동사에는 'ᄒᆞ욤'과 같이 '-욤'과 같은 이형태도 나타난다. 명사형 어미를 '-옴/움/암/엄'과 같이 보지 않고 확실성 표지 '-오/우/아/어-'에 '-ㅁ'이 결합한 형식으로 보는 것은 '-ㅁ'명사형 어미에는 확실성의 의미가 함께 들어 있기 때문이며, 국어사에서 확실성 표지가 소실될 때, '-오/우/아/어-'가 함께 사라지는 것이 이를 뒷받침한다. 다른 하나의 증거는 명사형 어미를 '-옴/움/암/엄'과 같이 볼 때 이들 명사형 어미 앞에는 확실성 표지 '-오/우/아/어-'가 다시 올 수 없다. '-옴/움/암/엄' 등을 본래적인 명사형 어미로 보면 이러한 현상은 설명할 수 없는 것이 된다. 그러나 '-옴/움/암/엄' 등을 재구조화된 명사형 어미로 보고, 이들이 확실성 표지 '-오/우/아/어'를 가지는 것으로 보면, 이는 설명할 수 있게 된다.
직ᄒᆞ니아 : 직〔然, 堪〕+-ᄒᆞ(형용사 파생 접미사)-+-니가(의문형 어미). 직한 것인가. 직한 것이

아닌가. 직한데. '직ᄒᆞ-'는 보조 용언이다. '-니아'는 '-니가'의 '가'의 'ㄱ'이 '이'모음 뒤에서 탈락한 것이다.

닙 소갯 블근 여르믄 시(時)로 ᄠᅥ(떠)러뎜 직ᄒᆞ니아 : 주 어진 대로의 의미는 '잎 속의 붉은 열매는 때로 떨어짐 직한 것인가?'와 같다. 그러나 이는 '떨어짐 직하지 않다'는 의미로 시인이 의도하고 있는 의미가 아니다. '떨러짐 직한 것이 아닌가?'와 같은 것이 되어야 한다. 주석의 '감(堪)은 견디지 못함이다'와 같은 것과도 맞지 않는다. 이는 주석자와 언해자가 달랐었음을 말해 주는 것이기도 하다.

계체면(階砌面)엣 : 계체면(階砌面)+에(처격 조사, 부사격 조사)+ㅅ(관형격 조사) 계체면의. 섬돌 곁의. 섬돌 표면의.

프른 이슨 : 프르-+-ㄴ(관형사형 어미)#잇[苔]+은(보조사). 푸른 이끼는. 16세기 중반에도 '잇기'라는 말이 쓰였다. ¶프른 잇과 흐린 수레 수픐 가온ᄃᆡ 寂靜ᄒᆞ니(푸른 이끼와 흐린 술에 수풀 가운데서 고요하고 쓸쓸하니)<두시(초) 10:8ㄴ>. ᄯᅩ 돗고 마리ᄅᆞᆯ ᄶᅵ허 처 ᄒᆞᆫ 버ᄂᆡ 두 돈식 조ᄡᆞᆯ ᄭᅳᆯ힌 므레 프러 머그라 ᄯᅩ 굵게 싸ᄒᆞ라 므레 달혀 머거도 됴ᄒᆞ니라 ᄯᅩ 므레 프른 잇기ᄅᆞᆯ 디허 즙 ᄧᅡ 머그라(또 도꼬마리[국화과의 한해살이풀]를 찧어 쳐 한 번에 두 돈씩 좁쌀 끓인 물에 풀어 먹으라. ᄯᅩ 굵게 썰어 물에 달여 먹어도 좋은 것이다. 또 물에 푸른 이끼를 찧어 즙 짜 먹으라)<온역 27ㄱ>.

ᄇᆞᆯ셔 : ᄇᆞᆯ셔[先]. 벌써. 어느새.

절로 : 절로[自]. 저절로. 절로.

냇도다 : 나[生]-+-아(연결 어미)#잇[有]-+-도다(감탄형 어미). 나 있도다. 나 있구나.

復有樓臺銜暮景 不勞鍾鼓報新晴

ᄯᅩ 잇ᄂᆞᆫ 樓臺ㅣ 나죗 ᄒᆡᆺ비ᄎᆞᆯ 머겟ᄂᆞ니 鍾鼓ᄅᆞᆯ 잇비ᄒᆞ야 새 개요ᄆᆞᆯ 알외디 아니ᄒᆞ리로다

부유루대함모경 부로종고보신청

또 누대(樓臺)는 저녁에 햇빛을 머금고 있으니, 종과 북을 힘들게(부질없이) 쳐서 새삼스럽게 날이 개는 것을 알리지 않으리로다(누대에 있는 햇빛으로 이미 알고 있으므로 새삼 알리지 않는다는 뜻).

ᄯᅩ : ᄯᅩ[亦, 復]. 또.

잇ᄂᆞᆫ : 잇[有]-+-ᄂᆞ(현재 시제 선어말 어미)-+-ㄴ(관형사형 어미). 있는.

루대(樓臺)ㅣ : 누대(樓臺)+ㅣ(주격 조사). 누대가.

잇는 누대(樓臺)ㅣ : 있는 누대가. 언해는 '유루대(有樓臺)'의 '유(有)'를 '있는'과 같이 번역하였으나, '유(有)'는 문제의 대상을 주제로 도입하는 기능을 하는 '유(有)'이므로, '잇는 누대(樓臺)ㅣ'는 '누대는'과 같이 번역하여야 한다.

나죄 : 나조ㅎ[夕]+익(처격 조사, 부사격 조사). 저녁에. '나죄'는 '나조히'의 축약형으로 여겨진다. 15세기 초에도 '나조히'와 '나죄'형이 비등하게 쓰였다. '나죄'가 다시 'ㅎ' 종성 체언으로 쓰인 예가 있으나 그 예가 아주 희귀하다. ¶나비 우러도 ᄀᆞᅀᆞᆶ 눉므리 업고 새 우러도 나죗 시르미 뷔도다(잔나비 울어도 가을 눈물이 없고 새 울어도 저녁의 시름이 비도다)<두시(초) 3:54ㄱ>. 바ᄅᆞᆳ 믈 싀는 굼긔 드러 이셔 아ᄎᆞᄆᆡᆫ 虛空애 나아 노다가 나조힌 므레 가 자ᄂᆞ니(바닷물이 새는 구멍에 들어가 있어서 아침에는 허공에 나가 놀다가 저녁에는 물에 가서 자는데)<석상 13:10ㄴ>.

힛비치를 : 히[日]+ㅅ(관형격 조사)#빛[光]+을(대격 조사). 햇빛을.

머겟ᄂᆞ니 : 먹[銜]-+-어(연결 어미)#잇[有]-+-ᄂᆞ(현재 시제 선어말 어미)-+-니(연결 어미). 머금어 있으니. 머금고 있으니.

종고(鍾鼓)를 : 종고(鍾鼓)+를(대격 조사). 종과 북을.

잇비 ᄒᆞ야 : 잇비[困, 勞]#ᄒᆞ[爲]-+-야(연결 어미). 힘들게 하여. 고단하게 하여.

새 : 새[新]. 새로. 새삼. 새삼스럽게.

개요ᄆᆞᆯ : 개[晴]-+-옴(명사형 어미)+ᄋᆞᆯ(대격 조사). 갬을. 개는 것을. 날이 맑아지는 것을.

알외디 : 알외[報]-+-디(연결 어미). 아뢰지. 알리지.

아니ᄒᆞ리로다 : 아니[不]+-ᄒᆞ(동사 파생 접미사)-+-리(미래 시제 선어말 어미)-+-로다(감탄형 어미). 아니하리로다. 않으리로다. 아니할 것이로다. '-로다'는 지정 형용사 '이-' 뒤에 오는 확실성 표지 '-오-'가 연결된 구성이 감탄형 어미로 재구조화된 것이다.

浣花溪裏花饒笑 肯信吾兼吏隱名【浣花溪ᄂᆞᆫ 卽茅舍所在라 言其溪花ㅣ 應笑我의 離茅舍而入幕ᄒᆞᄂᆞ니 豈知我의 雖在官而有隱逸之興也ㅣ리오】

浣花 시내 안해셔 고지 해 웃ᄂᆞ니 내의 구의실 호ᄃᆡ 隱居를 兼ᄒᆞᆫ 일후믈 어느 알리오

완화계리화요소 긍신오겸리은명 【완화계는 즉 띠집이 있는 곳이다. 그 시내의 꽃은 내가 띠집을 떠나 막부에 들어가는 것을 응당 웃을 것이지만, 어찌 내가

비록 벼슬을 하고 있으나 은사의 흥취가 있는 것을 알겠는가?】

완화 시내 안에서 꽃이 활짝 웃으니, 내가 벼슬살이를 하되 은거 생활을 겸한 이름을 어찌 알겠는가?

완화(浣花) 시내 : 완화(浣花)#시내[溪]. 완화계. 완화계는 중국 사천성(四川省) 성도(成都)에 있는 시내 이름이다. 두보의 초당이 있는 곳으로 두보 시의 중요한 제재가 되고 있다. 두보는 성도에서 성도윤(成都尹) 겸 검남서천절도사(劍南西川節度使)인 옛 친구 엄무(嚴武)를 만났다. 엄무는 두보에게 누구보다도 큰 후원자가 되어 주었는데, 엄무는 두보보다 10년이나 연하인 데다, 두보와 오랜 친분이 있었다. 두보는 성도의 교외 완화계(浣花溪) 부근에 초당을 마련하고 거기에서 비교적 평온한 나날을 보내기도 하였다. 두보의 초당은 두 채인데, 성도의 초당이 그 하나이고, 다른 하나는 만리교(萬里橋) 서쪽에 있었다고 한다.

시내 : 시내[溪]. 실개천. 시내는 '내[川]'보다 작은 물의 흐름으로, 어원적으로 '시내'는 '실[絲]#내'의 합성어이다. '실과 같은 내[川]'라는 뜻이다. '내'는 강(江)보다는 작지만 비교적 큰 흐름이다. '시내'라고 하여 반드시 '실[絲]처럼' 아주 가는 '내'를 말하는 것은 아니다. 산골짜기의 '시내'도 있고, 작은 도회를 흐르는 '시내'도 있다.

안해셔 : 안ㅎ[內, 裏]+애셔(처격 조사, 부사격 조사). 안에서. '애셔'는 처격 조사 '애'에 보조사 '셔'가 결합하여 이루어진 재구조화된 처격 조사이다. '셔'는 '시[有]-+-어(연결 어미)'의 결합이 보조사로 재구조화된 것이다. '안ㅎ'이 'ㅎ' 종성 체언이기 때문에 처격 조사 '애셔'가 '해셔'로 된 것이다.

고지 : 곶[花]+이(주격 조사). 꽃이.

해 : 하[多, 饒]-+-이(부사 파생 접미사). 많이. 활짝.

웃ᄂᆞ니 : 웃[笑]-+-ᄂᆞ(현재 시제 선어말 어미)-+-니(연결 어미). 웃으니. 형용사에 대하여 '-ᄂᆞ-'가 현재 시제 선어말 어미의 기능을 온전히 수행하지 못하기 때문에, '-ᄂᆞ니'를 하나의 재구조화된 연결 어미로 세우기도 한다. '잇ᄂᆞ니, 븕ᄂᆞ니'는 형용사 어간에도 '-ᄂᆞ-가 쓰일 수 있음을 보인다.

내ᄋᆡ : 나[我, 吾]+이(주격 조사)+ᄋᆡ(관형격 조사). 나의. '내'는 '나[吾]+이(주격 조사)'가 재구조화한 것일 수도 있고, '나[吾]+ᄋᆡ(관형격 조사)'가 재구조화된 것일 수도 있다. 여기서는 앞의 구성이 적용되는 것으로 본다. 관형격 조사 'ᄋᆡ'는 '나[吾]+이(주격 조사)'가 대명사로 재구조화된 뒤에 다시 연결된 것이다.

구의실 : 관리. 벼슬. 현대어 '구실(자기 맡은 바의 일)'은 '관리, 벼슬아치의 임무'에서 온 것이다. 하급 관리는 '구실아치'라 불렀다.

ᄒᆞ되 : ᄒᆞ[爲]-+-오ᄃᆡ(연결 어미). 하되.

은거(隱居)ᄅᆞᆯ : 은거(隱居)+ᄅᆞᆯ(대격 조사). 은거 생활을.

겸(兼)ᄒᆞᆫ: 겸(兼)+-ᄒᆞ(동사 파생 접미사)-+-ㄴ(관형사형 어미). 겸한.

일후믈 : 일훔[名]+을(대격 조사). 이름을.

어느 : 어느[何]. 어찌. 어떻게. 원문의 '긍(肯)'은 의문사가 아니지만, '긍신(肯信)'으로 '믿을 수 있는가?'라는 의문을 만드는 것으로 볼 수 있다.

알리오 : 알[知, 信]-+-리(미래 시제 선어말 어미)-+-고(의문형 어미). 알리오. 알 것인가. 알겠는가. 어미 '-오'는 의문형 어미 '-고'의 'ㄱ'이 미래 시제 선어말 어미 '-리-' 뒤에서 탈락한 것이다.

내익 구의실 호딕 은거(隱居)롤 겸(兼)흔 일후믈 어느 알리오 : 이는 원문의 '긍신오겸리은명(肯信吾兼吏隱名)'을 번역한 것이다. 현대어로는 '내가 벼슬 하되, 은일(隱逸)을 겸한 이름을 어찌 알겠는가?'와 같이 된다. 한문 원문은 의문사 의문이 아닌데, 번역문은 의문사 '어느'를 가지는 의문사 의문이 되었다. 그러나 '긍(肯)'은 의문사가 아니라 '어찌 할 수 있느냐?'는 의미를 지닌 조동사이다.

다른 문제는 '오겸리은명(吾兼吏隱名)'에 대한 번역으로, '겸(兼)'이 '이명(吏名)'과 '은명(隱名)'을 등위 접속으로 가지는 구성이나, 언해는 '이(吏)'를 '호-'의 목적어로, '은(隱)'을 '겸(兼)호-'의 목적어로 번역하였다. '긍신(肯信)'의 '신'은 청자에 대한 언어 수행적인 동사인데, 주어에 대한 기술적인 동사로 번역했다. 그 결과 행위 동사 '호-'가 별도로 도입되고 인식의 주체가 바뀌었다. 이 구절의 번역은 주석의 구조를 그대로 반영한 결과라는 것을 알 수 있다. 주석은 '어찌 내가 비록 벼슬을 하고 있으나 은사의 흥취가 있는 것을 알겠는가?'와 같은 것인데, 이 구조가 거의 그대로 언해에 반영되고 있는 것이다. 의미는 흡사하다고 하더라도, 번역은 상당한 의역을 포함하는 것이다.

陵廟 【古詩二首 律詩十四首】

<대분류 제목> 능묘 【고시 2수, 율시 14수】

고시(古詩) : 한시체의 하나. 고체시 또는 고풍(古風)이라고도 한다. 중국 당나라 때 발생한 근체시(近體詩)와 구분하기 위하여 쓰인 용어. 수나라 이전의 시체를 통칭하는 말로 쓰인다. 고시의 시체는 근체시에서와 같이 자수(字數)나 구수(句數)의 제한이 없다. 평측도 없다. 다만 각운(脚韻)을 다는 데는 여러 가지 방식이 있어, 오언고시에는 둘째 구 끝에 운자(韻字)를 달기 시작하여, 한 구씩 건너 운자를 달고, 칠언고시는 제1, 2구 끝에 운자를 달고, 그 이하는 한 구씩 건너 운자를 달았다. 근체시에는 통상 평성(平聲)의 운자를 단다.

율시(律詩) : 여덟 개의 구로 이루어진 한시. 두 구가 한 짝을 이루는 연(聯) 넷으로 이루어진다. 율시도 절구(絶句)와 마찬가지로, 오언율시와 칠언율시가 있다.

橋陵詩三十韻因呈縣內諸官 【睿宗陵이니 在[17ㄱ]蒲城縣之豐山ᄒᆞ니라】

<제목> 교릉시삼십운인정현내제관(교릉에 대한 시 30운을 지어 현의 여러 관원에게 드림) 【교릉은 예종릉이니 보성현의 풍산에 있다.】

교릉(橋陵) : 당 예종(睿宗: 662～716)의 무덤. 섬서성 봉선현(奉先縣)에서 서북쪽으로 30리 떨어진 풍산(豐山)에 있다. 716년 10월에 조성하였다고 한다.

교릉시삼십운인정현내제관(橋陵詩三十韻因呈縣內諸官) : 교릉에 대한 시 30운을 지어 현의 여러 관원에게 드림. 이 시는 천보(天寶) 13년(754)과 14년 사이에 지어진 것이라 한다. 당시 기근이 심하여 온 백성이 가난에 시달리고 굶주렸다고 한다. 두보 또한 생계가 몹시 어려워, 어쩔 수 없이 그 가족을 이끌고 장안(長安)의 하두성(下杜城)을 떠나 장안 동북쪽 2백 4십여 리에 있는 봉선현 (지금의 섬서성 보성현[蒲城縣])에 옮겨 살았다. 봉선현의 현령(縣令)은 양(楊) 모씨로 두보의 부인 양씨의 종친이었다. 이 시는 교릉의 모습과 산천의 경치를 기술하고, 현의 관원들은 기리고 있다.

先帝昔晏駕 玆山朝百靈 【天子ㅣ 初崩이어든 臣子之心에 猶謂宮車ㅣ 晏駕而未出也ㅣ라】

先帝ㅣ 녜 晏駕ᄒᆞ샤 이 뫼헤 와 온갓(가)짓 神靈ᄋᆞᆯ 朝會 마ᄌᆞ시니라

선제석안가 자산조백령 【천자가 처음 붕어하시면 신하의 마음에 오히려 궁궐의 수레가 천자가 붕어하여(신하들이 천자의 수레가 늦는 것인가 하고 있으나) 나오지 않는 것을 이른다.】

앞의 천자가 붕어하여 이 산에 와 온갖 신령에게 조회를 받으신 것이다.

선제(先帝)ㅣ : 선제(先帝)+ㅣ(주격 조사). 선제가. 돌아간 선대의 황제가. 여기서 선제는 716년 7월 13일에 붕어한 당의 5대 황제인 예종(재위: 684-690. 710-712)을 가리킨다.

녜 : 녜[昔]. 예전에. 옛날에. 오래 전에.

안가(晏駕)ᄒᆞ샤 : 안가(晏駕)+-ᄒᆞ(동사 파생 접미사)-+-시(주체 높임 선어말 어미)-+-아(연결 어미). 붕어(崩御)하시어. 임금이 타계하시어. 황제가 돌아가셔서. '안가(晏駕)'는 천자의 수레가 늦는다는 뜻으로, 천자가 붕어했을 때에는 천자의 수레가 늦어 신하들 앞에 나오지 않는다는 뜻을 함축하고 있다.

이 뫼헤 : 이[是, 玆]#뫼ㅎ[山]+에(처격 조사, 부사격 조사). 이 산에. '뫼ㅎ'가 'ㅎ' 종성 체언이기 때문에 처격 조사 '에'가 '헤'로 된 것이다.

와 : 오[來]-+-아(연결 어미). 와. 와서.

온갓(가)짓 : 온[百]#가지[種]+ㅅ(관형격 조사). 백 가지의. 온갖. 초간본에는 '온가짓'으로 되어 있다. 중간본의 '온갓짓'은 '온가짓'의 잘못으로 본다.

신령(神靈)ᄋᆞᆯ : 신령(神靈)+ᄋᆞᆯ(대격 조사). 신령을.

조회(朝會) : 조회(朝會). 조회는 모든 벼슬아치가 함께 정전에 모여 임금에게 문안드리고 정사를 아뢰던 일. 대조(大朝), 조참(朝參), 상참(常參) 따위가 있다. 초하루와 보름날 아침에 모든 문무백관들이 임금에게 문안을 드리고 결재를 받던 큰 조회인 대조(大朝), 한 달에 네 번 중앙에 있는 문무백관이 정전에 모여 임금에게 문안을 드리고 정사를 아뢰던 조참(朝參), 의정(議政)을 비롯한 중신과 시종관(侍從官)이 매일 편전에서 임금에게 정사를 아뢰던 상참(常參) 따위가 있다.

마ᄌᆞ시니라 : 맞[迎]-+-ᄋᆞ시(주체 높임 선어말 어미)-+-니라(평서형 어미). 맞으신 것이다. '-니라'는 동명사 어미 '-ㄴ' 뒤에 지정 형용사 '이-'의 활용형이 연결된 구성이 하나의 어미로 재구조화된 것이다. ¶王이 ᄒᆞ샤ᄃᆡ ᄒᆞ다가 제 ᄠᅳ데 몯 마자도 저를 ᄀᆞᆯ히에 호리라(왕이 생각하시되 만약 제 뜻에 못 맞아도 저를 가리게 하리라)<석상 3:11ㄱ>. 터럭 구무마다 피 흐르더니 ᄯᅡ해 것ᄆᆞᄅᆞ주거 오래 잇거늘 그 어미 아ᄃᆞᆯ 마ᄌᆞ라 나와(털 구멍마다 피 흘렀는데 땅에 까무러쳐 오래 있거늘 그 어미 아들 맞으러 나와)<월석 23:75ㄴ>.

崇岡擁象設 沃野開天庭【象設은 設生時之形象也ㅣ라 天庭은 卽廟庭也ㅣ라】

노ᄑᆞᆫ 뫼히 象設를 ᄢᅴ렛ᄂᆞ니 沃饒ᄒᆞᆫ ᄆᆡ해 하ᄂᆞᆳ ᄠᅳᆯ흘 어(여)렛도다

숭강옹상설 옥야개천정 【상설(象設)은 살아 있을 때의 형상을 만든 것이다. 하늘 정원은 즉 묘(廟)의 정원(묘 앞의 너른 들판)이다.】

높은 산이 능의 조상을 둘러싸고 있는데, 비옥한 들에 하늘의 뜰을 열었도다.

노ᄑᆞᆫ : 높〔高, 崇〕-+-ᄋᆞᆫ(관형사형 어미). 높은.

뫼히 : 뫼〔山〕+이(주격 조사). 산이.

상설(象設)을 : 상설(象設)+을(대격 조사). 능에 만든 석물. 주석에 의하면 이는 살아 있을 때의 형상이다. 동물의 형상을 말하는 것이라 할 수 있다.

ᄢᅵ렛ᄂᆞ니 : ᄢᅵ리〔擁〕-+-어(연결 어미)#잇〔有〕-+-ᄂᆞ(현재 시제 선어말 어미)-+-니(연결 어미). 껴안았는데. 끌어 안았는데. 둘러싸고 있으니. 초간본에는 'ᄣᅵ렛ᄂᆞ니'로 되어 있다. 17세기에는 '때'를 나타내는 초간본의 'ᄣᅵ'도 'ᄢᅵ'와 같이 변화하였다. ¶金闕엣 새뱃 부픈 萬人의 집 門를 열오 玉堦옛 儀仗은 千官를 ᄢᅵ렛도다(황제 궁궐의 새벽의 종은 만인의 집 문을 열고, 대궐 계단의 위엄을 갖춘 병기는 문무천관을 호위하고 있도다)<두시(중) 6:5ㄴ>.

옥요(沃饒)ᄒᆞᆫ : 옥요(沃饒)+ᄒᆞ(형용사 파생 접미사)-+-ㄴ(관형사형 어미). 비옥한. 비옥하고 풍요로운.

ᄆᆡ해 : ᄆᆡㅎ〔野〕+애(처격 조사, 부사격 조사). 들에.

하ᄂᆞᆳ : ᄒᆞ늘ㅎ〔天〕+ㅅ(관형격 조사). 하늘의. '하늘ㅎ'은 'ㅎ' 종성 체언이나, 관형격 조사 'ㅅ' 앞에서 탈락하였다.

ᄠᅳᆯ흘 : ᄠᅳᆯㅎ〔庭〕+을(대격 조사). 뜰을. 'ᄠᅳᆯㅎ'이 'ㅎ' 종성 체언이기 때문에 대격 조사 '을'이 '흘'로 된 것이다. ¶대청마뢰 ᄒᆞ며 ᄠᅳᆯ ᄒᆞ며 방 ᄒᆞ며 다 조케 ᄡᅳᆯ고 방의 블 덥게 짓고 자리 쳔〃이 ᄀᆞ라 두라 ᄒᆞ소(대청마루 하며 뜰 하며 방 하며 다 깨끗하게 쓸고 방의 블 덥게 하고 자리 천천히 갈아 두라 하소)<곽씨 146-5>.

어(여)렛도다 : 열〔開〕-+-어(연결 어미)#잇〔有〕-+-도다(감탄형 어미). 열고 있도다. 열었도다.

卽事壯重險 論功超五丁 【蜀ㅅ五丁力士ㅣ 鑿山通道ᄒᆞ니 今論築陵之功컨댄 超過五丁也ㅣ라】

이레 나아와셔 重重히 險호ᄆᆞᆯ 壯히 너기노니 功를 議論컨댄 五丁의게 넘도다

즉사장중험 론공초오정 【촉 나라의 오정역사(五丁力士)가 산을 뚫어 길을 통

하니 이제 능을 쌓은 공을 논하건댄 오정(五丁)을 넘은 것이다.】

일에 나아와서는 몇 곱이나 험한 것을 장히 여기니(아무리 험한 일이라도 피하지 않으니), 공으로 말한다면 오정(五丁)을 뛰어넘도다.

오정역사(五丁力士) : 촉 나라의 힘 있는 장사. 산을 뚫어 길을 통하게 하였다고 한다. 『화양국지(華陽國志)』 '촉지'에 의하면, 오정(五丁)은 오정역사(五丁力士)로 만균(萬鈞)의 산을 옮길 수 있었다고 하는데 임금이 죽을 때마다 길이가 삼장(三丈), 무게가 천균(千鈞)이나 되는 큰 돌을 세워 묘지(墓志)로 삼았다고 한다. ¶권셰 셩ᄒᆞ며 빗날의 요괴로옴이 物두곤 甚ᄒᆞᆫ 줄을 아디 몯ᄒᆞᄂᆞ냐(권세 성하며 빛남의 요괴로옴이 물(物)보다 심한 줄을 아지 못하느냐?)<소학 6:117b>.

이레 : 일〔事〕+에(처격 조사, 부사격 조사). 일에.

나아와셔 : 나〔進〕-+-아(연결 어미)#오〔來〕-+-아셔(연결 어미). 나아와서. 나아와서는.

중중(重重)히 : 중중(重重)+-ᄒᆞ(형용사 파생 접미사)-+-이(부사 파생 접미사). 첩첩이. 거듭거듭. 몇 겹이나. 몇 곱이나.

험(險)호ᄆᆞᆯ : 험(險)+-ᄒᆞ(형용사 파생 접미사)-+-ᄋᆞᆯ(대격 조사). 험함을. 험한 것을.

중중(重重)히 험(險)호ᄆᆞᆯ : 첩첩이 험한 것을. 몇 겹이나 험한 것을. 험하고 험한 것을.

장(壯)히 : 장(壯)+-ᄒᆞ(형용사 파생 접미사)-+-이(부사 파생 접미사). 장히. 장하게.

너기노니 : 너기〔看〕-+-ᄂᆞ(현재 시제 선어말 어미)-+-오(확실성 표지)-+-니(연결 어미). 여기니. ¶常時옌 ᄇᆞᆯᄀᆞ며 어드우믈 므던히 너기더니 ᄀᆞᅀᆞᆯ히 오니 ᄀᆞ장 分明ᄒᆞ도다(평소에는 밝으며 어두움을 무심히 여겼는데, 가을이 오니 (밝으며 어두움이) 가장 분명하도다)<두시(초) 12:10ㄱ>.

공(功)을 : 공(功)+을(대격 조사). 공을.

의론(議論)컨댄 : 의론(議論)+-ᄒᆞ(동사 파생 접미사)-+-거(대상성의 선어말 어미)-+-ㄴ댄(연결 어미). 의론하건댄. 의론한다면. 의론하자면. 따지자면.

오정(五丁)의게 : 오정(五丁)+의게(비교격 조사, 부사격 조사). 오정보다.

넘도다 : 넘(超)-+-도다(감탄형 어미). 넘도다. 위에 있도다. 우월하도다. 뛰어넘도다. ¶글 수믈 ᄇᆡ호ᄃᆡ 衛夫人의게 처ᅀᅥᆷ ᄇᆡ호니 오직 王右軍의게 넘디 몯호ᄆᆞᆯ 뉘읏놋다(글 쓰는 것을 배우되 위부인에게 처음 배우니 오직 왕우군보다 위에 오지 못함을 뉘우치도다)<두시(초) 16:25ㄴ>.

坡陁因厚地 却略羅峻屛【[17ㄴ]坡陁ᄂᆞᆫ 高大皃ㅣ니 謂陵也ㅣ라 却略은 森列皃ㅣ라 屛은 謂石壁이라】
坡陀ᄂᆞᆫ 둗거운 ᄯᅡᄒᆞᆯ 因ᄒᆞ야 잇ᄂᆞ니 却略히 노ᄑᆞᆫ 石壁이 버렷도다

파타인후지 각략라준병 【파타(坡陁)는 높고 큰 모양이니 능(陵)을 이른다. 각략(却略)은 빽빽하게 나열된 모양이다. 병(屛)은 돌벽을 이른다.】

높고 큰 능은 두꺼운 땅에 있는데, 빽빽하게(불룩하게) 높은 돌벽이 늘어서 있도다.

파타(坡陀)ᄂᆞᆫ : 파타(坡陀)+ᄂᆞᆫ(보조사). 높고 큰 것은. 능(陵)은.

둗거운 : 둗겁〔厚〕-+-은(관형사형 어미). 두꺼운. 초간본에는 '둗거운'으로 되어 있다. 어간을 위와 달리 '둗겁-'으로 설정할 수도 있을 것이다. 그러나 중간본의 특징을 보이기 위하여 '둗겁-'을 어간으로 설정한다. ¶앏프노 보면 우ᄂᆞᆫ ᄃᆞᆰ ᄀᆞᆮ고 가슴은 편ᄒᆞ고 몬다회ᄂᆞᆫ 놉고 둥ᄆᆞᆯᄂᆞᆫ 편ᄒᆞ고 기르마지치 ᄉᆞᆯᄒᆞᆫ 둗겁고 가리ᄲᅧᄂᆞᆫ ᄇᆡ고 허리ᄂᆞᆫ ᄃᆞᄅᆞ고 뒤흐로 보면 개 ᄌᆞᆺ구리혀 안ᄌᆞ니 ᄀᆞᆮ고(앞으로 보면 우는 닭 같고 가슴은 편편하고 몬다위〔말이나 소의 어깻죽지가 붙은 부분〕는 높고 등마루는 편하고 기르마지치〔말의 안장덮개〕 살은 두껍고 갈비뼈는 촘촘하고 허리는 짧고 뒤로 보면 개 쭈구려 앉은 것 같고)<마경(상) 4ㄱ>.

ᄯᅡᄒᆞᆯ: ᄯᅡㅎ〔地〕+ᄋᆞᆯ(대격 조사). 땅을. 'ᄯᅡㅎ'가 'ㅎ' 종성 체언이기 때문에 대격 조사 'ᄋᆞᆯ'이 'ᄒᆞᆯ'로 된 것이다. 국어사에서 'ᄯᅡᇰㅎ'라는 말이 처음 나타나는 것은 17세기 『현풍곽씨언간』이다. 'ᄯᅡᇰㅎ'도 'ᄯᅡㅎ'와 같이 'ㅎ' 종성 체언이었다. ¶우리 논 짓ᄂᆞᆫ 사ᄅᆞᆷ을 다 츄심ᄒᆞ여 ᄯᅡᇰ갑ᄉᆞᆯ 바다 보라(우리 논으로 농사짓는 사람을 다 추심〔推尋〕ᄒᆞ여 땅값을 받아 보라)<곽씨 111-2>.

인(因)ᄒᆞ야 : 인(因)+-ᄒᆞ(동사 파생 접미사)-+-야(연결 어미). 인하여. 때문에.

잇ᄂᆞ니 : 잇〔有〕-+-ᄂᆞ(현재 시제 선어말 어미)-+-니(연결 어미). 있으니.

둗거운 ᄯᅡᄒᆞᆯ 인(因)ᄒᆞ야 잇ᄂᆞ니 : 두꺼운 땅을 인하여 있는데. 두꺼운 땅이기 때문에 그 곳에 있게 되었다는 말. '두꺼운 땅에 세웠는데'의 뜻이다. '두꺼운 땅'은 지대가 다소 높고 평평한 곳을 가리킨다.

각략(却略)히 : 각략(却略)+-ᄒᆞ(형용사 파생 접미사)-+-이(부사 파생 접미사). 빽빽이. 빽빽하게. 빼곡히. 산의 뒤가 불룩하게 솟은 모양을 가리킨다고도 한다(한성무 외(1997: 103) 참조).

노ᄑᆞᆫ : 높〔高〕-+-ᄋᆞᆫ(관형사형 어미). 높은.

석벽(石壁)이 : 석벽(石壁)+이(주격 조사). 석벽이. 돌벽이.

버렷도다 : 벌〔列〕-+-어(연결 어미)#잇〔有〕-+-도다(감탄형 어미). 벌어 있도다. 벌어져 있도다. 나열해 있도다. 늘어서 있도다. 둘러서 있도다. 초간본에는 '버렛도다'로 되어 있다. ¶孫權이 차 가져오라 ᄒᆞ여 가져오다 문무관원들이 두 편의 버럭셧고(손권이 차 가져오라 하여 가져오다. 문무관원들이 두 편에 벌려 서 있고)<삼역 3:4ㄴ>. 다ᄉᆞᆺ 님금 龍袞 오시 니엣고 千官은 그려긔 行列이 버렛ᄂᆞᆫ ᄃᆞᆺᄒᆞ도다(다섯 임금의 곤룡포 옷이 이어 있고 천관은 기러기 행렬이 늘어서 있는 듯하도다)<두시(중) 6:28ㄱ>.

雲闕虛冉冉 風松肅泠泠 구룸 ᄭᅵᆫ 지븐 뷔여 冉冉ᄒᆞ얫고 ᄇᆞᄅᆞ맷 솔 소린 슥슥ᄒᆞ야 泠泠ᄒᆞ도다

운궐허염염 풍송숙냉냉

구름 낀 집은 비어 희끄무레하고 바람 부는 소나무 소리는 중후하고 냉냉하도다.

구룸 ᄭᅵᆫ : 구룸〔雲〕#ᄭᅵ〔包, 散〕-+-ㄴ(관형사형 어미). 구름 낀.

지븐 : 집〔家, 闕〕+은(보조사). 집은.

뷔여 : 뷔〔空, 虛〕-+-어(연결 어미). 비어. ¶ᄀᆞᄅᆞ미 뮈니 ᄃᆞᆳ비치 돌해 옮고 시내히 뷔니 구루미 고지 바랏도다(강이 움직이니 달빛이 돌에 옮고 시내가 비니 구름이 꽃에 둘러 있도다)<두시(중) 25:19ㄴ>. ᄀᆞᄅᆞ미 가ᄃᆞ니 믌ᄀᆞ이 나고 하늘히 뷔니 風物이 ᄆᆞᆰ도다(강이 (장마가) 거두니 물가가 드러나고 하늘이 비니 풍물이 맑도다)<두시(중) 3:44ㄴ>.

염염(冉冉)ᄒᆞ얫고 : 염염(冉冉)+-ᄒᆞ(형용사 파생 접미사)-+-아(연결 어미)#잇〔有〕-+-고(연결 어미). 어렴풋해 있고. 어렴풋하고. 뿌얘 있고. ¶ᄇᆞᄅᆞᆷ 머근 프른 대ᄂᆞᆫ 娟娟ᄒᆞ야 寂靜ᄒᆞ얏고 비 저즌 블근 蓮ㅅ고준 冉冉히 곳답도다(바람 먹은 푸른 대나무는 얌전하게 조용해 있고, 비에 젖은 붉은 연꽃은 부드럽게 꽃답도다)<두시(초) 7:2ㄴ>. 冉冉ᄒᆞᆫ 묏곬 뎌레 고온 픐 밧긧 묏부리로다(뽀얀 산골의 절에 고운 수풀 밖의 산부리로다)<두시(중) 23:26ㄴ>.

ᄇᆞᄅᆞ맷 : ᄇᆞᄅᆞᆷ〔風〕+애(처격 조사, 부사격 조사)+ㅅ(관형격 조사). 바람의. 바람 속의. 바람을 맞는. 바람에 불리는.

솔 소린 : 솔〔松〕#소리〔音〕+ㄴ(보조사). 솔 소리는. 소나무 소리는. 솔잎 소리는.

슥슥ᄒᆞ야 : 슥슥〔肅肅〕+-ᄒᆞ(형용사 파생 접미사)-+-아(연결 어미). 쌩쌩하여. 쌩쌩 불어.

냉냉(泠泠)ᄒᆞ도다 : 냉냉(泠泠)+-ᄒᆞ(형용사 파생 접미사)-+-도다(감탄형 어미). 냉냉하도다.

서늘하도다. 차도다. 원문의 '냉(冷)'은 '령(泠)'자와 흡사하게 보인다. '령(泠)'은 '깨우치는 것'을 뜻하므로, 문맥에 어울리지 않아 '냉(冷)'으로 읽는다.

> **石門霜露白 玉殿莓苔青**
> 돐 門읜 서리와 이슬왜 희오 玉殿엔 이시 퍼러ᄒᆞ도다

석문상로백 옥전매태청
돌문에는 서리와 이슬이 희고 임금의 궁전에는 이끼가 퍼러하도다.

돐 : 돌ㅎ〔石〕+ㅅ(관형격 조사). 돌의. '돌ㅎ'은 'ㅎ' 종성 체언이나, 뒤에 공동격 조사 '과' 외의 자음으로 시작하는 조사나 휴지가 올 때에는 'ㅎ'이 나타나지 않는다. ¶石은 돌히오 壁은 ᄇᆞᄅᆞ미니 ᄇᆞᄅᆞᆷ ᄀᆞ티 션 바회ᄅᆞᆯ 石壁이라 ᄒᆞᄂᆞ니(석(石)은 돌이고 벽(壁)은 벽(壁)이니 벽같이 선 바위를 석벽이라 하는 것이니)<석상 9:24ㄴ>.

문(門)읜 : 문(門)+의(처격 조사, 부사격 조사)+ㄴ(보조사). 문에는. 문엔.

서리와 : 서리〔霜〕+와(접속 조사). 서리와.

이슬왜 : 이슬〔露〕+와(접속 조사)+이(주격 조사). 이슬이. 중세어와 근대어에서는 접속되는 성분에 다 접속 조사 '와/과'가 쓰이는 것이 일반적이었다. 현대어에서는 'A와 B가 희다'와 같이 쓰일 구성에 중세어와 근대어에서는 'A와 B와가 희다'와 같이 '와/과'가 두 성분에 모두 쓰였다.

희오 : 희〔白〕-+-고(연결 어미). 희고. 하얗고. '희고'의 'ㅣ' 뒤에 연결 어미 '-고'의 'ㄱ'이 탈락하였다. ¶남ᄌᆞᄂᆞᆫ 사라실 제 뎌ᄅᆡ 가 경도 닐그며 부텨도 저소오며 념불도 ᄒᆞᆯᄉᆡ ᄲᅧ 희오 므겁고 녀이ᄂᆞᆫ ᄠᅳ디 하 젼되오 ᄆᆞᅀᆞ미 음탕ᄒᆞ니 ᄒᆞᆫ 번 ᄌᆞ식 나호매 피 서 말 서 되 흐르고 아기도 힌 져즐 여듧 셤 너 말 머그모로 ᄲᅧ 검고 가븨여우니라(남자는 살아 있을 때 절에 가서 경(經)도 읽으며 부처께 경건히 절하오며 염불도 하기 때문에 뼈가 희고 무겁고 마음에 넣은 뜻이 아주 방자하고 마음이 음탕하니 한 번 자식 낳으매 피 서 말 서 되 흐르고 아기도 흰 젖을 여덟 섬 너 말 먹으므로 뼈가 검고 가벼운 것이다)<은중 3ㄱ~ㄴ>.

옥전(玉殿)엔 : 옥전(玉殿)+에(처격 조사, 부사격 조사)+ㄴ(보조사). 옥전에는. 궁전에는. '옥전'은 궁전을 높여 부르는 말이다.

이시 : 잇〔苔〕+이(주격 조사). 이끼가. ¶프른 잇과 흐린 수레 수픐 가온ᄃᆡ 寂靜ᄒᆞ니 ᄑᆞ른 믈와 봆 ᄇᆞᄅᆞ매 ᄆᆡᆺ 밧기 어득ᄒᆞ도다(푸른 이끼와 흐린 술에 수풀 가운데 고요하니 파란 물과 봄바람에 들 밖이 어득하도다)<두시(초) 10:8ㄴ>.

펴러ᄒᆞ도다 : 펴러ᄒᆞ도다 : *퍼르[靑, 碧]-+-어(연결 어미)#ᄒᆞ[爲]-+-도다(감탄형 어미). 퍼러하도다. 퍼렇도다. 푸르구나. '*퍼르-'는 가상적인 어간이다. '파랗다'에 대해서도 어원적으로는 '*파르-'와 같은 가상적인 어간을 상정할 필요가 있다.

> **宮女曉知曙 祠官朝見星 【言宮女祠官이 各勤其職ᄒᆞ야 早供祀事ㅣ라】**
> 宮女ㅣ 새배 새야 오ᄆᆞᆯ 알오 祠官이 아ᄎᆞᄆᆡ 별 보아 일 祭ᄒᆞᄂᆞᆺ다

궁녀효지서 사관조견성 **【궁녀 사관이 그 맡은 바 일에 충실하여 일찍 제사를 드리는 것이다.】**

궁녀는 새벽이 새어 옴을 알고, 제관은 아침에 별을 보고 일찍 제사하도다!

궁녀(宮女)ㅣ : 궁녀(宮女)+ㅣ(주격 조사). 궁녀가.

새배 : 새배[曉]. 새벽. 여기서 '새배'는 주격의 기능을 가진 것으르 , '새배+∅'와 같이 영의 주격 조사를 가진 것으로 가정할 수 있다. '새배' 외에도 드물게 '새박'이란 형태가 쓰이었다. '새벽'이란 말은 18세기 초반 『오륜전비』에 나타난다. ¶머리를 도로혀 자던 곳을 ᄇᆞ라보니 새박 구름이 만학의 ᄌᆞ자시니(머리를 돌려 자던 곳을 바라보니 새벽 구름이 첩첩 산골짜기에 잦아들어 있으니)<구운몽>. 새박이어든 ᄉᆞᆯ피며(새벽이거든 살피며)<소학 2:8ㄴ>. 長樂에 鍾이 울매 새벽殿이 열리니 ᄒᆞᆫ 소릐 淸蹕이 하ᄂᆞᆯ로셔 ᄂᆞ려오ᄂᆞᆫ또(도)다(장락전에 종이 울리니새벽전이 열리니 한 소리 황제의 거동이 하늘로부터 내려오는도다)<오륜 3:12ㄱ>.

새야 : 새[曙]-+-아(연결 어미). 새어. ¶만일 그 죄를 ᄇᆞᆰ키 바로게 아니ᄒᆞ오시면 그 셩덕의 이루ᄒᆞ오미 엇더ᄒᆞ오리잇가 ᄒᆞ야 듕언부언ᄒᆞ야 밤이 새도록 힘뻐 쳥ᄒᆞ되 샹이 뻐 내 ᄯᅳᆺ이 이믜 혜아린 배 이시니 고텨 번거히 알외디 말나 하교ᄒᆞ오시니(만일 그 죄를 밝혀 바르게 아니하오시면 그 성덕에 이렇게 하오심이 어떠하오릿가? 하더 중언부언하여 밤이 새도록 힘써 청하되 임금이 써 내 뜻이 이미 생각한 바가 있으니 다시 번거롭게 아뢰지 말라 하교하오시니)<천의 2:10ㄴ>.

오ᄆᆞᆯ : 오[來]-+-옴(명사형 어미)+ᄋᆞᆯ(대격 조사). 옴을. 오는 것을. 어간 '오'와 명사형 어미 '-옴'이 축약되어 '옴'이 된 것으로 본다. 어간 '오-'에 명사형 어미 '-ㅁ'이 연결되어 '옴'이 된 것일 수도 있다. ¶여러 나모 大小ㅣ 上中下를 조차 各各 바도미 이셔 ᄒᆞᆫ 구룸의 비 오매

諸種性에 마자 나 기로ᄆᆞᆯ 得ᄒᆞ야 곳과 果實왜 프며 여므ᄂᆞ니(여러 나무 크고 작은 것이 상중하를 따라 각각 받는 것이 있어 한 자락의 구름이 비 되어 옴에 제종성(諸種性)에 맞아 나서 자라는 것을 얻어 꽃과 과일이 피며 여무는 것이니)<법화 3:12ㄱ>.

알오 : 알[知]-+-고(연결 어미). 알고. 연결 어미 '-고'의 'ㄱ'이 어간 말음 'ㄹ' 뒤에서 탈락하여 '-오'가 된 것이다. ¶菩薩ᄃᆞᆯ히 이 光明이 너비 佛土 비취시논 고ᄃᆞᆯ 보ᅀᆞᆸ고 녜 업던 이를 얻ᄌᆞ바 이 光明ㅅ 因緣을 알오져 ᄒᆞ더니 그 ᄢᅴ ᄒᆞᆫ 菩薩 일후미 妙光이라 호리 八百 弟子ᄅᆞᆯ 뒷더니(보살들이 이 광명이 널리 불토 비치시는 것을 보옵고 예전에 없던 일을 얻사와 이 광명의 인연을 알고자 하였는데)<석상 13:33ㄱ>.

사관(祠官)이 : 사관(祠官)+이(주격 조사). 사관이. 제사관이. 제사 올리는 관리가.

아ᄎᆞᄆᆡ : 아ᄎᆞᆷ[朝]+ᄋᆡ(처격 조사, 부사격 조사). 아침에. '아침'이 나타나는 것은 1796년의 『전설인과곡』의 <슈션곡>에서이다. ¶ᄉᆡᆼ리 ᄉᆞ별 긔약 업서 아침의 우흠터니 져력의 셜운 곡셩 아ᄅᆡ 마을 웃동ᄂᆡ에 여긔 져긔 들니ᄂᆞ니(생리 사별 기약없어 아침에 웃음터니 저녁에 서러운 곡성 아래 마을 웃동내에 여기저기 들리는 것이니)<슈션곡 1ㄱ>.

별 보아 : 별[星]#보[見]-+-아(연결 어미). 별을 보고. ¶노피 벼개 볘여쇼매 별와 ᄃᆞ리 두위잇고 嚴嚴ᄒᆞᆫ 城에ᄂᆞᆫ 부플 여러 번 티놋다(높이 베개 베고 있음에 별과 달이 뒤엉켜 있고 경계가 엄한 성에는 북을 여러 번 치는구나!)<두시(초) 3:20ㄱ>.

제(祭)ᄒᆞ놋다 : 제(祭)+-ᄒᆞ(동사 파생 접미사)-+-ᄂᆞ(현재 시제 선어말 어미)-+-오(확실성 표지)-+-ㅅ다(감탄형 어미). 제사드리는구나. 제사드리도다. '-놋다'를 하나의 어미로 취급하는 것은 '-ᄂᆞ(현재 시제 선어말 어미)-+-오(확실성 표지)-+-ㅅ다(감탄형 어미)'를 다시 감탄형 어미로 재구조화하는 것이다. '-ㅅ다'를 하나의 어미로 취급하는 것도 'ㅅ(사이시옷)+다'를 하나의 어미로 재구조화하는 것이다.

空梁簇畫戟 陰井敲銅甁 【此ᄂᆞᆫ 言列戟鎭衛而汲井供祭也ㅣ라】

뷘 집 ᄆᆞᄅᆡᆫ 그륜 戈戟이 모댓고 어득ᄒᆞᆫ 우므렌 구리甁를 두드리놋[18ㄱ]다

공량족화극 음정고동병 【이는 창(槍)을 나란히 세워 호위를 엄히 하고 물을 대어 제사를 드리는 것이다.】

빈 집 들보에는 그림으로 그린 창(槍)이 모여 있고, 어둑한 우물엔 구리병을 두드리도다.

뷘 : 뷔[空]-+-ㄴ(관형사형 어미). 빈. 비어 있는.

집 믈린 : 집[家]#ᄆᆞᄅᆞ[梁]+ᄋᆡ(처격 조사, 부사격 조사)+ㄴ(보조사). 집 마루엔. 집의 들보에는. 집의 대들보에는.

그륜 : 그리[畫]-+-우(확실성 표지)-+-ㄴ(관형사형 어미). 그린. 그림을 그린.

과극(戈戟)이 : 과극(戈戟)+이(주격 조사). 창이. 창과 삼지창이.

모댓고 : 몯[集, 簇]-+-아(연결 어미)#잇[有]-+-고(연결 어미). 모아- 있고. 모여 있고.

어득ᄒᆞᆫ : 어득[陰]+-ᄒᆞ(형용사 파생 접미사)-+-ㄴ(관형사형 어미). 어둑한.

우므렌 : 우믈[井]+에(처격 조사, 부사격 조사)+ㄴ(보조사). 우물엔.

구리병(甁)을 : 구리[銅]#병(甁)+을(대격 조사). 구리병을.

두드리놋다 : 두드리[敲]-+-ᄂᆞ(현재 시제 선어말 어미)-+-오(확실성 표지)-+-ㅅ다(감탄형 어미). 두드리는구나. 두드리도다. '-놋다'를 하나의 어미로 취급하는 것은 '-ᄂᆞ(현재 시제 선어말 어미)-+-오(확실성 표지)-+-ㅅ다(감탄형 어미)'를 감탄형 어미로 재구조화하는 것이다. '-ㅅ다'를 하나의 어미로 취급하는 것도 'ㅅ(사이시옷)+다'를 하나의 어미로 재구조화하는 것이다.

中使日夜繼 惟王心不寧【謂肅宗이 戀慕ᄒᆞ샤 心不得安而使中使로 日送祭物也ㅣ라】 內使ㅣ 밤나쟈 니어 오ᄂᆞ니 님그미 ᄆᆞᅀᆞ믈 便安히 믇(몯) 너겨 ᄒᆞ시놋다

중사일야계 유왕심불녕【숙종(숙종이 아니라 현종인 것으로 본다. 양귀비나 그 언니 괵국부인 등과 사귄 것은 현종이다)이 연모하시어 마음이 안정을 찾지 못하여 내사(내관)로 하여금 매일 제물을 보낸 것을 말한다.】

내관이 밤낮으로 이어 오니, 임금이 마음을 편안하게 여기지(가지지) 못하는구나.

내사(內使)ㅣ : 내사(內使)+ㅣ(주격 조사). 내관이. 원문의 '중사(中使)'를 언해는 '내사(內使)'로 번역하고 있다. '중사'는 천보 10년 1월에 태묘(太廟)에 중사를 두고 능묘의 청소를 시켰다고 한다. 중사는 당(唐) 이래 내관을 일컫는 말이 되었다고 한다.

밤나쟈 : 밤[夜]#낮[日]+ᄋᆡ(처격 조사, 부사격 조사). 밤낮에. 밤낮으로.

니어 : 닛[連, 繼]-+-어(연결 어미). 이어. 연이어. 잇달아. 초간본에는 '니ᅀᅥ'로 되어 있었다.

'ᄂᆡᅀᅥ'는 'ᄂᆡᇫ-'이 불규칙 활용을 하는 것이고, 'ᄂᆡᅀᅥ'는 'ᄂᆡᇫ-'이 규칙 활용을 하는 것이다.

오ᄂᆞ니 : 오[來]-+-ᄂᆞ(현재 시제 선어말 어미)-+-니(연결 어미). 오니. 오는데.

밤나ᄌᆡ 니어 오ᄂᆞ니 : 밤낮에 이어 오니. 밤낮으로 이어 오는 것이니. 원문의 '일야계(日夜繼)'는 '일상계(日相繼)'또는 '일계야(日繼夜)'로 된 곳도 있다고 한다.

님그미 : 님금[天子, 王]+이(주격 조사). 임금이.

ᄆᆞᄋᆞᄆᆞᆯ : ᄆᆞᄋᆞᆷ[心]+ᄋᆞᆯ(대격 조사). 마음을. 초간본에는 'ᄆᆞᅀᆞᄆᆞᆯ'로 되어 있다.

편안(便安)히 : 편안(便安)+-ᄒᆞ(형용사 파생 접미사)-+-이(부사 파생 접미사). 편안히. 편안하게. 마음 편하게.

몯 : 몯[不能]. 못.

너겨 : 너기[看]-+-어(연결 어미). 여기어. 여겨.

ᄒᆞ시놋다 : ᄒᆞ[爲]-+-시(주체 높임 선어말 어미)-+-ᄂᆞ(현재 시제 선어말 어미)-+-오(확실성 표지)-+-ㅅ다(감탄형 어미). 하시도다. 하시는구나. '-놋다'를 하나의 어미로 취급하는 것은 '-ᄂᆞ(현재 시제 선어말 어미)-+-오(확실성 표지)-+-ㅅ다(감탄형 어미)'를 감탄형 어미로 재구조화하는 것이다. '-ㅅ다'를 하나의 어미로 취급하는 것도 'ㅅ(사이시옷)+다'를 하나의 어미로 재구조화하는 것이다.

豈徒卹備享 尙謂求無形【言不徒憂備物之享이라 尙欲求神於無形而致其誠也ㅣ라】

엇뎨 ᄒᆞᆫ갓 ᄀᆞ초ᄒᆞ야 祭享호ᄆᆞᆯ 시름ᄒᆞ실 ᄲᆞᆫ니리오 오히려 너기샤매 얼굴 업슨 ᄃᆡ 求호리라 ᄒᆞ시놋다

기도술비형 상위구무형【물건을 갖추어 제사드리는 것을 헛되이 시름하지 않고 오히려 무형의 것에서 정신을 구하여 정성을 다하는 것을 말한다.】

어찌 헛되이 제물을 갖추어 제사드리는 것을 걱정하실 뿐이겠는가? 오히려 여기시기를 형상이 없는 데서(정신적인 데서) 구하리라 하시도다.

엇뎨 : 어찌[豈].

ᄒᆞᆫ갓 : 한갓[徒]. '한갓'에는 세 가지 의미가 있다. 하나는 '단지. 오직. 오로지'의 뜻이고, 다른 하나는 '겨우. 고작하여야'의 의미이고, 또 다른 하나는 '헛되이'의 의미이다. 여기서는 셋째의 의미가 적용된다.

ᄀᆞ초ᄒᆞ야 : ᄀᆞ초[備]-+-오(부사 파생 접미사)#ᄒᆞ[爲]-+-야(연결 어미). 갖추게 하여. 갖추어. 'ᄀᆞ초ᄒᆞ야'는 그 분석이 매우 어렵다. 중세어나 근대어에 'ᄀᆞ초다'란 말이 있고, 'ᄒᆞ다'가 '위(爲)'의 뜻을 가지는 것이기 때문에 이를 'ᄀᆞ초다'의 어간 'ᄀᆞ초-'와 'ᄒᆞ[爲]-'가 비통사적 합성어를 이루는 것으로 보기 쉽다. 여기서는 이를 택하지 않는다. 'ᄒᆞ-'는 일반적으로 비통사적 합성어 구성을 이루는 동사가 아니기 때문이다. 여기서는 우선 'ᄀᆞ초-'라는 어간에 부사 파생 접미사 '-오'가 연결되어 부사적인 성분이 되고, 그것이 'ᄒᆞ-'동사와 어울려. '부지런히 하다, 열심히 하다'와 같은 구성을 이룬 것으로 추정한다. 그런 후에 다시 'ᄀᆞ초'라는 파생 부사와 본동사 'ᄒᆞ-'가 결합하여 합성어를 이룬 것으로 상정한다. ¶生ᄉᆡᇰ올 너비 본댄 如ᅀᅧᆼ來ᄅᆡᆼ 智딩慧ᅘᅰᆼ德득相샹올 ᄀᆞ초 두ᄃᆡ 오직 妄망想샹執 집着딱ᄋᆞ로 證징得득 몯ᄒᆞᄂᆞᆺ다 ᄒᆞ시고(생을 넓게 본댄 여래지혜 더상을 갖추어 두되 오직 망상집착으로 증득 못하도다 하시고)<금삼(서) 6ㄱ>.

제형(祭享)호ᄆᆞᆯ : 제형(祭享)+-ᄒᆞ(동사 파생 접미사)-+-옴(명사형 어미)+올(대격 조사). 제형함을. 제사드림을. 제사드리는 것을.

시름ᄒᆞ실 : 시름[憂]+-ᄒᆞ(동사 파생 접미사)-+-시(주체 높임 선어말 어미)-+-ㄹ(미래 관형사형 어미). 시름하실, 걱정하실. 근심하실.

ᄲᅮᆫ(ᄯᅮᆫ)니리오 : ᄲᅮᆫ(의존 명사)#이(지정 형용사)-+-리(미래 시제 선어말 어미)-+-고(의문형 어미). 뿐이겠는가. 초간본에는 'ᄯᅮᆫ니리오'로 되어 있다. 'ᄲᅮᆫ'은 형태음소적 표기 경향을 보이는 것이다. 어미 '-오'는 의문형 어미 '-고'의 'ㄱ'이 미래 시제 선어말 어미 '-리-' 뒤에서 탈락한 것이다.

오히려 : 오히려[尙]. 오히려. 그보다는. 그와 달리. 일반적인 기준이나 예상, 짐작, 기대와는 전혀 반대가 되거나 다르게.

너기샤매 : 너기[看]-+-시(주체 높임 선어말 어미)-+-암(명사형 어미)-+-애(처격 조사, 부사격 조사). 여기심에. 보시기에. 생각하시기에. 종전에는 명사형 어미를 '-옴/움-'으로만 상정하여, 그 앞에 주체 높임 선어말 어미 '-시-'가 올 때에는 '-시-+-옴→샴'과 같이 변화하는 것으로 보았다. 그러나 명사형 어미를 '-옴/움/암/엄'과 같이 상정하면, '-시-+-암→샴'과 같은 변화를 상정할 수 있어 불규칙한 변화를 상정할 필요가 없어진다.

얼굴 업슨 ᄃᆡ : 얼굴[形, 形象]#없[無]-+-은(관형사형 어미)#ᄃᆡ(의존 명사). 형상 없는 데에서. 의존 명사 'ᄃᆡ' 뒤에 출격 조사 'ᄋᆡ셔'를 상정해 볼 수 있다. '얼굴'이 '형상'을 뜻하는 것이 특이하다. ¶相은 양ᄌᆡ니 봃 거시 相이오 相ㅅ 根源이 性이오 體는 읏드미니 얼굴 ᄀᆞ잘 씨 體오 力은 히미니 됴히 내야 쓰는 거시 力이오 作은 니러날 씨니 아못 이리어나 잢간 니러날 씨 作이오(상(相)은 모양이니 보는 것이 상이고, 상의 근원이 성(性)이고, 체(體)는 으뜸이니 형상 가지기 때문에 체(體)이고, 역(力)은 힘이니 좋게 내어 쓰는 것이 힘이고, 작(作)은 일어나는 것이니 아무 일이거나 잠깐 일어나는 것이 작(作)이고)<석상 13:41ㄱ>.

구(求)호리라 : 구(求)+-ᄒᆞ(동사 파생 접미사)-+-오(확실성 표지)-+-리(미래 시제 선어말 어미)-+-라(평서 어미). 구하리라. 구할 것이다.

ᄒᆞ시놋다 : ᄒᆞ[謂]-+-시(주체 높임 선어말 어미)-+-ᄂᆞ(현재 시제 선어말 어미)-+-오(확실성 표지)-+-ㅅ다(감탄형 어미). 하시도다. 하시는구나. '-놋다'를 하나의 어미로 취급하는 것은 '-ᄂᆞ(현재 시제 선어말 어미)-+-오(확실성 표지)-+-ㅅ다(감탄형 어미)'를 감탄형 어미로 재구조화하는 것이다. '-ㅅ다'를 하나의 어미로 취급하는 것도 'ㅅ(사이시옷)+다'를 하나의 어미로 재구조화하는 것이다.

> 孝理敦國政 神凝推道經
>
> 孝道로 다ᄉᆞ료ᄆᆞ로 나랏 政事ᄅᆞᆯ 돋가이 ᄒᆞ시고 精神凝聚ᄒᆞ샤ᄆᆞᆯ 道經엣 이ᄅᆞᆯ 推行ᄒᆞ시놋다

효리돈국정 신응추도경

효도로 다스림으로써 나라의 정사를 돈독하게 하시고, 정신을 하나로 모아 도덕경에서 말하는 일을 실천하시도다.

효도(孝道)로 : 효도(孝道)+로(조격 조사, 부사격 조사). 효도로. 부모를 섬기는 마음으로.

다ᄉᆞ료ᄆᆞ로 : 다ᄉᆞ리[理]-+-옴(명사형 어미)+ᄋᆞ로(조격 조사, 부사격 조사). 다스림으로.

나랏 정사(政事)ᄅᆞᆯ : 나라[國]+ㅅ(관형격 조사)#정사(政事)+ᄅᆞᆯ(대격 조사). 나라의 정사를. 나라의 정치하는 일을.

돋가이 ᄒᆞ시고 : 돋갑[敦]-+-이(부사 파생 접미사)#ᄒᆞ[爲]-+-시(주체 높임 선어말 어미)-+-고(연결 어미). 도탑게 하시고. 돈독히 하시고. 초간본에도 '돋가이'로 나타난다. 중간본에도 '돗가이'와 같은 형태가 나타나기도 한다. ¶丈人이 宗卿을 ᄀᆞᅀᆞᆷ아라셔 恭敬ᄒᆞ며 和穆ᄒᆞ야 녯 法을 돋가이 ᄒᆞ니라(어른이 가묘와 벼슬을 주관하여서 공경하며 화목하여 옛 법을 도탑게 하는 것이다)<두시(초) 8:6ㄱ>.

정신응취(精神凝聚)ᄒᆞ샤ᄆᆞᆯ : 정신응취(精神凝聚)+-ᄒᆞ(동사 파생 접미사)-+-시(주체 높임 선어말 어미)-+-암(명사형 어미)+ᄋᆞᆯ(대격 조사). 정신응취(精神凝聚)하시는 것을. 정신을 집중하여. 정신을 하나로 모아. 종전에는 명사형 어미를 '-옴/움-'으로만 상정하여, 그 앞에 주체 높임 선어말 어미 '-시-'가 올 때에는 '-시-+-옴→샴'과 같이 변화하는 것으로 보았다. 그러나 명사형 어미를 '-옴/움/암/엄'과 같이 상정하면, '-시-+-암→샴'과 같은 변화를 상정할 수 있게 되어 불규칙한 변화를 상정할 필요가 없어진다.

도경(道經)엣 이룰 : 도경(道經)+에(처격 조사, 부사격 조사)+ㅅ(관형격 조사)#일[事]+올(대격 조사). 『도덕경(道德經)』의 일을. 『도덕경(道德經)』은 중국 고대의 노자(老子)가 지었다고 하는 도교의 기본 경전이다. 『노자도덕경(老子道德經)』의 준말

추행(推行)ᄒᆞ시놋다 : 추행(推行)+-ᄒᆞ(동사 파생 접미사)-+-시(주체 높임 선어말 어미)-+-ᄂᆞ(현재 시제 선어말 어미)-+-오(확실성 표지)-+-ㅅ다(감탄형 어미). 밀고 나아기도다. 실천하시도다. '-놋다'를 하나의 어미로 취급하는 것은 '-ᄂᆞ(현재 시제 선어말 어미)-+-오(확실성 표지)-+-ㅅ다(감탄형 어미)'를 감탄형 어미로 재구조화하는 것이다. '-ㅅ다'를 하나의 어미로 취급하는 것도 'ㅅ(사이시옷)+다'를 다시 하나의 어미로 재구조화하는 것이다.

> 瑞芝產廟柱 好鳥鳴巖扃
>
> 祥瑞ᄅᆞ왼 芝草ᄂᆞᆫ 廟ㅅ 기동엣 냇고 됴ᄒᆞᆫ 새ᄂᆞᆫ 바횟 門에셔 우놋다

서지산묘주 호조명암경

상서로운 영지(靈芝)는 능묘의 기둥에 나 있고, 좋은 새는 바위로 지은 문에서 우는구나.

상서(祥瑞)ᄅᆞ왼 : 상서(祥瑞)-+-ᄅᆞ외(형용사 파생 접미사)-+-ㄴ(관형사형 어미). 상서로운. 복되고 좋은 일이 많은. '-ᄅᆞ외-'는 비록 그 형태가 '-롭-'과 흡사하나. '-롭'에서 '-ᄅᆞ외-'에 이르는 음운론적인 변화의 통로가 없기 때문에 '-ᄅᆞ외-'를 형용사 파생 접미사로 다룬다.

지초(芝草)ᄂᆞᆫ : 지초(芝草)+ᄂᆞᆫ(보조사). 영지(靈芝)는. 영지는 불로초과의 버섯.

묘(廟)ㅅ : 묘(廟)+ㅅ(관형격 조사). 묘의. 능묘의.

기동엣(에) : 기동[柱]+에(처격 조사, 부사격 조사). 기둥에. 초간본에는 '기동애'로 되어 있다. '엣'은 '에'의 잘못으로 본다.

냇고 : 나[生, 産]-+-아(연결 어미)#잇[有]-+-고(연결 어미). 나 있고.

됴ᄒᆞᆫ : 둏[好]-+-ᄋᆞᆫ(관형사형 어미). 좋은.

새ᄂᆞᆫ : 새[鳥]+ᄂᆞᆫ(보조사). 새는.

바횟 : 바회[岩, 巖]+ㅅ(관형격 조사). 바위의.

문(門)에셔 : 문(門)+에셔(처격 조사, 부사격 조사). 문에서. 처격 조사 '에셔'는 '에'와 보조사 '셔'가 결합하여 다시 처격 조사로 재구조화된 것이다. '에'와 '에셔'가 다른 점은 '에셔'에는 일정한 장소에 머무는 의미가 작용하여 경험의 의미를 가지게 한다.

우놋다 : 울[鳴, 扃(경)]-+-ᄂᆞ(현재 시제 선어말 어미)-+-오(확실성 표지)-+-ㅅ다(감탄형 어

미). 울는도다. 울도다. 우는구나. '-놋다'를 하나의 어미로 취급하는 것은 '-ᄂᆞ(현재 시제 선어말 어미)-+-오(확실성 표지)-+-ㅅ다(감탄형 어미)'를 감탄형 어미로 재구조화하는 것이다. '-ㅅ다'를 하나의 어미로 취급하는 것도 'ㅅ(사이시옷)+다'를 하나의 어미로 재구조화하는 것이다.

高嶽前嵂[18ㄴ]崒 洪河左瀅瀠【嵂崒은 山高皃ㅣ오 瀅瀠은 水皃ㅣ라】 노ᄑᆞᆫ 뫼ᄒᆞᆫ 알ᄑᆡ 嵂崒ᄒᆞ고 너븐 ᄀᆞᄅᆞᄆᆞᆫ 왼녀긔 흐르놋다

고악전률줄 홍하좌형영【율줄(嵂崒)은 산이 높은 모양이고, 형영(瀅瀠)은 물 모양이다.】

높은 산은 (눈) 앞에 험준하고, 넓은 강은 왼쪽에 흐르도다.

노ᄑᆞᆫ : 높[高]-+-ᄋᆞᆫ(관형사형 어미). 높은.

뫼ᄒᆞᆫ : 뫼ㅎ[山]+ᄋᆞᆫ(보조사). 산은. '뫼ㅎ'이 'ㅎ' 종성 체언이기 때문에 보조사 'ᄋᆞᆫ'이 'ᄒᆞᆫ'이 된 것이다.

알ᄑᆡ : 앒[前]+ᄋᆡ(처격 조사, 부사격 조사). 앞에. 눈 앞에. ¶마음 잇서 이갓치 권할 적에 속은드시 들어가세 영화부귀 당기시에 내 앞에 치사할리 헛말 하겟난가 별말 말고 내 말 드러보소(마음 있어 이같이 권할 적에 속은 듯이 들어가세 영화부귀 당기시게 내 앞에 치사하게 헛말 하겠는가? 별말 말고 내 말 들어보소)<수궁별주부산중토처사전 713>.

률줄(嵂崒)ᄒᆞ고 : 율줄(嵂崒)+-ᄒᆞ(형용사 파생 접미사)-+-고(연결 어미). 우뚝하고. 험준하고. 험하고. 가파르고.

너븐 : 넙[廣, 洪]-+-은(관형사형 어미). 넓은. 너른. ¶일홈이 相샹이 ᄀᆞᄂᆞᆫ 터럭마도 업스니 바ᄅᆞᆯ 너브며 뫼 노포ᄆᆞᆯ 사ᄅᆞ미 아디 몯ᄒᆞᄂᆞ다(이름이 상이 가는 털만큼도 없으니 바다 넓으며 산 높음을 사람이 알지 못한다)<남명(상) 57ㄱ>.

ᄀᆞᄅᆞᄆᆞᆫ : ᄀᆞᄅᆞᆷ[江]+ᄋᆞᆫ(보조사). 강은.

왼녀긔 : 왼[左]#녁[方]+의(처격 조사, 부사격 조사). 왼녘에. 왼쪽에.

흐르놋다 : 흐르[流, 형영]-+-ᄂᆞ(현재 시제 선어말 어미)-+-오(확실성 표지)-+-ㅅ다(감탄형 어미). 흐르도다. 흐르는도다. 흐르는구나. '-놋다'를 하나의 어미로 취급하는 것은 '-ᄂᆞ(현재 시제 선어말 어미)-+-오(확실성 표지)-+-ㅅ다(감탄형 어미)'를 다시 감탄형 어미로 재구조화하는 것이다. '-ㅅ다'를 하나의 어미로 취급하는 것도 'ㅅ(사이시옷)+다'를 하나의 어미로 재구조화하는 것이다.

金城蓄峻趾 沙苑交回汀 【金城ᄋᆞᆫ 縣名이오 沙苑ᄋᆞᆫ 地名이라】
金城ᄋᆞᆫ 큰 불휘 儲蓄ᄒᆞ엿고 沙苑ᄋᆞᆫ 횟돈 믌ᄀᆞ이 섯겻도다

금성축준지 사원교회정 【금성은 현의 이름이고, 사원(沙苑)은 땅이름이다.】
금성(金城)은 큰 뿌리를 쌓아 두었고, 사원(沙苑)은 휘도는 물가가 섞여 있도다(금성에는 가파른 성터가 많이 남아 있고, 사원은 물이 교차하여 도는 물가에 있도다).

금성(金城)은 : 금성(金城)+은(보조사). 금성은. 『삼진기(三秦記)』에 의하면 금성은 포성(蒲城) 동쪽 50리에 있다. 진나라 때 장성(長城)을 쌓았다고 한다.

큰 : 크[大]-+-ㄴ(관형사형 어미). 큰

불휘 : 불휘[根]. 뿌리. 근거. 바탕. 이는 원문의 '지(趾)'를 번역한 말인데, '지(趾)'를 어떻게 '뿌리'로 번역한 것인지 알 수 없다. '지(趾)'가 '발, 발가락, 복사뼈, 발자국' 등의 뜻을 가지는데, '발'을 뿌리로 본 것인가? 여기서는 '성터'를 가리키는 것으로 본다. ¶불휘 기픈 남ᄀᆞᆫ ᄇᆞᄅᆞ매 아니 뮐씨 곶 됴코 여름 하ᄂᆞ니(뿌리 깊은 나무는 바람에 움직이지 않으므로 꽃 좋고 열매 많습니다)<용가 2>.

저축(儲蓄)ᄒᆞ엿고 : 저축(儲蓄)+-ᄒᆞ(동사 파생 접미사)-+-여(연결 어미)#잇[有]-+-고(연결 어미). 쌓았고. 쌓아 두었고.

금성(金城)은 큰 불휘 저축(儲蓄)ᄒᆞ엿고 : 금성은 큰 뿌리 쌓여 있고. '쌓여 있-'은 많이 쌓여 있다는 말이므로 이를 반영하면, '금성축준지(金城蓄峻趾)'는 '금성에는 가파른 산에 성터가 쌓여 있고'와 같이 된다. 이를 달리 의역하면 '금성에는 가파른 산에 성터가 많이 남아 있고'와 같이 된다.

사원(沙苑)은 : 사원(沙苑)+은(보조사). 사원은. 사원은 풍익현(馮翊縣)에 있었다는 현의 이름인데, 풍익현은 지금의 섬서성 대려현(大荔縣)으로, 사원은 교릉에서 동남쪽에 있다.

횟돈 : 횟(접미사)-+돌[回]-+-ㄴ(관형사형 어미). 휘돈. 휘도는. 빙 도는. 어간 '돌-'의 받침 'ㄹ'이 'ㄴ'으로 시작하는 말 앞에서 탈락된 것이다. 'ㄹ' 불규칙 활용이다. ¶시내 횟돈 ᄃᆡ 솘ᄇᆞᄅᆞ미 기리 부ᄂᆞ니 프른 쥐 녯 디샛 서리예 숨ᄂᆞ다(시냇물이 휘돌아 나가는 데 솔바람이 길게 부니 청솔모 옛 기와 사이에 숨는다)<두시(초) 6:1ㄱ>.

믌ᄀᆞ이 : 물[水]+ㅅ(관형격 조사)#ᄀᆞ[邊]+이(주격 조사). 물가가. 초간본에는 '믌ᄀᆞᅀᅵ'로 되어 있다. ¶그 뫼해 ᄒᆞᆫ 仙人ᄋᆞᆫ 南녁 堀애 잇고 ᄒᆞᆫ 仙人ᄋᆞᆫ 北녁 堀애 잇거든 두 山 ᄊᆞᅀᅵ예 ᄒᆞᆫ ᄉᆡ미 잇고 그 믌ᄀᆞᅀᅢ 平ᄒᆞᆫ 돌히 잇더라(그 산에 한 선인은 남녘 굴에 있고 한 선인은 북녘

둘에 있는데, 두 산 사이에 한 샘이 있고 그 물가에 평평한 돌이 있더라)<석상 11:25ㄱ>.
섯것도다 : 섞〔交〕-+-어(연결 어미)#잇〔有〕-+-도다(감탄형 어미). 섞어 있도다.

永與奧區固 川原紛眇冥 【西都賦에 防禦之助則天地之奧區焉이라 ᄒᆞ니 言橋陵之地ㅣ 與西都로 永固也ㅣ라】
기리 奧區와 다ᄆᆞᆺ 구더시리로소니 내콰 두듥괘 어즈러이 아ᄋᆞ라ᄒᆞ얫도다

서도부오구 천원분묘명 【『서도부(西都賦)』에 방어의 요체인즉 천지의 요새라 하니 교릉의 땅이 서도(西都)와 더불어 길이 굳으리라 하였다.】
길이 요새와 더불어 견고하게 있을 텐데 내와 두둑이 어지러이 희미하고 어둑하구나.

서도부(西都賦) : 중국 한나라의 반고가 창작한 대부(大賦). 장안(지금의 섬서성 서안)의 지리적 위치, 궁실태저(宮室臺榭), 전렵(田猎)의 유람 장면을 묘사함으로써 도읍의 웅장함과 궁궐의 화려함을 표현하였고, 한나라 수도의 번영을 보여 줌으로써 장안의 구제(舊制)가 지극히 호화롭고 사치스러웠음을 에둘러 풍자하였다고 한다.
기리 : 길〔永〕-+-이(부사 파생 접미사). 길이.
오구(奧區)와 : 오구(奧區)+와(접속 조사). 오구와. 깊숙한 지대와. 요새와.
다ᄆᆞᆺ : 다ᄆᆞᆺ〔與〕. 함께.
구더시리로소니 : 굳〔堅, 固〕-+-어(연결 어미)#시〔有〕-+-리(미래 시제 선어말 어미)-+-로소(재확인 양태 선어말 어미))-+-니(연결 어미). 굳어 있을 것이니. 견고하게 있을 터인데.
내콰 : 내ㅎ〔川〕+과(접속 조사). 내와. '내ㅎ'가 'ㅎ' 종성 체언이기 때문에 접속 조사 '과'가 '콰'로 된 것이다.
두듥괘 : 두듥〔原〕+과(접속 조사)+이(주격 조사). 두둑이.
어즈러이: 어즈럽〔紛〕-+-이(부사 파생 접미사). 어지럽게. 어지러이. 여기저기 많이 있는 모습이다.
아ᄋᆞ라ᄒᆞ얫도다 : 아ᄋᆞ라〔眇冥〕+-ᄒᆞ(형용사 파생 접미사)-+-도다(감탄형 어미). 아스라하도다. 멀도다. 끝이 없도다. 초간본에는 '아ᅀᆞ라ᄒᆞ얫도다'로 되어 있다.

居然赤縣立 臺榭爭岧嵽 【赤縣은 指奉先縣ᄒᆞ니라 岧嵽은 高皃ㅣ라】
믄드시 赤縣을 建立ᄒᆞ니 臺와 亭子왜 ᄃᆞ토와 노팻도다

거연적현립 대사쟁초정 【적현(赤縣)은 봉선현을 가리킨다. 초정(岧嵽)은 높은 모양이다.】
문득 적현(赤縣, 봉선현)을 건립하니 누대와 정자가 다투어 높아 있도다.(높도다)

믄드시 : 믄듯[突然, 忽]-+-이(부사 파생 접미사). 문득. 뜻밖의. 원문의 '거연(居然)'은 '실제로, 의외로, 믿을 수 없게, 문득' 등과 같은 뜻이다. ¶興心이 다ᄋᆞ니 ᄀᆞᆺ 닶가오미 업더니 시르믜 오ᄆᆞᆯ 믄드시 이긔디 몯ᄒᆞ리로다(흥심이 다하니 선듯 답답함이 없었는데 시름이 오는 것을 뜻밖에 이기지 못할 것이도다)<두시(초) 3:14ㄴ>.

적현(赤縣)을 : 적현(赤縣)+을(대격 조사). 적현을. 적현은 봉선현(奉先縣)을 가리킨다. 봉선현은 지금의 섬서성(陝西省) 포성현(蒲城縣)이다.

건립(建立)ᄒᆞ니 : 건립(建立)+-ᄒᆞ(동사 파생 접미사)-+-니(연결 어미). 건립하니. 세우니.

대(臺)와 : 대(臺)+와(접속 조사). 누대(樓臺)와.

정자(亭子)왜 : 정자(亭子)+와(접속 조사)+이(주격 조사). 정자가.

ᄃᆞ토와 : ᄃᆞ토[爭]-+-아(연결 어미). 다투어. 경쟁하여. 연결 어미가 '-와'와 같이 된 것은 'ᄃᆞ토-'의 어간말 모음 '오'의 영향에 의하여 연결 어미 '-아'가 '와'로 된 것으로 본다. 어간 'ᄃᆞ토-' 뒤에 확실성 표지 '-오-'가 부가된 것으로는 보지 않는다. 중간본에서는 확실성 표지 '-오/우-'가 약화되고 있기 때문이다. 'ᄃᆞ토아'가 축약되어 'ᄃᆞ톼'로 나타나기도 한다. ¶大愛道ᄭᅴ ᄉᆞᆯ보샤ᄃᆡ 내 지븨 이슗 저긔 여듧 나랏 王이 난겻기로 ᄃᆞ토거늘 (대애도께 사뢰시되 내 집에 있을 적에 여덟 나라의 왕이 겨루기로 다투거늘)<석상 6:7ㄱ>,

노팻도다 : 높[高, 岧嵽]-+-아(연결 어미)#잇[有]-+-도다(감탄형 어미). 높아 있도다. 높았도다. 높도다.

官屬果稱[19ㄱ]是 聲華眞可聽 【官屬은 指縣內諸官ᄒᆞ다 此下ᄂᆞᆫ言縣官之美ᄒᆞ다】
官屬이 果然 이에 마ᄌᆞ니 소리와 빗나미 眞實로 可히 드러만 ᄒᆞ도다

관속과칭시 성화진가청 【관속은 현 안의 여러 관원을 가리킨다. 이 아래는 현 관리들을 기리는 것을 말한다.】

관속(官屬)이 과연 이에 맞으니 명성과 명예가 진실로 가히 들을 만하도다.

관속(官屬)이 : 관속(官屬)+이(주격 조사). 관속이. 관속은 지방 관아의 아전과 하인을 통틀어 이르는 말이다. 주석에서는 '관속'을 '제관(여러 관원)'으로 해석하였으나, 그보다는 직책이 낮은 사람도 포함된다.

과연(果然) : 과연. 정말로.

이에 : 이〔是〕+에(처격 조사, 부사격 조사). 이에. 이것에. 초간본에는 '이ᅌᅦ'와 같이 '이'와 처격 조사 '에'사이에 'ㆁ'이 끼어 있다. 초간본의 'ᅌᅦ'는 '이〔是〕+ㆁ(삽입 자음)+에(처격 조사, 부사격 조사)'와 같이 분석된다.

마ᄌᆞ니 : 맞〔合, 適, 稱〕-+-ᄋᆞ니(연결 어미). 맞으니. 합당하니. 충실하니. 칭찬할 만하니. 관속들이 지시한 일을 잘하고 있음을 말한다. 이 구성의 주어는 '관속(官屬)'인데, 이를 '관리'나 '관원'과 같은 높은 신분이나 벼슬을 하는 사람이라고 보아서는 안 된다. 관속은 현에서 비교적 낮은 직책을 맡은 사람들이다.

소리와 : 소리〔聲〕+와(접속 조사). 소리와. 명성과. 칭찬과.

빗나미 : 빛〔光〕#나〔生〕-+암(명사형 어미)+이(주격 조사). 빛남이. 명예가.

진실(眞實)로 : 진실(眞實)+로(양태 조사, 부사격 조사). 진실로. 정말로.

가(可)히 : 가(可)+-ᄒᆞ(형용사 파생 접미사)-+-이(부사 파생 접미사). 가히. 능히.

드러 만ᄒᆞ도다 : 듣〔聽〕-+-어(연결 어미)#만ᄒᆞ〔可, 價〕-+-도다(감탄형 어미). 들을 만하도다. 들을 가치가 있도다. 보조 용언 '만ᄒᆞ-'가 연결 어미 '-아/어'를 요구하는 다른 예가 찾아지지 않는 것이 흠이다.

王劉美竹潤 裴李春蘭馨 【竹ᄋᆞᆫ 喩節操ᄒᆞ고 蘭ᄋᆞᆫ 喩聲譽ᄒᆞ다】

王과 劉와ᄂᆞᆫ 됴ᄒᆞᆫ 대 潤澤ᄒᆞᆫ ᄃᆞᆺ고 裵와 李와ᄂᆞᆫ 봆 蘭草ㅣ 곧다온 ᄃᆞᆺᄒᆞ도다

왕류미죽윤 배리춘란형 【대는 절조를 비유하고 난초는 명성과 명예를 비유한다.】

왕(王)씨와 유(劉)씨는 좋은 대나무 윤기 나는 듯하고, 배(裵)씨와 이(李)씨는 봄의 난초가 향기로운 듯하도다.

왕(王)와 유(劉)와는 : 왕(王)+과(접속 조사)#유(劉)+와(접속 조사)+는(보조사). 왕씨와 유씨는. 왕씨와 유씨는 관속의 인물들이다.

됴흔 대 : 둏[好, 美]-+-은(관형사형 어미)#대[竹]. 좋은 대. 좋은 대나무.

윤택(潤澤)흔 : 윤택(潤澤)+-흐(형용사 파생 접미사)-+-은(관형사형 어미). 윤택한. 윤기 나는. 기름이 흐르는. 아름답게 빛이 나고 반짝이는.

둧고 : 둧[如]+-고(연결 어미). 듯하고. 어간을 '둧흐-'로 상정하면, '흐' 탈락을 상정해야 한다. '둧-'은 '*둧다, *둧지' 등과 같이 활용하지 않는다.

배(裵)와 이(李)와는 : 배(裵)+와(접속 조사)#이(李)+와(접속 조사)+는(보조사). 배씨와 이씨는. 배씨와 이씨는 관속의 인물들이다.

봆 : 봄[春]+ㅅ(관형격 조사). 봄의.

난초(蘭草)ㅣ : 난초(蘭草)+ㅣ(주격 조사). 난초가.

곧다온 : 곶[花]+-답(형용사 파생 접미사)-+-은(관형사형 어미). 향기로운. '곶'이 '곧'으로 적한 것으로 본다. 주격형이 '고지'로 나타난다. 어원은 '꽃답-'에서 온 것이나, 중세어나 근대어의 예에서 '곶답다'를 '꽃과 같다'의 의미로 해석할 수 있는 예는 찾기 어렵다. ¶마슨 엇데 金 ᄀᆞ톤 菊花와 ᄀᆞᆮᄒᆞ리오 곳다오믄 프른 아오개 어울워 머구미 맛당ᄒᆞ니라(맛은 어찌 금 같은 국화와 같으리오? 향기로움은 푸른 아욱에 섞어 먹는 것이 마땅한 것이다)<두시(초) 7:39ㄴ>. 봆 蘭란과 ᄀᆞᇫ 菊국花황ㅣ 各각各각 제여곰 곳다오니라(봄의 난초와 가을의 국화가 각각 제가끔 향기로운 것이다)<금삼 4:53ㄴ>. 長安 ᄉᆞ랑호ᄆᆞᆯ 그르디 몯ᄒᆞ얏ᄂᆞ니라 곳다온 雲霧에 구룸 ᄀᆞᆮ흔 미리(머리) 저젓고(장안 생각하는 것을 그만두지 못하였지. 향기로운 구름과 안개에 머리 젖어 있고)<두시(중) 12:4ㄴ>.

둧ᄒᆞ도다 : 둧[如]+-ᄒᆞ(형용사 파생 접미사)-+-도다(감탄형 어미). 듯하도다.

鄭氏才振古 啖侯筆不停 【才振古는 言才之多也ㅣ라 筆不停은 言筆之捷也ㅣ라】

鄭氏는 ᄌᆡ죄 녜로브테오 啖侯는 부들 머믈우디 아니ᄒᆞᄂᆞ다

정씨재진고 담후필불정 【재진고(才振古)는 재주가 많음을 말한다. 필부정(筆不停)은 붓이 민첩함을 말한다.】

정씨는 재주가 예로부터인 것이고, 담후씨는 붓을 머물게 하지 않는구나!

정씨(鄭氏)는 : 정씨(鄭氏)+는(보조사). 정씨는. 현에서 일하는 관속의 하나.

ᄌᆡ죄 : ᄌᆡ죄[才]. 재주.

녜로브테오 : 녜[古]+로브터(출격 조사, 부사격 조사)#이(지정 형용사)-+-고(연결 어미). 예로부터이고. 예로부터인 것이고. 출격 조사 '로브터'는 조격 조사 '로'와 보조사 '브터'의 결합이 재구조화된 것이고, '브터'는 '븥[附]-'과 연결 어미 '-어'의 결합이 재구조화된 것이다.

담후(啖侯)ᄂᆞᆫ : 담후(啖侯)+ᄂᆞᆫ(보조사). 담후씨는. 담후는 담조(啖助)로 추측되는 인물이다. 『당서(唐書)』에 의하면, 담조는 조주(趙州) 사람으로, 자가 숙좌(叔佐)였다, 경술(經術)에 정통하여, 『춘추』 '삼가(三家)'의 장점과 단점을 잘 논했다고 한다.

부들 : 붇[筆]+을(대격 조사). 붓을. ¶金붇 자ᄇᆞ샤 글 쓰시며 무르샤ᄃᆡ 므슴 그를 ᄀᆞᄅᆞ쵸려 ᄒᆞ시ᄂᆞᆫ고 蜜多羅ㅣ對答ᄒᆞᅀᆞᄫᆞᄃᆡ 梵書 佉留書로 ᄀᆞᄅᆞ치ᅀᆞᄫᆞ리이다(금붓 잡으시어 글 쓰시며 무르시되 무슨 글을 가르치려 하시는고? 밀다라가 대답하오시되 범서 구류서를 가르치오리다)<석상 3:8ㄴ>.

머믈우디 : 머믈[停]-+-우(사동 파생 접미사)-+-디(연결 어미). 머물게 하지. 정지하지. 가만두지. 쉬게 하지. ¶다ᄉᆞᆺ 곳 두 고지 空中에 머믈어늘 天龍八部ㅣ 讚嘆ᄒᆞᅀᆞᄫᆞ니(다섯 꽃 두 꽃이 공중에 머물거늘 천룡 8부가 찬탄하오니)<월천 3ㄱ>.

아니ᄒᆞᄂᆞᆺ다 : 아니[不]+-ᄒᆞ(동사 파생 접미사)-+-ᄂᆞ(현재 시제 선어말 어미)-+-오(확실성 표지)-+-ㅅ다(감탄형 어미). 아니하는구나. 아니하도다. '-ᄂᆞᆺ다'를 하나의 어미로 취급하는 것은 '-ᄂᆞ(현재 시제 선어말 어미)-+-오(확실성 표지)-+-ㅅ다(감탄형 어미)'를 감탄형 어미로 재구조화하는 것이다. '-ㅅ다'를 하나의 어미로 취급하는 것도 'ㅅ(사이시옷)+다'를 하나의 어미로 재구조화하는 것이다.

遣辭必中律 利物常發硎 【發硎은 莊子애 刀刃이 若新發於硎也ㅣ라 ᄒᆞ다 上句ᄂᆞᆫ 發言이 合法度也ㅣ라 下句ᄂᆞᆫ 其制物이 有剸裁也ㅣ라】

말ᄉᆞᆷ 펴 호ᄆᆞᆫ 반ᄃᆞ기 法律에 맛고 物를 [19ㄴ]利케 호ᄆᆞᆫ 상녜 ᄲᅮᆺ돌해 ᄀᆞ라 내욘 ᄃᆞᆺᄒᆞ도다

견사필중률 리물상발형 【발형(發硎)은 『장자』에 칼과 칼날이 숫돌에 새로 갈아 낸 것과 같다고 하였다. 윗구는 말을 하는 것이 법도에 맞는 것이다. 아랫구는 그 제도와 문물이 아주 가지런한 것이다.】

말을 펴 내는 것은 반드시 법도에 맞고, 경제를 이롭게 함은 항상 숫돌에 갈아

낸 듯하도다.

말ᄉᆞᆷ : 말ᄉᆞᆷ〔言, 辭〕. 말. 말하는 것. 언어. '말ᄊᆞᆷ'은 언어도 가리키고 말의 발음도 가리켰다. '말ᄉᆞᆷ'이 발음을 가리켰던 것은 아니다. ¶갓ᄀᆞᆫ 妄ᄋᆞᆯ 고텨 더로려 ᄒᆞ실ᄊᆡ 이런ᄃᆞ로 勅ᄒᆞ샤ᄃᆡ 고도ᄆᆞ로 對答ᄒᆞ라 ᄒᆞ시니라 ᄆᆞᅀᆞᆷ과 말ᄉᆞᆷ괘 고ᄃᆞ면 道애 어루 ᄲᆞᆯ리 나ᅀᅡ가리라(거꾸로 된 망(妄)을 고쳐 덜려고 하시므로 이렇기 때문에 칙령을 내리시되 곧음으로 대답하라 하신 것이다. 마음과 말씀이 곧으면 도(道)에 가히 빠른 길로 나아가리라)<능엄 1:44ㄴ>.

펴 ᄒᆞ몬 : 펴〔展, 遣〕-+-어(연결 어미)#ᄒᆞ〔爲〕-+-옴(명사형 어미)+ᄋᆞᆫ(관형사형 어미). 폄은. 펴는 것은. 펴 내는 것은.

반ᄃᆞ기 : 반ᄃᆞ기〔必〕. 반드시. 꼭. 필연적으로. 중세어나 근대어에는 '필(必)'의 뜻을 가지는 '반ᄃᆞ기'와 '반ᄃᆞ시'의 두 형태가 있었다. 일반적으로 많이 쓰인 형태는 '반ᄃᆞ시'였으며, '반ᄃᆞ기'는 그 쓰임이 매우 제한되었다. '반ᄃᆞ시'는 '반ᄃᆞᆺᄒᆞ다'란 어근을 가지나, '반ᄃᆞ기'는 그렇지 않다. '반ᄃᆞ기'는 '필연적으로'의 뜻을 강하게 가진다. ¶正音은 正ᄒᆞᆫ 소리니 우리나랏 마ᄅᆞᆯ 正히 반ᄃᆞ기 올히 쓰논 그릴ᄊᆡ 일후믈 正音이라 ᄒᆞᄂᆞ니라(정음은 바른 소리이니 우리나라의 말을 반드시 옳게 쓰는 글이므로 이름을 정음이라 하는 것이다)<월석 1:석서 5ㄴ>

법률(法律)에 : 법률(法律)+에(달격 조사, 부사격 조사). 법도에. 법률에. 법과 규율에.

맛고 : 맞〔合, 適, 中〕-+-고(연결 어미). 맞고. 합당하고. 적합하고.

물(物)을 : 물(物)+을(대격 조사). 물을. 경제를.

리(利)케 : 이(利)+-ᄒᆞ(형용사 파생 접미사)-+-게(연결 어미). 이익이 되게. 이롭게.

ᄒᆞ모ᄆᆞᆫ : ᄒᆞ〔爲〕-+-옴(명사형 어미)+ᄋᆞᆫ(보조사). 함은. 하는 것은.

샹녜 : 샹녜(常例). 늘. 항상.

ᄲᅡᆺ돌해 : ᄲᅡᆺ〔硎〕-#돌ㅎ〔石〕+애(처격 조사, 부사격 조사). 숫돌에.

ᄀᆞ라 : ᄀᆞᆯ〔硏, 磢, 硎〕-+-아(연결 어미). 갈아. 연마하여. ¶고ᄉᆞᆷ도틔 갓 ᄒᆞᆫ 나출 ᄉᆞ라 ᄌᆡ ᄃᆞ외어든 ᄀᆞᄂᆞ리 ᄀᆞ라 반 돈곰 소옴애 ᄣᅡ 곳굼긔 녀호ᄃᆡ ᄌᆞ조 ᄀᆞᆯ면 됴ᄒᆞ리라(고슴도치 가죽 하나를 불살라 재 되거든 가늘게 갈아 반 돈씩 솜에 싸 코구멍에 넣되 자주 갈면 좋으리라)<구간 2:98ㄴ>.

내욘 : 나〔出〕-+-이(사동 파생 접미사)-+-오(확실성 표지)-+-ㄴ(관형사형 어미). 낸. 나오게 한. ¶이 고기ᄂᆞᆫ 다 내 神力으로 化ᄒᆞ야 내욘 거시라(이 고기는 다 나의 신력으로 만들어져 나게 한 것이다)<능엄 6:93ㄱ>.

ᄃᆞᆺᄒᆞ도다 : ᄃᆞᆺ〔如〕-+-ᄒᆞ(형용사 파생 접미사)-+-도다(감탄형 어미). 듯하도다.

綺繡相展轉 琳琅愈青熒 【上句ᄂᆞᆫ 喩其文華也ㅣ오 下句ᄂᆞᆫ 喩其溫粹也ㅣ라】
깁와 繡ᄒᆞᆫ 거시 서르 폣고 琳와 琅괘 더욱 빗나도다

기수상전전 림랑유청형 【윗구는 그 문화의 빛남을 비유한 것이고, 아랫구는 그 따듯하고 순수함을 비유한 것이다.】

비단과 수놓은 것이 서로 펼쳐져 있고, 아름다운 옥과 빛나는 구슬이 더욱 빛나도다.

깁과 : 깁〔綺〕+과(접속 조사). 비단과.

수(繡)혼 : 수(繡)+-ᄒᆞ(동사 파생 접미사)-+-오(확실성 표지)-+-ㄴ(관형사형 어미). 수놓은. 수를 놓은.

거시 : 것(의존 명사)+이(주격 조사). 것이.

서르 : 서르〔相〕. 서로. ¶〔相ᄋᆞᆫ 서르 ᄒᆞ논 ᄠᅳ디라 流通ᄋᆞᆫ 흘러 ᄉᆞᄆᆞᄎᆞᆯ 씨라〕 文문字ᄍᆞᆼ와로 서르 ᄉᆞᄆᆞᆺ디 아니ᄒᆞᆯᄊᆡ(〔상은 서로 하는 뜻이다. 유통은 흘러 통하는 것이다〕 문자와 서로 통하지 아니하므로)<훈언 1ㄴ>.

폣고 : 펴〔展, 展轉〕-+-어(연결 어미)#잇〔有〕-+-고(연결 어미). 펴 있고. 전개되어 있고. 펼쳐져 있고. ¶兵馬ㅅ 氣運이 수플와 뫼해 폣ᄂᆞ니 냇 비치 鋒鏑과 섯겟도다(전쟁의 기운이 수풀과 산에 펼쳐져 있으니, 내의 빛이 창끝과 화살촉이 섞여 있도다)<두시(초) 7:25ㄱ>.

림(琳)과 : 임(琳)+과(접속 조사). 임과. 아름다운 옥과.

랑(琅)괘 : 낭(琅)+과(접속 조사)+이(주격 조사). 낭이. 빛나는 구슬이.

더욱 : 더욱〔愈〕.

빗나도다 : 빛〔光〕#나〔生〕-+-도다(감탄형 어미). 빛나도다. 빛나는구나.

側聞魯恭化 秉德崔瑗銘 【漢ㅅ 魯恭이 中牟令ᄒᆞ야 以德化爲治ᄒᆞ고 崔瑗이 有座右銘ᄒᆞ니 此ᄂᆞᆫ 美縣官之善政與謹身也ㅣ라】
魯恭의 政化ᄅᆞᆯ 기우려 듣노니 德를 자보ᄆᆞᆫ 崔瑗의 銘으로 ᄒᆞᄂᆞᆺ다

측문로공화 병덕최원명 【한나라의 노공(魯公)이 중모령이 되어 덕화(德化)로써 다스림을 삼고, 최원(崔瑗)이 좌우명이 있으니 이는 현(縣) 관리들의 좋은 정치와 몸 삼가는 것을 기리는 것이다.】

노공(魯恭)이 덕으로 정치하는 것을 기울여 들었는데, 근신하는 것은 최원(崔瑗)이 좌우명으로 하였도다.

노공(魯恭)의 : 노공(魯恭)+의(관형격 조사). 노공의. 『동관한기(東觀漢記)』에 의하면, 노공은 동한(東漢) 사람으로 선정(善政)을 행한 인물로 칭송을 받았다고 한다. 형벌을 가하지 않았다고 한다.

정화(政化)ᄅᆞᆯ : 정화(政化)+ᄅᆞᆯ(대격 조사). 정치로써 백성을 교화시키는 것을. 덕으로 정치하는 것을.

기우려 : 기울[傾]-+-이(사동 파생 접미사)-+-어(연결 어미). 기울여. 원문은 '측문(側聞)'으로 '곁에서 듣는다'는 뜻인데, 이를 '기울여 듣는다'로 번역하고 있다.

든노니 : 듣[聞]-+-ᄂᆞ(현재 시제 선어말 어미)-+-오(확실성 표지)-+-니(연결 어미). 들으니. 듣는 것이니. 듣는데.

덕(德)을 : 덕(德)+을(대격 조사). 덕을. '덕'은 몸을 자애롭게 가지는 실천적인 측면을 말한다.

자보ᄆᆞᆫ : 잡[執, 秉]-+-옴(명사형 어미)+ᄋᆞᆫ(보조사). 잡음은. 지키는 것은. 흐트러지지 않게 몸을 잡는 것을 말한다.

최원(崔瑗)의 : 최원(崔瑗)+의(관형격 조사). 최원의. 『후한서』 '최원전'에 기록되어 있는 최원(崔瑗)은 급(汲)의 현령을 하였는데, 벼슬을 살 때에는 맑고 바르게 하였으며, 말과 글이 면밀하고, '좌우명'을 잘 썼다고 한다. 이는 당대 현내의 여러 관리들이 덕으로써 정치를 하였음을 빌어 말한 것이다.

명(銘)으로 : 명(銘)+으로(조격 조사, 부사격 조사). 좌우명으로. 최원이 좌우명으로 스스로 근신하였음을 말한다.

ᄒᆞ놋다 : ᄒᆞ[爲]-+-ᄂᆞ(현재 시제 선어말 어미)-+-오(확실성 표지)-+-ㅅ다(감탄형 어미). 하도다. 하는구나. '-놋다'를 하나의 어미로 취급하는 것은 '-ᄂᆞ(현재 시제 선어말 어미)-+-오(확실성 표지)-+-ㅅ다(감탄형 어미)'를 감탄형 어미로 재구조화하는 것이다. '-ㅅ다'를 하나의 어미로 취급하는 것도 'ㅅ(사이시옷)+다'를 다시 하나의 어미로 재구조화하는 것이다.

太史候鳧影 王喬隨鶴翎【王喬이 有神術ᄒᆞ더니 爲葉縣令ᄒᆞ야 入朝애 無車馬ㅣ어늘 帝令太史로 候望ᄒᆞ시니 有雙鳧ㅣ 飛來어늘 擧網得雙舃ᄒᆞ니라 又王喬ㅣ 七月七日에 乘白鶴ᄒᆞ야 上緱氏山而去ᄒᆞ다 此ᄂᆞᆫ 美縣官之有仙骨而非俗[20ㄱ]流也ㅣ라】

太史ㅣ 올ᄒᆡ 그리메ᄅᆞᆯ 기들우고 王喬ㅣ 鶴ᄋᆡ ᄂᆞᆯ개ᄅᆞᆯ 조차 ᄃᆞᆫ니놋다

태사후부영 왕교수학령 【왕교가 신술(神術)을 가졌었는데 섭 현령이 되어 조회에 들어갈 때에 수레와 말이 없거늘, 황제가 태사로 하여금 기다려 보게 하시니, 한 쌍의 오리가 날아오거늘 망으로 나막신 한 켤레를 들어올렸다. 또 왕교가 7월 7일에 백학을 타고 구씨(緱氏) 산에 올라가 사라졌다. 이는 현의 관리들이 선골의 기질을 가져 속된 부류가 아님을 기린 것이다.】

태사(太史)가 오리의 그림자를 기다리고, 왕교가 학의 날개를 좇아 다니도다.

태사(太史)ㅣ : 태사(太史)+ㅣ(주격 조사). 태사가.

올ᄒᆡ : 올히[鳧]+ᄋᆡ(관형격 조사). 오리의. 기본형은 '올히'이다. 여기에 관형격 조사 'ᄋᆡ' 결합형이 '올ᄒᆡ'이다. '올히'의 'ㅣ'가 탈락하고 'ᄋᆡ'가 결합한 것이다. '올희'도 관형격형이다. ¶沐浴ᄒᆞᄂᆞᆫ 올히와 ᄂᆞᄂᆞᆫ 하야로비ᄂᆞᆫ 나조ᄒᆡ 悠悠ᄒᆞ도다(목욕하는 오리와 나는 해오라비는 저녁에 유유하도다)<두시(중) 9:38ㄴ>. 그려기 올히ᄂᆞᆫ 기리 혜요미 맛당ᄒᆞ니 섭과 가ᄉᆡ로 ᄒᆞᆫ 門으란 ᄉᆞᆨ절업시 여디 말라(기러기와 오리는 오래 헤아리는 것이 마땅하니, 섶나무와 가시로 한 문일랑은 속절없이 열지 말라)<두시(초) 7:9ㄱ>.

그리메ᄅᆞᆯ : 그리메[影]+ᄅᆞᆯ(대격 조사). 그림자를. 중간본에도 '그르메'가 나타난다.

기들우고 : 기들우[待, 候]-+-고(연결 어미). 기다리고. ¶늘근 驥馬ㅣ 千里 가고져 ᄉᆞ랑ᄒᆞ며 주린 매 ᄒᆞᆫ번 블러 머규믈 기들우ᄂᆞ니라(늙은 천리마가 천리를 가고자 생각하며 주린 매 한 번 불러 먹게 하는 것을 기다리는 것이다)<두시(초) 19:7ㄴ>.

왕교(王喬)ㅣ : 왕교(王喬)+ㅣ(주격 조사). 왕교가. 주석에서는 '王喬이'로도 나타난다. '王喬이'는 '이'가 하나의 독립된 음절을 이룸을 보이는 것이나, '王喬ㅣ'는 'ㅣ'가 독립적인 음절을 이루지 못하는 것으로 보인다. 같은 주석에서 이 둘이 혼재된다는 것은 'ㅣ'가 더 이상 음절 부음(副音)의 지위에 머물러 있지 못하게 되었음을 말한다.

학(鶴)ᄋᆡ : 학(鶴)+ᄋᆡ(관형격 조사). 학의.

ᄂᆞᆯ개ᄅᆞᆯ 조차 : ᄂᆞᆯ개[翼, 翎]+ᄅᆞᆯ(대격 조사)#좇[隨]-+-아(연결 어미). 날개를 좇아. 날개를 따라.

ᄃᆞ니놋다 : ᄃᆞᆮ〔走〕-#니〔行〕-+-ᄂᆞ(현재 시제 선어말 어미)-+-오(확실성 표지)-+-ㅅ다(감탄형 어미). 다니도다. 다니는구나. 'ᄃᆞ니-'는 'ᄃᆞᆮ니-'가 자음 접변을 일으킨 것이다. '-놋다'를 하나의 어미로 취급하는 것은 '-ᄂᆞ(현재 시제 선어말 어미)-+-오(확실성 표지)-+-ㅅ다(감탄형 어미)'를 감탄형 어미로 재구조화하는 것이다. '-ㅅ다'를 하나의 어미로 취급하는 것도 'ㅅ(사이시옷)+다'를 다시 하나의 어미로 재구조화하는 것이다.

朝儀限霄漢 客思回林坰【此ᄂᆞᆫ 甫이 言不得參會朝之儀호미 如隔霄漢故로 欲歸山林也ㅣ라 此下ᄂᆞᆫ 皆甫ㅣ 自敍ㅣ라】

朝儀에 하ᄂᆞᆯ히 限隔ᄒᆞ니 나그내 ᄠᅳ든 林坰에 도라가고져 ᄒᆞ노다

조의한소한 객사회림경 【이는 두보가 조의(朝儀)에 참석하지 못하는 것이 하늘에서 떨어진 사람과 같기 때문에 산림으로 돌아가고자 함을 말한다. 이 아래는 모두 두보가 자신을 서술하는 것이다.】

조회에 나가는 것이 하늘처럼 막혀 있으니, 나그네 뜻은 숲과 들에 돌아가고자 한다.

조의(朝儀)에 : 조의(朝儀)+에(달격 조사, 부사격 조사). 조의에. 조의에 참석하는 것이. 초간본에는 '조의(朝儀)예'로 되어 있다. 중간본에 와서 'ㅣ'에 의한 순행 동화가 제약됨을 보이는 것은 형태 음소적 표기가 강해졌다고 할 수 있다.

하ᄂᆞᆯ히 : 하ᄂᆞᆯㅎ〔天〕+이(주격 조사). 하늘이. '하ᄂᆞᆯㅎ'가 'ㅎ' 종성 체언이기 때문에 주격 조사 '이'가 '히'로 된 것이다.

한격(限隔)ᄒᆞ니 : 한격(限隔)+-ᄒᆞ(형용사 파생 접미사)-+-니(연결 어미). 막히니. 막혀 있으니.

나그내 ᄠᅳ든 : 나그내〔客〕#ᄠᅳᆮ〔意 思〕+은(보조사). 나그네 뜻은. 나그네의 뜻은. 여기 '나그내'는 두보 자신을 가리킨다.

림경(林坰)에 : 임경(林坰)+에(달격 조사, 부사격 조사). 숲과 들에. 산림에.

도라가고져 : 돌〔回〕-+-아(연결 어미)#가〔行〕-+-고져(연결 어미). 돌아가고자.

ᄒᆞ노다 : ᄒᆞ(대동사)-+-ᄂᆞ(현재 시제 선어말 어미)-+-오(확실성 표지)-+-다(평서형 어미). 하노라. 한다. 초간본에는 'ᄒᆞ노라'로 되어 있다. 중간본의 'ᄒᆞ노다'는 '-다'의 기능이 강화되는 양상을 보이는 것으로 여겨진다. 'ᄒᆞ노다'가 나타나는 것은 『두시언해』(중간본)의 두 예, 『악학습령』의 두 예, 『조야회통』의 두 예뿐이다. 비록 그 예가 얼마 되지는 않으나, 이전에는 'ᄒᆞ노다'의 예가 전혀 없었다는 점에서 'ᄒᆞᄂᆞ다'의 '-다'와 'ᄒᆞ노다'의 '-다'가

합류하는 경향을 보이는 것이라 할 수 있다. 이는 '-노-'에 포함된 '-오(확실성 표지)-'의 기능이 약화됨을 보이는 것이라고도 할 수 있다. ¶긼거리롤 臨ᄒᆞ야셔 슬후믈 짓디 아니ᄒᆞ고 擧最예 몬져 호ᄆᆞᆯ 오직 듣고져 ᄒᆞ노다(길거리에 임하여 슬픔을 짓지 아니하고 최상을 드는 것을 먼저 하는 것을 오직 듣고자 한다)<두시(중) 3:11ㄱ>.

轗軻辭下杜 飄颻凌濁涇 【轗軻ᄂᆞᆫ 不得志也ㅣ라 此ᄂᆞᆫ 甫ㅣ 自杜陵으로 來奉先故로 渡涇水也ㅣ라】
轗軻ᄒᆞ야 下杜ᄅᆞᆯ 말오 飄颻히 흐린 涇水ᄅᆞᆯ 凌犯호라

감가사하두 표요릉탁경 【감가(轗軻)는 뜻을 얻지 못한 것이다. 이는 두보가 두릉(杜陵)으로부터 봉선(奉先)으로 왔으므로 경수(涇水)를 건넌 것이다.】
뜻을 얻지 못하여 하두(下杜)를 떠나 정처 없이 흐린 경수(涇水)를 넘도다.

감가(轗軻)ᄒᆞ야 : 감가(轗軻)+-ᄒᆞ(동사 파생 접미사)-+-야(연결 어미). 길이 험하여 수레로 가기 힘들어. (비유적으로) 뜻을 얻지 못하여. 뜻을 이루지 못하여.

하두(下杜)ᄅᆞᆯ : 하두(下杜)+ᄅᆞᆯ(대격 조사). 하두성(下杜城)을. 장안의 두릉현(杜陵縣) 아래쪽에 있어 '하두'란 이름이 붙게 되었다. 『장안지』에 의하면 하두성은 장안현 남쪽 15리에 있고 둘레가 3리가 되었다고 한다.

말오 : 말[辭]-+-고(연결 어미). 말고. 그만두고. 떠나.

표요(飄颻)히 : 표요(飄颻)+-ᄒᆞ(형용사 파생 접미사)-+-이(부사 파생 접미사). 가볍게. 정처 없이. 미련 없이.

흐린 : 흐리[濁]-+-ㄴ(관형사형 어미). 흐린. 혼탁한.

경수(涇水)ᄅᆞᆯ : 경수(涇水)+ᄅᆞᆯ(대격 조사). 경수를. 경수는 장안 북쪽에 있는 강으로 항상 흐리다고 한다.

능범(凌犯)호라 : 능범(凌犯)+-ᄒᆞ(동사 파생 접미사)-+-오(확실성 표지)-+-라(평서형 어미). 넘도다.

諸生舊短褐 旅泛一浮萍
諸生앤 녜 뎌른 오시오 나그내로 ᄠᅥᄃᆞᆮ뇨ᄆᆞᆫ ᄒᆞᆫ ᄠᅥᆺᄂᆞᆫ 말와미로다

제생구단갈 려범일부평

諸生앤 녯 뎌른 오시오 나그내로 ᄠᅥ ᄃᆞᆮ뇨ᄆᆞᆫ ᄒᆞᆫ ᄠᅥᆺᄂᆞᆫ 말와미로라

제생(諸生)앤 : 제생(諸生)+애(처격 조사, 부사격 조사)+ㄴ(관형사형 어미). 여러 유생(儒生)에는. 여러 선비들에게는.

녜 : 녜[古, 舊]. 예전의. 옛날의. 초간본에는 '녯'으로 되어 있다.

뎌른 : 뎌르[短]-+-ㄴ(관형사형 어미). 짧은.

오시오 : 옷[衣]#이(지정 형용사)-+-고(연결 어미). 옷이고. 연결 어미 '-고'의 음절 두음 'ㄱ'이 지정 형용사 어간 '이-' 뒤에서 탈락하였다.

나그내로 : 나그내[客]+로(자격격 조사, 부사격 조사). 나그네로.

ᄠᅥᄃᆞᆮ뇨ᄆᆞᆫ : ᄠᅳ[浮]-+-어(연결 어미)#ᄃᆞᆮ[走]-+니[行]-+-옴(명사형 어미)+ᄋᆞᆫ(보조사). 떠다님은. 떠돌아 다니는 것은. 'ᄃᆞᆮ뇨-'는 'ᄃᆞᆮ뇨-'가 자음 접변을 일으킨 것이다.

ᄒᆞᆫ ᄠᅥᆺᄂᆞᆫ : ᄒᆞᆫ[一]#ᄠᅳ[浮]-+-어(연결 어미)#잇[有]-+-ᄂᆞ(현재 시제 선어말 어미)-+-ㄴ(관형사형 어미). 한 떠 있는. 하나의 떠 있는. 한 포기의 떠 있는.

말와미로다 : 말왐[萍]#이(지정 형용사)-+-로다(감탄형 어미). 마름이도다. 마름풀이구나. 초간본에는 '말와미로라'와 같이 되어 있다. '-다'가 오류에 의한 것이 아니라면, 확실성 표지 '-오/우/아/어-'의 영향력이 약화, 소멸되는 양상을 보여 준다. 초간본 시기에 '-오/우/아/어-' 뒤에서는 어말 어미 '-다'가 어김없이 '-라'로 되었던 것이기 때문이다.

荒歲兒女瘦 暮途涕泗零
艱難ᄒᆞᆫ ᄒᆡ예 아ᄃᆞᆯ와 ᄯᆞᆯ왜 여위니 나죗 길헤 눉(눉)[20]ㄴ믈와 곳므를 ᄠᅳᆮ듣이노라

황세아녀수 모도체사령

가난한 해에 아들과 딸이 여위니 저녁 길에 눈물과 콧물을 떨어뜨리노라.

간난(艱難)ᄒᆞᆫ: 간난(艱難)+-ᄒᆞ(형용사 파생 접미사)-+-ㄴ(관형사형 어미). '간난(艱難)'은 한자 그대로의 뜻과 우리말에 동화된 의미의 두 가지 의미를 가진다. (1) 몹시 어렵고 힘든. (2) 살림이 궁핍한. 여기에 쓰인 것은 (1)의 의미이다.

ᄒᆡ예 : ᄒᆡ[年, 歲]+예(처격 조사, 부사격 조사). 해에. 세월에.

아ᄃᆞᆯ와 : 아ᄃᆞᆯ[子]+와(접속 조사). 아들과.

ᄯᆞᆯ왜 : ᄯᆞᆯ[女息]+와(접속 조사)+이(주격 조사). 딸이. 중세어와 근대어에서 두 이상의 명사구가 접속될 경우, 현대어와 달리 접속 조사가 맨 끝의 명사구 뒤에도 쓰이었다.

여위니 : 여위[瘦]-+-니(연결 어미). 여위니. 살이 빠지니. 파리해지니. ¶太子ㅣ 苦行 오래 ᄒᆞ샤 ᄉᆞᆯ히 여위실 ᄲᅮᆫ뎡 金色光은 더옥 빛나더시다(태자가 고행 오래 하시어 살이 여위시었을 뿐 금색광은 더욱 빛나셨더라)<석상 3:39ㄴ>.

나죗 : 나조ㅎ[夕]+ᄋᆡ(처격 조사, 부사격 조사)+ㅅ(관형격 조사). 저녁의. '나죄'는 '나조ᄒᆡ'의 축약형으로 본다. 15세기 초에도 '나조ᄒᆡ'와 '나죄'형이 비등하게 쓰였다. '나죄'가 다시 'ㅎ' 종성 체언으로 쓰인 예가 있으나 그 예는 매우 희귀하다. ¶나비 우러도 ᄀᆞᅀᆞᆳ 눉므리 업고 새 우러도 나죗 시르미 뷔도다(잔나비 울어도 가을의 눈물이 없고 새 울어도 저녁의 시름이 비도다)<두시(초) 3:54ㄱ>. 바ᄅᆞᆳ 믈 ᄉᆡᄂᆞᆫ 굼긔 드러 이셔 아ᄎᆞᄆᆡᆫ 虛空애 나아 노다가 나조ᄒᆡᆫ ᄆᆞ레 가 자ᄂᆞ니(바닷물이 새는 구멍에 들어가 있어서 아침에는 허공에 나가 놀다가 저녁에는 물에 가서 자는데)<석상 13:10ㄴ>.

길헤 : 길ㅎ[道, 途]+에(처격 조사, 부사격 조사). 길에. '길ㅎ'이 'ㅎ' 종성 체언이기 때문에 처격 조사 '에'가 '헤'로 된 것이다.

눖(눉)믈와 : 눈[眼]+ㅅ(관형격 조사)#믈[水]+와(접속 조사). 눈물과. 초간본에는 '눉믈와'로 되어 있다.

곳므를 : 고[鼻]+ㅅ(관형격 조사)#믈[水]+을(대격 조사). 콧물을.

ᄠᅳ듣이노라 : ᄠᅳ듣[零]-+-이(사동 파생 접미사)-+-ᄂᆞ(현재 시제 선어말 어미)-+-오(확실성 표지)-+-라(평서형 어미). 떨어뜨리노라. 초간본에는 'ᄠᅳ들이노라'로 되어 있다. 중간본은 'ᄠᅳ들-'의 어원형을 'ᄠᅳ듣-'과 같이 고정시킨 것이고, 초간본은 'ᄠᅳ듣-'의 쓰임에 불규칙 활용형을 반영한 것이다. ¶딕먹ᄂᆞᆫ 새ᄂᆞᆫ 나못가지를 ᄃᆞ토아 ᄠᅳ듣고 ᄂᆞᄂᆞᆫ 벌에ᄂᆞᆫ 지븨 ᄀᆞᄃᆞ기셔 노놋다(찍어먹는 새는 나뭇가지를 다투어 떨어뜨리고 나는 벌레는 집에 가득히 놀도다)<두시(초) 10:16ㄴ~17ㄱ>.

> 主人念老馬 廨宇容秋螢【田子方이 見老馬於野曰少盡其力ᄒᆞ고 老棄其身을 仁者ㅣ 不爲라 ᄒᆞ고 束帛贖之ᄒᆞ니라 廨宇ᄂᆞᆫ 官舍也ㅣ라 馬與螢은 皆甫ㅣ自比ᄒᆞ니 此ᄂᆞᆫ 言縣官之容接官舍也ㅣ라】
> 主人이 늘근 ᄆᆞᄅᆞᆯ 思念ᄒᆞ야 그윗 지븨 ᄀᆞᅀᆞᆳ 반되ᄅᆞᆯ 容納ᄒᆞ야 뒷다

주인념로마 해우용추형 【전자방(田子方)이 들에 있는 늙은 말을 보고 말하기를, 젊어서 그 힘을 다하였는데 늙었다고 그 몸을 버리는 것은, 어진 자는 하지 못하는 것이라 하고, 비단으로 그 말을 사서 그것을 면해 주었다고 하였다. 해우(廨宇)는 관사(官舍)이다. 말과 반디는 모두 두보가 자신을 비유한 것이니, 이는 현의 관리가 관사에 들게 한 것을 말한다.】

주인 즉 현령이 늙은 말을 생각하여 관청의 집에 가을 반디를 받아들여 두었다네.

전자방(田子方) : 전자방은 중국 전국시대 초기 위(魏)나라 사람이다. 공자의 제자인 자하(子夏)에게 배우고, 높은 도덕과 학문으로 제후들에게 명성을 날렸다. 전국 초 위문후(魏文侯)는 그를 스승으로 삼아 국정을 자문하였다. 그는 선비의 한 전형으로 알려져 있다. 한번은 위나라 태자 위격(魏擊)이 외출하다가 노상에서 아버지의 스승인 전자방(田子方)을 만났다. 즉시 수레에서 내려 예를 갖춰 인사했으나 자방은 답례하지 않았다. 위격이 노하여 전자방에게 물었다. "부귀한 자가 거만하게 굴 수 있습니까, 아니면 빈천한 자가 거만하게 굴 수 있습니까?" 전자방이 답했다. "오직 빈천한 사람만이 거만하게 굴 수 있지요. 부귀한 사람이 어떻게 감히 거만하게 굴겠습니까? 나라의 임금이 거만을 떨면 나라를 잃게 되고, 대부가 거만을 떨면 봉지(封地)를 잃게 됩니다<신승운: '새해, 전자방을 그리며'에서>.

주인(主人)이 : 주인(主人)+이(주격 조사). 주인이. 여기서 주인은 당시 현의 우두머리, 즉 현령(縣令)을 말한다.

늘근 : 늙〔老〕-+-은(관형사형 어미). 늙은.

ᄆᆞᄅᆞᆯ : ᄆᆞᆯ〔馬〕+ᄋᆞᆯ(대격 조사). 말을. '늙은 말'은 두보가 자신을 비유한 것이다.

사념(思念)ᄒᆞ야 : 사념(思念)+-ᄒᆞ(동사 파생 접미사)-+-야(연결 어미). 생각하여. 처지를 생각하여. 은혜를 베풀어.

그윗 지븨 : 그위〔官廳〕+ㅅ(관형격 조사)#집〔舍〕+의(달격 조사, 부사격 조사). 관청의 집에.

관사(官舍)에.

ᄀᆞᅀᆞᇝ : ᄀᆞᅀᆞᆶ〔秋〕+ㅅ(관형격 조사). 가을의.

반되ᄅᆞᆯ : 반되〔螢〕+ᄅᆞᆯ(대격 조사). 반디를. 개똥벌레를.

용납(容納)ᄒᆞ야 : 용납(容納)+-ᄒᆞ(동사 파생 접미사)-+-야(연결 어미). 용납하여. 받아들여. 들게 하여. 입주하게 하여.

뒷다 : 두〔置〕-#잇〔有〕-+-다(평서형 어미). 두어 있다. 두었다. 두고 있다. '뒷-'은 '두〔置〕-'와 '잇〔有〕-'이 비통사적인 합성어를 이룬 것으로 본다. 이를 '두어 있-'으로 풀이하는 것은 해석의 차원으로 본다. ¶王이 ᄯᅩ 누거 닐오ᄃᆡ 그러면 닐웨ᄅᆞᆯ 뒷다가 주교리라 ᄒᆞ고 臣下 ᄃᆞ려 닐오ᄃᆡ 내 옷 니피고 내 冠 쓰이고 내 宮의 드려 풍류ᄒᆞᇙ 사ᄅᆞᆷ 뫼화 ᄀᆞ장 즐기게 ᄒᆞ라 ᄒᆞ고 (왕이 또 늦추어 이르되 그러면 이레를 두었다가 죽이리라 하고 신하더러 이르되 내 옷 입히고 내 관 씌우고 내 궁에 들이어 풍류할 사람 모아 가장 즐기게 하라 하고)<석상 24:27ㄴ>.

ᄀᆞᅀᆞᇝ 반되ᄅᆞᆯ 용납(容納)ᄒᆞ야 뒷다 : 가을 반디를 받아들여 두었다. '가을 반디'는 두보 자신을 비유한 것이다. 앞에 나온 '늙은 말'도 두보가 자신을 비유한 것인데, 힘을 다하여 봉사하다가 늙은 몸이 된 것을 말할 때에는 '말'의 이미지를 끌어왔고, 갈 곳 없는 나그네 신세를 부각시킬 때에는 '반디'를 끌어오고 있다.

流寓理豈愜 窮愁醉未醒【言流離而僑寓官舍ㅣ 不合於理故로 憂愁之極에 如醉而未醒也ㅣ라】

나그내로 브터 쇼미 理예 엇뎨 마ᄌᆞ리오 窮ᄒᆞᆫ 시르메 醉ᄒᆞ야 ᄭᆡ디 몯ᄒᆞ얫노라

류우리기협 궁수취미성【흘러 떠다니다가 임시로 관사에 기거하는 것이 당연하지 못하므로 근심과 걱정이 극에 달하여 마치 취하여 깨어나지 못하는 것과 같음을 말한다.】

나그네로 기거(寄居)하고 있음이 어찌 이치에 맞을 것인가? 지극한 시름으로 취하여 깨어나지 못하고 있노라.

나그내로 : 나그내〔客〕+로(자격격 조사, 부사격 조사). 나그네로.

브터 쇼미 : 븥〔附, 寄〕-+-어(연결 어미)#시〔有〕-+-옴(명사형 어미)+이(주격 조사). 붙어 있음

이. 붙어 있는 것이. 기거(寄居)하는 것이.

리(理)예 : 이(理)+예(달격 조사, 부사격 조사). 이치에.

엇뎨 : 엇뎨〔何, 豈〕. 어찌. '어찌'는 의문사이기 때문에, 그 서술어의 어미가 '-고, -노'와 같이 된다. 명사문에는 '-고'가 쓰이고, 동사문이나 형용사문에는 '-노'가 쓰인다.

마ᄌᆞ리오 : 맞〔合〕-+-ᄋᆞ리(미래 시제 선어말 어미)-+-고(의문형 어미). 맞으리오. 어미 '-오'는 의문형 어미 '-고'의 'ㄱ'이 미래 시제 선어말 어미 '-리-' 뒤에서 탈락한 것이다. ¶이ᄂᆞᆫ 能과 所왜 둘히 업스면 곧 圓覺애 마ᄌᆞ리니 그 믌겨리 므를 因ᄒᆞ야 니렛다가 믌겨리 滅ᄒᆞ면 므리 잇ᄃᆞᆺ ᄒᆞ야 幻이 覺ᄋᆞᆯ브터 냇다가 幻이 滅ᄒᆞ면 覺이 ᄀᆞ득ᄒᆞᄂᆞ니라(이는 능(能)과 소(所)가 둘이 없으면 곧 원각(圓覺)에 맞을 것이니 그 물결이 물로 인하여 일어났다가 물결이 멸하면 물이 있는 듯하여 환(幻)이 각(覺)으로부터 났다가 환(幻)이 멸하면 각이 가득하게 되는 것이다)<원각(상) 2-1:40ㄴ~41ㄱ>.

궁(窮)ᄒᆞᆫ : 궁(窮)+ᄒᆞ(형용사 파생 접미사)-+-ㄴ(관형사형 어미). 극에 이르는. 지극한.

시르메 : 시름〔愁〕+에(원인격 조사, 부사격 조사). 시름에. 시름으로. 근심에.

취(醉)ᄒᆞ야 : 취(醉)+-ᄒᆞ(동사 파생 접미사)-+-야(연결 어미). 취하여. 빠져.

ᄭᆡ디 : ᄭᆡ〔醒〕-+-디(연결 어미). 깨지. 깨어나지. ¶자다가 ᄀᆞ오눌여 ᄭᆡ디 몯거든 잢간도 블 혀디 마롤 디니 블 혀면 사ᄅᆞ믈 주기ᄂᆞ니 오직 ᄂᆞᄎᆡ 춤 받고 ᄯᅩ 발 엄지가락톱 미틀 ᄆᆡ이 믈면 즉재 ᄭᆡᄂᆞ니라(자다가 가위눌려 깨지 못하거든 잠시도 불 켜지 말 것이니 불 켜면 사람을 죽이니 오직 얼굴에 침 뱉고 또 발 엄지가락톱 밑을 매우 물면 즉시 깨는 것이다) <구간 1:83ㄱ>.

몯ᄒᆞ얫노라 : 몯〔不, 未〕+-ᄒᆞ(동사 파생 접미사)-+-야(연결 어미)#잇〔有〕-+-ᄂᆞ(현재 시제 선어말 어미)-+-오(확실성 표지)-+-라(평서형 어미). 못하고 있노라. '-노라'를 감탄형 어미로 분석하기도 하는데, 이는 '-ᄂᆞ(현재 시제 선어말 어미)-+-오(확실성 표지)-+-라(평서형 어미)'를 감탄형 어미로 재구조화하는 것이다.

何當擺俗累 浩蕩承滄溟【言欲擺脫世俗之累ᄒᆞ고 遊於江湖也ㅣ라】
언제아 世俗앳 ᄠᅵ를 ᄠᅥ러 ᄇᆞ리고 훤츨히 바ᄅᆞ래 ᄇᆡ 타 가려뇨

하당파속루 호탕승창명 【세속의 더러움을 떨치고 벗어나 강과 호수에서 노니는 것을 바라는 것을 말한다.】

언제야 세속의 때를 떨어 버리고 호탕하게 바다에 배를 타고 가려는가?

언제아 : 언제[何日]+아(보조사). 언제야. 어느 때가 되어야. 원문에는 '아'가 'ᅀᅡ'로 나타난다.
세속(世俗)앳 : 세속(世俗)+애(처격 조사, 부사격 조사)+ㅅ(관형격 조사). 세속의. 세상살이의.
ᄣᅵ를 : ᄣᅵ[累]+ᄅᆞᆯ(대격 조사). 때를. 더러움을. ¶香 ᄇᆞᄅᆞ고 조ᄒᆞᆫ 옷 닙고 ᄣᅵ 업슨 ᄆᆞᅀᆞᆷ과 嗔心 업슨 ᄆᆞᅀᆞᄆᆞᆯ 내야(향 바르고 깨끗한 옷 입고 때 없는 마음과 노여움 없는 마음을 내어)<월석 9:42ㄱ>
ᄠᅥ러 ᄇᆞ리고 : ᄠᅥᆯ[擺]-+-어(연결 어미)#ᄇᆞ리[棄]-+-고(연결 어미). 떨어 버리고. 떨쳐 버리고. ¶죽사릿 受苦ᄅᆞᆯ 아니 ᄒᆞ거시니와 샹녯 사ᄅᆞᄆᆞᆫ 煩惱ᄅᆞᆯ 몯 ᄠᅥ러 ᄇᆞ릴ᄊᆡ 이 生애셔 後生 因緣을 지ᅀᅥ 사ᄅᆞ미 ᄃᆞ외락 벌에 즁ᄉᆡᆼ이 ᄃᆞ외락 ᄒᆞ야 長常 주그락 살락 ᄒᆞ야 受苦호ᄆᆞᆯ 輪廻라 ᄒᆞᄂᆞ니라(생사의 수고를 아니하시거니와 보통 사람은 번뇌를 못 떨어 버리므로 이 생에서 후생 인연을 지어 사람이 되기도 하고 벌레가 되기도 하여 오랫동안 죽으락 살락 하여 수고하는 것을 윤회라 하는 것이다)<월석 1:12ㄴ~13ㄱ>.
훤츨히 : 훤츨[浩蕩]+-ᄒᆞ(형용사 파생 접미사)-+-이(부사 파생 접미사). 훤출히. 훤출하게. 호탕하게. 늠름하게.
바ᄅᆞ래 : 바ᄅᆞᆯ[海, 滄溟]+애(달격 조사, 부사격 조사). 바다에. 큰 바다에.
ᄇᆡ 타 : ᄇᆡ[舟]#타[乘]-+-아(연결 어미). 배 타고. 배를 타고.
가려뇨 : 가[行]-+-려(의지 선어말 어미)-+-니고(의문형 어미). 가려는가. 가겠는가. 의문형 어미 '-니고'는 동명사 어미 '-ㄴ' 뒤에 지정 형용사 '이-'가 오고 그 뒤에 의문형 어미 '-고'가 온 구성이 다시 의문형 어미로 재구조화된 것이다. '-뇨'는 '-니고'의 '-고'에서 'ㄱ'이 탈락한 뒤에 '-니오'가 축약된 것이다.

21ㄱ 題衡山縣文宣王廟新學堂呈陸宰

<제목> 제형산현문선왕묘신학당정륙재(형산현의 문선왕묘의 새로운 학당에 제하여 육 현령에게 준다)

형산현(衡山縣) : 호남성(湖南省)에 있는 현의 이름으로, 지명은 경내에 있는 오악(五岳)의 하나인 형산(衡山)에서 유래하였다.
문선왕(文宣王廟) : 공자(孔子)의 존호 또는 시호. 당(唐) 나라 현종(玄宗)이 개화(開化) 27년(736)에 추증(追贈)하였다.
문선왕묘(文宣王廟) : 공자(孔子)의 신위를 받드는 묘우(廟宇)를 말한다. 공자묘(孔子廟)라고도 한다. 여기서 묘(廟)는 무덤이 아니라 위패를 모시고 제사 드리는 사당(祠堂)을 가리킨다. 동아시아 전반에 분포해 있는데, 문묘의 대성전에는 공자를 정우(正位)로 하여 4성(四聖)을 배향하고, 문묘의 대성전에는 공자를 정위(正位)로 하여 4성(四聖)을 배향하고, 공문 10철(哲) 및 송조 6현(賢)을 종형(從享)하였다. 우리나라에서는 신라·고려·조선 시대의 동방 18현을 종향하였다. 매년 음력 2월과 8월 중정일(中丁日)에 저례 의식인 석전제(釋奠祭)를 거행하고 있다.

신학당(新學堂) : 새 학당. 안사의 난 등으로 세상이 황폐해지고 학교도 망가져 배울 수 있는 터전이 없어진 것을 개탄하고 형산현의 육(陸) 현령이 세운 새로운 학교.

육제(陸宰) : 육 현령으로, 이름은 자세히 알려져 있지 않다.

제형산현문선왕묘신학당정륙재(題衡山縣文宣王廟新學堂呈陸宰) : 형산현의 문선왕묘 즉 공자 사당의 새로운 학당에 제하여 육 현령에게 준다. 이 시는 대력(大曆) 5년(770) 두보가 형산에 가서 공자묘를 참관하였을 때 지은 것이라 한다.

旄頭彗紫微 無復俎豆事【旄頭ᄂᆞᆫ 胡星이오 紫微ᄂᆞᆫ 帝宮也ㅣ니 此ᄂᆞᆫ 追言安史之亂애 無復講明祭祀之禮也ㅣ라】

旄頭ㅣ 紫微예 드리 쏘 시니 ᄯᅩ 俎豆ㅅ 이리 업스니라

모두혜자미 무부조두사 【모두(旄頭)ᄂᆞᆫ 호성(胡星)이고, 자미(紫微)는 제궁(帝宮)이니, 이는 안사의 난에 제사의 예를 밝게 강하는 것이 다시 없음을 덧붙여 말하는 것이다.】

오랑캐의 별이 황제의 궁궐에 들어 쏘아 비추고 있으니, 다시 제사를 지내는 일이 없어진 것이다.

모두(旄頭)ㅣ : 모두+ㅣ(주격 조사). 모두가. 모두(旄頭)는 호성(胡星)을 말한다. 호성은 오랑캐 별로, 안사의 난을 일으킨 역도들을 비유한 것이다. 『두시언해』 초간본과 중간본 20권 5ㄱ에는 '호성'이 되별로 나타난다. ¶되벼리 ᄒᆞᆫ 번 비치 쏘시니(오랑캐의 별이 한번 빛이 쏘고 있으니)<두시(초) 20:5ㄱ>

자미(紫微)예 : 자미(紫微)+예(처격 조사, 부사격 조사). 자미성에. 황제의 성에. 황제의 궁궐에. 자미성((紫微)城)은 북두성의 동북쪽에 벌여 있는 열 다섯 개 별 가운데의 하나. 점성술에서 이 별은 천자의 주성으로 그의 운명과 관련되는 것으로 본다.

드리 쏘 시니 : 들[入]-+-이(부사 파생 접미사)#쏘[射]-+-아(연결 어미)#시[有]-+-니(연결 어

미). 안으로 쏘아 있으니. 안으로 쏘고 있으니. 안으로 쏘아 비추고 있으니. 들이 쏘아 비추고 있으니. ¶되벼리 흔 번 비치 쇠시니 거믄 머릿 百姓이 지즈로 얽미이니라(오랑캐의 별이 한번 빛이 쏘고 있으니 검은 머리의 백성이 그로 인하여 얽매이는 것이다)<두시(초/중) 20:5ㄱ>.

쏘 : 쏘[亦, 復]. 또. 다시.

조두(俎豆)ㅅ : 조두(俎豆)+ㅅ(관형격 조사). 조두의. 제기(祭器)의. '조두'는 예전 제사 때에 제물을 올려놓는 그릇인 조(俎)와, 제물을 가려쌓는 그릇인 두(豆)를 아울러 이르는 말. 제기를 가리킨다.

이리 : 일[事]+이(주격 조사). 일이.

업스니라 : 없[無]-+-으니라(평서형 어미). 없는 것이다. 없어졌다. '-으니라'는 동명사 어미 '-ㄴ' 뒤에 지정 형용사 '이-'가 오고 다시 그 활용 어미가 연결된 구성이 평서형 어미로 재구조화된 것이다.

金甲相排蕩 青衿日(一)憔悴【青衿은 學者ㅣ 父母이 在어든 綠衣領以青ᄒᆞᄂᆞ니라】
金甲이 서르 ᄀᆞᆯ이ᄂᆞ니 青衿 니브니ᄂᆞᆫ ᄒᆞᆫᄀᆞᆯᄋᆞ티 憔悴ᄒᆞ니라

금갑상배탕 청금일초췌 【청금(青衿)은 배우는 사람이 부모가 계시면 녹색옷에 깃을 푸르게 하는 것이다.】
쇠갑옷이 서로 부딪쳐 갈리니 푸른 깃옷 입은 이는 한결같이 초췌하네.

금갑(金甲)이 : 금갑(金甲)+이(주격 조사). 쇠갑옷이.

서르 : 서르[相]. 서로. ¶相은 서르 ᄒᆞᄂᆞᆫ ᄯᅳ디라(상[相]은 '서로'하는 뜻이다)<훈언 1ㄴ>.

ᄀᆞᆯ이ᄂᆞ니 : ᄀᆞᆯ[磨]-+-이(피동 파생 접미사)-+-ᄂᆞ(현재 시제 선어말 어미)-+-니(연결 어미). 갈리니. 부딪쳐 갈리니. ¶엇뎨 오래 ᄀᆞᆯ이ᄂᆞ뇨 오직 磷緇티 아니호ᄆᆞᆯ 取홀디니라(어찌 오래 갈등을 일으키는가? 오직 변치 아니하는 것을 취할 것이다)<두시(초) 23:33ㄱ>.

금갑(金甲)이 서르 ᄀᆞᆯ이ᄂᆞ니 : 쇠갑옷이 서로 부딪쳐 갈리니. 젊은이들이 전란에 시달리며 전쟁 준비를 하느라고 쇠갑옷이 서로 부딪치며 단련하게 되는 것을 말한다. 자연 학문이나 예의에는 소홀하게 된다.

청금(青衿) : 푸른 옷깃. 옷깃을 푸르게 하는 것을 말한다. 부모가 살아 계신 학동은 녹색 옷에 푸른 깃을 하였다고 한다.

니브니는 : 닙[着衣]-+-은(관형사형 어미)#이(의존 명사)+는(보조사). 입은 이는. 입은 사람은. '닙은'과 의존 명사가 분리되지 않아 붙여 쓴다.

훈골ᄋ티 : 훈골[一樣]+ᄀ티(비교격 조사). 한결같이. 하나 같이. '훈골ᄋ티'는 현대어에서와 같이 부사로 재구조화된 것이다. 'ᄋ티'는 'ᄀ티'의 어두 'ㄱ'이 선행어의 음절말 'ㄹ' 뒤에서 탈락한 것이다. 이에 해당하는 원문이 초간본에는 '일(一)'로 되어 있으나, 중간본에는 '일(日)'로 되어 있다. 초간본이 맞는 것으로 여겨진다. ¶님그미 ᄒ마 ᄯ히 하샤ᄃ ᄀ솔여루믈 훈골ᄋ티 엇데 해 ᄒ시ᄂ뇨(임금이 이미 땅이 만으시되 변경 넓히는 것을 한결같이 어찌 많이 하시느뇨?)<두시(초) 5:26ㄱ>.

초췌(憔悴)ᄒ니라 : 초췌(憔悴)+-ᄒ(형용사 파생 접미사)-+-니라(평서형 어미). 초췌한 것이다. 초췌하네. 걱정 근심이 가득차 있네. '-니라'는 동명사 어미 '-ㄴ' 뒤에 지정 형용사 '이-'가 오고 다시 그 활용 어미가 연결된 구성이 평서형 어미로 재구조화된 것이다.

청금(靑衿) 니브니는 훈골ᄋ티 초췌(憔悴)ᄒ니라 : 푸른 깃옷 입은 이는 한결같이 초췌하네. 부모가 살아 있는 이는 푸른 깃옷을 입는다고 한다. 그들이 한결같이 초췌한 이유는 전란에 자기가 끌려가면, 부모를 돌볼 사람이 없어지는 것을 걱정하기 때문이다.

嗚呼已十年 儒服弊于地 征夫不遑息 學者淪素志 【此는 言兵亂而未息이 儒道不振也ㅣ라】

슬프다 ᄒ마 열 ᄒ|니 선비 오시 ᄯ해 ᄇ리옛도다 征役홀 사ᄅ미 餘暇ᄒ야 쉬들 몯ᄒ니 ᄇ홀 者[21]ㄴ ㅣ 본ᄃ ᄠ디 ᄲ디도다

오호이십년 유복폐우지 정부불황식 학자륜소지 【이는 병란이 일어나 식지 않는 것이 선비의 도가 떨치지 못하는 것임을 말한다.】

슬프다, 이미 열 해이니. 선비의 옷이 땅에 버려져 있도다. 전쟁에 나갈 사람이 여가를 가지고 쉬지를 못하니 배워야 할 사람이 본디의 뜻이 사라지도다.

슬프다 : 슬프다[哀]. 여기서는 어조사로 쓰여, 원문의 '오호(嗚呼)'에 해당한다.

ᄒ마 : ᄒ마[已]. 이미. 벌써. ¶버듨 가지 새배 소내 잇더니 豆子ㅣ 비예 ᄒ마 닉도다(버드나무의 가지 새벽에 손에 있었는데 콩이 비에 이미 익었도다)<두시(초) 9:17ㄱ>

열 ᄒ|니 : 열[十]#ᄒ|[年]#이(지정 형용사)-+-니(연결 어미). 열해이니. 십년이니.

션빗 오시 : 션빅[儒]+∅(관형격 조사). 선비의. '션빅'는 기본형이다. 주격 형도 '션빅'이고 관형격형도 '션빅'이다. 여기서는 관형격 조사가 제로로 나타난 것으로 본다.

오시 : 옷[衣, 服]+이(주격 조사). 옷이.

ᄯᅡ해 : ᄯᅡㅎ[地]+애(처격 조사, 부사격 조사). 땅에. 'ᄯᅡㅎ'이 'ㅎ' 종성 체언이기 때문에 처격 조사 '애'이 '해'로 된 것이다.

ᄇᆞ리옛도다 : ᄇᆞ리[棄, 弊]-+-이(피동 파생 접미사)-+-어(연결 어미)#잇[有]-+-도다(감탄형 어미). 버려져 있도다. 버려졌도다. ¶놀라 것ᄆᆞᄅᆞ죽거늘 보고 안즉 쉬우믄 頓올 ᄇᆞ리시고 權 여르샤ᄆᆞᆯ 가ᄌᆞᆯ비니라(놀라 까무러치거늘 보고 아직 쉬운 것은 돈(頓: 머리가 땅에 닿도록 하는 절)을 버리시고 권(權) 여시는 것을 비교하는 것이다)<월석 13:18ㄴ>.

정역(征役)ᄒᆞᆯ 사ᄅᆞ미 : 정역(征役)+-ᄒᆞ(동사 파생 접미사)-+-ㄹ(미래 관형사형 어미)#사ᄅᆞᆷ[人, 夫]+이(주격 조사). 정역할 사람이. 군대에 나갈 사람이. 전쟁에 나갈 장정이.

여가(餘暇)ᄒᆞ야 : 여가(餘暇)+-ᄒᆞ(동사 파생 접미사)-+-야(연결 어미) 여가가 있어. 여가를 가지고.

쉬ᄃᆞᆯ : 쉬[息]-+-ᄃᆞ(연결 어미)+ㄹ(보조사). 쉬지를. 여기서 '-ᄃᆞᆯ'은 부정의 보조적 연결 어미 '-ᄃᆞ'에 보조사 'ㄹ'이 결합한 형식으로 본다. '-ᄃᆞᆯ'을 연결 어미로 보면 뒤에 보조사가 오지 못하는 것을 설명하기 어렵다. '-디 몯ᄒᆞ다'는 '-디도 몯ᄒᆞ다'가 가능하다. '-든 몯ᄒᆞ다'의 경우는 정의 보조적 연결 어미 '-드'에 보조사 'ㄴ'이 연결된 것이다. '-ᄃᆞᆯ'의 'ㄹ'은 선행어가 타동사의 목적어가 아니므로, 문제의 대상을 드러내는 주제 표지로 본다. ¶나는 이제 뮈ᄃᆞᆯ 몯ᄒᆞᆯᄊᆡ 이에셔 命명을 ᄇᆞ료리니(나는 이제 움직이지를 못하므로 이에 목숨을 버릴 것이니)<월석 20:112ㄱ>. 나라 命슈이오라 거ᄉᆞ리든 몯ᄒᆞ여(나라 명령이라 거스리지 못하여)<인어1:11ㄴ>.

몯ᄒᆞ니 : 몯[不]+-ᄒᆞ(동사 파생 접미사)-+-니(연결 어미). 못하니.

ᄇᆡᄒᆞᆯ 자(者)ㅣ : ᄇᆡ호[學]-+-ㄹ(미래 관형사형 어미)#자(者)+ㅣ(주격 조사). 배우는 자가. 배워야 할 사람이. '-ㄹ'은 여기서 미래를 나타낸다기보다는 비과거를 나타내는 관형사형 어미로 해석된다.

본딋 : 본ᄃᆡ[素]+ㅅ(관형격 조사). 본디의. 본래의.

ᄠᅳ디 : ᄠᅳᆮ[志]+이(주격 조사). 뜻이. 의지가.

ᄢᅥ디도다 : ᄢᅳ[淪]-+-어(연결 어미)#디[落]-+-도다(감탄형 어미). 꺼지도다. 없어지도다. 사라지도다. ¶帝釋이 와 金瓶엣 므를 븟ᄉᆞᄫᆞ니 브리 ᄢᅥ디거늘 帝釋이 부텻 엄니를 가지ᅀᆞᄫᅩ려 ᄒᆞ더니 阿那律이 닐오ᄃᆡ ᄆᆞᅀᆞᄆᆞ로 몯ᄒᆞ시리니(제석이 와서 금병의 물을 붓사오니 불이 꺼지거늘 제석이 부처의 어금니를 가지오려 하였는데 아나률이 이르되 마음으로 못하시리니)<석상 23:47ㄱ>.

我行洞庭野 欻得文翁肆 【漢人文翁ㅣ 爲蜀郡守ᄒᆞ야 興建學宮ᄒᆞ니 以比陸宰之建學ᄒᆞ다】
내 洞庭ㅅ ᄆᆡ해 녀 와 믄득 文翁의 지블 어두라

아행동정야 훌득문옹사 【한나라 사람 문옹(文翁)이 촉의 군수가 되어 학궁을 일으켜 세우니 그것으로써 육 현령의 학교 세움에 비유한 것이다.】
내 동정의 들에 다니러 와서 문득 문옹(文翁)의 지블 보게 되었네.

내 : 나[我]+이(주격 조사). 내가.

동정(洞庭)ㅅ : 동정(洞庭)+ㅅ(관형격 조사). 동정의. 동정은 동정호를 가리킨다. 동정호는 호남성(湖南省)에 위치한 담수 호수로, 지금은 중국에서 두 번째로 큰 호수이다.

ᄆᆡ해 : ᄆᆡㅎ[野]+애(처격 조사, 부사격 조사). 들에. 동정야(洞庭野)는 동정호 주변의 들을 가리킨다.

녀 와 : 녀[行]-+-어(연결 어미)#오[來]-+-아(연결 어미). 다니러 오-. 다니러 와서. ¶安樂國이 닐오ᄃᆡ ᄀᆞᄆᆞ니 逃亡ᄒᆞ야 ᄲᆞᆯ리 녀러 오리이다 그저긔 夫人이 어엿븐 ᄠᅳ들 몯 이긔여 門 밧긔 내야 보내야ᄂᆞᆯ(안락국이 이르되 '몰래 도망하여 빨리 갔다 오겠습니다.' 하였다. 그때 부인이 불쌍한 뜻을 못 이기어 문 밖에 내어 보내거늘)<월석 8:98ㄴ>.

믄득 : 믄득[欻]. 문득. 홀연히.

문옹(文翁)의 : 문옹(文翁)+의(관형격 조사). 문옹의. 문옹은 한나라 사람으로 촉의 군수를 하였는데, 학궁(學宮)을 일으켜 세웠다. 여기서 두보는 육(陸) 현령을 문옹에 비유한 것이다.

지블 : 집[家, 肆]+을(대격 조사). 집을.

어두라 : 얻[得]-+-우(확실성 표지)-+-라(평서형 어미). 얻었도다. 보게 되었다. ¶長者의 술윗 자최를 기피 붓그리다니 다시 故人의 書信을 어두라(장자의 수레 자취를 깊이 부끄러워하였는데 다시 고인의 서신을 얻었도다.)<두시(초) 22:15ㄴ>.

佚佚胄子行 若舞風雩至【佚佚는(은) 整肅皃ㅣ라 胄子는 卿大夫之子ㅣ 來學者ㅣ라 論語에 風乎舞雩ㅣ라 ᄒᆞ니 舞雩는 祈雨處ㅣ니 此는 言學者ㅣ 若舞風雩而來也ㅣ라】
佚佚ᄒᆞᆫ 胄子의 行列이로소니 風雩에 춤처 오ᄂᆞᆫ ᄃᆞᆺᄒᆞ두다

신신주자행 약무풍우지【신신(佚佚)은 정숙한 모양이다. 주자(胄子)는 경대부의 아들로 와서 배우는 자이다. 논어에 풍호무우(風乎舞雩)라고 하니 무우(舞雩)는 기우제를 드리는 곳이니 이는 배우는 자가 바람 부는 기우제 드리는 곳에서 춤추듯이 오는 것을 말한다.】

단정하고 엄숙한, 지체 높은 집안 학생들의 행렬이니, 바람부는 기우처에 춤추면서 오는 듯하도다(기우처에서 바람 쏘이고 오는 듯하도다).

신신(佚佚)ᄒᆞᆫ : 신신(佚佚)+-ᄒᆞ(형용사 파생 접미사)-+-ㄴ(관형사형 어미). 정숙(整肅)한. 단정한. 단정하고 엄숙한.

주자(胄子)의 : 주자(胄子)+의(관형격 조사). 주자의. 주석에 의하면, 주자는 경과 대부의 아들로 배우러 오는 학생들이다.

행렬(行列)이로소니 : 행렬(行列)#이(지정 형용사)-+-로소(재확인 양태 선어말 어미)-+-니(연결 어미) 행렬인 것이니.

풍우(風雩)에 : 풍우(風雩)+에(처격 조사, 부사격 조사). 풍우에. 바람부는 기우소에.

춤처 : 춤[舞]#츠[舞]-+-어(연결 어미). 춤추어. 춤추고. 춤추면서

오ᄂᆞᆫ : 오[來]-+-ᄂᆞ(현재 시제 선어말 어미)-+-ㄴ(관형사형 어미). 오는.

ᄃᆞᆺᄒᆞ두다 : ᄃᆞᆺ[如]+-ᄒᆞ(형용사 파생 접미사)-+-두다(감탄형 어미). 듯하도다. 감탄형 어미 '-도다'가 '-두다'로 된 것이 특이하다. 국어사에서 '-두다'는 『능엄경언해』, 『번역소학』, 『맹자언해』에 각각 하나의 예가 나타나나, 예외적으로 『시경』에 많이 나타나는 것이 특징이다. 『두시언해』 중간본에서도 다른 데에서는 '-도다'가 쓰인다. '-두다'가 나타나는 것은 중간본에서는 여기가 유일하다.

풍우(風雩)에 춤처 오ᄂᆞᆫ ᄃᆞᆺᄒᆞ두다 : 바람 부는 기우제에 춤추면서 오는 듯하도다. 이 구절은 '무우(舞雩)에서 바람쐬고 오는 듯하도다'와 같이 해석해야 할 곳이다. 언해의 주석에서 이 구절은 『논어』 '선진편'에 나오는 '풍호무우(風乎舞雩)'를 기초로 한 풀이인데, 한문 원문이나 언해의 주석은 모두 '약무풍우(若舞風雩)'와 같이 되어 있다. 이는 『논어』의 구

절 '풍호무우(風乎舞雩)'와는 다른 것이다. '풍호무우(風乎舞雩)'는 공자가 일찍이 자로(子路), 증점(曾點), 염유(冉有), 공서화(公西華) 등에게 자기의 뜻을 말해 보라고 하였을 때, 다른 사람은 모두 현실 정치에 관한 뜻을 말하였으나, 증점은 '늦은 봄에 봄옷이 만들어지면 관자 5, 6인, 동자 6, 7인과 함께 기수에서 목욕하고, 무우에서 바람을 쐬고 시를 읊조리며 돌아오겠습니다.'라고 답하였다고 한다. 무우는 일종의 지명으로 기우제를 올리는 곳이다. 따라서 '약무풍우(若舞風雩)'는 '풍'과 '무'가 바뀐 것으르 두시 원문과 언해의 주석은 '약풍무우(若風舞雩)'와 같이 되어야 할 것이고, 그 번역도 '무우에서 바람을 쐬듯이'와 같이 되어야 한다.

周室宜中興 孔門未應棄【借周喩唐也ㅣ라 孔門은 謂文宣王ㅣ라】
周室이 다시 興起ᄒᆞ요미 맛당ᄒᆞ니 孔門를 당당이 ᄇᆞ료미 몯ᄒᆞ리니라

주실의중흥 공문미응기 【주(周) 나라 일을 빌려 당 나라 일을 비유한 것이다. 공문(孔門)은 문선왕을 이른다.】

주나라 왕실이 다시 흥하여 일어남이 마땅하니, 공자의 문하를 당연히 버리지 못할 것이다.

주실(周室)이 : 주실(周室)+이(주격 조사). 주나라 왕실이.

다시 : 다시[復]. 다시. 이미 있던 것이 되풀이해서 또.

흥기(興起)ᄒᆞ요미 : 흥기(興起)+-ᄒᆞ(동사 파생 접미사)-+-욤(명사형 어미)+이(주격 조사). 흥하여 일어남이.

맛당ᄒᆞ니 : 맛당[宜]+-ᄒᆞ(형용사 파생 접미사)-+-니(연결 어미). 마땅하니.

공문(孔門)을 : 공문(孔門)+을(대격 조사). 공문을. 공자의 문하를. 공자의 가르침을. 주에서는 공문을 문선왕(文宣王)이라 하였으나, 문선왕은 공자 자신을 말하므로, 공자의 문하와는 구별된다.

당당이 : 당당[應]+-ᄒᆞ(형용사 파생 접미사)-+-이(부사 파생 접미사). 마땅히. 당연히. 초간본에는 '당다이'와 같이 되어 있다. 중간본에는 표기상 옛이응 'ㆁ'이 나타나지 않게 되었다.

ᄇᆞ료미 : ᄇᆞ리[棄]-+-옴(명사형 어미)+이(주격 조사). 버림이. ¶ᄒᆞ마 얼구렛 ᄣᅵ를 ᄠᅥ러 ᄇᆞ료니 眞實로 爛熳호ᄆᆡ 기푸모로 ᄒᆞ예니라(이미 얼굴의 때를 떨어 버리니 진실로 난만함의 깊음으로 한 것이니라)<두시(중) 3:48ㄴ>.

몯ᄒᆞ리니라 : 몯[不, 未]+-ᄒᆞ(동사 파생 접미사)-+-리(미래 시제 선어말 어미)-+-니라(평서형 어미). 못할 것이다. 못할 것인 것이다. '-니라'는 동명사 어미 '-ㄴ' 뒤에 지정 형용사 '이-'가 오고 다시 그 활용 어미가 연결된 구성이 평서형 어미로 재구조화된 것이다.

是以資雅才 渙然立新意【雅才ᄂᆞᆫ 指陸宰ᄒᆞ니 言新22ㄱ學이 資陸宰而成也ㅣ라】
이런 ᄃᆞ로 淸雅ᄒᆞᆫ ᄌᆡ조ᄅᆞᆯ 資賴ᄒᆞ야 훤히 새 ᄠᅳ들 셰도다

시이자아재 환연립신의 【아재(雅才)는 육재를 가리키니 새로운 배움이 육현령에 힘입어 이루어짐을 말한다.】
이러므로 맑고 우아한 재주에 힘입어 앞이 탁 트이게 새 뜻을 세우도다.

이런 ᄃᆞ로 : 이러[是然]+-ᄒᆞ(형용사 파생 접미사)-+-ㄴ(관형사형 어미)#ᄃᆞ(의존 명사)+로(조격 조사, 부사격 조사). 이러므로. 이렇기 때문에. 이래서.
청아(淸雅)ᄒᆞᆫ : 청아(淸雅)+-ᄒᆞ(형용사 파생 접미사)-+-ㄴ(관형사형 어미). 맑고 우아한.
ᄌᆡ조ᄅᆞᆯ : ᄌᆡ조[才]+ᄅᆞᆯ(대격 조사). 재주를. 재주 있는 사람을.
자뢰(資賴)ᄒᆞ야 : 자뢰(資賴)+-ᄒᆞ(동사 파생 접미사)-+-야(연결 어미). 힘입어.
훤히 : 훤[明然. 渙然]+-ᄒᆞ(형용사 파생 접미사)-+-이(부사 파생 접미사). 분명하게. 명백하게. 밝게. 앞이 탁 트이게.
새 ᄠᅳ들 : 새[新]#ᄠᅳᆮ[意]+을(대격 조사). 새 뜻을.
셰도다 : 셔[立]-+-이(사동 파생 접미사)-+-도다(감탄형 어미). 세우도다. 서게 하도다. ¶여희여 오매 믄드시 세 ᄒᆡ니 병으러 셔니 사ᄅᆞᄆᆡ 기릐와 ᄀᆞᆮ도다(떠나옴에 문득 삼년이니 사이가 떨어져 서니 사람의 키와 같도다)<두시(중) 18:13ㄴ>.

衡山雖小邑 首唱恢大義【言衰亂之時에 首建學宮也ㅣ라】
衡山이 비록 죠고맛 ᄀᆞ올히나 爲頭ᄒᆞ야 블러 큰 義ᄅᆞᆯ 너피도다

형산수소읍 수창회대의 【쇠하고 어지러운 때에 먼저 학교를 세운 것을 말한다.】

형산(衡山)이 비록 조그만 고을이나, 다른 사람보다 먼저 주창하여 대의를 넓히도다.

형산(衡山)이 : 형산(衡山)+이(주격 조사). 형산현을 말함. 형산현(衡山縣)은 호남성(湖南省)에 있는 현의 이름. 오악(五岳)의 하나인 형산(衡山)에서 유래한 지명이다.

죠고맛 : 죠고마[寸]+ㅅ(관형격 조사). 조그만. '죠고마'가 명사의 성격을 가졌던 것으로 추정된다. ¶異王으로 노ᄑᆞᆫ 功勳을 冊命ᄒᆞ시니 죠고맛 비편ᄋᆞᆫ 眞實로 전ᄂᆞᆫ 배로다(성(姓)이 다른 왕에게 높은 공훈을 책봉하시니 조그만 적(敵)은 진실로 두려워하는 바이로다(믿음에 꺼리는 것이 있는 것이다))<두시(초) 24:16ㄴ>.

ᄀᆞ올히나 : ᄀᆞ올ㅎ[邑]+이나(보조사). 고을이나. 고울이지만 'ᄀᆞ올ㅎ'이 'ㅎ' 종성 체언이기 때문에 보조사 '이나'가 '히나'로 된 것이다. ¶ᄀᆞᅀᆞᆳ ᄇᆞᄅᆞ미 嫋嫋히 江漢ᄂᆞᆯ 부ᄂᆞ니 오직 다ᄅᆞᆫ ᄀᆞ올히 와 인ᄂᆞ니 어딋 사ᄅᆞ미이니오(가을 바람이 길고 부드럽게 강한에 부니 오직 다른 고을에 와 있으니 어딋 사람인 것인가?)<두시(중) 3:48ㄴ>

위두(爲頭)ᄒᆞ야 : 위두(爲頭)+-ᄒᆞ(동사 파생 접미사)-+-야(연결 어미). 머리가 되어. 다른 사람보다 먼저. 앞장서서. 제일 먼저. 우두머리 되어.

블러 : 브르[唱]-+-어(연결 어미). 불러. 주창하여. 주장하여.

큰 의(義)ᄅᆞᆯ : 크[大]-+-ㄴ(관형사형 어미)#의(義)+ᄅᆞᆯ(대격 조사). 큰 의를. 대의를. 사람으로서 마땅히 지키고 행하여야 할 큰 도리를.

너피도다 : 넙[廣]-+-히(사동 파생 접미사)-+-도다(감탄형 어미). 넓히도다. ¶슈양탕이라 ᄒᆞᄂᆞᆫ 거슨 시내ᄀᆞ의 닙 넙고 가지 블근 버들이니(수양탕이라 하는 것은 시냇가의 잎 넓고 가지 붉은 버들이니)<두창 29ㄱ>.

因見縣尹心 根源舊宮閟 【謂因廟宮舊基而重新也ㅣ라】
지즈로 縣尹의 ᄆᆞᅀᆞᄆᆞᆯ 보리로소니 녯 宮ᄋᆡ 深閟호ᄆᆞᆯ 根源ᄒᆞ도다

인견현윤심 근원구궁비 【인하여 묘궁의 옛터가 거듭 새로워짐을 이른다.】
이로 인하여 현령(縣令)의 마음을 볼 것이니, 옛 궁의 깊이 닫힘이 생기도다.

지즈로 : 지즐[因]-+-오(부사 파생 접미사). 인하여. 말미암아. 이로 인하여. 그로 인하여.

현윤(縣尹)의 : 현윤(縣尹)+의(처격 조사, 부사격 조사). 현의 우두머리의. 현령(縣令)의.

ᄆᆞᅀᆞᄆᆞᆯ : 마ᅀᆞᆷ〔心〕+ᄋᆞᆯ(대격 조사). 마음을. 초간본의 'ᄆᆞᅀᆞᄆᆞᆯ'을 중간본은 'ᄆᆞᅀᆞᆷᄆᆞᆯ'과 같이 적고 있다. 중간본의 다른 표기를 보아, 'ᄆᆞᅀᆞᆷᄆᆞᆯ'이 'ᄆᆞᄋᆞᄆᆞᆯ'의 잘못이라고 말하는 것은 쉽다. 이 표기에 숨어 있는 사실은 중간본의 필사자들에게는 형태 음소적 표기법이 무의식 중에 작용하고 있었다는 것이다. 'ᄆᆞᅀᆞᆷ'으로 표기를 고정시키려는 경향을 보이는 예라고 본다. 그런데도 대격 조사가 'ᄆᆞᆯ'로 나는 것을 드러내고 있다.

보리로소니 : 보〔見〕-+-리(미래 시제 선어말 어미)-+-로소(재확인 양태 선어말 어미)-+-니(연결 어미). 볼 것이니. 볼 것이 분명한 것이니.

녯 궁(宮)ᄋᆡ : 녜〔古〕+ㅅ(관형격 조사)#궁(宮)+ᄋᆡ(관형격 조사). 옛 궁의. 초간본에는 '녯 궁(宮)의'로 되어 있다. 모음조화가 깨지고 있다.

심비(深閟)호ᄆᆞᆯ : 심비(深閟)+-ᄒᆞ(형용사 파생 접미사)-+-옴(명사형 어미)+ᄋᆞᆯ(대격 조사) 깊이 닫힘을.

근원(根源)ᄒᆞ도다 : 근원(根源)+-ᄒᆞ(동사 파생 접미사)-+-도다(감탄형 어미). 근원하도다. 생기도다.

녯 궁(宮)ᄋᆡ 심비(深閟)호ᄆᆞᆯ 근원(根源)ᄒᆞ도다 : 옛 궁의 깊이 닫음을 근원하도다. 옛 궁의 깊이 닫히는 근원이 되었도다. 옛 궁이 깊이 닫히게 되었도다.

講堂非曩構 大屋加塗墍 【此ᄂᆞᆫ 言新作學堂也ㅣ라 墍ᄂᆞᆫ 仰塗也ㅣ라】
講堂은 녜 아니 지엣던 거시니 큰 지븨 塗墍호ᄆᆞᆯ 더으도다

강당비낭구 대옥가도기 【이는 학교를 처음 지은 것을 말한다. 기(墍)는 매흙질을 치대는 것이다.】

강하는 당은 옛날 지었던 것이 아니어서 큰 집에 매흙질을 더하도다.

강당(講堂)은 : 강당(講堂)+은(보조사). 강당은. 강하는 당은. 강론하던 집은.

녜 아니 : 녜〔古, 曩(낭)〕#아니〔非〕. 예전에 아니.

지엣던 : 짓〔作, 建, 構〕-+-어(연결 어미)#잇〔有〕-+-더(회상 선어말 어미)-+-ㄴ(관형사형 어미). 지어 있던. ¶지아비 죽거늘 상ᄉᆞ 뭇고 오히려 졔복 벗디 아니코 각별이 졔당을 짓고 얼굴을 그려 ᄇᆞᄅᆞᆷ애 걸고 날로 세 번식 울고 졔ᄒᆞ더라(남편 죽거늘 장사 마치고 오히려 제복을 벗지 아니하고 각별히 제당을 짓고 얼굴을 그려 벽에 걸고 날로 세 번씩 울고 제사 드리더라)<동국(열) 1:52ㄴ>.

거시니 : 것(의존 명사)#이(지정 형용사)-+-니(연결 어미). 것이니.

큰 지븨 : 크[大]-+-ㄴ(관형사형 어미)#집[屋]+의(처격 조사, 부사격 조사). 큰 집에.

도기(塗壁)호믈 : 도기(塗壁)+-ᄒᆞ(동사 파생 접미사)-+-옴(명사형 어미)+올(대격 조사). 매흙질함을. 맥질함을. '매흙질'은 부드럽고 끈끈한 진흙을 벽에 덧바르는 것을 말한다.

더으도다 : 더으[加]-+-도다(감탄형 어미). 더하도다. ¶ᄇᆡ 여흐레 걸닌 ᄃᆞᆺ ᄒᆞ니 모로미 혈을 더으고 혈을 구틸 약을 ᄡᅳᆯ 거시니(배가 여흘에 걸린 듯하니 모름지기 경혈을 더하고 경혈을 굳힐 약을 쓸 것이니)<태산 26ㄴ>.

> 下可容百人 墻隅亦深邃
>
> 집 아래 어로 온 사ᄅᆞ미 들리로소니 담 모히 ᄯᅩ 깁스위도다

하가용백인 장우역심수

집 아래 가히 백 사람이 들 것인데, 담 모퉁이가 또 깊숙하도다.

집 아래 : 집[家]#아래[下]. 집 아래.

어로 : 어로[可]. 어루. 가히. 능히. 흔히 나타나는 형태는 '어루'이다. ¶一切如來ㅅ 몸과 말ᄊᆞᆷ과 ᄠᅳ뎃 業이 다 淸淨ᄒᆞ시니 世尊하 이 日月도 어루 ᄢᅥ러디긔 ᄒᆞ며 須彌山도 어루 기울의 ᄒᆞ려니와 諸佛 니르시논 마른 乃終내 달옳 주리 업스시니이다(일체 여래의 몸과 말씀과 뜻에 업이 다 청정하시니 세존이시여 이 해와 달도 가히 떨어지게 하며 수미산도 가히 기울게 하려니와 제불 니르시는 말은 끝끝내 다를 줄이 없습니이다)<석상 9:26ㄱ~ㄴ>.

온 사ᄅᆞ미 : 온[百]#사ᄅᆞᆷ[人]+이(주격 조사). 백 사람이.

들리로소니 : 들[入]-+-리(미래 시제 선어말 어미)-+-로소(재확인 양태 선어말 어미)-+-니(연결 어미). 들 것이니.

담 모히 : 담[墻]#모ㅎ[隅]+이(주격 조사). 담 모퉁이가. '모ㅎ'가 'ㅎ' 종성 체언이기 때문에, 주격 조사 'ㅇ'가 '히'가 된 것이다.

ᄯᅩ 깁스위도다 : ᄯᅩ[亦]#깊[深]-+-스위[邃, 玄, 泥]-+-도다(감탄형 어미). 또 깊숙하도다. '-스위-'는 '수위-'로도 나타난다. '-스위-'나 '-수위-'는 '어둡다, 멀다, 흐리다' 등과 같은 뜻을 가지는 접미사이다. '-스위-'나 '-수위-'가 쓰이는 것은 '깊-' 외에도 '어리숙하다'의 예가 있다. '깊숙하다, 어리숙하다'의 '-숙-'을 독립된 형용사로 보기는 어렵다. ¶巫峽 어드운 묏부리옌 朔漠앳 氣運이로소니 묏부리 김(깁)수위오 시냇 묏고티 검어듭도다(무협의 어두운 산부리에는 북쪽 나라의 기운이니, 산부리 깊숙하고 시내의 산골짜기가 검고 어둡도다)<두시(초) 25:45ㄱ>.

何必三千徒 始[22ㄴ]壓戎馬氣 【孔子ㅅ 弟子ㅣ 三千人이라 此ᄂᆞᆫ 言能修文教則足以鎭服暴亂이라 不必待三千弟子之多ㅣ리라】
엇뎨 구틔여 三千 무리라ᅀᅡ 비르수 戎馬의 氣運ᄅᆞᆯ 鎭壓ᄒᆞ리오

하필삼천도 시압융마기 【공자의 제자가 3천인이다. 이는 글을 닦고 가르칠 수 있은즉 그것으로 폭란을 눌러 정복하기에 족하여 반드시 3천 제자와 같이 많은 사람을 기다릴 필요가 없음을 말한다.】

어찌 구태여 3천 무리라야 비로소 오랑캐 말의 기운을 진압할 것인가?

엇뎨 구틔여 : 엇뎨〔何〕#구틔여〔必〕. 어찌 구태여. 어찌 반드시.

삼천(三千) 무리라ᅀᅡ : 삼천(三千)#무리〔徒〕#이(지정 형용사)-+-라(평서형 어미)+ᅀᅡ(보조사). 삼천 무리라야.

비르수 : 비르수〔始〕. 비로소.

융마(戎馬)의 기운(氣運)ᄋᆞᆯ : 융마(戎馬)+의(관형격 조사)#기운(氣運)+ᄋᆞᆯ(대격 조사). 오랑캐 말의 기운을.

진압(鎭壓)ᄒᆞ리오 : 진압(鎭壓)+-ᄒᆞ(동사 파생 접미사)-+-리(미래 시제 선어말 어미) -+-고(의문형 어미). 진압하리오. 진압할 것인가. 의문형 어미 '-오'는 '-고'의 'ㄱ'이 미래 시제 선어말 어미 '-리-'의 'ㅣ'모음 뒤에서 탈락한 것이다. '-고'는 의문사 의문에 쓰인 것이다.

林木在庭戶 密幹疊蒼翠
수프리 ᄠᅳᆯ과 이페 잇ᄂᆞ니 칙칙ᄒᆞᆫ 웃드미 프른 비치 重疊ᄒᆞ도다

림목재정호 밀간첩창취

수풀이 뜰과 입구에 있으니 빽빽한 줄기가 푸른 빛이 겹치도다.

수프리 : 수플〔林〕+이(주격 조사). 수풀이.

ᄠᅳᆯ과 : ᄠᅳᆯ〔庭〕+과(접속 조사). 뜰과. 초간본에는 'ᄠᅳᆯ'이 'ㆆ' 종성 체언으로 'ᄠᅳᇙ과'로 되어 있다.

이페 : 잎[戶]+에(처격 조사, 부사격 조사). 잎에. 입구에.

잇ᄂᆞ니 : 잇[有]-+-ᄂᆞ(현재 시제 선어말 어미)-+-니(연결 어미). 있으니. 있는데.

칙칙ᄒᆞᆫ : 칙칙[密]+-ᄒᆞ(형용사 파생 접미사)-+-ㄴ(관형사형 어미). 빽빽한.

읏드미 : 읏듬[幹]+이(주격 조사). 줄기가. '읏듬'에 '으뜸, 바탕'의 뜻도 있으나 여기서는 '줄기, 그루'의 뜻으로 쓰인 것이다. ¶하얀 읏드미 時節을조차 믈드로ᄆᆞᆯ ᄒᆞ마 슬노니 우는 뵈트레 버혀 ᄂᆞ리오니 비치 서르 쐣도다(하얀 바탕이 시절에 따라 물드는 것을 이미 슬퍼하니, 우는 베틀에 베어 내려오니 빛이 서로 쏘고 있도다)<두시(초) 25:49ㄴ>.

프른 : 프르[蒼]-+-ㄴ(관형사형 어미). 푸른. 검푸른.

비치 : 빛[翠]+이(주격 조사). 빛이. 색이.

중첩(重疊)ᄒᆞ도다 : 중첩(重疊)+-ᄒᆞ(형용사 파생 접미사)-+-도다(감탄형 어미).중첩되도다. 겹치도다. 겹치는구나.

> 有井朱夏時 轆轤凍堦戺 【轆轤ᄂᆞᆫ 汲水器라 戺ᄂᆞᆫ 鉏里反ᄒᆞ니 砌也ㅣ라】
>
> 잇ᄂᆞᆫ 우므리 녀르메 轆轤ㅣ 버텅에 어렛도다

유정주하시 록로동계사 【녹로(轆轤)는 급수기(두레박)이다 사(戺)는 서(鉏)와 리(里)의 반절이니 우물 속 돌쩌귀이다.】

우물은 여름에 두레박이 우물 돌쩌귀에 얼어 있도다.

잇ᄂᆞᆫ : 잇[有-+-ᄂᆞ(현재 시제 선어말 어미)-+-ㄴ(관형사형 어미). 있는.

우므리 : 우믈[井]+이(주격 조사). 우물이.

잇ᄂᆞᆫ 우므리 : '있는 우물이'는 한국어로 말이 되지 않는다. 이는 '우물은'과 같이 주제를 도입하는 표현으로 번역하는 것이 자연스럽다.

녀르메 : 녀름[夏]+에(처격 조사, 부사격 조사). 여름에.

록로(轆轤)ㅣ : 녹로(轆轤)+ㅣ(주격 조사). 급수기가. 두레박이.

버텅에 : 버텅[堦戺]+에(처격 조사, 부사격 조사). 우물 안 돌쩌귀에

어렛도다 : 얼[凍]-+-어(연결 어미)#잇[有]-+-도다(감탄형 어미). 얼어 있도다. 얼어붙어 있구나.

耳聞讀書聲 殺伐災髣髴【殺伐은 見不審也ㅣ라 言樂聞此絃誦之聲호니 彼兵革之患은 但覺其髣髴而已니 言不相近也ㅣ라】
귀예 글 닑는 소리를 드로니 殺伐혼는 災害는 髣髴ᄒᆞ도다

이문독서성 살벌재방불 【죽이고 베는 것은 실제로 보고 실감하지 못한 것이다. 거문고 타며 글 읽는 소리 듣는 것을 즐기니 전란의 우환은 희미하게 깨달아 서로 가깝지 않음을 말한 것이다.】
귀에 글 읽는 소리를 들으니 죽이고 베는 전쟁의 재해는 희미하도다.

귀예 : 귀〔耳〕+예(처격 조사, 부사격 조사). 귀에.
글 닑는 : 글〔文, 書〕#닑〔讀〕-+-ᄂᆞ(현재 시제 선어말 어미)-+-ㄴ(관형사형 어미). 글 읽는. ¶莊子애 桓公이 글 닑거늘 輪扁이 무루ᄃᆡ 공ᄋᆡ 닐그시논 거슨 엇던 마리잇고 公이 닐오ᄃᆡ 聖人ㅅ 마리라 닐오ᄃᆡ 聖人이 겨시니잇가 公이 닐오ᄃᆡ ᄇᆞᆯ셔 주그시니라(장자에 환공이 글 읽거늘 윤편(輪扁)이 묻되 공이 읽으시는 것은 어떤 말입니까? 공이 이르되 성인 말이다. 이르되 성인이 계십니까? 공이 이르되 벌써 돌아가셨습니다)<원각(서) 68ㄱ>.
소리를 : 소리〔聲〕+를(대격 조사). 소리를.
드로니 : 듣〔聞〕-+-오(확실성 표지)-+-니(연결 어미). 들으니.
살벌(殺伐)혼(ᄒᆞᆫ)는 : 살벌(殺伐)+ᄒᆞ(동사 파생 접미사)-+-ᄂᆞ(현재 시제 선어말 어미)-+-ㄴ(관형사형 어미). 죽이고 베는. '-는'의 '-ᄂᆞ(현재 시제 선어말 어미)-'가 들어 있기 때문에 동사로 보아야 한다. '殺伐혼는'의 '혼'은 'ᄒᆞᆫ'의 잘못이나, 'ㄴ' 중첩 현상을 보인다.
재해(災害)는 : 재해(災害)+는(보조사). 재해는.
방불(髣髴)ᄒᆞ도다 : 방불(髣髴)+-ᄒᆞ(형용사 파생 접미사)-+-도다(감탄형 어미). 뚜렷하지 못하다. 희미하도다.

故園延歸[23ㄱ]望 衰顔減愁思
本鄕애 갈 ᄇᆞ라오미 기더니 늘근 ᄂᆞᄎᆡ 시름ᄃᆞ왼 ᄠᅳ디 더레라

고원연귀망 쇠안감수사
본디의 고향에 갈 바람이 길었었는데, 늙은 얼굴에 시름스런 생각이 줄었도다.

본향(本鄕)애 갈 : 본향(本鄕)+애(달격 조사, 부사격 조사)#가[行, 歸]-+-ㄹ(미래 관형사형 어미). 본디의 고향에.
ᄇᆞ라오미 : ᄇᆞ라[望]-+-옴(명사형 어미)+이(주격 조사). 바람이. 바라는 것이.
기더니 : 길[延]-+-더(회상 선어말 어미)-+-니(연결 어미). 길었었는데.
늘근 ᄂᆞᄎᆡ : 늙[老]-+-은(관형사형 어미)#ᄂᆞᆾ[顔]+ᄋᆡ(처격 조사, 부사격 조사). 늙은 얼굴에.
시름ᄃᆞ왼 : 시름[愁]#ᄃᆞ외[化]-+-ㄴ(관형사형 어미). 시름된. 시름스런. 걱정스런.
ᄠᅳ디 : ᄠᅳᆮ[思]+이(주격 조사). 뜻이. 생각이.
더레라 : 덜[減]-+-어(연결 어미)#이(지정 형용사)-+-라(평서형 어미). 덜도다. 줄었도다. 덜게 된 것이다.

> **南紀收波瀾 西河共風味【南紀ᄂᆞᆫ 猶南方이라 波瀾은 喩亂ᄒᆞ다 子夏ㅣ 居西河敎授ᄒᆞ니라 言陸宰ㅣ 文敎로 洗波瀾之妖氛ᄒᆞ리니 同子夏之風味也ㅣ라】**
> 南紀예 波瀾을 기(가)ᄃᆞ리로소니 西河ㅅ 風味와 다ᄆᆞᆺᄒᆞ리로다

남기수파란 서하공풍미 【남기(南紀)는 달리 말하면 남방이다. 파란(波瀾)은 전란을 비유한 것이다. 자하(子夏)가 서하(西河)에 살면서 가르침을 주었다. 육현령이 글을 가르침으로 전란의 요사스러운 기운을 씻을 것이니 자하의 풍미와 같은 것이다.】
남방에서 병란을 끝낼 것이니, 서하(西河)의 풍미와 함께 할 것이로다.

남기(南紀)예 : 남기(南紀)+예(처격 조사, 부사격 조사). 남기에. 남방에.
파란(波瀾)을 : 파란(波瀾)+을(대격 조사). 순탄하지 아니한 여러 가지 어려움이나 시련을. 병란을. 전란을.
기(가)ᄃᆞ리로소니 : 갇[收]-+-ᄋᆞ리(미래 시제 선어말 어미)-+-로소(재확인 양태 선어말 어미)-+-니(연결 어미). 거둘 것이니. 거두겠으니. 거두어 갈 것이니. 끝낼 것이니. ¶三周法을 對ᄒᆞ샤 三根記를 심기시나 機 가ᄃᆞ샤미 다ᄋᆞ디 몯ᄒᆞ실ᄊᆡ 이에 두려이 ᄢᅳ리시니(삼주

법을 대하시어 삼근기를 전하시니 기(機) 거두심이 다하지 못하시기 때문에 이에 두렵게 보호하시니)<법화 4:68ㄴ>.

서하(西河)ㅅ : 서하(西河)+ㅅ(관형격 조사). 서하의. 중국 산서성(山西省)과 섬서성(陝西省)의 경계를 흐르는 황하(黃河)의 일부 강. 중국 황하의 동쪽 연안을 통칭하는 것으로, 하동(河東)의 서쪽에 있다.

풍미(風味)와 : 풍미(風味)+와(공동격 조사). 풍미와. 향취와. 취향과 멋과. '풍미와'의 '와'가 공동격 조사인 것은 그것이 '다뭇'에 지배를 받기 때문이다.

다뭇 : 다뭇[共]. 함께. ¶이제 天下ㅣ 亂ᄒᆞ니 英俊ᄒᆞᆫ 사ᄅᆞᄆᆞᆯ 다뭇 厚히 호미 맛당ᄒᆞ니라(이제 천하가 어지러우니 뛰어난 사람을 함께 후히 함이 마땅한 것이다)<두시(초) 8:55ㄴ>.

ᄒᆞ리로다 : ᄒᆞ[爲]-+-리(미래 시제 선어말 어미)-+-로다(감탄형 어미). 할 것이로다. 하겠도다.

采詩倦跋涉 載筆尚可記【言采詩之官이 倦於跋涉道路ᄒᆞ야 不來采之ᄒᆞᄂᆞ니 載筆史官은 可記陸宰之美也ㅣ라】

詩ᄅᆞᆯ 采取ᄒᆞ리 跋涉호ᄆᆞᆯ ᄀᆞᆺ바ᄒᆞᄂᆞ니 붇 가지니ᄂᆞᆫ 오히려 可히 記錄홀디니라

채시권발섭 재필상가기【시를 채취하는 관리가 산을 넘고 물을 건너 길을 가는 것에 게을리 하여 시를 채취하러 오지 않으니, 붓을 나르는 사관이 가히 육 현령의 뛰어남을 적을 만하다는 것을 말한다.】

시(詩)를 채취할 사람이 산을 넘고 물을 건너 다니는 것을 힘들어하니, 붓 가진 사람은 오히려 가히 기록할 것이니라.

시(詩)를 : 시(詩)+를(대격 조사). 시를.

채취(采取)ᄒᆞ리 : 채취(采取)+-ᄒᆞ(동사 파생 접미사)-+-ㄹ(미래 관형사형 어미)#이(의존 명사)+∅(주격 조사). 채취할 사람. 채취할 사람이. 주격 조사가 숨어 있는 것으로도 볼 수 있다. 초간본에는 '리'가 거성으로 되어 있다.

발섭(跋涉)호ᄆᆞᆯ : 발섭(跋涉)+-ᄒᆞ(동사 파생 접미사)-+-옴(명사형 어미)+ᄋᆞᆯ(대격 조사). 발섭함을. 산을 넘고 물을 건너 가는 것을. 산을 넘고 물을 건너 길을 가는 것을.

ᄀᆞᆺ바ᄒᆞᄂᆞ니 : ᄀᆞᆺ브[倦]-+-아(연결 어미)#ᄒᆞ[爲]-+-ᄂᆞ(현재 시제 선어말 어미)-+-니(연결 어미). 가빠하니. 힘들어하니. 초간본에는 'ᄀᆞᆺ가ᄒᆞᄂᆞ니'로 되어 있다. 'ᄀᆞᆺᄀᆞᄒᆞ다'는 '힘겨워

하다' 풀이되어 있다. ¶나그내로브터 ᄃᆞᆫ뇨매 내 道ㅣ 窮困ᄒᆞ니 늘근 나해 歲時예 ᄃᆞᆫ녀 ᄀᆞᆺ바ᄒᆞ노라(나그네로 다니매 내 길이 곤궁하니 늙은 나이에 세시에 다녀 힘들어하노라) <두시(중) 1:24ㄱ>.

붇 가지니ᄂᆞᆫ : 붇[筆]#가지[持, 載]-+-ㄴ(관형사형 어미)#이(의존 명사)+ᄂᆞᆫ(보조사). 붓 가진 이는. 붓 가진 사람은. 붓을 든 사람은.

오히려 : 오히려[尙].

가(可)히 : 가(可)+-ᄒᆞ(형용사 파생 접미사)-+-이(부사 파생 접미사). 가히.

기록(記錄)홀디니라 : 기록(記錄)+-ᄒᆞ(형용사 파생 접미사)-+-오(확실성 표지)-+--ㄹ(미래 관형사형 어미)#ᄃᆞ(의존 명사)#이(지정 형용사)-+니라(평서형 어미). 기록할 것이니라. 기록할지니라. '-니라'는 동명사 어미 '-ㄴ' 뒤에 지정 형용사 '이-'가 오고 다시 그 활용 어미가 연결된 구성이 평서형 어미로 재구조화된 것이다.

高歌激宇宙 凡百愼失墜 【此ᄂᆞᆫ 甫ㅣ 歌陸宰之事而欲後人으로 亦勿失墜也ㅣ라】

노ᄑᆞᆫ 놀애 宇宙에 激發[23]ᄒᆞᄂᆞ니 믈읫 사ᄅᆞᄆᆞᆫ 失墜호ᄆᆞᆯ 삼갈디어다

고가격우주 범백신실추墜 【이는 두보가 육 현령의 일을 노래하여 뒤에 오는 사람으로 하여금 또한 잘못하여 떨어지지 않게 하려고 한 것이다.】

높은 노래 우주에 격렬히 퍼지니 무릇 사람은 무심히 떨어지지 않도록 조심할 것이네.

노ᄑᆞᆫ : 높[高]-+-ᄋᆞᆫ(관형사형 어미). 높은.

놀애 : 놀[遊]-+-애(명사 파생 접미사). 노래. 노래가.

우주(宇宙)에 : 우주(宇宙)+에(처격 조사, 부사격 조사). 우주에. 온 세상에.

격발(激發)ᄒᆞᄂᆞ니 : 격발(激發)+-ᄒᆞ(동사 파생 접미사)-+-ᄂᆞ(현재 시제 선어말 어미)-+-니(연결 어미). 격렬히 일어나니. 울려 퍼지니. 격렬히 퍼지니.

믈읫 : 믈읫[凡]. 무릇.

사ᄅᆞᄆᆞᆫ : 사ᄅᆞᆷ[인]+ᄋᆞᆫ(보조사). 사람은.

실추(失墜)호ᄆᆞᆯ : 실추(失墜)+-ᄒᆞ(동사 파생 접미사)-+-옴(명사형 어미)+ᄋᆞᆯ(대격 조사). 실수로 떨어짐을. 어쩌다 떨어짐을. 무심히 떨어짐을.

삼갈디어다 : 삼가[愼]-+-ㄹ(미래 관형사형 어미)#ᄃᆞ(의존 명사)#이(지정 형용사)-+-거(대

상성의 양태 선어말 어미)-+-다(평서형 어미). 삼갈 것이다. 삼갈 것이네. 조심할지어다. 조심할 것이네. 삼가야 한다.

行次昭陵【唐太宗陵이라】

<제목> 행차소릉(소릉에 들르다) 【당 태종 능이다.】

소릉(昭陵) : 당나라 태종의 능. 소릉은 산서성 예천현 현성의 동북 30km의 구종산에 있다. 태종이 생존하고 있던 정관(貞觀) 11년(637) 2월에 기공하여, 정관 13년에 완성. 산정 가까운 남쪽 절벽에 길이 1150척(약 300m)에 이르는 잔도(棧道)를 건설하고, 깊이 75척(약 20m)의 횡혈(横穴)을 파서 묘도(墓道)와 묘실(墓室)을 만들었다. 10년 후 붕어해서 매장한 뒤에는 후세의 도굴을 걱정해서 즉시 잔도를 없앴다고 한다.

행차(行次) : 여행 도중. 지나는 길에 잠깐 들어가 머무르다.

행차소릉(行次昭陵) : 소릉에 들르다. 소릉은 당 태종의 능으로, 두보가 지덕(至德) 2년(757) 부주(鄜州)로 가는 길에 소릉에 들러 감회를 읊은 것이라 한다. 『두시상주(杜詩詳註)』에서는 천보 5년(746) 두보가 낙양에서 장안으로 돌아갈 때 지은 것이라 하였다. 『두시상주(杜詩詳註)』의 주학령(朱鶴齡)의 주에는 두보가 부주에 가족을 보러 갔다가 소릉에 들른 것으로 본다.

舊俗疲庸主 羣雄問獨夫【庸主獨夫는 指煬帝라 羣雄은 李密之徒ㅣ라】

녜 時俗이 庸主의게 굿거늘 羣雄이 獨夫를 問罪ᄒᆞ니라

구속피용주 군웅문독부 【용주(庸主) 독부(獨夫)는 양제를 가리킨다. 군웅은 이밀(李密)의 무리이다.】

예전의 풍속이 어리석은 임금에 의해 피폐해지거늘 여러 영웅이 포악한 임금의 죄를 물었던 것이다.

네 시속(時俗)이 : 네[古, 舊]+ㅅ(관형격 조사)#시속(時俗)+이(주격 조사). 옛 시속이. 예전의 풍속이. 옛 풍습이. '네'가 초간본에는 '녯'으로 되어 있다.

용주(庸主)의게 : 용주(庸主)+의게(여격 조사, 부사격 조사). 용군(庸君)에게. 어리석은 임금에게. '용주'는 수 양제를 가리킴. '용주'를 육조(六朝)의 여러 군주를 가리키는 것으로 보기도 한다(한성무 외(1997) 참조).

ᄀᆞᆺ거늘 : ᄀᆞᆺ[疲]-+-거늘(연결 어미). 힘들거늘. 힘겨워하거늘. 피폐하거늘.

군웅(羣雄)이 : 군웅(羣雄)+이(주격 조사). 여러 영웅들이. 이연(李淵)보다 앞서 수의 타도를 외치며 일어섰던 이밀(李密), 두건덕(竇建德) 등을 가리킨다.

독부(獨夫)ᄅᆞᆯ : 독부(獨夫)+ᄅᆞᆯ(대격 조사). 독부를. 포악한 임금을. 원래 독부는 포악한 학정으로 민심을 잃고 홀로 된 사람을 가리킨다. 여기서는 수 양제(煬帝)를 가리킴. 은나라의 주왕(紂王), 하(夏) 나라의 걸왕(桀王) 등을 대표적인 폭군으로 일컫는다.

문죄(問罪)ᄒᆞ니라 : 문죄(問罪)+-ᄒᆞ(동사 파생 접미사)-+-니라(평서형 어미). 문죄한 것이다. 죄를 물었다네. '-니라'는 동명사 어미 '-ㄴ' 뒤에 지정 형용사 '이-'가 오고 다시 그 활용 어미가 연결된 구성이 평서형 어미로 재구조화된 것이다.

> **讖歸龍鳳質 威定虎狼都【唐太宗ᄋᆞᆫ 龍鳳之姿天日之表ㅣ니라 虎狼都ᄂᆞᆫ 指隋都ᄒᆞ니라】**
>
> 讖이 龍鳳ㅅ 모매 가니 威嚴으로 虎狼ᄋᆡ 都邑을 平定ᄒᆞ시니라

참귀룡봉질 위정호랑도 【당나라 태종은 용봉의 모습이니 하늘에 있는 태양의 표상이다. 호랑이와 이리의 도시는 수나라 도시를 가리킨다.】

참언(사후에 검증된 예언)이 용봉의 몸에 갔는데, 위엄으로 호랑의 도읍(수나라 도읍)을 평정하셨다네.

참(讖)이 : 참(讖)+이(주격 조사). 참언이. 참어가. 사후에 검증된 예언이. 참언은 앞일의 길흉화복에 대하여 예언하는 말이다.

용봉(龍鳳)ㅅ : 용봉(龍鳳)+ㅅ(관형격 조사). 용과 봉의. 용봉은 태종을 비유적으로 가리키는 것이므로, 존칭 체언으로 취급되어 관형격 조사에 'ㅅ'이 쓰이고 있다.

모매 : 몸[身, 質]+애(달격 조사, 부사격 조사). 몸에. 바탕에. 여기서 문제는 원문의 '질(質)'을 '몸'으로 번역한 것이다. 주석에서는 '당 태종은 용과 봉의 자(姿)'라고 하고 있다. 이는 용과 봉의 외면적인 모습에 가깝다. 이와 대립되는 것이 내면적인 면이다. '몸'을 내면적으

로 보면, '질(質)'과의 거리가 가까워진다. '몸'은 단순히 외면이나 내면의 어느 하나가 된다고 할 수 없다. 실체는 내면적인 것과 외면적인 것의 통합을 의미한다고 할 수 있다.

가니 : 가[去, 歸]-+-니(연결 어미). 가니. 침범하니.

위엄(威嚴)으로 : 위엄(威嚴)+으로(조격 조사, 부사격 조사). 위엄으로.

호랑(虎狼)ᄋᆡ 도읍(都邑)을 : 호랑(虎狼)+ᄋᆡ(관형격 조사)#도읍(都邑)+을(대격 조사) 호랑이와 이리의 도읍(都邑)을. 진(秦)을 호랑지국(虎狼之國)이라 하고, 수가 옛 진의 땅인 관중(關中)에 도읍하였으므로, 수(隋)의 수도를 호랑도(虎狼都)라고 하였다(이현희 외(1997) 참조).

평정(平定)ᄒᆞ시니라 : 평정(平定)+-ᄒᆞ(동사 파생 접미사)-+-시(주체 높임 선어말 어미)-+-니라(평서형 어미). 평정하신 것이다. '-니라'를 평서형 어미라 하는 것은 동명사 어미 '-ㄴ' 뒤에 지정 형용사 '이-'가 오고 그 뒤에 활용 어미가 오는 구성을 다시 평서법 어미로 재구조화하는 것이다. 그 의미는 확정의 양태를 나타낸다.

> **天屬尊堯典 神功協禹謨【天屬ᄋᆞᆫ 父子ㅣ니 言高祖ㅣ 禪位太宗이 如堯也ㅣ오 太宗有九功之德而可歌ㅣ 如禹也ㅣ라】**
>
> 天屬가 堯典를 尊崇ᄒᆞ시니 神[24ㄱ]妙ᄒᆞᆫ 功은 禹謨애 맛도다

천속존요전 신공협우모 【천속(天屬)은 아비와 아들[부자(父子)]이니 고조(高祖)가 태종에게 선위한 것이 요(堯)임금과 같고 태종이 구공의 덕이 있어 노래할 수 있음이 우(禹)임금과 같은 것을 말한다.】

부자(父子)가 요전(堯典)을 존숭하셨는데, 신묘한 공(功)은 우임금의 계획에 맞도다.

천속(天屬)이 : 천속(天屬)+이(주격 조사). 부자(父子)가. '천속'은 고조의 혈연 관계인 태종을 가리킨다.

요전(堯典)을 : 요전(堯典)+을(대격 조사). 『서경(書經)』 <상서(尙書)> '요전편(堯典篇)'을 말함. 서경 상서(尙書) 요전(堯典)편에 '직이온 관이율 강이무학 간이무오(直而溫 寬而栗 剛而無虐 簡而無傲)'라고 하였다. '곧으면서도 온화하고, 너그러우면서도 엄격하고, 굳세면서도 사납지 않고, 간소하면서도 오만하지 않다'고 하였다. 전설적인 순임금이 기(夔)에게 음악을 관장하는 직책을 맡기면서 왕족과 귀족의 장자들을 교육시켜 위와 같은 덕

목을 갖추게 해야 한다고 강조했다고 한다. 요(堯)나라의 교육의 이념을 말한 것이다.

존숭(尊崇)ᄒᆞ시니 : 존숭(尊崇)+-ᄒᆞ(동사 파생 접미사)-+-시(주체 높임 선어말 어미)-+-니(연결 어미). 높이고 숭배하시니.

신묘(神妙)ᄒᆞᆫ 공(功)은 : 신묘(神妙)+-ᄒᆞ(형용사 파생 접미사)-+-ㄴ(관형사형 어미)#공(功)+은(보조사). 신기하고 묘한 공은. 구공지덕(九功之德)이 잘 이루어지는 것을 말함. 이에는 6부(府) 즉 수(水), 화(火), 금(金), 목(木), 토(土), 곡(穀)과 정덕(正德), 이용(利用), 후생(厚生)의 일이 잘 이루어는 것이 포함된다.

우모(禹謨)애 : 우모(禹謨)+애(처격 조사, 부사격 조사). 우임금의 꾀에. 우임금의 계획에.

맛도다 : 맛[協]-+-도다(감탄형 어미). 맞도다. 딱 들어맞는구나. ¶그 짓 ᄯᆞᄅᆡ ᄡᆞᆯ 가져 나오늘 婆羅門이 보고 깃거 이 각시사 내 얻니논 ᄆᆞᅀᆞ매 맛도다 ᄒᆞ야 그 ᄯᆞᆯ ᄃᆞ려 무로ᄃᆡ 그듸 아바니미 잇ᄂᆞ닛가 對答호ᄃᆡ 잇ᄂᆞ니이다 婆羅門이 닐오ᄃᆡ 내 보아져 ᄒᆞᄂᆞ다(그 집 딸이 쌀 가져 나오는 것을 바라문이 보고 기뻐 '이 각시야말로 내 얻으러 다니는 마음에 맞도다' 하여 그 딸에게 묻기를 '그대의 아버님이 있습니까?' 대답하되 '있습니다' 바라문이 이르기를 '내 보고자 한다')<석상 6:14ㄱ~ㄴ>.

風雲隨絶足 日月繼高衢【絶足ᄋᆞᆫ 良馬之足이 超絶也ㅣ라 言李靖之徒ㅣ 如風從龍雲從虎ᄒᆞ야 竝隨馬足而奮起ᄒᆞ고 高祖太宗이 如日月之相繼明也ㅣ라】

ᄇᆞᄅᆞᆷ과 구루미 超絶ᄒᆞᆫ 바ᄅᆞᆯ 조ᄎᆞ니 ᄒᆡ ᄃᆞ리 하ᄂᆞᆳ 길헤 니ᅀᅳ니라

풍운수절족 일월계고구 【절족(絶足)은 좋은 말의 발(천리마)이니, 아주 뛰어난 것이다. 이정(李靖)의 무리가 바람이 용을 좇고 구름이 호랑이를 좇는 것과 같이 말의 다리를 따라 분기하고, 고조(高祖)와 태종이 해와 달이 서로 이어 밝음과 같은 것이다.】

바람과 구름이 뛰어난 것을(천리마를) 좇는데, 해와 달이 하늘 길에 이어진 것이지(몇 날 며칠이 지났지).

이정(李靖) : 중국 당나라의 명장(571~649). 옹주(雍州) 삼원(三原) 사람. 자는 약사(藥師). 당(唐)나라 초기의 무장(武將)이자 대신(大臣)이다. 용병(用兵)과 모략(謀略)에 뛰어났다. 본래 수(隋)나라 장수였지만 당(唐)에 투항하여 당 건립에 혁혁한 전공을 세웠다. 남쪽으로는

소선(蕭銑)을 평정하고, 북쪽으로는 동돌궐(東突厥)을 멸하고, 서쪽으로는 토곡혼(吐穀渾)을 격파하였다<네이버, 지식백과 참조>.

ᄇᆞᄅᆞᆷ과 구루미 : ᄇᆞᄅᆞᆷ〔風〕+과(접속 조사)#구룸〔雲〕+이(주격 조사). 바람과 구름이.

초절(超絶)ᄒᆞᆫ 바ᄅᆞᆯ : 초절(超絶)+ᄒᆞ(형용사 파생 접미사)-+-ㄴ(관형사형 어미)#바(의존 명사)+ᄅᆞᆯ(대격 조사), 초절한 바를. 뛰어난 것을.

조ᄎᆞ니 : 좇〔隨〕-+-ᄋᆞ니(연결 어미). 좇으니.

ᄇᆞᄅᆞᆷ과 구루미 초절(超絶)ᄒᆞᆫ 바ᄅᆞᆯ 조ᄎᆞ니 : 바람과 구름이 뛰어난 것을 좇으니. '초절(超絶)'을 한성무 외(1997: 172)에서는 '천리마(千里馬)'로 보았다. 그러면 이 구절은 '바람과 구름이 천리마를 좇으니'와 같이 해석된다.

ᄒᆡ ᄃᆞ리 : ᄒᆡ〔日〕#ᄃᆞᆯ〔月〕+이(주격 조사). 해와 달이.

하ᄂᆞᆳ 길헤 : 하ᄂᆞᆯㅎ〔天〕+ㅅ(관형격 조사)#길ㅎ〔途〕+에(처격 조사, 부사격 조사). 하늘 길에.

니으니라 : 닛〔繼〕-+-으니라(평서형 어미). 이은 것이다. 이었지. 이었던 것이다.

ᄒᆡ ᄃᆞ리 하ᄂᆞᆳ 길헤 니으니라 : 해와 달이 하늘 길에 이어진 것이지. 몇 날 며칠이 지났지.

文物多師古 朝廷半老儒 【言典章文物을 皆法古昔而多用老成之儒也ㅣ라】

文物를 녜ᄅᆞᆯ 스승ᄒᆞ샤미 하시니 朝廷에 늘근 션ᄇᆡ 半만 ᄒᆞ도다

문물다사고 조정반로유 【제도와 문물을 모두 예전 것을 본받고 예전의 선비들을 많이 등용하고 있음을 말한다.】

문물을 옛것을 배우는 것이 많으니, 조정에는 늙은 선비가 절반이나 되었도다.

문물(文物)을 : 문물(文物)+을(보조사). 정신 문화와 물질 문화를. 문화와 경제를.

녜ᄅᆞᆯ : 녜〔古〕+ᄅᆞᆯ(대격 조사). 옛날을. 옛것을.

스승ᄒᆞ샤미 : 스승〔師〕+-ᄒᆞ(동사 파생 접미사)-+-시(주체 높임 선어말 어미)-+-암(명사형 어미)+이(주격 조사). 스승으로 하시는 것이. 배우시는 것이. 스승으로 배우시는 것이. 초간본에는 '스승'이 '스ᅌᅳᆼ'으로 되어 있다. 옛이응이 적혀 있다. 명사형 어미를 '-오/우-'로만 상정하는 입장에서는 '-시(주체 높임 선어말 어미)-+-옴(명사형 어미)-'가 '-샴'이 되는 것으로 본다. 그러나 본역주자는 중세어나 근대어의 명사형 어미에 '-옴/움-' 외에도 '-암/엄-'이 더 있는 것으로 본다. '-샴'은 '-시(주체 높임 선어말 어미)-+-암(명사형 어미)-'과 같이 분석되어, '-시-+-옴→샴'과 같은 부자연스런 변화를 상정할 필요가 없다.

하시니 : 하[多]-+-시(주체 높임 선어말 어미)-+-니(연결 어미). 많으시니.

조정(朝廷)에 : 조정(朝廷)+에(처격 조사, 부사격 조사). 조정에.

늘근 션비 : 늙[老]-+-은(관형사형 어미)#션비[儒]+∅(주격 조사). 늙은 선비가. 나이 많은 학자들이. '션비'가 기본형인데, 주격 조사가 결합해도 '션비'이고 관형격 조사가 결합해도 '션비'였다. 여기에 제로의 주격 조사를 가정한 것은 문맥을 고려한 것이다.

반(半)만 : 반(半)+만(보조사). 반은. 반이나. 반만큼. 반 정도.

ᄒᆞ도다 : ᄒᆞ[爲]-+-도다(감탄형 어미). 되도다. 되는구나.

> 直詞寧戮辱 賢路不崎嶇 【戮은 辱也ㅣ라 魏徵等之直諫을 見納而進賢之路ㅣ 無壅也ㅣ라】
>
> 直ᄒᆞᆫ 말ᄉᆞᄆᆞᆯ 엇뎨 戮辱ᄒᆞ시리오 賢才의 길히 머흐디 아니ᄒᆞ더라

직사녕륙욕 현로부기구 【륙(戮)은 욕이다. 위징(魏徵) 등의 직간을 받아들이고 현인을 나아가게 하는 길이 막히지 않은 것이다.】

곧은 간언의 말을 어찌 욕하실 것인가? 어진 인재의 길이 험하지 아니하더라.

직(直)ᄒᆞᆫ : 직(直)+-ᄒᆞ(형용사 파생 접미사)-+-ㄴ(관형사형 어미). 곧은. 바른.

위징(魏徵) : 중국 당(唐) 나라 태종(太宗) 때의 현신(賢臣). 공신이자 학자로 간의대부 등의 요직을 역임하였고 재상을 지냈다.

말ᄉᆞᄆᆞᆯ : 말ᄉᆞᆷ[言, 詞]+ᄋᆞᆯ(대격 조사). 말을. 말씀을. 중세어에서는 언어로서의 '말' 즉 발음과 이야기로서의 '말'을 차별없이 '말씀'으로 썼다. '말ᄉᆞᆷ'은 중세어에도 많이 나타난다. ¶나랏 말ᄊᆞ미 中國에 달아 문자와로 서르 ᄉᆞᄆᆞᆺ디 아니ᄒᆞᆯᄊᆡ(나라의 말이 중국과 달라 문자와 서로 통하지 아니하므로)<훈언 1ㄱ>. 다 이 識心의 分別ᄒᆞ야 혜아료미니 ᄒᆞᆫ갓 말ᄉᆞ미 이실 ᄲᅮ니언뎡 젼혀 實ᄒᆞᆫ ᄠᅳ디 업스니라(다 이 식심이 분별하여 생각하는 것이니 단지 말이 있을 뿐이지 전혀 내용을 가진 뜻이 없는 것이다)<능엄 3:71ㄱ>. 如來ㅣ 能히 種種ᄋᆞ로 ᄀᆞᆯ히야 諸法을 工巧히 니ᄅᆞᄂᆞ니 말ᄊᆞ미 보ᄃᆞ라와 모ᄃᆞᆫ ᄆᆞᅀᆞᄆᆡ 깃브니라(여래가 능히 여러 가지로 나누어 제법을 자세히 이르니 말씀이 부드러워 모든 마음에 기쁜 것이다)<법화 1:143ㄴ>.

엇뎨 : 엇뎨[豈, 寧]. 어찌.

륙욕(戮辱)ᄒᆞ시리오 : 육욕(戮辱)+ᄒᆞ(동사 파생 접미사)-+-시(주체 높임 선어말 어미)-+-리(미래 시제 선어말 어미)-+-고(의문형 어미). 욕하실 것인가. 욕하겠는가. 어미 '-오'는 의

문형 어미 '-고'의 'ㄱ'이 미래 시제 선어말 어미 '-리-' 뒤에서 탈락한 것이다.

현재(賢才)의 : 현재(賢才)+의(관형격 조사). 어진 인재의.

길히 : 길ㅎ[路]+이(주격 조사). 길이. '길ㅎ'이 'ㅎ' 종성 체언이기 때문에 주격 조사 '이'가 '히'로 된 것이다.

머흐디 : 머흘[險, 崎嶇]-+-디(연결 어미). 험하지. 기구하지.

아니ᄒᆞ더라 : 아니[不]+-ᄒᆞ(형용사 파생 접미사)-+-더(회상 선어말 어미)-+-라(평서형 어미). 아니하더라. 않았었네.

> **往者災猶降 蒼生喘未蘇 指揮[24ㄴ]安率土 盪滌撫洪鑪【洪鑪ᄂᆞᆫ 言陶成天下ㅣ 如洪鑪鑄金也ㅣ라 此ᄂᆞᆫ 揔言太宗의 平隋亂也ㅣ라】**
>
> 뎌 주움ᄢᅴ 災害 오히려 ᄂᆞ려 蒼生이 수미 ᄞᅵ디 몯ᄒᆞ얫더니 指揮ᄒᆞ야 率土ᄅᆞᆯ 便安케 ᄒᆞ시고 시서 ᄇᆞ려 큰 불무를 撫定ᄒᆞ시니라

왕자재유강 창생천미소 지휘안솔토 탕척무홍로【홍로(洪鑪)는 천하를 도기 굽듯 이루는 것이 홍로(洪鑪, 큰 화로)가 쇠를 주조함과 같은 것임을 말한 것이다. 이는 태종이 수나라의 난을 평정하였음을 줄여 말한 것이다.】

저 즈음께 재해 뜻하지 않게 내려 온 백성이 숨이 살아나지 못하고 있었는데 군대를 지휘하여 온 나라의 땅을 편안케 하시고 씻어 버려 큰 풀무를 어루만져 평정하셨다네.

뎌 주움ᄢᅴ : 뎌[往]#주움[時候, 者]#ᄢᅴ[時]. 저 즈음께. 그 즈음께. 그즈음. 이 시기는 태종의 정관(貞觀) 초년을 말한다. 초간본에는 '뎌 주숨ᄢᅴ'와 같이 되어 있다.

재해(災害) 오히려 ᄂᆞ려 : 재해(災害)#오히려(猶)#ᄂᆞ리[降]-+-어(연결 어미). 재해가 오히려 내려. 재해가 오히려 발생하여.재해가 뜻하지 않게 발생하여. 수나라 말기로부터 큰 수해가 발생한 후로 천하가 연속적으로 한발을 겪었다.

창생(蒼生)이 : 창생(蒼生)+이(주격 조사). 창생이. 백성이. 세상의 모든 사람이.

수미 : 숨[喘]+이(주격 조사). 숨이.

ᄞᅵ디 : ᄞᅵ[蘇]-+-디(연결 어미). 깨지. 살지. 살아나지.

몯ᄒᆞ얫더니 : 몯[不, 未]+-ᄒᆞ(동사 파생 접미사)-+-아(연결 어미)#잇[有]-+-더(회상 선어말 어미)-+-니(연결 어미). 못하고 있더니. 못하고 있었는데.

지휘(指揮)ᄒᆞ야 : 지휘(指揮)+-ᄒᆞ(동사 파생 접미사)-+-야(연결 어미). 지휘하여. 군대를 지휘하여.

솔토(率土)ᄅᆞᆯ : 솔토(率土)+ᄅᆞᆯ(대격 조사). 온 나라의 땅을. '솔토'는 '큰 강과 바다에 접한 모든 육지'라는 뜻으로 온 천하, 온 나라를 뜻한다.

편안(便安)케 ᄒᆞ시고 : 편안(便安)+-ᄒᆞ(형용사 파생 접미사)-+-게(연결 어미)#ᄒᆞ〔爲〕-+-시(주체 높임 선어말 어미)-+-고(연결 어미). 편안하게 하시고. 편안케 하시고.

시서 ᄇᆞ려 : 싯〔洗, 盪滌〕-+-어(연결 어미)#ᄇᆞ리〔棄〕-+-어(연결 어미). 씻어 버려.

큰 불무를 : 크〔大, 洪〕-+-ㄴ(관형사형 어미)#불무〔鑪〕+를(대격 조사). 큰 풀무를. 큰 화로를. '화로'는 천하를 비유한 것이다.

무정(撫定)ᄒᆞ시니라 : 무정(撫定)+ᄒᆞ(동사 파생 접미사)-+-시(주체 높임 선어말 어미)-+-니라(평서형 어미). 어루만져 평정하신 것이다. 어루만져 평정하셨다네.

> **壯士悲陵邑 幽人拜鼎湖 【鼎湖ᄂᆞᆫ 見五卷ㅅ 註ᄒᆞ다】**
> 壯士이 陵邑을 슬흐며 幽人이 鼎湖애 절ᄒᆞᄂᆞᆺ다

장사비릉읍 유인배정호 **【정호(鼎湖)는 5권의 주를 보라.】** 〔권5, 18ㄴ의 주는 다음과 같다. "秦始皇을 葬驪山호ᄃᆡ 水銀으로 爲江海ᄒᆞ고 黃金으로 爲鳧鴈ᄒᆞ니 此ᄂᆞᆫ 皆比薨明皇ᄒᆞ다(진시황을 여산에 장사지내되 수은으로 강과 바다가 되게 하고 황금으로 오리와 기러기를 만드니 이는 모두 진시황의 죽음을 비유한 것이다.)"〕

능묘지기가 능묘를 슬퍼하며, 은자가 정호(鼎湖)에 절을 올리는구나.

장사(壯士)이 : 장사(壯士)+이(주격 조사). 장사가. 무덤을 지키는 장수가. 초간본에는 '壯士ㅣ'와 같이 되어 있다. 중간본에 와서 주격 조사 '이'가 차츰 형태소적 존재를 가지게 되는 것을 말해 주는 것으로 보인다.

릉읍(陵邑)을 : 능읍(陵邑)+을(대격 조사). 능읍을. 능묘(陵廟)를.

슬흐며 : 슳〔悲〕-+-으며(연결 어미). 슬퍼하며.

유인(幽人)이 : 유인(幽人)+이(주격 조사). 은자(隱者)가. 두보자 자신을 비유적으로 표현한 것이다.

정호(鼎湖)애 : 정호(鼎湖)+애(처격 조사, 부사격 조사). 정호에. 황제가 승천한 장소에. 소릉

(昭陵)을 비유한 것이다. 『두시언해』 권5의 18ㄴ의 주석은 진시왕의 죽음을 비유하는 것인데, 진시왕을 여산에 장사지내되 수은으로 강과 바다를 만들고 황금으로 오리와 기러기를 만들었다고 한다. 사전적 풀이는 '정호'는 황제가 용을 타고 하늘로 오른 곳으로 황제가 하늘에 오를 때 활[弓]을 떨어뜨렸고, 그 장사지낸 교산(橋山)에서는 빈 관(棺)에 칼만 있었다는 고사(故事)에서 나온 말로, 임금의 갑작스러운 죽음을 뜻한다. <『한국고전용어사전』 참조>.

절ᄒᆞᄂᆞᆺ다 : 절[拜]+-ᄒᆞ(동사 파생 접미사)-+-ᄂᆞ(현재 시제 선어말 어미)-+-오(확실성 표지)-+-ㅅ다(감탄형 어미). 절하도다. 절하는구나. 절을 올리는구나. '-ᄂᆞᆺ다'를 하나의 어미로 취급하는 것은 '-ᄂᆞ(현재 시제 선어말 어미)-+-오(확실성 표지)-+-ㅅ다(감탄형 어미)'를 감탄형 어미로 재구조화하는 것이다. '-ㅅ다'를 하나의 어미로 취급하는 것도 'ㅅ(사이시옷)+다'를 다시 하나의 어미로 재구조화하는 것이다.

玉衣晨自擧 鐵馬汗常趨【漢武故事애 高皇廟中御衣ㅣ 自篋中으로 出舞殿上ᄒᆞ다 天寶故事애 安祿山이 叛커늘 昭陵石馬이 皆流汗ᄒᆞ니라】

玉衣ㅣ 새배 절로 드렷고 쇠 ᄆᆞ리 ᄯᆞᆷ 내오 샹녜 ᄃᆞᆮᄂᆞᆺ다

옥의신자거 철마한상추 【『한무고사』에 고황묘(高皇廟)에서 어의가 상자에서 나와 전각 위에서 춤을 추었다고 한다. 『천보고사』에 안녹산이 반란을 일으켰을 때는 소릉의 돌로 만든 말이 모두 땀을 흘렸다고 한다.】

옥의(玉衣)가 새벽에 저절로 들려 있고, 철마가 땀 내며 늘 달리도다.

고황묘(高黃廟) : 고황제의 사당. 고황제는 중국 남북조시대 남제의 태조(太祖)이다. 성은 소(蕭), 자는 소백(紹伯), 이름은 도성(道成)이다. 시호는 고황제(高皇帝)로, 묘호가 태조(太祖)이다. 건원(建元)이라는 연호를 사용하였다. 고황묘가 있는 곳은 절강성 호주시(湖州市) 덕청현(德淸縣) 막우산경구(莫干山景區) 경내에 있다.

옥의(玉衣)ㅣ : 옥의(玉衣)+ㅣ(주격 조사). 옥의가. 황제가 입었던 옷이. 옥의는 옥으로 만든 장의(葬衣)로, 제왕이나 후비들의 장례에 썼다고 한다.

새배 : 새배[曉]. 새벽. 여기서 '새배'는 처격의 기능을 가진 것으로, '새배+∅'와 같이 영의 처격 조사를 가진 것으로 가정할 수 있다. '새배' 외에도 드물게 '새박'이란 형태가 나타난

다. '새벽'이란 말은 18세기 초반 『오륜전비』에 나타난다. ¶長樂에 鍾이 울매 새벽殿이 열리니 ᄒᆞᆫ 소ᄅᆡ 淸蹕이 하ᄂᆞᆯ로셔 ᄂᆞ려오ᄂᆞᆫ또(도)다(장락전에 종이 울리니새벽전이 열리니 한 소리 황제의 거동이 하늘로부터 내려오는도다)<오륜 3:12ㄱ>.

절로 : 절로〔自〕. 저절로.

드렷고 : 들〔擧〕-+-어(연결 어미)#잇〔有〕-+-고(연결 어미). 들어 있고. 들려 있고. 피동적인 의미는 문맥적인 것이다. 초간본에는 '들옛고'로 되어 있다. 초간본에서는 피동이 형태적으로 나타난 것이다.

쇠ᄆᆞ리 : 쇠〔鐵〕#ᄆᆞᆯ〔馬〕+이(주격 조사). 쇠말이. 쇠로 된 말이. 철마가.

ᄯᆞᆷ 내오 : ᄯᆞᆷ〔汗〕#나〔出〕-+-이(사동 파생 접미사)-+-고(연결 어미). 땀 내고. 땀 흘리며. '내오'는 '내고'의 '고'가 반모음 'ㅣ'아래에서 음절두음 'ㄱ'이 탈락하였다.

샹녜 ᄃᆞᆫᄂᆞᆺ다 : 샹녜〔常〕#ᄃᆞᆮ〔走〕-+-ᄂᆞ(현재 시제 선어말 어미)-+-오(확실성 표지)-+-ㅅ다(감탄형 어미). 늘 달리도다. 항상 달리는구나. '-ᄂᆞᆺ다'를 하나의 어미로 취급하는 것은 '-ᄂᆞ(현재 시제 선어말 어미)-+-오(확실성 표지)-+-ㅅ다(감탄형 어미)'를 감탄형 어미로 재구조화하는 것이다. '-ㅅ다'를 하나의 어미로 취급하는 것도 'ㅅ(사이시옷)+다'를 다시 하나의 어미로 재구조화하는 것이다. 'ᄃᆞᆫᄂᆞᆺ-'은 'ᄃᆞᆮᄂᆞᆺ-'이 자음 접변을 일으킨 것이다.

松栢瞻虛殿 塵沙立暝途 【此ᄂᆞᆫ 甫ㅣ立塵沙之途而瞻望陵寢於松[25ㄱ]柏之間也ㅣ라】

솔와 잣 서리예 뷘 殿을 보고 드틀와 몰래예 나죗 길헤 셔 쇼라

송백첨허전 진사립명도 【이는 두보가 먼지와 모래의 길에 서서, 소나무와 잣나무 사이에 능을 보는 것이다.】

소나무와 잣나무 사이에 빈 전각을 보고, 먼지와 모래 속에 저녁 길에 서 있노라.

솔와 잣 : 솔〔松〕+와(접속 조사)#잣〔柏〕. 소나무와 잣나무.

서리예 : 사이에. 앞에 오는 말이 '솔과 잣'의 둘이지만, 소나무와 잣나무가 여럿이므로, '서리'가 쓰인 것이다. ¶狄人ㅅ 서리예 가샤 狄人이 ᄀᆞ외어늘 岐山 올ᄆᆞ샴도 하ᄂᆶ ᄠᅳ디시니(북쪽 오랑캐 사이에 가시니 오랑캐가 못살게 굴거늘 기산으로 옮으심도 하늘 뜻이십니다)<용가 4>.

뷘 전(殿)을 : 뷔〔空, 虛〕-+-ㄴ(관형사형 어미)#전(殿)+을(대격 조사). 빈 전각을. 빈 궁전을.

보고 : 보〔見, 瞻望〕-+-고(연결 어미). 보고.

드틀와 몰래예 : 드틀[塵]+와(접속 조사)#몰래[沙]+예(처격 조사, 부사격 조사). 먼지와 모래에. 초간본의 '몰애'가 '몰래'로 된 것은 자음 중철(重綴)이다. '몰래'의 래'는 '몰'을 고정시키는 역할을 한다. '모래'와 같이 연철되는 것을 막는 효과를 가진다.

나죗 : 나죄[夕, 暝]+ㅅ(관형격 조사). 저녁의. '나죄'는 '나조ᄒᆡ'의 축약으로 본다. 15세기 초에도 '나조ᄒᆡ'와 '나죄'형이 비등하게 쓰였다. '나죄'가 다시 'ㅎ' 종성 체언으로 쓰인 예가 있으나 그 예가 매우 드물다. ¶나비 우러도 ᄀᆞᅀᆳ 눉므리 업고 새 우러도 나죗 시르미 뷔도다(잔나비 울어도 가을 눈물이 없고 새 울어도 저녁의 시름이 비도다)<두시(초) 3:54ㄱ>. 바ᄅᆞᆳ 믈 ᄉᆡᄂᆞᆫ 굼긔 드러 이셔 아ᄎᆞᄆᆡᆫ 虛空애 나아 노다가 나조ᄒᆡᆫ 므레 가 자ᄂᆞ니(바닷물이 새는 구멍에 들어가 있어서 아침에는 허공에 나가 놀다가 저녁에는 물에 가서 자는데)<석상 13:10ㄴ>.

길헤 : 길ㅎ[道, 途]+에(처격 조사, 부사격 조사). 길에. '길ㅎ'이 'ㅎ' 종성 체언이기 때문에 처격 조사 '에'가 '헤'가 된 것이다.

셔 쇼라 : 셔[立]+어(연결 어미)#시[有]-+-오(확실성 표지)-+-라(평서형 어미). 서 있도다. '-오라'를 감탄형 어미로 보는 것은 '-오(확실성 표지)-+-라(평서형 어미)'를 감탄형 어미로 재구조화하는 것이다.

> **寂寥開國日 流恨滿山隅**
> 開國ᄒᆞ더신 나리 괴외ᄒᆞ도소니 흐르ᄂᆞᆫ 셜운 ᄆᆞᅀᆞ미 묏모해 ᄀᆞ득ᄒᆞ도다

적요개국일 류한만산우

개국하시던 날이 고요하시었는데, 흐르는 서러운 마음이 산모퉁이에 가득하도다.

개국(開國)ᄒᆞ더신 : 개국(開國)+-ᄒᆞ(동사 파생 접미사)-+-더(회상 선어말 어미)-+-시(주체 높임 선어말 어미)-+-ㄴ(관형사형 어미). 개국하신. 개국하셨던. 나라를 세우신.

나리 : 날[日]+이(주격 조사). 날이.

괴외ᄒᆞ도소니 : 괴외[寂寥]+-ᄒᆞ(형용사 파생 접미사)-+-도소(재확인 양태 선어말 어미)-+-니(연결 어미). 고요하였는데. ¶靜室ᄋᆞᆫ 괴외ᄒᆞᆫ 지비라(정실은 고요한 집이다)<월석 22:56ㄱ>. 靜 고요ᄒᆞᆯ 정(고요할 정)<석천 17ㄱ>.

흐르ᄂᆞᆫ : 흐르[流]-+-ᄂᆞ(현재 시제 선어말 어미)-+-ㄴ(관형사형 어미). 흐르는.

셜운 ᄆᆞᅀᆞ미(ᄆᆞᄋᆞ미) : 셟[恨]-+-은(관형사형 어미)#ᄆᆞᅀᆞᆷ[心]+이(주격 조사). 서러운 마음

이. 한스러운 마음이. ‘ᄆᆞᅀᆞᆷ미’가 초간본에는 ‘ᄆᆞᅀᆞ미’로 되어 있다. ‘ᄆᆞᅀᆞᆷ미’는 ‘ㅁ’이 중철되어 있는데, ‘ᄆᆞᅀᆞᆷ’이란 형태소를 고정시키는 효과를 가진다. ¶셜븐 잀 中에도 離別 ᄀᆞᄐᆞ니 업스니(서러운 일 중에도 이별 같은 것이 없으니)<석상 6:6ㄱ>

묏모해 : 뫼〔山〕#모ㅎ〔隅〕+애(처격 조사, 부사격 조사). 산모에. 산모퉁이에. ¶봆나래 서리 ᄀᆞᆮᄒᆞᆫ 귀믿터리 드리엿ᄂᆞ니 하ᄂᆞᆳ 모해셔 繡衣를 자보라(봄날에 서리 같은 귀밑털이 드리워 있는데 하늘 모퉁이에서 수의를 잡도다)<두시(초) 23:23ㄴ>.

ᄀᆞ득ᄒᆞ도다 : ᄀᆞ득〔滿〕+-ᄒᆞ(형용사 파생 접미사)-+-도다(감탄형 어미). 가득하도다. 가득하구나.

重經昭陵

<제목> 중경소릉(거듭 소릉을 지나다)

소릉(昭陵) : 당나라 태종의 능. 소릉은 산서성 예천현 현성의 동북 30km의 구종산에 있다. 태종이 생존해 있던 정관(貞觀) 11년(637) 2월에 기공하여, 정관 13년에 완성. 산정 가까운 남쪽 절벽에 길이 1150척(약 300m)에 이르는 잔도(棧道)를 건설하고, 깊이 75척(약 20m)의 횡혈(橫穴)을 파서 묘도(墓道)와 묘실(墓室)을 만들었다. 10년 후 붕어해서 매장한 뒤에는 후세의 도굴을 걱정해서 즉시 잔도를 없앴다고 한다.

행차(行次) : 여행 도중. 지나는 길에 잠깐 들어가 머무르다.

중경소릉(重經昭陵) : 거듭 소릉을 지나다. 이 시는 지덕(至德) 2년(757)에 지은 것이라 한다. 당시 두보는 가속(家屬)을 이끌고 강촌(羌村)을 따라서 장안으로 되돌아오고 있었다. 먼저 번에도 부주(鄜州)에 가는 길에 소릉에 들른 적이 있었는데, 다시 소릉을 지나게 되어, ‘거듭 소릉을 지나다’와 같이 제목을 붙이게 된 것이다.

草昧英雄起 謳歌曆數歸【草昧ᄂᆞᆫ 屯亂之時니 言隋亂ᄒᆞ니 民之謳歌와 天之曆數ㅣ 皆歸太宗也ㅣ라】

草昧예 英雄이 니러나니 놀애 블로매 曆數ㅣ 가니라

초매영웅기 구가력수귀 【초매(草昧)는 어려움에 처한 시기이니 수나라의 난을 말하니, 백성들의 찬양과 하늘의 운수가 다 태종에게 돌아간 것이다.】

어려운 시기에 영웅이 일어나는데, 백성들이 노래 부르니 하늘의 운수가 그에게 가는 것이다.

초매(草昧)예 : 초매(草昧)+예(처격 조사, 부사격 조사). 어려움이 처한 시기에. '초매'는 '풀이 무성하여 어둑어둑한 모양'을 뜻하는데, '세상 질서가 제대로 잡히지 않은 세태'를 비유적으로 이르는 말이다.

영웅(英雄)이 니러나니 : 영웅(英雄)+이(주격 조사)#닐〔起〕-+-어(연결 어미)#나〔生〕-+-니(연결 어미). 영웅이 일어나니.

놀애 : 놀애〔歌〕. 노래.

블로매 : 브르〔謳〕-+-옴(명사형 어미)+애(처격 조사, 부사격 조사). 부름에. 부르니.

역수(曆數)ㅣ : 역수(曆數)+ㅣ(주격 조사). 하늘의 운수가.

가니라 : 가〔去, 歸〕-+-니라(평서형 어미). 간 것이다. '-니라'를 하나의 어미로 취급하는 것은 동명사 어미 '-ㄴ' 뒤에 지정 형용사 '이-'의 활용형이 오는 것을 하나의 어미로 재구조화한 것이다.

風塵三尺劒 社稷一戎衣 【漢祖曰提三尺劒ᄒᆞ야 取天下ㅣ라 ᄒᆞ고 書에 一戎衣예 天下ㅣ 大定이라 ᄒᆞ다】

석 자 ᄭᅡᆯᄒᆞᆯ 자바 風塵을 업게 ᄒᆞ[25ㄴ]고 ᄒᆞᆫ번 戎衣ᄅᆞᆯ 니버 社稷을 定ᄒᆞ시니라

풍진삼척검 사직일융의 【한나라 고조가 가로되, 석자 칼을 잡아 천하를 얻는다 하고, 『서경』에 한번 군복을 입음에 천하가 크게 평정되었다 하다.】

석 자 되는 칼을 잡아 변란을 없게 하고, 한번 군복을 입고 나라를 평정하시니라.

석 자 갈ᄒᆞᆯ : 석〔三〕#자〔尺〕#ᄭᅡᆯ(칼)ㅎ〔刀, 劒〕+ᄋᆞᆯ(대격 조사). 석 자 칼을. 'ᄭᅡᆯ'은 '칼'의 잘못으로 본다. 『두시언해』 중간본 권6, 5ㄴ의 <동전> 우 5행에도 '칼'이 쓰이고 있다. '석'은 '셋'의 관형사형이다. '갈ㅎ'이 'ㅎ' 종성 체언이기 때문에 주격 조사 '이'가 '히'로 된 것이다. 앞의 5ㄴ에 나타난 '칼'은 'ㅎ' 종성 체언이 아니었다. '칼'형태는 16세기 초에 나타

나기 시작했다. ¶아득ᄒᆞᆫ 저기면 칼ᄒᆞᆯ 쥐여서 모글 딜어 죽고쟈 노ᄒᆞᆯ 가지고 모글 ᄆᆡ여ᄃᆞ라 죽고져 ᄆᆞᆫ져 보고 ᄆᆞᄉᆞᆷ ᄅᆞᆯ 자바 노커니와(아득한 적이면 칼흘 쥐고서 목을 찔러 죽고자 노끈을 가지고 목을 매어달아 죽고자 만져 보고 마음을 잡아 놓거니와)<순천 73:15>. 집븨셔 칼 가지고 사화 골육글 소박ᄒᆞᄂᆞ니 이ᄂᆞᆫ 제 손발ᄅᆞᆯ 버히며 제 짓을 흘허러 ᄇᆞ료미니(집에서 칼 가지고 싸워 골육을 소박하니 이는 제 손발를 베며 제 집을 흙 헐어 버리는 것이니)<정속 (1518년) 4ㄱ>.

자바 : 잡[持, 挚, 提]-+-아(연결 어미). 잡아. 쥐고.

풍진(風塵)을 : 풍진(風塵)+을(대격 조사). 풍진을. 변란(變亂)을. 전란(戰亂)을.

업게 ᄒᆞ고 : 없[無]-+-게(연결 어미)#ᄒᆞ[爲]-+-고(연결 어미). 없게 하고. 진압하고.

ᄒᆞᆫ번 융의(戎衣)ᄅᆞᆯ : ᄒᆞᆫ[一]#번(番)#융의(戎衣)+ᄅᆞᆯ(대격 조사). 한번 융의를. 한번 군복을. 융의는 군복을 말한다.

니버 : 닙[着衣]-+-어(연결 어미). 입어. 입고.

사직(社稷)을 : 사직(社稷)+을(대격 조사). 사직을. '사직'은 고대에 나라를 세울 때, 왕이나 제후가 제사를 올리던 토지의 신과 곡식의 신을 뜻하는데, 나라나 왕조를 비유적으로 이르는 말이다.

정(定)ᄒᆞ시니라 : 정(定)+-ᄒᆞ(동사 파생 접미사)-+-시(주체 높임 선어말 어미)-+-니라(평서형 어미). 정하신 것이다. '-니라'를 하나의 어미로 취급하는 것은 동명사 어미 '-ㄴ' 뒤에 지정 형용사 '이-'의 활용형이 오는 것을 하나의 어미로 재구조화하는 것이다.

翼亮貞文德 丕承戢武威【言太宗이 以文德으로 輔高祖而偃武修文也ㅣ라】

돕ᄉᆞ와 文德이 貞正ᄒᆞ시고 키 니어 武威ᄅᆞᆯ 가ᄃᆞ샷다

익량정문덕 비승집무위 【태종이 문덕(文德)으로 고조를 도와 무(武)를 누르고 문(文)을 닦은 것을 말한다.】

고종을 돕사와 문덕(文德)이 곧고 바르게 되고, 제업을 크게 이어 무위(武威)를 거두셨다네.

돕ᄉᆞ와 : 돕[翼]-+-ᅀᆞᆸ(화자 겸양 선어말 어미)-+-아(연결 어미). 돕사와. 도와.

문덕(文德)이 : 문덕(文德)+이(주격 조사). 문덕이. 문인이 갖춘 위엄과 덕망이.

정정(貞正)ᄒᆞ시고 : 정정(貞正)+-ᄒᆞ(형용사 파생 접미사)-+-시(주체 높임 선어말 어미)-+-고(연결 어미). 곧고 바르고.

키 : 크[大, 丕]+-+-이(부사 파생 접미사). 크게.

니ᅀᅥ : 닛[承]-+-어(연결 어미). 이어. 하늘의 뜻을 이어. 초간본에는 '니ᅀᅥ'로 되어 있다.

키 니ᅀᅥ : 크게 이어. 언해는 이를 문자 그대로 '크게 이어'로 번역하였으나 이는 '천자(天子)가 제업(帝業)을 계승(繼承)하는 것'으로 번역해야 한다. '고대에 제왕이 천명을 받을 때 쓰는 상투어'라는 해석도 있으나, '천명을 받는 것'의 의미가 다소 추상적이다. 천자가 이전 천자의 제업을 이어받는 것으로 보면 시구의 해석이 더 분명해진다.

무위(武威)ᄅᆞᆯ : 무위(武威)+ᄅᆞᆯ(대격 조사). 무력의 위의(威儀)를. 무력(武力)의 위엄을.

가ᄃᆞ샷다 : 갇[戢]-+-ᄋᆞ시(주체 높임 선어말 어미)-+-아(확실성 표지)-+-ㅅ다(감탄형 어미). 거두시도다. 그치셨도다. '-샷다'를 하나의 어미로 취급하는 일도 있는데, 이는 '-ᄋᆞ시(주체 높임 선어말 어미)-+-아(확실성 표지)-+-ㅅ다(감탄형 어미)'를 하나의 어미로 재구조화하는 것이다.

> **聖圖天廣大 宗祀日光輝【此ᄂᆞᆫ 言太宗이 規模宏大而弈業隆盛也ㅣ라】**
>
> 聖人ㅅ 圖謀ᄂᆞᆫ 하ᄂᆞᆯ히 너버 큰 ᄃᆞᆺ고 宗祀ᄂᆞᆫ ᄒᆡ 빗난 ᄃᆞᆺᄒᆞ도다

성도천광대 종사일광휘 **【이는 태종이 규모가 엄청나게 커서 아름다운 업적이 융성함을 말한다.】**

성인의 계획은 하늘처럼 넓어 큰 듯하고, 종묘의 제사는 해가 빛난 듯하도다.

성인(聖人)ㅅ 도모(圖謀)ᄂᆞᆫ : 성인(聖人)+ㅅ(관형격 조사)#도모(圖謀)+ᄂᆞᆫ(보조사). 성인의 도모는. 성인의 계획은. 천자의 계획은. 여기서 '성인'은 '천자'를 가리킨다.

하ᄂᆞᆯ히 : 하ᄂᆞᆶ[天]+이(주격 조사). 하늘이. '하ᄂᆞᆶ'이 'ㅎ' 종성 체언이기 때문에 주격 조사 '이'가 '히'로 된 것이다.

너버 : 넙[廣]-+-어(연결 어미). 넓어. 광대해서. '넙다'의 어간이 '넓-'으로 변한 것은 18세기 중반으로 추정한다. ¶嶷읙然션ᄒᆞᆫ 千쳔差창ㅣ니 너버 ᄀᆞᅀᅵ 업스며 얼굴와 일홈괘 니르디 몯ᄒᆞ니 노파 아득ᄒᆞ야 더위 잡디 어렵도다(산이 높아 천차이니 넓어 끝이 없으며 얼굴과 이름이 이르지 못하니 높아 아득하여 움켜잡기 어렵도다)<금삼 2:48ㄴ>. 噫라 十年 前의도

그 오히려 能히 스스로 올ᄒᆞ라 몯ᄒᆞ아 널비 校正ᄒᆞ기를 더엇거든 ᄒᆞ믈며 衰暮ᄒᆞᆫ 때ᄯᆞ녀(슬프다, 10년 전에도 그 오히려 능히 스스로 옳다 못하여 널리 교정하기를 더하였는데 하물며 나이 먹고 쇠약한 때뿐이랴?)

큰 ᄃᆞᆺ고 : 크[大]-+-ㄴ(관형사형 어미)#ᄃᆞᆺ[如]-+-고(연결 어미). 큰 듯하고. 커 보이고. 어간을 'ᄃᆞᆺᄒᆞ-'로 상정하면, 'ᄒᆞ' 탈락을 상정해야 한다. 'ᄃᆞᆺ-'은 '*ᄃᆞᆺ다, *ᄃᆞᆺ지' 등과 같이 활용하지 않는다. ¶믌겨레 菰米 ᄠᅥ시니 거믄 구루미 ᄃᆞ맷ᄂᆞᆫ ᄃᆞᆺ고 이스릐 蓮ㅅ 고ᄌᆡ 서늘ᄒᆞ니 粉紅이 듣놋다(믌겨레 고미[줄풀: 포아풀과에 속하는 다년생 수초. 잎은 자리를 만드는 데 쓰이고 열매와 어린 싹은 식용으로 쓰인다] 떠 있으니 검은 구름은 담아 있는 듯하고 이슬이 연꽃에 서늘하니 분홍이 떨어지도다)<두시(초) 6:10ㄱ>.

종사(宗祀)ᄂᆞᆫ : 종사(宗祀)+ᄂᆞᆫ(보조사). 종묘의 제사는. 나라의 제사는.

ᄒᆡ 빗난 : ᄒᆡ[日]+∅(주격 조사)#빛[光]-+나[生]-+-ㄴ(관형사형 어미). 해가 빛난. 주격 조사를 영(零) 형태로 상정한다. 초간본에는 'ᄒᆡ'가 거성으로 되어 있다. 주격 조사 '이'는 거성이었다.

ᄃᆞᆺᄒᆞ도다 : ᄃᆞᆺ[如]+-ᄒᆞ(형용사 파생 접미사)-+-도다(감탄형 어미). 듯하도다.

陵寢盤空谷 熊羆守翠微 【寢은 寢廟也이라 熊羆ᄂᆞᆫ 守陵之兵이라 山不及上曰翠微라】
陵寢은 뷘 고ᄫᆡ에 서리여 시니 熊羆ㅣ 翠微예 守ᄒᆞ얫도다

릉침반공곡 웅비수취미 【침(寢)은 침묘(寢廟)이다. 웅비(熊羆)는 능을 지키는 병사이다. 산에서 정상 밑 부분을 취미(翠微)라 한다.】
산릉 제각(祭閣)은 빈 굽이(골짜기에)에 서려 있으니, 능지기 병사는 산 정상 아래에서 지키고 있구나.

릉침(陵寢)은 : 능침(陵寢)+은(보조사). 산릉(山陵) 제각(祭閣). 왕릉에 제사를 지내기 위하여 그 곁에 지어 놓은 집.

뷘 고ᄫᆡ예 : 뷔[空]-+-ㄴ(관형사형 어미)#고ᄫᆡ[谷]+예(처격 조사, 부사격 조사). 빈 굽이에. 초간본에는 원문의 '공곡(空谷)'이 '공곡(空曲)'으로 되어 있다. 중간본은 '빈 골짜기'로 번역되어야 한다.

서리여 시니 : 서리[盤]-+-어(연결 어미)#시[有]-+-니(연결 어미). 서려 있으니. 자리잡고 있으니.

웅비(熊羆)ㅣ 취미(翠微)예 : 웅비(熊羆)ㅣ(주격 조사)#취미(翠微)+예(처격 조사, 부사격 조사). 능지기 병사가 산 정상 밑에서.

수(守)ᄒᆞ얫도다 : 수(守)+-ᄒᆞ(동사 파생 접미사)-+-야(연결 어미)#잇[有]-+-도다(감탄형 어미). 지키고 있도다.

> 再窺松栢路 還見五雲飛【天子ㅣ 有孝感則五雲ㅣ 見ᄒᆞᄂᆞ니(니)[26ㄱ]라】
> 솔와 잣과 냇ᄂᆞᆫ 길헤 다시 여어 보아 五色 구루믜 ᄂᆞ로ᄆᆞᆯ 도로 보노라

재규송백로 환견오운비【천자가 효감을 가지게 되면 다섯 빛깔의 구름이 보이는 것이다.】

소나무와 잣나무가 나 있는 길에서 다시 엿보니, 오색 구름이 나는 것을 돌아 보노라

솔와 잣과 : 솔[松]+와(접속 조사)#잣[栢]+과(접속 조사)+∅(주격 조사). 소나무와 잣나무가. '과' 뒤에는 영 형태의 주격 조사가 있는 것으로 상정한다.

냇ᄂᆞᆫ : 나[生]-+-아(연결 어미)#잇[有]-+-ᄂᆞ(현재 시제 선어말 어미)-+-ㄴ(관형사형 어미). 나 있는.

길헤 : 길ㅎ[路]+에(처격 조사, 부사격 조사). 길에. '길ㅎ'이 'ㅎ' 종성 체언이기 때문에 처격 조사 '에'가 '헤'로 된 것이다.

다시 여어보아 : 다시[復, 還]#엿[窺]-+-어(연결 어미)#보[見]-+-아(연결 어미). 다시 엿보아. 초간본에는 '여ᅀᅥ보아'로 되어 있다. ¶比丘 ᄃᆞ외야 쇼ᄅᆞᆯ 當혼 디라 집 안해 便安히 禪定ᄒᆞ다니 내 弟子ㅣ 窓ᄋᆞ로 여ᅀᅥ 지블 보니 오직 ᄆᆞᆯᄀᆞᆫ ᄆᆞ리 ᄀᆞᄃᆞᆨ히 집 안해 이쇼ᄆᆞᆯ 보고 곧 봃 거시 업거늘(비구 되어 있음음 당한지라 집 안에 편안히 선정하였는데 내 제자가 창으로 집을 엿보니 오직 맑은 물이 가득히 집 안에 있음을 보고 곧 볼 것이 없거늘)<능엄 5:72ㄱ>.

오색(五色) 구루믜 : 오색(五色)#구룸[雲]+의(관형격 조사). 오색 구름의.

ᄂᆞ로ᄆᆞᆯ : ᄂᆞᆯ[飛]-+-옴(명사형 어미)+ᄋᆞᆯ(대격 조사). ᄂᆞᆯᄋᆞᆷ을. 나는 것을. 날아가는 것을.

도로 보노라 : 돌[還]-+-오(부사 파생 접미사)#보[見]-+-ᄂᆞ(현재 시제 선어말 어미)-+-오(확실성 표지)-+-라(평서형 어미). 돌아 보노라. '-노라'를 감탄형 어미로 분석하기도 하는데, 이는 '-ᄂᆞ(현재 시제 선어말 어미)-+-오(확실성 표지)-+-라(평서형 어미)'를 하나의 감

탄형 어미로 재구조화하는 것이다.

<하권에 계속>

<참고문헌>

『분류두공부시』 권지6 (중간본).

『조선왕조실록』(국역본; 세종대왕기념사업회, 민족문화추진회; http//sillok.history.go.kr).

구로카와[黑川洋一](1959), 『杜甫』 上, 下, 東京 : 岩波書店.

구조오(仇兆鰲) 주, 진량점(秦亮點) 교(1996), 『杜甫全集』 1, 2, 3, 北京 珠海出版社.

국립국어연구원 편(1999), 『표준국어대사전』, 두산동아.

국사편찬위원회 홈페이지, 『조선왕조실록』

국어국문학 편찬위원회 편(1994), 『국어국문학자료사전』, 한국사전연구사.

국어학회 편(1975), 국어학자료선집 II, 일조각.

김만원 외 5인 역해(2004), 『두보 위관 시기시 역해』, 서울대학교출판부.

김만원 외 6인 역해(2007), 『두보 진주 동곡 시기시 역해』, 서울대학교출판부.

김만원 외 6인 역해(2008a), 『두보 성도 시기시 역해』, 서울대학교출판부.

김만원 외 6인 역해(2008b), 『두보 전집 두보 재주 낭주 시기시 역해』, 서울대학교출판문화원.

김일근(1964), "두시언해와 황산곡시집언해에 대한 이견," 『국어국문학』 27, 137-143.

김일근(1966), "두시언해와 황산곡시집언해에 대한 재론," 『국어국문학』 31, 1-9.

김일근(1970), 『두시언해 비주』 증보판, 통문관.

남광우(1960/1971: 증정), 『고어사전』, 일조각.

남성우(1986), 15세기 국어의 동의어 연구, 탑출판사.

두보(杜甫) 저, 구조오(仇兆鰲) 주(1979/2009: 중인), 『두시상주(杜甫詳注)』 1, 2, 3, 4, 5(전5권), 북경(北京): 중화서국(中華書局).

두산동아 편(1996), 『두산세계대백과사전』, 두산동아.

박용찬(2010), "'두시언해'초간본과 중간본의 비교 표기변화를 중심으로," 『한말연구』 27, 한말연구학회, 93- 126.

박용찬(2011), "'두시언해'초간본과 중간본의 문법적 특징 비교," 『우리말글』 53, 우리말글학회, 1-44.

서울대학교 동아문화연구소 편(1976/1986 중판), 『국어국문학사전』, 신구문화사.

세종대왕기념사업회 편(1991), 『역주 석보상절』 제6·9·11, 제13·19.

세종대왕기념사업회 편(1992, 1993, 1994, 1999, 1995, 2004, 2004, 2008, 2008, 2009, 2009, 2010), 『역주 월인석보』 제1·2, 제7·8, 제9·10, 제11·12, 제17·18, 제19, 제20, 제22, 제23, 제25(상권), 제25(하권).

세종대왕기념사업회 편(1996, 1996, 1997, 1997, 1998), 『역주 능엄경언해』 제1·2, 제3·4, 제5·6, 제7·8, 제9·10.

세종대왕기념사업회 편(2000, 2001, 2002, 2002, 2002, 2003, 2003), 『역주 법화경언해』 1집, 2집, 3집, 4집, 5집, 6집, 7집.

세종대왕기념사업회 편(2002), 『역주 남명집언해』 (상),(하).

세종대왕기념사업회 편(2006, 2007, 2006, 2007, 2007), 『역주 금강경삼가해』 1, 2, 3, 4, 5집.

세종대왕기념사업회 편(2006, 2007, 2007), 『역주 육조법보단경언해』 (상),(중),(하).

송철의·이현희·장윤희·황문환(2006), 『역주 오륜행실도』, 서울대학교출판부.

스즈키[鈴木虎雄]·구로카와[黑川洋一](1966), 『杜詩』, 岩波文庫 4587-4588, 東京 岩波書店.

심경호(1998), "조선조의 두시집 간행과 두시 수용," 한국정신문화연구원 인문연구실 편(1998). 9-108.

안대회(1998), "조선시대의 두시 주석: 이식의 『찬주두시택풍당비허』를 중심으로," 한국정신문화연구원 인문연구실 편(1998), 176-211.

안병희(1997), "두시언해의 서지적 고찰," 『한국문화』 19, 서울대학교 한국문화연구소, 1-21. [참고] 한국정신문화연구원 인문연구실 편(1998), 109-131에도 같은 내용이 수록되어 있다.

양호양(陽湖楊)(n.d), 『杜詩鏡銓』, 華正書局. [참고] 상현서림. 블로그.

오쿠라[小倉進平] 저, 고노[河野六郎] 보주(1964), 『增訂補注 朝鮮語學史』, 刀江書店.

오쿠라[小倉進平](1940), 『朝鮮語學史』, 刀江書店.

유창돈(1964), 『이조어 사전』, 연세대학교출판부.

윤석민·권연주·유승섭(2006), 『쉽게 읽는 중각 두시언해』, 도서출판 박이정.

윤용선(1993), "두시언해," 『국어사자료와 국어학의 연구』, 문학과 지성사, 173-186.

이기문(1972a), 『국어사 개설 개정판』, 민중서관/태학사.

이기문(1972b), 『국어 음운사 연구』, 한국문화연구소.

이병주(1965a), "김흔의 '번역두시서'에 대하여," 『불교사학논총』(효성 조명기박사 화갑기념 논문집),

이병주(1965b), "두시언해와 황산곡시집언해에 대한 김흔의 '번역두시서'에 대하여," 『불교사학논총』(효성 조명기박사화갑기념), 565-575.

이병주(1966), "김흔의 '번역두시서'에 대한 재론 제27, 31집 소재 김일근 교수 소론에 답함," 『국어국문학』 32, 51-57.

이병주(1970), 『두시언해 비주』(보정판), 통문관.

이병주 편(1982), 『두시언해 논총』, 이우출판사.

이영주·강성위·홍상훈 역해 (2005), 『완역 두보율시』, 명문당.

이의강(2006), 『두시언해 연구』, 도서출판 다운샘.

이종묵(1998), "두시의 언해 양상," 한국정신문화연구원 인문연구실 편(1998), 144-175.

이현희·이호권·이종묵·강석중(1997a), 『두시와 두시언해 6』, 신구문화사.

이현희·이호권·이종묵·강석중(1997b), 『두시와 두시언해 7』, 신구문화사.

이호권(2002), “두시언해 중간본의 판본과 언어에 대한 연구,” 『진단학보』 96, 진단학회, 135-164.
이호권(n.d), “두시언해 해제,” 한글디지털박물관.
임종욱 (2010), 『중국역대인명사전』, 이회문화사.
임홍빈(2009), 『역주 분문온역이해방/우마양저염역병치료방』, 세종대왕기념사업회.
임홍빈(2010), 『역주 월인석보 제15』, 세종대왕기념사업회.
임홍빈(2011), 『역주 분류두공부시언해』 권10 , 세종대왕기념사업회.
임홍빈(2012), 『역주 분류두공부시언해』 권11, 세종대왕기념사업회.
임홍빈(2013), 『역주 분류두공부시언해』 권14, 세종대왕기념사업회.
임홍빈(2014), 『역주 분류두공부시언해』 권15, 세종대왕기념사업회.
임홍빈(2015), 『역주 분류두공부시언해』 권8 상』, 세종대왕기념사업회.
임홍빈(2016), 『역주 분류두공부시언해』 권18』, 세종대왕기념사업회.
임홍빈(2016), 『역주 분류두공부시언해』 권8 하』, 세종대왕기념사업회.
임홍빈(2017), 『역주 분류두공부시언해 』 권21, 세종대왕기념사업회.
임홍빈(2018), 『역주 분류두공부시언해 』 권22, 세종대왕기념사업회.
임홍빈(2019), 『역주 분류두공부시언해 』 권25, 세종대왕기념사업회.
임홍빈(2020가), 『역주 분류두공부시언해 』 권24(상), 세종대왕기념사업회.
임홍빈(2020나), 『역주 분류두공부시언해 』 권24(하), 세종대왕기념사업회.
임홍빈(2021가), 『역주 분류두공부시언해 』 권12(초간본), 세종대왕기념사업회.
임홍빈(2021나), 『역주 분류두공부시언해 』 권12(중간본), 세종대왕기념사업회.
장기근 역저(2003), 『신역 두보』, 명문당.
장기근 편저(1975), 『두보』, 대종출판사.
전관수(2002), 『한시어사전』, 국학자료원.
전관수(2007), 『한시작가·작품사전(상) 한시 810인선』, 국학자료원.
전재호(1969), 『두시언해 논석』, 선명문화사.
전재호(1975), 『두시언해의 국어학적 연구』, 이우사.
조기형·이상억 (2011), 『한자성어 고사명언구 대사전』, 이담북스.
조남호(2001), 『두시언해 어휘 색인』, 태학사,
조남호(2001), 『두시언해 한자어 연구』, 태학사,
중국역대인명사전 →임종욱 (2010).
중화서국 인(1979/2009: 중인) → 두보(杜甫) 저, 구조오(仇兆鰲) 주
최연균·정환종 강해(2010), 『두시강해』 1, 2, 도서출판 월인.
최현배(1940/1976:고친 판), 『한글갈/고친 한글갈』, 정음사.
상해고적출판사 편집부(2002), 『중국역대인명사전』, 상해고적출판사(중국).

한국고전용어사전편찬위원회 편(2001), 『한국고전용어사전』, 세종대왕기념사업회.
한국정신문화연구원 인문연구실 편(1998), 『두시와 두시언해 연구』, 태학사.
한국정신문화연구원 편(1991), 『한국민족문화대백과사전』.
한글학회 편(1992), 『우리말 큰사전』, 어문각.
한성무(韓成武)·장지민(張志民)(1997), 『杜甫詩全譯』, 河北人民出版社.
홍윤표·송기중·정광·송철의 편(1995), 『17세기 국어사전』, 한국정신문화연구원.

관풍재(觀風齋)의 한시사랑(漢詩舍廊)
덕전(德田)의 문화 일기.
문화컨텐츠닷컴(n.d), 문화원형용어사전.
http//blog.daum.net/mayrose0505/14640962
http//ko.wikipedia.org/wiki 위키백과.
http://baike.baidu.com 百度百科.
http://blog.daum.net/mayrose0505/14640962
http://dic.naver.com 네이버 사전.
http://k.daum.net/qna/view.html?qid=2irkm 다음 지식.
http://www.korean.go.kr 국립국어원.
http://www.zdic.net 漢典.
UniConc 국어사 자료.

〈자료문헌 약호〉

가례	가례언해
개법	개간 법화경언해
개첩	개수 첩해신어
계축	계축일기
곽씨	현풍곽씨언간
광재	광재물보
광천	광주천자문
구간	구급간이방
구급방	구급방언해
권공	진언권공
구황	구황촬요
금삼	금강경삼가해
남명	남명집언해
납약	납약증치방
노걸	노걸대언해
내훈	내훈언해
눅	누가복음(신약성서)
능엄	능엄경언해
동국	동국신속삼강행실도
두시(중)	두시언해(중간본)
두시(초)	두시언해(초간본)
두창	두창집언해
마경	마경초집언해
막	마가복음(신약성서)
명성	명성경언해
맹자	맹자언해
목우자	목우자수심결
몽법	몽산화상법어약록언해
몽육	몽산화상육도보설
박통	박통사언해
반야	반야심경언해
백련	백련초해
번노	번역노걸대
번박	번역박통사
번소	번역소학
법어	몽산법어
법집	법집별행록
법화	법화경언해
병자	병자일기
산성	산성일기
삼강	삼강행실도
삼역	삼역총해
서궁	서궁일기
석상	석보상절

석천	석봉천자문
선가	선가귀감언해
선종	선종영가집언해
소학	소학언해
속삼	속삼강행실도
순천	순천김씨언간
신학	신학월보
아미	아미타경언해
악학	악학습령
역어	역어유해
여사	여사서언해
여씨	여씨향약언해
여씨화산	여씨향약언해(화산)
역어	역어유해
영가	영가집언해
오륜	오륜전비
온역	분문온역이해방
용가	용비어천가
우마	우마양저염역병치료방
원각	원각경언해
월석	월인석보
육조	육조법보단경언해
육자	육자선정
은중	부모은중경언해
응진경	응진경언해
이륜	이륜행실도
장수	장수멸죄호제동자다라니경
정속	정속언해
종덕	종덕신편
중용	중용언해
주년	쥬년쳠례광익
천의	천의소감언해
천자	천자문
초발	초발심자경문
칠대	칠대만법
초발	초발심자경문
태산	태산집요
현몽	현몽쌍룡기
훈몽	훈몽자회

찾아보기

1. 한자말 용어 풀이 찾기 _ 239
2. 우리말 옛글 표기 찾기(언해문) _ 240
3. 한자와 결합된 옛글 표기 찾기(언해문) _ 247

※ 한자 용어는 풀이한 쪽을 표시하였고, 옛글은 언해문 쪽을 전수조사하여 모두 표시하였음.

<1. 한자말 용어 풀이 찾기>

ㄱ ㄴ ㄷ

가지(賈至) 57, 62
고미(菰米) 109
고시(古詩) 29, 163
고황묘(高黃廟) 222
과연(果然) 182
곽사인(郭舍人) 127
곽태(郭泰) 113
관령윤(關令尹) 98
교릉(橋陵) 164
구당협(瞿唐峽) 101
구성궁(九成宮) 41
구호(口號) 86
궁사(宮詞) 29
금로반(金露盤) 73
노자(老子) 98
뇌사(誄詞) 68
능화(能畫) 126
대명궁(大明宮) 56
동방(洞房) 115
동전(同前) 69, 75

ㅁ ㅂ ㅅ

만출좌액(晩出左掖) 146
명황(明皇) 98, 116
모연수(毛延壽) 127
목왕(穆王) 51, 97
문사(文辭) 68
문선왕(文宣王廟) 196
문선왕묘(文宣王廟) 196
문제(文帝) 49
문하성(門下省) 81
봉지(鳳池) 60
봉황지(鳳凰池) 68
부용(芙蓉) 103
부풍(扶風) 119
사륜(絲綸) 68
사봉(謝鳳) 68
사인(舍人) 62
서도부(西都賦) 180
서왕모(西王母) 97
선정전(宣政殿) 81
성수(省守) 136
소릉(昭陵) 214, 225
수계(須溪) 42
수유봉미(殊有鳳尾) 68
숙부(宿府) 152
숙석(宿昔) 120
신학당(新學堂) 197

ㅇ ㅈ ㅊ

양성(兩省) 56
오정역사(五丁力士) 167
옥화궁(玉華宮) 29
왕유(王維) 69
요수(瑤水) 52
요우(寮友) 56
위사(衛士) 70
위징(魏徵) 219
육재(陸宰) 197
율시(律詩) 29, 136, 164
은촉(銀燭) 57
이응(李膺) 113
이정(李靖) 217
자각(紫閣) 111
자신전(紫宸殿) 86
잠삼(岑參) 75
장안(長安) 116
전자방(田子方) 193
제성중원벽(題省中院壁) 136
조조대명궁(早朝大明宮) 62
조칙(詔勅) 68
조회(朝會) 66, 74, 165
좌습유(左拾遺) 81
중경소릉(重經昭陵) 225
중서성(中書省) 81
진(秦) 117
창합(閶闔) 71
청금(靑衿) 198
청문(靑門) 121
초종(超宗) 68
춘숙좌성(春宿左省) 142
취각(吹角) 154

ㅌ ㅎ

투계(鬪鷄) 130
한관의(漢官儀) 70
행차(行次) 214, 225
행차소릉(行次昭陵) 214
행촉(幸蜀) 98
협성(夾城) 103
형산현(衡山縣) 196
화악(花萼) 103
환패(環珮) 116
황산(黃山) 119

<2. 우리말 옛글 표기 찾기>

ㄱ

가 90, 150
가놋다 73, 152
가니 215
가니라 225
가ᄃᆞ샷다 227
가려뇨 195
가미 84
가온ᄃᆡ 119, 154
가져가ᄂᆞ니 66
가지 112
가지니ᄂᆞᆫ 212
가지로 58
가지예 156
가짓 34
가줄뵤ᄆᆞᆯ 141
갈 148, 210
갈콰 59
갓가와 84
갓골고 46
갓오술 70
개요ᄆᆞᆯ 160
갠 81
갯다가 85
거러 85
거르믈 59
거믄 108
거슨 38
거슬 112
거시 31, 186
거시니 206
거시ᄯᅡ녀 36
겨시니 55
겨신 105
견ᄃᆡ엿ᄂᆞ니 156
고기 109
고ᄃᆞᆯ파 156
고비에 229
고온 36, 112
고지 78, 87, 121, 142, 161
고ᄌᆡ 108
곧(곳) 148
곧다온 182
곳갈 70
곳과 138
곳다오미 133
곳므를 191
괴외ᄒᆞ고 95
괴외ᄒᆞ도소니 224
괴외ᄒᆞᆫ 134
굇고리 75
굇고리ᄂᆞᆫ 58
구더시리로소니 180
구루믄 84, 149
구루믜 230
구루미 99, 108, 217
구룸 70, 169
구룸과 158
구스리 66
구슬로 104
구의실 161
구틔여 208
귀예 210
귓거싀 33
그 38, 45
그륜 172
그리던 126
그리메 110
그리메ᄅᆞᆯ 188
그린 51
그림 51, 126
그위ᄅᆞᆯ 51
그윗 193
그윽ᄒᆞ니 142
그쳇고 155
그츠니 42
글 210
긊 150
기(가)ᄃᆞ리로소니 211
기니 57
기더니 210
기동앤 104
기동엣 177
기들우고 188
기렛도다 132
기릐 136
기리 30, 40, 180
기서 156
기세 142, 150
기우려 186
기튼 31
기펫도다 138
기픈 115
긴 46, 154
길헤 134, 191, 217, 223, 230
길헨 33
길히 155, 219
길히로소니 109
깂 40
깁디 141
깁스위도다 207
깁와 186
깃 112, 156
깃거ᄒᆞ샴 89
깃던 112
ᄀᆞᄃᆞ기 66
ᄀᆞ독ᄒᆞ도다 39, 224
ᄀᆞ독ᄒᆞ얘도다 58
ᄀᆞ독ᄒᆞ얫도다 97
ᄀᆞ독ᄒᆞ엿ᄂᆞ니라 117
ᄀᆞ독ᄒᆞᆫ 109
ᄀᆞ라 184
ᄀᆞᄅᆞ미 95
ᄀᆞᄅᆞᄆᆞᆫ 178
ᄀᆞ마니 123
ᄀᆞ올히나 204
ᄀᆞ올히니라 105
ᄀᆞ올히(히) 134
ᄀᆞ올히 101
ᄀᆞᅀᆞᆶ 34, 95, 107, 115, 152, 158, 193
ᄀᆞᅀᆞᆷ아로미 67
ᄀᆞᅀᆞᆶ(ᄀᆞᅀᆞᆶ) 152
ᄀᆞᅀᅴ 148
ᄀᆞᅀᆡᆺ 102
ᄀᆞ족ᄒᆞ얫도다 147
ᄀᆞ초ᄒᆞ야 174
ᄀᆞᄐᆞᆫ 70
ᄀᆞᆮ거니라 118
ᄀᆞᆮ게 126
ᄀᆞᆮ도소니 34
ᄀᆞᆮᄒᆞ며 128
ᄀᆞᆮᄒᆞ면 128
ᄀᆞᆯ며기 104
ᄀᆞᆯ이ᄂᆞ니 198
ᄀᆞᆽ 72
ᄀᆞᆽ거늘 214
ᄀᆞᆽᄀᆞᆽᄒᆞ도다 34

ᄌᆞᆺ도다 42
ᄌᆞᆺ바ᄒᆞᄂᆞ니 212
ᄌᆞᆺᄒᆞ니 92

ㄴ

나 90
나그내 47, 189
나그내로 191, 194
나더니라 121
나라히 50
나랏 176
나리 138, 224
나맷고 112
나비 47
나셔 132
나아와셔 166
나오니 150
나오ᄆᆞᆯ 85
나조히 112, 142
나죄 160
나죗 191, 223
나지 147
나짓 89
나치 112
나ᄒᆞᆯ 40
날호야 85, 139
날회야 85
내 53, 154, 201
내오 222
내욘 184
내ᄋᆡ 161
내콰 180
냇고 45, 177
냇ᄂᆞᆫ 230
냇도다 159
너겨 173
너기노니 166
너기샤매 174
너버 228
너븐 178
너피도다 204
넘도다 166
녀 139, 201
녀ᄂᆞᆫ 40
녀ᄃᆞᆫ니ᄂᆞᆫ 155
녀르메 209
녜 114, 120, 164, 191, 206, 214
녜로브터 105
녜로브테오 183
녜ᄅᆞᆯ 218
녯 30, 38, 93, 117, 205
노가 84, 149
노ᄂᆞᆫ 138
노래ᄅᆞᆯ 79
노팻도다 181
노피 64
노ᄑᆞᆫ 31, 46, 89, 158, 165, 168, 178, 213
놀래노니 100
놀애 39, 105, 213, 225
놉도다 43
누네 106
누는 84, 149
누늘 136
누르렛도다 134
누른 36, 104
누어셔 100
눉므리 39
눌와 154
눉(눖)므를 47
눉(눖)믈와 191
뉘 40
느저가ᄆᆞᆯ 100
늘거셔 139
늘겟도다 112
늘그니로라 109
늘근 193, 210, 218
니건 118
니더니라 104
니러나니 225
니렛도다 115
니르러 73, 109
니ᄅᆞ거늘 92
니버 226
니브니ᄂᆞᆫ 198
니브며 126
니어 173, 227
니엇도다 101
니엣ᄂᆞ니 110
니으니라 217
닑ᄂᆞᆫ 210
님그믈 60
님그미 55, 173
님그미여 48
님금 105
님긊 31, 60, 89, 99, 128
님자히오 93
닙 159
ᄂᆞ놋다 64
ᄂᆞ려 220
ᄂᆞ로ᄆᆞᆯ 230
ᄂᆞ리고 97
ᄂᆞᄌᆞ기 114
ᄂᆞ족ᄒᆞ얫도다 149
ᄂᆞ출 99
ᄂᆞᄎᆞ 89, 210
ᄂᆞᆯ가ᄅᆞᆯ 188
ᄂᆡ 83, 101
ᄂᆡᄅᆞᆯ 66
ᄂᆡᄋᆞᆫ 145

ㄷ ㄹ

다 79, 93, 126
다ᄃᆞ도다 93
다미 51, 136
다밋 136
다ᄃᆞᆺ 60, 180
다ᄃᆞᆺᄒᆞ리로다 211
다시 55, 112, 203, 230
다ᄉᆞ료ᄆᆞ로 176
다ᄉᆞᆺ 63, 84
다이즈니 78
다ᄋᆞ놋다 75
담 207
닶 142
당당이 203
당당히 117
대 182
대와 136
더 51
더듸도다 94
더디ᄂᆞᆫ 126
더레라 210
더욱 186
더위자펫고 44
더으도다 206
덥게 64
뎌 220

뎌론 191
뎌와 34
도라가고져 189
도로 230
도로혀 105
도ᄅᆞ혀 55
돋가이 176
돌고래의 107
돌ᄆᆞ리로다 38
돌히 46
돐 170
돕ᄉᆞ와 227
되오니 36
되오리오 50
됴ᄒᆞ니 154
됴ᄒᆞᆫ 177, 182
두드리놋다 172
두듥괘 180
두루듀메 66
두미 50
두워 51
두펴 87
둘엣고 104
둘히 86
듯거운 168
뒷다 193
드러만 181
드러오니 42
드렷고 222
드렛도다 102
드로니 92, 210
드르리로소니 89
드리 197
드리비취옛ᄂᆞ니라 110
드리옛고 58
드리오고 86
드리웻노라 114
드므리 89
드믄 158
드틀와 223
든노니 186
든놋다 108
듣고 144
들리로소니 207
디고 78
디나놋다 158
디샛 30
디위롤 100
딕먹던 112
딕희우며 51
ᄃᆞ로 204
ᄃᆞ리 217
ᄃᆞ리어니라 117
ᄃᆞ맷ᄂᆞᆫ 108
ᄃᆞ토와 181
ᄃᆞᆫ놋다 222
ᄃᆞᆫ니놋다 188
ᄃᆞᆫ니ᄂᆞᆫ 109
ᄃᆞᆫᄂᆞᆫ 46
ᄃᆞᆯ기 150
ᄃᆞᆯ골 131
ᄃᆞᆰ 75
ᄃᆞᆰ바미 107
ᄃᆞᆰ비츤 143
ᄃᆞᆰ비치 154
ᄃᆞᆺ고 108, 182, 228
ᄃᆞᆺ도다 46
ᄃᆞᆺᄒᆞ도다 63, 182, 184, 228
ᄃᆞᆺᄒᆞ두다 202
ᄃᆡ 30, 174
ᄃᆡᆯ 44
리 124

ㅁ

마ᄋᆞ리 70
마올로 148
마ᄌᆞ니 181
마ᄌᆞ리오 194
마ᄌᆞ시니라 164
말ᄉᆞᄆᆞᆯ 219
말ᄉᆞᆷ 184
말오 190
말와미로다 191
말ᄒᆞ노니 154
맛거늘 78
맛고 184
맛당ᄒᆞ니 203
맛도다 216
머겟ᄂᆞ니 160
머괴ᄂᆞᆫ 112
머귀 136, 152
머그라 139
머그러 85
머로미 51
머리 55, 105, 118
머리로 73
머리예 101, 114
머므럿도다 83
머믈오시고 123
머믈우디 183
머믈워셔 55
머흐디 219
먹 60
몃 100
모다 90, 147
모댓고 172
모ᄃᆞᆯ 90
모로매 73
모매 215
모매ᄂᆞᆫ 59
모새셔 121
모샛 106
모ᄉᆞᆫ 117
모히 207
몯ᄒᆞ노라 92
몯ᄒᆞ니 199
몯ᄒᆞ리니라 203
몯ᄒᆞ리로다 31
몯ᄒᆞ얫노라 194
몯ᄒᆞ얫더니 220
몯ᄒᆞᄋᆞ오니 141
몰래예 223
몸 141
못 67, 79
뫼 110
뫼ᅀᆞᆸ노라 60
뫼헤 164
뫼히 43, 165
뫼ᄒᆞ로 42
뫼ᄒᆞᆫ 178
묏곬 43
묏모해 224
무리라아 208
무텨 60
뭇노라 145
뮈오 64, 72, 143
ᄆᆞ른 106
ᄆᆞ리 33
ᄆᆞᆫ드시 181
ᄆᆞᆫ득 201

믄(몬) 173
믈 128
믈러 85
믈러올 139, 148
믈어뎌 48
믈어딘 33
믈읫 213
믌겨레 108
믌ᄀᆞ이 179
미레 152
미틔셔 148
ᄆᆞ리 131, 222
ᄆᆞᄅᆞ디 78
ᄆᆞᄅᆞᆯ 55, 193
ᄆᆞᄋᆞ매 139
ᄆᆞᄋᆞᄆᆞᆯ 173
ᄆᆞᄋᆞᆷ미 224
ᄆᆞᄋᆞᆷᄆᆞᆯ 205
ᄆᆞᄎᆞ매 133
ᄆᆞᆯ 150
ᄆᆞᆯ근 87
ᄆᆞᆯᄀᆞ니 158
ᄆᆞᆯᄀᆞᆫ 118, 134, 152, 158
ᄆᆞᆯ런 172
ᄆᆞᆽ고 66, 73
ᄆᆡ야 118
ᄆᆡ양 85, 90, 126
ᄆᆡ해 165, 201

ㅂ

바독 92
바ᄃᆞ라온 53
바라 72, 143
바ᄅᆞ 94
바ᄅᆞ래 195
바ᄅᆞᆯ 217
바미 145
바ᄆᆡ 118
바ᄆᆡᆺ 63
바횟 177
반되ᄅᆞᆯ 193
반ᄃᆞ기 184
받ᄂᆞᆫ 96
발 132
발와 104
밤 154
밤나직 158, 173
밥 85, 139
밧긧 124
밧댓거ᄂᆞᆯ 83
방하고와 42
배 95
배디 50
버드나못 148
버드른 58
버든 112
버ᄃᆞ리 78
버렛도다 168
버므니 99
버므렛도다 59
버텅에 209
벙으러 149
벼ᄂᆞᆫ 112
벼른 143
벼리 78
별 171
보고 132, 223
보내노라 90
보내ᄂᆞ니 70
보노라 230
보ᄃᆞ라온 58
보리로소니 205
보리오 154
보미 138
보ᄆᆡ 112
보아 171, 230
보아셔 86
보야ᄒᆞ로 70
본뒷 199
봄 126
ᄇᆞᆰ 57, 81, 87, 147, 182
ᄇᆞᆰ비츤 63
ᄇᆞᆰ비치 75
뵈ᄂᆞ다 106
뵈야ᄂᆞ니 63
뵛트렛 107
부니 64
부ᄂᆞ니 30
부ᄂᆞᆫ 123
부데 60
부들 183
부ᄃᆞ로 114
부로ᄆᆞᆯ 144
부엿고 107
부픈 77
분 66, 212
불므를 220
불휘 179
붑소리 94
붓그리노라 141
뷔여 169
뷘 172, 223, 229
브테 150
브르ᄂᆞᆫ 147
브르며 105
브리 33, 152
브터 194
브트니 53
블근 70, 81, 86, 97, 159
블러 204
블로매 225
블오니 39
비 158
비겨 43
비겟더니라 123
비느레 99
비느른 107
비두리와 138
비러 36
비레 42
비록 51, 204
비르수 208
비취여 72
비치 34, 57, 75, 81, 208
비치로소니 84
빗나도다 186
빗나미 181
빗난 114, 228
ᄇᆞ라고 53, 114
ᄇᆞ라노니 105
ᄇᆞ라노라 55
ᄇᆞ라니 97
ᄇᆞ라오미 210
ᄇᆞ려 220
ᄇᆞ료미 203
ᄇᆞ리고 195
ᄇᆞ리옛도다 199
ᄇᆞᄅᆞ매 107, 123
ᄇᆞᄅᆞ맷 169
ᄇᆞᄅᆞ믈 43

ᄇᆞᄅᆞ미 30, 87, 115, 158
ᄇᆞᄅᆞᆷ 144
ᄇᆞᄅᆞᆷ과 101, 217
ᄇᆞᄅᆞᆷ미(ᄇᆞᄅᆞ미) 64
ᄇᆞᆯᄀᆞᆫ 138
ᄇᆞᆯ셔 159
ᄇᆡ 118, 195
ᄇᆡᄅᆞᆯ 112
ᄇᆡ얌괘 64
ᄇᆡᄒᆞᆯ 199
ᄇᆡᆺ대예ᄂᆞᆫ 104
ᄇᆡᆺ줄와 104
ᄢᅴ렛ᄂᆞ니 165
ᄢᅴ렛도다 77
ᄠᅥᄃᆞᆫ뇨ᄆᆞᆫ 191
ᄠᅥ러 195
ᄠᅥ시니 108
ᄠᅦᆫᄂᆞᆫ 191
ᄠᅦᆺ도다 72
ᄠᅳ든 189
ᄠᅳ들 204
ᄠᅳ디 199, 210
ᄠᅳᆮ듣이노라 191
ᄠᅳᆯ과 208
ᄠᅳᆯᄒᆞᆯ 165
ᄠᆡᄅᆞᆯ 195
ᄡᅧ도 128
ᄡᅩ앳ᄂᆞ니 81
ᄡᅩᆾ돌해 184
ᄡᅳ던 36
ᄡᆞᆯ 112
ᄢᅢ디도다 199
ᄢᅴ 84
ᄢᅬ니 64
ᄠᅥ(ᄠᅥ)러뎜 159

ㅅ

사(새)뱃 63
사던 95
사ᄅᆞ미 36, 124, 199, 207
사ᄅᆞᄆᆞᆫ 112, 213
사ᄅᆞᆯ 63
사ᄅᆞᆷ고 40
사ᄅᆞᄆᆞᆯ 150
사호ᄂᆞᆫ 131
살 40
삼갈디어다 213
삿기 138
새 93, 109, 117, 142, 160, 204
새ᄂᆞᆫ 177
새려 51
새배 57, 77, 171, 222
새뱃 70, 75
새야 171
새왜 64
샹녜 136
샹녜 84, 184, 222
서겟도다 48
서늘ᄒᆞ니 75, 95, 108, 115, 152
서르 112, 186, 198
서리몟ᄂᆞᆫ 83
서리여 229
서리예 30, 223
서리와 170
서의ᄒᆞ니 155
석 226
섯겻도다 179
섯디 128
셔 223
션ᄇᆡ 199, 218
션ᄇᆡ와 93
셜운 224
셰도다 204
셰여 44
셴 114
소개셔 60
소갯 159
소ᄂᆡ 79
소리 34, 46, 73, 147
소리ᄂᆞᆫ 59, 63
소리ᄅᆞᆯ 47, 144, 210
소리예 154
소리와 181
소린 169
손애 39
솔 169
솔와 223, 230
숤 30
솨 197
쇠 222
쇼라 223
쇼미 194
수미 220
수프레 47
수프리 208
숨ᄂᆞ다 30
쉬ᄃᆞᆯ 199
스승ᄒᆞ샤미 218
스싀로 110
스치노라 144
ᄉᆞᆫ 70
슬프다 199
슬프믈 92
슬픈 33, 47, 105
슬허셔 154
슬흐며 221
싁싁ᄒᆞ야 169
시내 30, 161
시니 87, 197, 229
시례 138
시르메 102, 194
시른 107
시름 39
시름ᄃᆞ왼 210
시름ᄒᆞ실 174
시서 220
심히 114
ᄉᆞ라 152
ᄉᆞ랑ᄒᆞᄂᆞᆫ 95
ᄉᆞ매 86
ᄉᆞ매예 66
ᄉᆞ이예 40, 96
ᄉᆞᆯ오 150
ᄡᆞᆯᄒᆞᆯ 226
ᄭᅩ리예 99
ᄶᅦᆼ의 99
ᄭᅵᆫ 169
ᄭᅵ디 194, 220
ᄶᅡ해 109, 199
ᄶᅡ해ᄂᆞᆫ 117
ᄶᅡᄒᆞᆯ 95, 105, 168
ᄯᅩ 84, 126, 128, 160, 197, 207
ᄯᅩᆯ왜 191
ᄯᅩᆷ 222
ᄯᅳᆫ니리오 174

ㅇ

아놋다 89
아니 206

아니나 51
아니턴들 50
아니ᄒᆞ놋다 183
아니ᄒᆞᄂᆞ니라 128
아니ᄒᆞ더라 219
아니ᄒᆞ리로다 160
아니ᄒᆞ야셔 144
아니ᄒᆞ얫도다 78
아디 31
아ᄃᆞᆯ와 191
아래 207
아래ᄂᆞᆫ 132
아래로다 31
아리다온 121
아ᄅᆞᆷ다오ᄆᆞᆯ 67
아ᄋᆞ라ᄒᆞ니 43
아ᄋᆞ라ᄒᆞ얫도다 180
아ᄎᆞ미 145, 171
아ᄎᆞᆷ마다 60
안자셔 39
안해셔 161
안햇 120
알 124
알리로다 99
알리오 161
알오 171
알오져 67
알외디 160
알외요ᄆᆞᆯ 89
알퓌 178
알퓌ᄂᆞᆫ 132
어(여)렛도다 165
어긔으르체라 139
어느 31, 161
어도(드)록고 145
어두라 201
어득ᄒᆞ얫도다 136
어득ᄒᆞᆫ 33, 172
어렛도다 209
어렵도다 79, 155
어로 207
어른어른 40
어른어른ᄒᆞ야시니 155
어여 150
어즈러이 46, 180
어즐호라 148
언제아 195
얼굴 174
엄ᄀᆞ톤 104
업게 226
업도다 133
업스나 51
업스니라 197
업슨 174
엇뎨 50, 174, 194, 208, 219
여러 34
여렛도다 44
여로ᄆᆞᆯ 144
여르믄 159
여어 230
여위니 191
여트니 147
열 136, 156, 199
열오 71, 77, 99
오ᄂᆞ니 173
오ᄂᆞᆫ 97, 202
오ᄂᆞᆳ 118
오래 53, 133
오ᄅᆞ고져 150
오ᄅᆞ니라 131
오매 39
오미 53
오ᄆᆞᆯ 171
오시 199
오시오 191
오온 87
오직 109
오히려 51, 174, 212, 220
온 58, 207
온갓(가)짓 164
올 85
올마 156
올마가더니라 112
올ᄆᆞ니 99
올히 188
옮기고 87
옮기더시니라 120
옮놋다 87
옮ᄃᆞ니ᄂᆞᆫ 58
옰 58
옷고손 112
와 164, 201
왯노니 118
외오 139
왼녀긔 178
우놋다 177
우ᄂᆞᆫ 75, 138
우러 142
우렛도다 81
우드렌 172
우드렛 152
우드리 209
우으믈 126
우ᄒᆞ 67, 79
울ᄆᆞ셔 58
울ᄋᆞ놀 47
울오 75
울우러 53
움즈기놋다 107
웃ᄂᆞ니 161
읍ᄑᆞ 114
읏드미 208
이 40, 51, 164
이ᄀᆞ디 92
이ᄅᆞᆫ 204
이러 92, 166
이리 197
이ᄅᆞᆯ 48, 156, 176
이믜셔 131
이셔 106
이쇼라 95
이쇼ᄆᆞᆯ 89
이스리 78, 108
이슨 159
이슬 96
이슬왜 170
이슰 119
이시 170
이실식 145
이에 181
이제 48, 67
이페 43, 208
이플 44
인ᄂᆞᆫ 117
일 171
일우니 66
일즉 114, 141
일후믈 161
입과 101
잇노라 156
잇ᄂᆞ니 168, 208

잇ᄂᆞ니라 119
잇ᄂᆞ닌 38
잇ᄂᆞᆫ 79, 160, 209
잇도다 66, 67
잇비ᄒᆞ야 160

ㅈ ㅊ

자 226
자놋다 45
자니 152
자바 226
자보ᄆᆞᆫ 186
자지 144
자최ᄂᆞᆫ 51
잘 126, 142
잢간 64
잡ᄂᆞᆫ 109
잣 223
잣과 230
쟝긔 92
저긔 85
저젯고 149
저쳐 60
절로 159, 222
절ᄒᆞ놋다 221
절ᄒᆞᅀᆞᆸ놋다 71
제 53, 139, 148
져고맛 102
져비와 64
젹더니라 124
졔비예 138
조차 188
조ᄎᆞ니 217
좃고 59
죠고맛 139, 204
주고 112
주시니 131
주어 112
주움ᄢᅵ 220
쥐 30
즈믄 58
즐겨 121
지나가놋다 142
지ᄂᆞᆫ 123, 138
지븐 169
지블 201
지븨 193
지븨ᄂᆞᆫ 93
지븨셔 89
지빈 206
지어 48
지엣던 206
지은 31
지을시 73
지즈로 205
지즐 39
지ᄎᆞ로 81
직ᄒᆞ니아 159
집 77, 172, 207
ᄌᆞ녹ᄌᆞᄂᆞ기 85
ᄌᆞ로도 141
ᄌᆞ믈쇠 144
ᄌᆞ조 120, 145
ᄌᆡ조ᄅᆞᆯ 204
ᄌᆡ죄 183
처엄 78, 131
춤처 202
춤츠ᄂᆞᆫ 131
춤츠던 105
치ᄂᆞᆫ 138
칙칙ᄒᆞᆫ 208

ㅋ ㅌ ㅍ

칼과 78
큰 50, 179, 204, 206, 220, 228
키 227
타 112, 150, 195
터리 67
티와댓도다 96
파 44
퍼러ᄒᆞ도다 170
펴 184
폣고 186
폣ᄂᆞᆫ 46
프르럿도다 57
프른 30, 42, 44, 70, 83, 112, 138, 159, 208
프를 39
프ᄅᆞ고 33
프ᄅᆞᆫ 112
피럿 34

ㅎ

하ᄂᆞᆯ 154
하ᄂᆞᆯ해 109
하ᄂᆞᆯ히 189, 228
하ᄂᆞᆶ 81, 96, 126, 165, 217
하도다 84, 143
하시니 218
한 73
해 161
혀고 57
현 152
혜아리가니오 100
호ᄃᆡ 161
호ᄆᆞᆫ 184
호반과ᄋᆡ 93
호올로 38
호왁과 42
혼 104
홀뎬 67
홧돈 30, 179
훤츨히 195
훤히 39, 204
훤ᄒᆞᆫ 136
흐르놋다 33, 178
흐르ᄂᆞᆫ 224
흐린 190
흐터오고 148
흘료라 47
ᄒᆞ고 226
ᄒᆞ노다 189
ᄒᆞ노라 53
ᄒᆞ놋다 150, 186
ᄒᆞᄂᆞ디(다) 85
ᄒᆞ더니라 126
ᄒᆞ도다 181, 218
ᄒᆞ마 156, 199
ᄒᆞ물며 36
ᄒᆞ시고 176, 220
ᄒᆞ시놋다 173, 174
ᄒᆞ여곰 50
ᄒᆞ오아 152
ᄒᆞ올로 79
ᄒᆞᆫ 47, 79, 81, 104, 109, 112, 126, 141, 156, 191
ᄒᆞᆫ갓 174
ᄒᆞᆫᄀᆞᆯᄋᆞ티 198

ᄒᆞᆫ번 100, 133, 226
ᄒᆞᆯ기 36
ᄒᆡ 64, 99, 217, 228
ᄒᆡ니 199
ᄒᆡ예 123, 191
ᄒᆡ옛 156
ᄒᆡ오 170
ᄒᆡᆫ 101, 104, 119
ᄒᆡᆺ비ᄎᆞᆫ 72
ᄒᆡᆺ비치 81, 87
ᄒᆡᆺ비ᄎᆞᆯ 160

<3. 한자와 결합된 옛글 표기 찾기>

ㄱ

可히 105, 181, 212
却略히 168
角抵戲ᄅᆞᆯ 128
艱難ᄒᆞᆫ 191
干犯호니 114
諫諍ᄒᆞ던 150
講堂은 206
江湖ㅣ 109
開國ᄒᆞ더신 224
車馬ᄂᆞᆫ 94
建立ᄒᆞ니 181
建章宮에 58
激發ᄒᆞᄂᆞ니 213
決斷호미 128
兼ᄒᆞᆫ 161
涇水ᄅᆞᆯ 190
鷄人이 70
階砌面엣 159
故國에 95
菰米 108
曲江ㅅ 101
袞龍袍ᄅᆞᆯ 72
昆明 106
昆吾와 110
袞職ᄋᆞᆯ 141
功를 166
孔門를 203
功은 216
功이니 106
戈戟이 172
果然 181
郭舍人이 126
關山앤 94
關塞이 155
關塞ㅣ 109
官屬이 181
怪異ᄒᆞᆫ 46
瞿唐峽 101
구리瓶를 172
九霄애 143
九重엣 63
九天엣 71
求호리라 174
羣雄이 214
宮ᄋᆡ 205
窮ᄒᆞᆫ 194
宮女ㅣ 171
宮扇이 99
宮에 117
宮읫 149
宮人이 132
宮殿고 31
宮殿에 64, 81
宮殿엣 83
宮殿ᄋᆞᆯ 71
宮殿이 43
宮中에 124
宮中에셔 90
近侍ᄒᆞᆫ 85, 89
根源ᄒᆞ도다 205
金甲이 198
金莖은 96
金闕엣 77
禁城엣 57
金城은 179
禁掖ㅅ 136, 142
金輿ᄅᆞᆯ 38
錦ᄋᆞ로 104
錦ᄋᆞᆯ 131
旗ᄂᆞᆫ 147
氣ᄂᆞᆫ 97
記錄ᄒᆞᆯ디니라 212
氣象를 114
旗예 81
氣運를 208
夔龍ᄋᆡ 90

ㄴ

蘭草ㅣ 182
南紀예 211
南山ᄋᆞᆯ 96
內使ㅣ 173
琅괘 186
冷冷ᄒᆞ도다 169
女樂이 133
魯恭의 186
轆轤ㅣ 209
漏刻 63
漏刻ᄋᆞᆯ 89, 147
漏刻은 118
樓臺ㅣ 160
漏籌ᄅᆞᆯ 70
樓ㅅ 132
樓에 149
凌犯호라 190
陵邑를 221
陵寢은 229

ㄷ

啖侯ᄂᆞᆫ 183
唐ᄋᆡ 50
臺ᄋᆞ 181
德를 186
道經엣 176
塗墍호몰 206
圖讖ᄂᆞᆫ 228
都邑ᄋᆞᆯ 215
獨夫ᄅᆞᆯ 214
東녀크로셔 97
棟樑ᄋᆞᆯ 44
東省애 90
洞庭ㅅ 201

ㅁ

幕府에 152, 158
萬國ㅅ 71
萬里ㅅ 119
萬里예 101
萬物로 126
萬人의 77

萬一에 50
萬戶애 143
冕旒ᄅᆞᆯ 71
銘ᄋᆞ로 186
旄頭ㅣ 197
毛延壽와 126
廟ㅅ 177
武威ᄅᆞᆯ 227
撫定ᄒᆞ시니라 220
武帝의 106
文德이 227
門를 77
文物를 218
門ㅅ 144
門에 81
門에셔 177
文翁의 201
門은 71
門읜 170
門이 136
問罪ᄒᆞ니라 214
物를 184
微微히 83
渼陂에 110

ㅂ

半만 218
跋涉호ᄆᆞᆯ 212
髣髴ᄒᆞ도다 210
房애 115
房앳 33
北녀긔 119
北녁 94
裴와 182
百年에 92
百里ᄅᆞᆯ 42
法律에 184
本鄕애 210
蓬萊宮闕이 96
蓬萊殿에 84, 120
封事ㅣ 145
鳳의 67
鳳池 60
鳳池ㅅ 73
鳳池예 90
鳳凰 79
鳳凰의 112
芙蓉 102
腐儒ㅣ 139
粉黛ᄅᆞᆯ 36
粉紅이 108
閟密ᄒᆞ니 133
秘密ᄒᆞ실시 124

ㅅ

祠官이 171
思念ᄒᆞ야 193
絲綸 67
沙苑ᄋᆞᆫ 179
社稷ᄋᆞᆯ 226
殺伐ᄒᆞᄂᆞᆫ 210
三千 208
相對ᄒᆞ야 136
相對ᄒᆞ얫ᄂᆞ니 96
祥瑞ᄅᆞ왼 177
象設를 165
牀애 131
尙衣ㅅ 70
西ㅅ녀크로 94, 97
西河ㅅ 211
石壁ㅅ 31
石壁이 168
仙桃ㅣ 63
仙遊ㅣ 133
仙人ᄀᆞᄐᆞᆫ 112
仙掌애 72
先帝ㅣ 164
城를 158
城에 149, 152
聖人ㅅ 228
世間ㅅ 92
細細ᄒᆞᆫ디 83
世世로 67
世俗앳 195
歲의 100
少兒ㅣ 123
昭容이 86
率土ᄅᆞᆯ 220
守ᄒᆞ얫도다 229
修補호미 51
隋ㅅ 48
繡ᄒᆞᆫ 104, 186
巡狩ᄒᆞ샤미 51
巡守ᄒᆞ야 55
詩ᄅᆞᆯ 212
詩句ᄅᆞᆯ 66
時로 159
時俗이 214
時時예 128
侍衛ᄒᆞ던 38
時節에 38
時節와 93, 118
時節이 53
神靈 128
神靈올 164
神靈를 44
神妙ᄒᆞᆫ 216
侁侁ᄒᆞᆫ 202
臣下ㅣ 85, 89
失墜호ᄆᆞᆯ 213
深閟호ᄆᆞᆯ 205
尋이로소니 136
雙南金에 141

ㅇ

晏駕ᄒᆞ샤 164
鸚鵡의 112
陽녀킈 45
陽春ㅅ 79
御氣 102
御爐앳 59
魚龍이 95
御柳ㅣ 132
御宿괘 110
御座ᄅᆞᆯ 86
餘暇ᄒᆞ야 199
驪山ㅅ 134
曆數ㅣ 225
蓮ㅅ 108
冉冉ᄒᆞ얫고 169
迎逢ᄒᆞ고 121
伶俜ᄒᆞᆫ 156
英雄이 225
靈芝ㅣ 45
奧區와 180
五色 73, 230
五丁의게 166
玉珂ㅅ 144

玉堦옛 77
沃饒ᄒᆞᆫ 165
玉衣ㅣ 222
玉殿에 115
玉殿엔 170
玉墀옛 59
浣花 161
王과 182
王喬ㅣ 188
王母를 123
王母ㅣ 97
王侯의 93
瑤水의 51
堯典를 216
瑤池를 97
龍 117
龍과 64
容納ᄒᆞ야 193
龍鳳ㅅ 215
龍ᄋᆞᆫ 121
龍이 99
庸主의게 214
牛斗星이 45
禹謨애 216
羽書ㅣ 94
宇宙에 213
熊羆ㅣ 229
園陵이 119
苑이 102
爲頭ᄒᆞ야 204
威嚴으로 215
遊絲ㅣ 83
劉와ᄂᆞᆫ 182
幽人이 221
戮辱ᄒᆞ시리오 219
潤澤ᄒᆞᆫ 182
嵂崒ᄒᆞ고 178
戎馬의 208
戎衣를 226
隱居를 161
銀燭 57
恩波를 60
恩惠로 128
陰녀큰 45
音書ㅣ 155
義를 204
衣冠ᄒᆞ닌 71
衣冠ᄒᆞᆫ 59
衣冠이 93
議論컨댄 166
儀仗ᄋᆞᆫ 77
儀仗을 120
儀仗이 147
理예 194
李와ᄂᆞᆫ 182
利케 184
因ᄒᆞ야 144, 168
引進ᄒᆞᄂᆞ다 86
臨ᄒᆞ야 143
林坰에 189
琳와 186

ㅈ

紫閣 110
資賴ᄒᆞ야 204
紫陌애 75
紫陌이 57
紫微예 197
者ㅣ 199
雜남기 121
壯士이 221
長安이 92
壯히 166
災害 220
災害ᄂᆞᆫ 210
錚와 94
儲蓄ᄒᆞ엿고 179
寂靜ᄒᆞ고 138
赤縣을 181
殿에 87, 149
殿을 223
傳傳ᄋᆞ로 147
定ᄒᆞ시니라 226
旌旗를 78
旌旗예 64
征伐ᄒᆞᄂᆞᆫ 94
政事를 176
精神凝聚ᄒᆞ샤몰 176
鄭氏ᄂᆞᆫ 183
征役홀 199
亭子왜 181
旌旆(旗)ㅣ 106
貞正ᄒᆞ시고 227
鼎湖애 221
政化를 186
政化ㅣ 128
正히 34
祭ᄒᆞᄂᆞ다 171
諸生앤 191
祭享호몰 174
俎豆ㅅ 197
朝廷을 100
詔書를 73
朝儀를 86
朝儀에 189
朝廷에 218
朝天호매 57
朝會 66, 73, 164
朝會코 148
尊崇ᄒᆞ시니 216
鍾鼓를 160
宗祀ᄂᆞᆫ 228
周室이 203
主人이 193
胄子의 202
重重히 166
重疊ᄒᆞ도다 208
鳷鵲觀애 84
芝草ᄂᆞᆫ 177
指揮ᄒᆞ야 220
直ᄒᆞᆫ 219
織女의 107
秦 117
振動ᄒᆞ얏고 94
進上ᄒᆞᄂᆞ다 70
眞實로 181
眞實ㅅ 34
鎭壓ᄒᆞ리오 208
秦中은 105

ㅊ

嗟嘆호몰 53
讒이 215
蒼江어 100
蒼生애 220
采取ᄒᆞ리 212
千官ᄃᆞᆯ 77, 87
天屬가 216
靑衿 198

青門 120
青鎖門에 58
青鎖門에 85
清雅ᄒᆞᆫ 204
青瑣門에 100
草ᄅᆞᆯ 150
草昧예 225
草木곳 134
超絶ᄒᆞᆫ 217
憔悴ᄒᆞ니라 198
崔瑗의 186
推行ᄒᆞ시ᄂᆞ다 176
醉ᄒᆞ야 194
醉ᄒᆞ얫ᄂᆞᆫ 63
吹角 154
翠微예 229
層層인 43

ㅌ ㅍ

太白山애 55
太史ㅣ 188
通ᄒᆞ더니 102
通籍호니 139
波瀾을 211
坡陀ᄂᆞᆫ 168

佩玉 73
佩玉ᄋᆞᆯ 83
佩玉과ᄅᆞᆯ 78
佩玉ㅅ 59
便安케 220
便安히 156, 173
平ᄒᆞᆫ 121
平時예 95
平定ᄒᆞ시니라 215
平호미 128
飄散ᄒᆞ니 87
飄颻히 190
風味와 211
風雲에 202
風塵에 128
風塵을 226
風塵이 155

ㅎ

下杜ᄅᆞᆯ 190
鶴ᄋᆡ 188
鶴ᄋᆞ로 104
限隔ᄒᆞ니 189
漢時節ㅅ 106
轗軻ᄒᆞ야 190

函關애 97
行樂ᄒᆞ샤미 124
行列이로소니 202
香氣ㅣ 87
香내 59
香爐ㅅ 66
香爐앳 83
香ㅅ니ᄂᆞᆫ 72
許ᄒᆞ요ᄆᆞᆯ 141
險호ᄆᆞᆯ 166
縣尹의 205
賢才의 219
衡山이 204
虎狼ᄋᆡ 215
壺애 126
戶外예 86
和答ᄒᆞ요미 79
花萼夾城에 102
環珮 115
黃金榜애 81
黃山 119
荒淫ᄒᆞ셔 48
皇州에 75
孝道로 176
後ㅣ로다 51
興起ᄒᆞ요미 203

分類杜工部詩卷之六

宮殿 宮詞附 古詩二首 律詩十五首

玉華宮

溪回松風長蒼鼠竄古瓦 言溪ㅣ回遠故로松風이不歇也ㅣ라○시내횟돈뒤솘ᄇᆞᄅᆞ미기리부누니프른쥐뎃디새서리예숨ᄂᆞ다 不知何王殿遺構絕壁下 아디몯ᄒᆞ리로다어느님금宮殿고기튼지ᅀᅳᆫ거시노ᄑᆞᆫ石壁아래로다 陰房鬼火青壞道哀湍瀉 ᄃᆞ득ᄒᆞᆫ房ᄋᆡᆫ귓거싀브리ᄑᆞᄅᆞ고믈어딘길헤ᄉᆞᆯ픈므리흘르ᄂᆞ다 萬籟眞笙竽秋

色正蕭洒 萬籟ᄂᆞᆫ 山谷ㅅ 이 옛 ᄇᆞᄅᆞᆷ과 믈와 여러 소리라 ○ 여러 가짓 소리 眞

實ㅅ 뎌와 피릿 소리ᄅᆞᆫ 도소니 ᄀᆞᅀᆞᆳ 비치 正히 ᄆᆞᆰᄆᆞᆰᄒᆞ도다 美人爲黃土

况乃粉黛假 言美人이 己爲黃土ᄒᆞ니 况其平日假用金面之粉黛乎ㅣ作

티 ○ 고ᄫᆞᆫ 사ᄅᆞ미 누른 ᄒᆞᆰ기 되오니 ᄒᆞ몰며 粉黛ᄅᆞᆯ 바려 ᄡᅳ던 거시ᄯᆞ녀 當時侍

金輿故物獨石馬 金輿ᄂᆞᆫ 天子入所乘車ㅣ라 ○ 그 時節에 金輿ᄅᆞᆯ 侍

衛ᄒᆞ던 녯 거슨 호올로 잇ᄂᆞ닌 돌ᄆᆞ리로다 憂來藉草坐浩歌淚

盈把 盈把ᄂᆞᆫ 揮淚而滿把也ㅣ라 ○ 시름오매 프를 지즐안자셔 훤ᄒᆡ 놀애 블오니

눉므리 소내 ᄀᆞᄃᆞᆨᄒᆞ도다 冉冉征途間誰是長年者 此ᄂᆞᆫ 深嘆

人生之有限ᄒᆞ니라○어른어른ᄃᆡᄂᆞᆫ 긼ᄉᆞ이예 뉘 이나 홀기리 살 사ᄅᆞᆷ고

九成宮

蒼山入百里崖斷如杵臼 須溪云并畫山形이로다○프른 뫼ᄒᆡ로 百里ᄅᆞᆯ 드러오니 비레 그츠니 방하고와 호와 ᄀᆞᆺ도다 層宮憑風迴岌嶪土囊口 ㅣ岌嶪은 山貌ㅣ라 土囊은 谷口ㅣ라○層層인 宮殿이 ᄇᆞᄅᆞ믈 비겨 아ᅀᆞ라ᄒᆞ니 묏 곬 이페 뫼히 놉도다 立神扶棟樑鑿翠開戶牖 神靈을 셰여 棟樑을 더위자펫고 프른 ᄃᆞᆯ 파 이플 여렛도다 其陽産靈芝其陰宿牛斗 上句ᄂᆞᆫ 言祥瑞ᄒᆞ고 下句ᄂᆞᆫ 言至高ᄒᆞ다○그 陽녀킨 靈

乏ㅣ 벗고 그 隙ᄃᆡ 킨 牛斗星이 자ᄂᆞ다 紛披長松倒 揭巘恠石

走 揭巘은 極高貌ㅣ라○어즈러이 펫ᄂᆞᆫ 긴 소리 갓ᄀᆞᆯ고 노ᄑᆞᆫ 恠異ᄒᆞᆫ 돌ᄒᆞᆫ ᄃᆞᆮᄂᆞᆫ ᄃᆞᆺ도

다 哀猿啼一聲 客淚迸林藪 슬픈 나비 ᄒᆞᆫ 소리로 울어 ᄂᆞᆯ 나

그내 ᄂᆞᆫ므를 수프레 흘료라 荒哉隋家帝 製此今頹朽 隋文

帝ㅣ作此宮ᄒᆞ니라○荒隳ᄒᆞᆯ셔 隋人 님그미 여이를 지어 이제 믈어뎌 서겟도다 向

使國不亾 爲巨唐有 萬一에 ᄒᆞ여곰 나라히 배디 아니ᄒᆞ던들 엇

뎨 큰 唐의 두미 되오리오 雖無新增修 尚置官居守 巡非

瑤水遠 迹是雕牆後 此ᄂᆞᆫ 言唐이 雖不增修ᄒᆞ나 猶置宮守之ᄒᆞ며

來巡此宮이 非如穆王人瑤水之遠이나 然亦襲隋의 峻宇雕墻之修也ㅣ라 ○遠이 비록 [illegible]려 더 修補호미 업스나 오히려 그 위ᄅᆞᆯ 두쉬 디ᄒᆡ우며 巡狩ᄒᆞ샤미 瑤水의 머로미 아니나 자최ᄂᆞᆫ 이다매 그림 그린 後ㅣ로다

我來屬時危 仰望嗟嘆久 내 오미 時節이 바ᄃᆞ라온 제 브트니 울워러 ᄇᆞ라고 嗟嘆호ᄆᆞᆯ 오래 ᄒᆞ노라

天王守太白 駐馬更回首 太白山이 在鳳翔府ᄒᆞ니 時예 肅宗이 住軍于太白山下而甫ㅣ 駐馬ᄒᆞ야 回首望之也ㅣ라 ○님그미 太白山애 巡守ᄒᆞ야 겨시니 ᄆᆞᄅᆞᆯ 머믈워셔 다시 머리 도ᄅᆞ혀 ᄇᆞ라노라

早朝大明宮呈兩省寮友 賈至

두시언해 6:3ㄱ

銀燭朝天紫陌長禁城春色曉蒼蒼 銀燭 혀고

朝天ᄒᆞᆯ 매 紫陌이 기니 禁城엣 봆비치 새배 프르럿도다 千條弱柳垂

青瑣百囀流鶯滿建章 此ᄂᆞᆫ 言所見時景ᄒᆞ니라 ○ 즈믄 옰

보ᄃᆞ라온 버드른 青瑣門에 드리옛고 온 가자ᄅᆞᆯ 올며 녀 옮ᄃᆞ니ᄂᆞᆫ 괴고리ᄂᆞᆫ 建章宮

에 ᄀᆞᄃᆞᆨᄒᆞ얘도다 劒佩聲隨玉墀步衣冠身惹御

爐香 갈콰 佩玉ㅅ 소리ᄂᆞᆫ 玉墀엣 거르믈 좇고 衣冠ᄋᆞᆫ 모매ᄂᆞᆫ 御炉엣 香내 배

므럿도다 共沐恩波鳳池裏朝朝染翰侍君王

님긊 恩波ᄅᆞᆯ 鳳池ㅅ 개셔 다 ᄆᆞᆺ저쳐 아ᄎᆞᆷ마다 부데 먹 무텨 님그믈 뫼ᅀᆞᆸ노라

和賈至舍人早朝大明宮

五夜漏聲催曉箭九重春色醉仙桃 五夜ᄂᆞᆫ 甲乙丙丁戊ㅣ라 曉箭은 漏箭이라 仙桃ᄂᆞᆫ 春色이 著桃ᄒᆞ야 如酣醉然ᄒᆞ니 在宮中故로 謂之仙桃ㅣ라 ○다ᄉᆞᆺ 바ᄆᆡᆺ 漏刻소리ᄂᆞᆫ 새뱃 사ᄅᆞᆯ 뵈야ᄂᆞ니 九重엣 ᄇᆞᆷ비ᄎᆞᆫ 仙桃ㅣ 醉ᄒᆞ얫ᄂᆞᆫ ᄃᆞᆺ ᄒᆞ도다

旌旗日暖龍蛇動宮殿風微燕雀高 龍蛇ᄂᆞᆫ 旌旗入畫ㅣ라 ○旌旗에 ᄒᆡ 덥게 ᄢᅴ니 龍과 ᄇᆡ얌괘 뮈오 宮殿에 ᄇᆞᄅᆞᆷ 미잣간 부니 져비와 새왜 노ᄑᆡ ᄂᆞᄂᆞ다

朝罷香烟攜滿袖詩成珠玉在揮毫 朝會 ᄆᆞᆺ고 香爐ㅅ ᄂᆡᄅᆞᆯ ᄉᆞ매예 ᄀᆞᄃᆞᆨ기 가져 가ᄂᆞ니 詩句ᄅᆞᆯ 일우니 구ᄉᆞ

리 붇 두루류ᄆᆡ 잇도다

欲知世掌絲綸美池上于今有鳳毛 甫ㅣ自註舍人의先世ㅣ掌絲綸ᄒᆞ니라 池ᄂᆞᆫ鳳凰池라 宋人謝鳳의子超宗이有文辭ᄒᆞ더니作殷淑儀誄ᄒᆞ야奏之ᄒᆞᆫ댄帝ㅣ嗟賞曰超宗이殊有鳳毛ㅣ로다ᄒᆞ시니 此ᄂᆞᆫ美舍人의繼父之業而爲中書ㅣ라 ○世世로絲綸ᄀᆞᅀᆞ마로미아ᄅᆞᆷ다오

ᄆᆞᆯ 알오져 ᄒᆞᆯ뎬 못 우희

이제 鳳의 터리 잇도다

·同前 王維

綘幘雞人送曉籌尚衣方進翠雲裘 雞人ᄋᆞᆫ掌夜呼曉ᄒᆞᄂᆞ니 漢官儀예 衛士ㅣ朱雀門外예 着絳幘ᄒᆞ야 傳雞唱ᄒᆞᄂᆞ니라 尙衣

ᄂᆞᆫ官名ㅣ라○블근곳갈ᄉᆞᆫ雞人이새뱃漏籌를보내ᄂᆞ니尙衣ㅅ마ᄋᆞ리보야ᄒᆞ
로ᄑᆞ른구룸ᄀᆞᄐᆞᆫ갓오ᄉᆞᆯ進上ᄒᆞᄂᆞ다 九天閶闔開宮殿萬
國衣冠拜冕旒 九天엣門ᄋᆞᆫ宮殿을열오萬國ㅅ衣冠ᄒᆞ닌冕旒를
절ᄒᆞᄉᆞᆸᄂᆞ다 日色纔臨仙掌動香烟欲傍袞龍
浮 仙掌ᄋᆞᆫ漢武帝ㅣ立金露盤ᄒᆞ니有仙人掌ᄒᆞ야承露和玉屑而飮之ᄒᆞ니라
袞龍ᄋᆞᆫ天子之衣라○힛비ᄎᆞᆫ仙掌애ᄀᆞᆺ비취여뮈오香ㅅᄂᆡᄂᆞᆫ袞龍袍ᄅᆞᆯ바라ᄠᅳᆺ
도다 朝罷須裁五色詔佩聲歸到鳳池頭 五色
詔ᄂᆞᆫ青五色紙也ㅣ라○朝會ᄆᆞᆺ고모로매五色詔書ᄅᆞᆯ지ᅀᅮᆯ시佩玉소리鳳池ㅅ

두시언해 6:5ㄱ

ᄢᅥ리로미려가놋다

同前 岑參

雞鳴紫陌曙光寒 鶯囀皇州春色闌 ᄃᆞ올오 紫陌애 새벳비치 서늘ᄒᆞ니 ᄭᅬ고리 우논 皇州에 봆비치 다ᄋᆞ놋다

金闕曉鍾開萬戶 玉階仙仗擁千官 金闕ᄉᆡᆺ 새배 부픈 萬人의 집門ᄋᆞᆯ 열오 玉階옛 儀仗ᄋᆞᆫ 千官ᄋᆞᆯ ᄢᅧ렛도다

花迎劍佩星初落 柳拂旌旗露未乾 花柳ᄂᆞᆫ 言宮中에 有ㅣ라 ○ 고지 갈콰 佩玉과ᄅᆞᆯ 맛거늘 벼리 처ᅀᅥᆷ 디고 버드리 旌旗ᄅᆞᆯ 다이ᅀᅳ니 이스리 ᄆᆞᄅᆞ지 아니ᄒᆞ얫도다

두시언해 6:5ㄴ

獨有鳳凰池上客 陽春一曲和皆難 客은 指賈

至ᄒᆞ다 陽春白雪은 曲名이니 其曲이 高妙ᄒᆞ야 和者ㅣ 寡ᄒᆞ니 此ᄂᆞᆫ 美賈舍人之詩○ᄒᆞ올로 잇ᄂᆞᆫ 鳳凰못 우희 잇ᄂᆞᆫ 소니 陽春ㅅ ᄒᆞᆫ 노래를 和答ᄒᆞ요미 다 어렵도다

宣政殿退朝晩出左掖 宣政殿에 左有門下省ᄒᆞ고 右有中書省ᄒᆞ니 甫이 爲左拾遺ᄒᆞ야 屬門下故로 云左掖이니 兩省이 在殿左右ㅣ 如人之臂掖也ㅣ라

天門日射黃金榜 春殿晴曛赤羽旗 榜은 門額이라

두시언해 6:6ㄱ

赤羽ᄂᆞᆫ 赤烏羽로 爲旗也ㅣ라 ○ ᄒᆞᄂᆞᆳ 門에 힛비치 黃金鑄애 ᄡᅩᆺ얫ᄂᆞ니 뵛 宮殿에 거븨예 치블근 지ᄎᆞ로 ᄒᆞᆫ 旗예 우흿도다

宮草微微承委珮 爐烟細細駐遊絲

曲禮예 主佩垂則臣佩委라ᄒᆞ니라 遊絲ᄂᆞᆫ 蛛絲之遊散者ㅣ라 ○ 宮殿엣 프른 微微히 서리 뎻ᄂᆞᆫ 珮玉ᄋᆞᆯ 밧덧거ᄂᆞᆫ 香炉앳 ᄂᆡ 細細ᄒᆞᆫᄃᆡ 遊絲ㅣ 머므럿도다

雲近蓬萊常五色 雪殘鳷鵲亦多時

구루믄 蓬萊殿에 갓가와 샹녜 다ᄉᆞᆺ 비치로소니 누ᄂᆞᆫ 鳷鵲觀애 노가가미 ᄯᅩ ᄢᅢ 하도다

侍臣緩步歸青瑣 退食從容出每遲

近侍ᄒᆞᆫ 臣下ㅣ 날회야 거러 青瑣門에 갓다가 밥 머그러 믈러올 제 조ᄂᆞᆨ조ᄂᆞᆨ기 나오ᄆᆞᆯ 미양 날호야 ᄒᆞᄂᆞ다

紫宸殿退朝口號

戶外昭容紫袖垂雙瞻御座引朝儀 唐制에 昭容은
係九嬪ᄒᆞ니 天子ㅣ 坐朝ᄒᆞ실제 宮人이 引
至殿上ᄒᆞᄂᆞ니라 ○ 戶外예 昭容이 블근 ᄉᆞ
매 드리오고 둘히 御座롤 보
아셔 朝儀롤 引進ᄒᆞᄂᆞ다 香飄合殿春風
轉花覆千官淑景移 香氣ㅣ 오ᄋᆞᆫ 殿에 飄散
ᄒᆞ니 봄 ᄇᆞᄅᆞ미 옮기고
곳지 千官을 두퍼시니
몰근 ᄒᆡᆺ비치 옮ᄂᆞ다 晝漏稀聞高閣報天
顔有喜近臣知 紫宸內廚애 晝刻올 必待外廷高閣之報故로 云稀聞이
라 ○ 나ᄌᆡᆺ 漏刻올 노ᄑᆞᆫ 지븨셔 알외요ᄆᆞᆯ 드
므리 드르리로소니 님금 ᄂᆞ치 깃거ᄒᆞ샴이

쇼몯 近侍ᄒᆞᆫ 臣下ㅣ 아ᄂᆞ다

宮中每出歸東省 會送夔龍集鳳池 夔龍은 舜人二臣名이니 比當時宰相ᄒᆞ니라 ○ 宮中에셔 ᄆᆡ양 나 東省애 가 夔龍이 鳳池예 모ᄃᆞ 몯 모다 보내노라

秋興五首

聞道長安似弈碁 百年世事不勝悲 此首ㅣ 專為長安喪亂而作ᄒᆞ니라 如弈碁ㅣ 言互有勝負也ㅣ니 百年之間애 世事之變을 不勝其悲也ㅣ라 ○ 니ᄅᆞ거ᄂᆞᆯ 드로니 長安이 바독 장긔 ᄀᆞᆺᄒᆞ니 百年에 世間人 이레 슬프믈 이긔디 몯ᄒᆞ노라

王侯第宅皆新主 文武衣冠異昔時

言第宅이 因喪亂而易主ㅣ오 衣冠이 亦不如舊時也ㅣ라 ○ 王侯의 지븨 다 새 님재ᄒᆡ오 션ᄇᆡ와 호반과ᄋᆡ 衣冠이 녯 時節와 다ᄅᆞ도다

直北關山金鼓振 征西車馬羽書遲

時예 河北에 尚用兵ᄒᆞ고 西征吐蕃者ㅣ 獻捷之書ㅣ 遲來也ㅣ라 ○ 바ᄅᆞ 北녁 關山앳 錚과 붑소리 振動ᄒᆞ얫고 西ㅅ녀크로 征伐ᄒᆞᄂᆞᆫ 車馬ᄂᆞᆫ 羽書ㅣ 더듸도다

魚龍寂寞秋江冷 故國平居有所思

魚龍川이 在秦州ᄒᆞ니라 下句ᄂᆞᆫ 甫ㅣ 因起故國平時之思也ㅣ라 ○ 魚龍이 괴외ᄒᆞ고 ᄀᆞᅀᆞᆳ ᄀᆞᄅᆞ미 서늘ᄒᆞ니 故國에 平時예 사던 ᄯᅡᄒᆞᆯ ᄉᆞ랑ᄒᆞ논 배 이쇼라

蓬萊宮闕對南山 承露金莖霄漢間

承露金莖은 見

上王維詩註ᄒᆞ다 此首ᄂᆞᆫ 用長安故事ᄒᆞ야 以起興而末乃懷舊也ㅣ라 ○蓬萊宮闕이 南山ᄋᆞᆯ 相對ᄒᆞ얫ᄂᆞ니 이슬 받ᄂᆞᆫ 金莖은 하ᄂᆞᆳ ᄉᆞ이예 티와뎻도다 西望瑤池降王母東來紫氣滿函關 西王母이 宴穆王於瑤池ᄒᆞ니 以喻明皇의 幸蜀ᄒᆞ다 老子ㅣ 西遊어 至關令尹이 見紫氣浮關ᄒᆞ니 以喻肅宗의 收復長安ᄒᆞ니라 一云借穆王老子事ᄒᆞ야 以言唐皇의 慕仙之意ᄒᆞ니라 ○西ㅅ녀크로 瑤池를 ᄇᆞ라니 王母ㅣ ᄂᆞ리고 東녀크로셔 오ᄂᆞᆫ 블근 氣ᄂᆞᆫ 函關애 ᄀᆞᄃᆞᆨᄒᆞ얫도다 雲移雉尾開宮扇日繞龍鱗識聖顔 雉尾扇ᄋᆞᆫ 用雉羽ᄒᆞ야 爲扇褱也ㅣ라 ○구루미 ᄭᅯᆼ의 ᄭᅩ리예 올ᄆᆞ니 宮扇이 열오 ᄒᆡ 龍의 비느레 버므니 님긊 ᄂᆞ

ᄎᆞᆫ알리로다

一臥蒼江驚歲晚 幾回青鎖點朝班

點朝班은 想省中諸公之朝也ㅣ라 ○ ᄒᆞᆫ번 蒼江애 누어 ᅀᅥ 歲의 느저 가ᄆᆞᆯ 놀래노니 몃 디위ᄅᆞᆯ 青鎖門에 朝班ᄋᆞᆯ 혜아리가니오

瞿唐峽口曲江頭 萬里風煙接素秋

此首ᄂᆞᆫ 甫ㅣ在夔峽ᄒᆞ야 感秋而思曲江之遊ᄒᆞ니라 ○ 瞿唐峽입과 曲江入 머리예 萬里예 ᄇᆞᄅᆞᆷ과 ᄂᆡ 乱ᄀᆞᄋᆞᆯ ᄒᆡ니엇도다

花蕚夾城通御氣 芙蓉小苑入邊愁

花蕚樓 芙蓉苑 夾城이 皆在長安ᄒᆞ니 舊日天子遊幸之地러니 今因兵乱而廢故로 甫ㅣ 戀傷而其地ㅣ 乃入愁思之中也ㅣ라 ○ 花蕚夾城에 御氣通ᄒᆞ더니 芙蓉저고

맛苑이 ᄆᆞᆺ시ᄅᆞ메 드ᄫᅵ도다

珠簾繡柱圍黃鵠 錦纜牙檣起白鷗 此ᄂᆞᆫ 言昔日에 苑中 珠簾繡柱에 圍以畫鶴ᄒᆞ고 御舟ㅣ 浮於曲江ᄒᆞ야 鷩起白鷗也ㅣ라 ○구슬로 ᄒᆞᆫ 발와 繡ᄒᆞᆫ 기동앤 누른 鶴으로 둘엣고 錦으로 ᄒᆞᆫ 빗줄와 엄ᄀᆞ돈 빗대예ᄂᆞᆫ 힌 ᄀᆞᆯ며기 ᄂᆞ더니라

回首可憐歌舞地 秦中自古帝王州 可히 슬픈 놀애 브르며 춤 츠던 ᄯᅡᄒᆞᆯ 머리 도로혀 ᄇᆞ라노니 秦中ᄋᆞᆫ 녜로브터 님금 겨신 ᄆᆞ올히니라

昆明池水漢時功 武帝旌旗在眼中 漢武帝ㅣ 作昆明池ᄒᆞ야 以習水戰ᄒᆞ니 在長安西ᄒᆞ니라 此首ᄂᆞᆫ 思昆明池之景而嘆今不得見也ㅣ

라○昆明모샛 므른 漢時節ㅅ 功이니 武帝씌 旌旗ㅣ 누네 이셔 뵈ᄂᆞ다 織女機絲虛夜月 石鯨鱗甲動秋風 昆明池예 有石人ᄒᆞ니 東西相望ᄒᆞ야 以象牽牛織女ᄒᆞ고 又刻石爲鯨魚ᄒᆞ니 每至雷雨而鳴吼ᄒᆞ니 鬐尾皆動ᄒᆞ더니라○織女의 뵛 트렛 시른 ᄃᆞᆳ 바미 부녓고 돌고래의 비느른 ᄀᆞᅀᆞᆳ ᄇᆞᄅᆞ매 뮈즈기놋다 波漂菰米沈雲黑 露冷蓮房墜粉紅 믌겨레 菰米 벼려 시니 거믄 구루미 두맷 도ᄃᆞᆺ고 이스리 蓮ㅅ 고지 서늘ᄒᆞ니 粉紅이 듣놋다 關塞極天唯鳥道 江湖滿地一漁翁 此ᄂᆞᆫ 言西蜀 關塞ㅣ 險高ᄒᆞ야 所可行者ㅣ 唯鳥道而已라 漁翁ᄋᆞᆫ 甫ㅣ 自謂라○關塞ㅣ 하ᄂᆞᆯᄒᆡ 니르러 오직 새ᄃᆞᆫ

두시언해 6:10ㄱ

니ᄂᆞᆫ 길히로소니 江湖ㅣ ᄆᆞᄃᆞᆫ
ᄯᅡ해 ᄒᆞᆫ 고기잡ᄂᆞᆫ 늘그니로라

昆吾御宿自逶迤 紫閣峯陰入渼陂 昆吾御宿은 皆
地名이오 逶迤ᄂᆞᆫ 延袤相接皃ㅣ라 紫閣은 山名이오 渼陂ᄂᆞᆫ 水名이니 皆在長安ᄒᆞ다
此首ᄂᆞᆫ 專爲渼陂之景而作ᄒᆞ니라 ○ 昆吾와 御宿괘 ᄉᆞᅀᅵ로 니엣ᄂᆞ니 紫閣뫼 그리메
渼陂에 드리비취엿ᄂᆞ니라

香稻啄餘鸚鵡粒 碧梧棲老鳳凰枝 옷고ᄉᆞᆫ 벼ᄂᆞᆫ 鸚鵡의 딕먹던 ᄡᆞᆯ나치 나ᄆᆞᆺ고 ᄑᆞ른 머괴ᄂᆞᆫ 鳳凰의 고깃던
가지 늘겻도다

佳人拾翠春相問 仙侶同舟晚更移 問은 贈遺也ㅣ라 拾翠相問은 如贈之以芍藥之類ㅣ라 此ᄂᆞᆫ 言昔時渼陂遊觀之事ᄒᆞ

니라○고온 사ᄅᆞᄆᆞᆯ 프른 거슬 주어 보미서르 주고 仙人ᄋᆞᆫ ᄐᆞᆫ 버든 ᄒᆞᆫ 비ᄅᆞᆯ 타나 조히 다시 올마가더니라

綵筆昔曾干氣象 白頭吟望苦低垂

甫ㅣ昔日에 遊渼陂ᄒᆞ야 携綵筆題詩ᄒᆞ야 干歷其氣象ᄒᆞ니 今但白頭吟望而已라○빗난 부드로 녜 일ᄌᆞᆨ 氣象을 干犯ᄒᆞ니 셴 머리예 읍퍼 ᄇᆞ라고 심히 ᄂᆞᄌᆞ기 드리옛노라

洞房

洞房環珮冷 玉殿起秋風

此篇ᄋᆞᆫ 思長安而懷明皇也ㅣ라○기픈 房애 環珮 서늘ᄒᆞ니 玉殿에 ᄀᆞᅀᆞᆳ ᄇᆞᄅᆞ미 니렛도다

秦地應新月 龍

두시언해 6:11ㄱ

池瀟舊宮 明皇潛邸入興慶宮에小龍이常遊於宮垣南池中ᄒᆞ니라○秦仲

해ᄂᆞᆫ당당히ᄉᆡ두리어니라龍인ᄂᆞᆫ모ᄉᆞᆫ뷘宮에ᄀᆞ독ᄒᆞ엿ᄂᆞ니라 繫舟今夜

遠清漏往時同 言今繫舟處ㅣ去秦地爲遠而想像清漏ᄂᆞᆫ與往時로無

異也ㅣ라○비ᄆᆡ야오ᄂᆞᆯ바ᄆᆡ머리왯노니ᄆᆞᆯᄀᆞᆫ漏刻ᄋᆞᆫ니건時節와ᄀᆞᆮ거니라 萬

里黃山北園陵白露中 黃山宮이在扶風ᄒᆞ니言黃山之北에玄

宗之陵이今在白露中이니라○萬里入黃山北녀긔園陵이힌이슬가온ᄃᆡ잇ᄂᆞ니라

宿昔

宿昔青門裏蓬萊仗數移 此篇은咏明皇天寶中事ᄒᆞ다青門

은長安東門也ㅣ라○녜青門안햇蓬萊殿에儀仗을ᄌᆞ조옮기더시니라花嬌
迎雜樹龍喜出平池ᄭᅩ지아리다온雜남기迎逢ᄒᆞ고龍은즐겨平
ᄒᆞᆫ모새셔나더니라落日留王母微風倚少兒王母ᄂᆞᆫ喩楊貴
妃也ㅣ라少兒ᄂᆞᆫ衛青傳에衛媼의次女名이니以喩妃之姊妹也ㅣ라○지ᄂᆞᆫᄒᆡ예王
母ᄅᆞᆯ머믈오시고ᄀᆞ마니부ᄂᆞᆫᄇᆞᄅᆞ매少兒이빗겻더니라宮中行樂秘
少有外人知宮中에行樂ᄒᆞ샴미秘密ᄒᆞ실ᄊᆡ밧긧사ᄅᆞ미알리젹더니라
能畫此篇ᄋᆞᆫ言明皇之好技戲ᄒᆞ니라
能畫毛延壽投壺郭舍人每蒙天一笑復似

두시언해 6:12ㄱ

物皆春 延壽ᄂᆞᆫ 漢元時人이니 能畫而使物如春ᄒᆞ고 舍人ᄋᆞᆫ 漢武時人이니 能投壺而得蒙天笑ᄒᆞ니 皆借言唐事ᄒᆞ다 ○ 그림 잘 그리던 毛延壽의 壺애 더디ᄂᆞᆫ 郭舍人이 ᄃᆡ양 하ᄂᆞᆳ ᄌᆞᆫ 우으믈 니브며 ᄯᅩ 萬物로 마 봄 ᄀᆞᆮ게 ᄒᆞ더니라

政化平如水 皇恩斷若神 時時用抵戲 亦未雜風塵 如水ᄂᆞᆫ 言其平也ㅣ오 若神은 言不可測也ㅣ라 抵ᄂᆞᆫ 言當也ㅣ니 兩兩相當ᄒᆞ야 角力爲戲也ㅣ라 此ᄂᆞᆫ 言化如水ᄒᆞ며 恩若神ᄒᆞ야 爲治大要ㅣ 既無所損則 時或用戲라두 亦不至於乱也ㅣ니라 ○ 政化ㅣ 平호미 믈 ᄀᆞᆮᄒᆞ며 님금 恩惠로 決斷ᄒᆞ요미 神靈ᄀᆞᆮᄒᆞ면 時時예 用抵戲ᄅᆞᆯ ᄡᅥ도 ᄯᅩ 風塵에 섯디 아니ᄒᆞᄂᆞ니라

鬪雞

鬪雞初賜錦 舞馬旣登牀 明皇이好鬪雞ᄒᆞ시니有賈昌者ㅣ善養雞어늘日賜金銀ᄒᆞ며又教舞馬ᄒᆞ샤施三層木牀이어든乘馬其上ᄒᆞ야奮首鼓尾ᄒᆞ야皆應節奏ᄒᆞ니라○사호ᄂᆞᆫ ᄃᆞᆯᄀᆞᆯ 처엄 錦을 주시니 춤추ᄂᆞᆫ ᄆᆞ리 이믜셔 牀애 오ᄅᆞᄂᆞ니라

簾下宮人出 樓前御柳長 발 아래ᄂᆞᆫ 宮人이 나셔 보고 樓ㅅ 알ᄑᆡᄂᆞᆫ 御柳ㅣ 기렛도다

仙遊終 閟 女樂久無香 此ᄂᆞᆫ 言明皇이 上升ᄒᆞ니 女樂이 無復存也ㅣ라○仙遊ㅣ ᄆᆞᄎᆞ매 ᄒᆞᆫ번 閟塞ᄒᆞ니 女樂이 오래 곳다오미 업도다

寂寞驪山道 清秋草木黃 此ᄂᆞᆫ 言不

復行幸也ㅣ라○괴외ᄒᆞᆫ驪山ㅅ길해돋ᄀᆞᄋᆞᆯ히草木곤누르렛도다

省守律詩五首

題省中院壁

掖垣竹埤梧十尋洞門對雪常陰陰 掖ᄋᆞᆫ禁掖也ㅣ라垣埤ᄂᆞᆫ皆墻也ㅣ니言垣竹埤梧ㅣ長十尋也ㅣ니八尺曰尋이라唐省中에皆青壁에畫雪ᄒᆞ니라○禁掖ㅅ다매대와다벗머귀기리열尋이로소니훤ᄒᆞᆫ門이누늘相對ᄒᆞ야샹녜어두ᄒᆞ옛도다

落花遊絲白日靜鳴鳩乳燕青

春深 지ᄂᆞᆫ곳과노ᄂᆞᆫ시례ᄇᆞᆯ고나리寂靜ᄒᆞ고우ᄂᆞᆫ비두리와삿기치ᄂᆞᆫ제비예프

론보미ᄀᆡ궷도다 腐儒衰晩謬通籍退食遲回違寸

心 通籍은 用二尺竹牒ᄒᆞ야 記年名字物色ᄒᆞ야 懸之宮門ᄒᆞ야 應驗得入ᄒᆞᄂᆞ니라 違寸心은 甫ㅣ 晩得拾遺ᄒᆞ야 思欲報主而不得故로 退朝之際예 遲回徐行ᄒᆞ야 恨其

違本心也ㅣ라 ○腐儒ㅣ 늘거셔 외오 通籍ᄒᆞ니 밥 머그라 믈러 올 제 날호야 녀 조고맛 ᄆᆞᅀᆞ매 어긔으르체라 衮職曾無一字補許身媿比雙

南金 衮職은 指言天子ᄒᆞ니 謂曾無一字奏疏ᄒᆞ야 以補衮職之闕故로 媿比身於雙金之珍貴也ㅣ라 ○衮職을 일즉 ᄒᆞᆫ ᄌᆞ로도 깁디 몯ᄒᆞᅀᆞ오니 몸 許ᄒᆞ요ᄆᆞᆯ 雙南金에 가ᄌᆞᆯ뵤ᄆᆞᆯ 붓그리노라

두시언해 6:14ㄱ

春宿左省

花隱掖垣暮 啾啾棲鳥過 고지 禁掖ㅅ 담애 조최 그믈ᄒᆞ니ᄀᆡ 세 잘새 우러 지나가ᄂᆞ다

星臨萬戶動 月傍九霄多 벼ᄅᆞᆫ 萬戶애 臨ᄒᆞ야 뮈오 ᄃᆞᆯ비ᄎᆞᆫ 九霄애 바라 하도다

不寢聽金鑰 因風想玉珂 珂ᄂᆞᆫ 飾馬勒之物이라 此ᄂᆞᆫ 言想聞會朝之士ㅣ 鳴玉珂而來也ㅣ라 ○ 자지 아니ᄒᆞ야셔 門ㅅ ᄌᆞᄆᆞᆯ쇠 여로ᄆᆞᆯ 듣고 ᄇᆞᄅᆞᆷ 부ᄅᆞ믈 因ᄒᆞ야 玉珂ㅅ 소리ᄅᆞᆯ ᄉᆞ치노라

明朝有封事 數問夜如何 封事ᄂᆞᆫ 上章疏者ㅣ 欲其秘密故로 封之以達ᄒᆞᄂᆞ니라 ○ ᄂᆡ일 아ᄎᆞᄆᆡ 封事ㅣ 이실시 ᄌᆞ조 바미 어도록고 묻노라

晩出左掖

晝刻傳呼淺春旗簇仗齊 傳呼淺ᄋᆞᆫ在晝ᄒᆞ얀不若夜之遠也ᅵ라 ○ 나ᄌᆡ 漏刻ᄋᆞᆯ 傳傳ᄋᆞ로 브르ᄂᆞᆫ 소리 여트니 봆 旗ᄂᆞᆫ 儀仗이 모다 ᄀᆞᄌᆞᆨᄒᆞ얫도다

退朝花底散歸院柳邊迷 唐人宮中에種花柳ᄒᆞ더니라 ○ 朝會코 믈러 올 제 곳 미티셔 흐터 오고 마올로 갈 제 버드나못 ᄀᆞᅀᅵ 어즐호라

樓雲融城濕宮雲去殿低 樓에 누ᄂᆞᆫ 城에 노가져젓고 宮읫 구루믄 殿에 병으리누ᄌᆞᆨᄒᆞ얫도다

避人焚諫草騎馬欲雞栖 焚諫草ᄒᆞᆫ 뒤ᄯᅩ 避人ᄒᆞ니 恐不欲人知也ᅵ라 ○ 사ᄅᆞᆷ을 어여가 諫諍ᄒᆞ면 諫草ᄅᆞᆯ 브레 ᄉᆞᆯ오 ᄆᆞᆯ 타

두시언해 6:15ㄱ

나오니 돌기 기세 오ᄅᆞ고져 ᄒᆞ놋다

宿府

清秋幕府井梧寒 獨宿江城蠟炬殘 ᄆᆞᆰᄀᆞᆫ ᄀᆞᅀᆞᆳ 幕府에 우므렛 머귀 서늘ᄒᆞ니 ᄆᆞᅀᆞᆳ 城에 ᄒᆞ오아 자니 미레 현 브리 ᄉᆞ라가놋다

永夜角聲悲自語 中天月色好誰看 긴 밤 吹角소리예 슬허셔 내 말ᄒᆞ노니 하ᄂᆞᆯ 가온ᄃᆡ ᄃᆞᆳ비치 됴ᄒᆞ니 눌와 보리오

風塵荏苒音書絕 關塞蕭條行路難 音書ᄂᆞᆫ 謂鄕信이라 ○ 風塵이 어른어른ᄒᆞ야시니 音書ㅣ 이 그쳇고 關塞이 서의ᄒᆞ니 녀ᄃᆞᆫ니ᄂᆞᆫ 길히 어렵도다

已忍伶俜

두시언해 6:15ㄴ

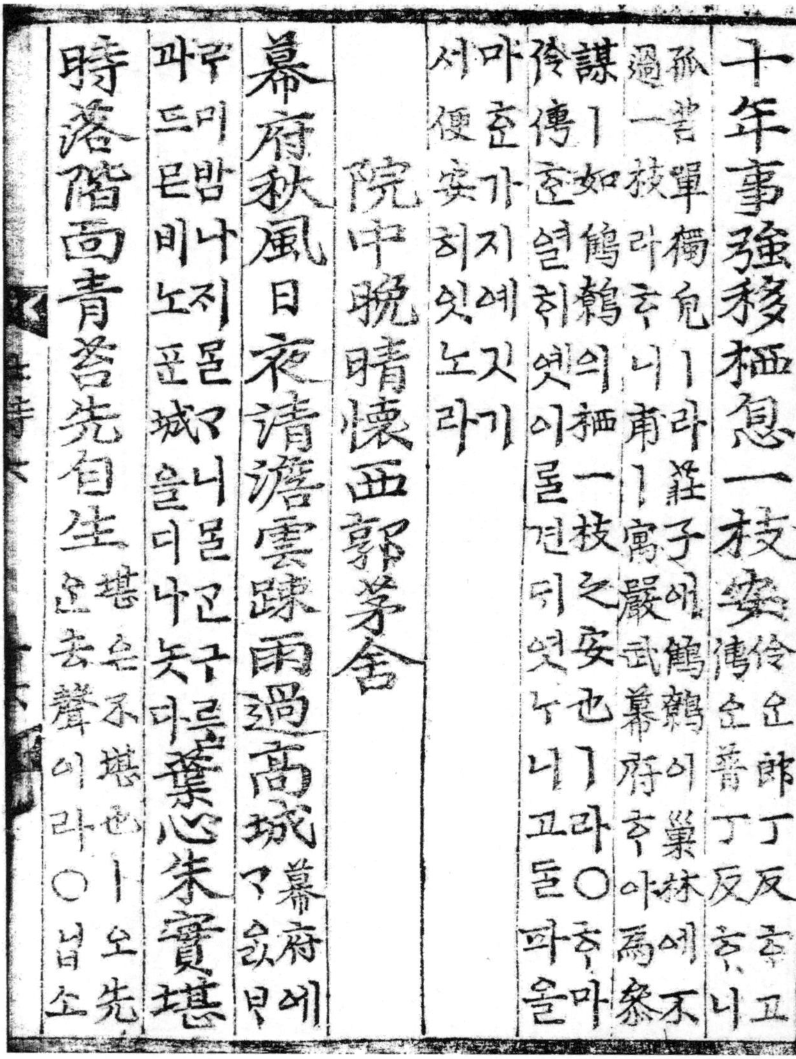
十年事強移栖息一枝安 伶ᄋᆞᆫ 郞丁反ᄒᆞ고 俜ᄋᆞᆫ 普丁反ᄒᆞ니 孤ᄂᆞᆫ 單獨ᄒᆞᆯ시라 莊子애 鷦鷯ㅣ 巢林에 不過一枝라 ᄒᆞ니 甫ㅣ 寓嚴武幕府ᄒᆞ야 爲參謀ㅣ 如鷦鷯의 栖一枝之安也ㅣ라 ○ ᄒᆞ마 伶俜ᄒᆞᆫ 열ᄒᆡ 옛 이ᄅᆞᆯ 견듸옛ᄂᆞ니 고ᄃᆞᆯ파ᄋᆞᆯ ᄆᆞᄎᆞᆫ 가지예 깃기서 便安히 잇노라

院中晩晴懷西郭茅舍

幕府秋風日夜清澹雲蹂雨過高城 幕府에 ᄀᆞᅀᆞᆯ ᄇᆞᄅᆞ미 밤나지 ᄆᆞᆯᄀᆞ니 ᄆᆞᆯᄀᆞᆫ 구룸과 ᄃᆞ론 비 노ᄑᆞᆫ 城을 디나ᄂᆞ다

葉心朱實堪時落階面青苔先自生 堪ᄋᆞᆫ 不堪也ㅣ오 先ᄋᆞᆫ 去聲이라 ○ 닙소

두시언해 6:16ㄱ

긼블근 어르믄 時로 뻬러뎌 잇ᄂᆞ니아 階砌面엣 프른 이슨ᄅᆞᆯ 서 절로 벗도다 復有樓臺銜暮景不勞鍾鼓報新晴 任잇ᄂᆞᆫ 樓臺ㅣ 나죗 ᄒᆡᆺ비ᄎᆞᆯ 머겟ᄂᆞ니 鍾鼓ᄅᆞᆯ 잇비 ᄒᆞ야 새 개요ᄆᆞᆯ 알외디 아니ᄒᆞ리로다 浣花溪裏花饒笑 肯信吾兼吏隱名 浣花溪ᄂᆞᆫ 곧 茅舍所在라 言其溪花ㅣ 饒笑我의 離茅舍而入幕ᄒᆞᄂᆞ니 豈知我의 雖在官而有隱逸之興也ㅣ리오 ○浣花 시냇ᄭᆞᆫ해셔 ᄀᆞ지 해 웃ᄂᆞ니 내 위구의 실호ᄃᆡ 隱居ᄅᆞᆯ 兼ᄒᆞᆫ 일훔ᄆᆞᆯ 어느 알리오

陵廟 古詩二首 律詩十四首

橋陵詩三十韻因呈縣內諸官 睿宗陵이니 在

薺城縣之豐山ᄋᆡ니라

先帝昔晏駕 玆山朝百靈 天子ㅣ初崩이어ᄃᆞᆫ臣子之心에猶謂宮車ㅣ晏駕而未出也ㅣ라○先帝ㅣ녜晏駕ᄒᆞ샤이뫼ᄒᆡ와온갓짓神靈을朝會마ᄌᆞ시니라

崇罔擁象設 沃野開天庭 象設은設生時之形象也ㅣ라天庭은即廟庭也ㅣ라○노ᄑᆞᆫ뫼ᄒᆡ象設을ᄢᅧ엿ᄂᆞ니沃饒ᄒᆞᆫ미해하ᄂᆞᆳᄠᅳᆯ흘여럿도다

即事壯重險 論功超五丁 蜀人五丁力士ㅣ鑿山通道ᄒᆞ니今論築陵之功컨댄超過五丁也ㅣ라○이레나아와셔重重히險ᄒᆞᆫ몰壯히너기노니功을議論컨댄五丁의게넘도다

坡陁因厚地 却略羅峻屏

坡陁ᄂᆞᆫ高大皃ㅣ니謂陵也ㅣ라却略ᄋᆞᆫ森
列皃ㅣ라屛ᄋᆞᆫ謂石壁이라○陂陁ᄂᆞᆫ ᄃᆞᆺ거
운什홀因ᄒᆞ야잇ᄂᆞ니却略히노ᄑᆞᆫ石壁이버럿도다 雲闕虛冉冉風
松肅泠泠 구룸ᄭᅵᆫ지븐뷔여冉冉ᄒᆞ얫고ᄇᆞᄅᆞ맷솔소리ᄉᆞᆨᄉᆞᆨᄒᆞ야泠泠ᄒᆞ도
다 石門霜露白玉殿莓苔青 돐門읫서리와이슬왜ᄒᆡ오玉
殿엔이시퍼려ᄒᆞ도다 宮女曉知曙祠官朝見星 言宮女祠
官이各勤其職ᄒᆞ야早使祀事ㅣ라○宮女ㅣ새배새야오ᄆᆞᆯ알오祠官이아ᄎᆞ미별보
아실祭ᄒᆞᄂᆞ다 空梁簇畫戟陰井敲銅瓶 此ᄂᆞᆫ言戟鎭衛而列
汲井供祭也ㅣ라○뷘집ᄆᆞᆯ릿그ᄅᆞᆫ[illegible]戟이모ᄃᆞᆺ고어드운우므렛구리瓶을두드리놋

다 中使日夜繼 惟王心不寧 謂肅宗이戀慕ᄒᆞ샤心不得安 而使中使로日送祭物也ㅣ라○內使ㅣ 밤나지 니어 오ᄂᆞ니 님그미 ᄆᆞᅀᆞ몰 便安히 몯 ᄃᆡ겨 ᄒᆞ시ᄂᆞ다 豈徒䘓備享 尙謂求無形 言不徒憂備物之享 이라 尙欲求神於無形而致其誠也ㅣ라○엇뎨 ᄒᆞᆫ갓 ᄀᆞ조ᄒᆞ야 祭享ᄒᆞ몰 시름ᄒᆞ실 ᄲᅮᆫ 니리오 오히려 다기샤매 얼굴 업슨 ᄃᆡ 求ᄒᆞ리라 ᄒᆞ시ᄂᆞ다 孝理敦國政 神凝推道經 孝道로 다ᄉᆞ료ᄆᆞ로 나랏 政事ᄅᆞᆯ 돈가이 ᄒᆞ시고 精神凝聚ᄒᆞ샤 몰 道經옛 이ᄅᆞᆯ 推行ᄒᆞ시ᄂᆞ다 瑞芝產廟柱 好鳥鳴巖扃 祥瑞ᄅᆞ왼 芝草ᄂᆞᆫ 廟ㅅ 기동엣 넛고 됴ᄒᆞᆫ 새ᄂᆞᆫ 바횟 門에셔 우ᄂᆞ다 高嶽前嵂

두시언해 6:18ㄱ

崒洪河左瀅濙 嵂崒은山高皃ㅣ오瀅濙은水皃ㅣ라此下논言山水之美ᄒᆞ다○노ᄑᆞᆫ뫼ᄒᆞᆫ알ᄑᆡ嵂崒ᄒᆞ고너븐ᄆᆞᄅᆞ믈왼녀긔흐르놋다 金城蓄峻趾沙苑交回汀 金城은縣名이오沙苑은地名이라○金城은큰불희儲蓄ᄒᆞ엿고沙苑은휫돈믌ᄀᆞ이섯깃도다 來與奧區固川原紛眇寘 西都賦에防禦之助則天地之奧區焉이라ᄒᆞ니言橋陵之地ㅣ與西都로永固也ㅣ라○기리奧區와다ᄆᆞᆺ구디시리로소니베콰두듥패어즈러이아ᄋᆞ라ᄒᆞ얫도다 居然赤縣立臺樹爭岧亭 赤縣은指奉先縣ᄒᆞ니라岧亭은高皃ㅣ라○믄드시赤縣을建立ᄒᆞ니臺와亭子왜ᄃᆞ토와노ᄑᆞ도다 官屬果稱

是聲華眞可聽 官屬은 指縣內諸官ᄒᆞ다 此下ᄂᆞᆫ 言縣官之義ᄒᆞ다 ○官
屬이 果然이에 마ᄌᆞ니 소리와 빗나미 眞實로 可히 드러만ᄒᆞ도다 王劉美竹
潤衰李春蘭馨 竹은 喩節操ᄒᆞ고 蘭은 喩聲譽ᄒᆞ다 ○王과 劉와ᄂᆞᆫ 됴ᄒᆞᆫ
대 潤澤ᄒᆞᆫ ᄃᆞᆺᄒᆞ고 衰와 李와ᄂᆞᆫ ᄇᆞᆷ 蘭草ㅣ 곳다온 ᄃᆞᆺᄒᆞ도다 鄭氏才振古啖
侯筆不停 才振古ᄂᆞᆫ 言才之多也ㅣ라 筆不停은 言筆之捷也ㅣ라 ○鄭氏ᄂᆞᆫ
ᄌᆡ죄 녜로브테 오 啖侯ᄂᆞᆫ 붇 들머믈우디 아니ᄒᆞ놋다 遺辭必中律利
物常發硎 發硎은 莊子애 刀刃이 若新發於硎也ㅣ라ᄒᆞ다 上句ᄂᆞᆫ 發言이 合
法度也ㅣ라 下句ᄂᆞᆫ 其制物이 有割裁也ㅣ라 ○말ᄉᆞᆷ ᄧᅥ호ᄆᆞᆯ 반ᄃᆞ기 法律에 맛고 物을

利게호몯샹녜ᄆᆞᆺ돌해ᄆᆞ라내욘ᄃᆞᆺᄒᆞ도다 綺繡相展轉琳琅愈

青熒 上句ᄂᆞᆫ喩其文華也ㅣ오下句ᄂᆞᆫ喩其溫粹也ㅣ라○깁과繡ㅣ혼거시서르펴옛

고琳과琅괘더욱빗나도다

側聞魯恭化 秉德崔瑗銘 漢入

魯恭이爲中牟令ᄒᆞ야以德化爲治ᄒᆞ고崔瑗이有左右銘ᄒᆞ니此ᄂᆞᆫ美縣官之善政與

謹身也ㅣ라○魯恭의政化ᄅᆞᆯ기우리든ᄂᆞ니德을자ᄇᆞ몯崔瑗의銘으로ᄒᆞ놋다

太史候鳧影 王喬隨鶴翎 王喬이有神術ᄒᆞ더니爲葉縣令ᄒᆞ야入

朝애無車馬ㅣ어늘帝令太史로候望ᄒᆞ시니有雙鳧ㅣ飛來어늘擧網得雙舃ᄒᆞ니라

又王喬ㅣ七月七日에乘白鶴ᄒᆞ야上緱氏山而去ᄒᆞ다此ᄂᆞᆫ美縣官之有仙骨而非俗

流也ㅣ라○太史ㅣ 올ᄒᆡ 그리메 ᄆᆞᆯ기 들朝우고 王喬ㅣ 鶴ᄋᆡ ᄂᆞᆯ개ᄅᆞᆯ 조차 ᄃᆞᆫ니놋다
儀限霄漢 客思向林坰 此ᄂᆞᆫ 甫ㅣ 言不得參會朝之儀ᄒᆞ미 如隔
霄漢故로 欲歸山林也ㅣ라 此下ᄂᆞᆫ 皆甫ㅣ 自敍ㅣ라 ○朝儀예 하ᄂᆞᆯ히 限隔ᄒᆞ니 나그
내 ᄠᅳ든 林坰에 도라가고져 ᄒᆞ노다 轗軻辭下杜 飄飄凌濁涇
轗軻ᄂᆞᆫ 不得志也ㅣ라 此ᄂᆞᆫ 甫ㅣ 自杜陵으로 来奉先故로 渡涇水也ㅣ라 ○轗軻ᄒᆞ야
下杜ᄅᆞᆯ 말오 飄飄히 흐린 涇水ᄅᆞᆯ 凌犯ᄒᆞ라 諸生舊短褐 旅泛一
浮萍 諸生ᄋᆡᆫ 녜 뎌른 오시오 나그내로 ᄠᅥ ᄃᆞᆫ뇨ᄆᆞᆫ ᄒᆞᆫ ᄠᅳᄂᆞᆫ 말와미로다 荒歲
兒女癭 暮途涕泗零 艱難ᄒᆞᆫ ᄢᅴ예 아ᄃᆞᆯ와 ᄯᆞᆯ왜 여위니 나죗 길헤 ᄂᆞᆫ

믈와 곳므를 ᄇᆞᆷ듣이노라 主人念老馬廨宇容秋螢 田子方이 見老馬於野曰少盡其力ᄒᆞ고老棄其身을 仁者ㅣ不爲라ᄒᆞ고束帛贖之ᄒᆞ니라廨宇ᄂᆞᆫ官舍也ㅣ라馬與螢은皆甫ㅣ自比ᄒᆞ니 ᄡᅵᄂᆞᆫ言縣官之容接官舍也ㅣ라○主人이 늘근ᄆᆞᄅᆞᆯ 思念ᄒᆞ야 ᄀᆞ윗 지비 ᄀᆞᅀᆞᆳ 반되ᄅᆞᆯ 容納ᄒᆞ야 됫다 流寓理豈愜 窮愁醉未醒 言流離而僑寓官舍ㅣ不合於理故로憂愁之極에如醉而未醒也ㅣ라○나그내로 브터 쇼미 理예 엇뎨 마ᄌᆞ리오 窮ᄒᆞᆫ 시르메 醉ᄒᆞ야 ᄭᆡ디 몯ᄒᆞ얫노라 何當擺俗累浩蕩乘滄溟 言欲擺脫世俗之累ᄒᆞ고游於江湖也ㅣ라○언제아 世俗앳 ᄇᆡ를 ᄇᆡ려ᄇᆞ리고 훤츨히 바ᄅᆞ래 ᄇᆡ타 가려뇨

題衡山縣文宣王廟新學堂呈陸宰

旄頭彗紫微 無復俎豆事 旄頭ᄂᆞᆫ 胡星이오 紫微ᄂᆞᆫ 帝宮也ㅣ오니 此ᄂᆞᆫ 追言安史之亂애 無復講明祭祀之禮也ㅣ라 ○旄頭ㅣ 紫微예 드리ᄯᅪ시니 佐俎豆ㅅ 이리 업스니라

金甲相排蕩 青衿日憔悴 青衿ᄋᆞᆫ 學者ㅣ 父母ㅣ 在어든 緣衣領以青ᄒᆞᄂᆞ니라 ○金甲이 서르 ᄆᆞᆯ이ᄂᆞ니 青衿 니브니ᄂᆞᆫ ᄒᆞᄅᆞᆯ ᄋᆞ티 憔悴ᄒᆞ니라

嗚呼已十年 儒服弊于地 征夫不遑息 學者淪素志 此ᄂᆞᆫ 言兵亂이 未息而儒道不振也ㅣ라 ○슬프다 ᄒᆞ마 열히나 션비오시 ᄯᅡ해 ᄇᆞ리 옛도다 征役ᄒᆞᆯ 사ᄅᆞ미 餘暇ᄒᆞ야 쉬돌 몯ᄒᆞᄂᆞ니 비홀 者

두시언해 6:21ㄱ

ㅣ본뎃ᄠᅳ디ᄢᅵ디도다 我行洞庭野欻得文翁肆 漢人文翁

ㅣ爲蜀郡守ᄒᆞ야興建學宮ᄒᆞ니以比陸宰之建學ᄒᆞ다○내洞庭ㅅ미해녀와믄득文翁의지블어두라 佻佻胄子行若舞風雩至 佻佻ᄂᆞᆫ整肅皃

ㅣ라胄子ᄂᆞᆫ卿大夫之子ㅣ來學者ㅣ라論語에風乎舞雩ㅣ라ᄒᆞ니舞雩ᄂᆞᆫ祈雨處ㅣ

니此ᄂᆞᆫ言學者ㅣ若舞風雩而來也ㅣ라○佻佻ᄒᆞᆫ胄子의行列이로소니風雩에춤처

오ᄂᆞᆫᄃᆞᆺᄒᆞ두다 周室宣中興孔門未應棄 借周喩唐也ㅣ라孔

門은謂文宣王ㅣ라○周室이다시興起ᄒᆞ요미맛당ᄒᆞ니孔門을맛당이ᄇᆞ료미몯ᄒᆞ

리니라 是以資雅才渙然立新意 雅才ᄂᆞᆫ指陸宰ᄒᆞ니言新

學이 資陸宰而成也ㅣ라 ○이런ᄃᆞ로 請雅ᄒᆞᆫ 지조ᄅᆞᆯ 資賴ᄒᆞ야 乾ᄎᆞ 세ᄡᅳ 들네도다

衡山雖小邑首唱慨大義 言喪亂之時에 首建學宮也ㅣ라○ 衡山이 비록 죠고맛 ᄆᆞ올히나 爲頭ᄒᆞ야 블러 큰 義ᄅᆞᆯ 너피도다

因見縣尹心根源舊宮閑 謂因廟宮舊基而重新也ㅣ라○ 지ᄌᆞ로 縣尹의 ᄆᆞᅀᆞᄆᆞᆯ 보리로소니 녯 宮애 深閑호ᄆᆞᆯ 根源ᄒᆞ도다

講堂非曩構大屋加塗墍 丗ᄂᆞᆫ 言新作學堂也ㅣ라 墍ᄂᆞᆫ 仰塗也ㅣ라○ 講堂ᄋᆞᆫ 녜 아니 지ᅀᅥᆺ던 거시니 큰 집비 塗墍호ᄆᆞᆯ 더으도다

下可容百人墻隅亦深邃 집 아래 어로 온 사ᄅᆞᆷ이 들리로소니 담 모히 ᄯᅩ 깁스위도다

何必三千徒始

歷戎馬氣 孔子入弟子ㅣ三千人이라 ᄒᆞ논 言能修文教則是以鎭服暴亂이어라 不必待三千弟子之多ㅣ리라 ○ 엇뎨 구듸여 三千 무리라아 비르수 戎馬의 氣運을 鎭壓ᄒᆞ리오

林木在庭戶 密幹疊蒼翠 수프리 ᄠᅳᆯ과 이페 잇누니 칙칙ᄒᆞ얏드미 프른 비치 重疊ᄒᆞ도다

有井朱夏時 轆轤凍堦戺 轆轤ᄂᆞᆫ 汲水器라 戺ᄂᆞᆫ 鋤里反ᄒᆞ니 砌也ㅣ라 ○ 잇ᄂᆞᆫ 우므리 녀르메 轆轤ㅣ 버텅에 어렛도다

耳聞讀書聲 殺伐災髣髴 髣髴은 見不審也ㅣ라 言樂聞此絃誦之聲ᄒᆞ니 彼兵革之患은 但覺其髣髴而已니 言其不相近也ㅣ라 ○ 귀예 글 닑ᄂᆞᆫ 소리ᄅᆞᆯ 드로니 殺伐ᄒᆞᄂᆞᆫ 災害ᄂᆞᆫ 髣髴ᄒᆞ도다

故園延歸

望衰顏減愁思 本鄕애 갈 ᄇᆞ라오미 기더니 늘근 ᄂᆞᄎᆡ 시름도 왼ᄠᅳ디더

레라 南紀收波瀾 西河共風味 南紀ᄂᆞᆫ 猶南方이라 波瀾ᄋᆞᆫ 喩

亂ᄒᆞ다 子夏ㅣ 居西河ᄒᆞ야 敎授ᄒᆞ니라 言陸宰ㅣ 文敎로 洗波瀾之妖氛ᄒᆞ리니 同子夏之

風味也ㅣ라 ○南紀예 波瀾을 ᄀᆞᄃᆞ리로소니 西河ㅅ 風味와 다ᄆᆞᆺᄒᆞ리로다 來詩

倦跋涉 載筆尙可記 言來詩之官이 倦於跋涉道路ᄒᆞ야 不來來之

ᄒᆞᄂᆞ니 載筆史官ᄋᆞᆫ 可記陸宰之美也ㅣ라 ○詩ᄅᆞᆯ 來取ᄒᆞ리 跋涉호ᄆᆞᆯ ᄀᆞᆺ바ᄒᆞᄂᆞ니 붇

가지니ᄂᆞᆫ 오히려 可히 記錄홀디니라 高歌激宇宙 凡百愼失

墜 此ᄂᆞᆫ 甫ㅣ 歌陸宰之事而欲後人으로 亦勿失墜也ㅣ라 ○노ᄑᆞᆫ 놀애 宇宙에 激發

ᄒᆞᄂᆞ니 믈읫 사ᄅᆞ 묘 失墜ᄒᆞ몬 삼갈디어다

行次昭陵 唐太宗陵이라

舊俗疲庸主 群雄問獨夫 庸主ᄂᆞᆫ 指煬帝라 群雄은 李密之徒ㅣ라 ○녜 時俗이 庸主의게 ᄀᆞᆺ거늘 群雄이 獨夫를 問罪ᄒᆞ니라

讖歸龍鳳質 威定虎狼都 唐太宗은 龍鳳之姿 天日之表ㅣ니라 虎狼都ᄂᆞᆫ 指隋[illegible]ᄒᆞ니라 ○讖이 龍鳳ㅅ 모매 가니 威嚴ᄋᆞ로 虎狼ᄋᆡ 都邑을 平定ᄒᆞ시니라

天屬尊堯典 神功協禹謨 天屬ᄋᆞᆫ 父子ㅣ니 言高祖ㅣ 禪位太宗이 如堯也ㅣ오 太宗有九功之德而可歌ㅣ 如禹也ㅣ라 ○天屬이 堯典을 尊崇ᄒᆞ시니 神

妙ᄒᆞᆫ 功ᄋᆞᆫ 禹謨애 맛도다

風雲隨絶足 日月繼高衢 絶足ᄋᆞᆫ 良馬之足이 超絶也ㅣ라 言李靖之徒ㅣ 如風從龍 雲從虎ᄒᆞ야 並隨馬足而奮起ᄒᆞ고 高祖太宗이 如日月之相繼明也ㅣ라 ○ ᄇᆞᄅᆞᆷ과 구루미 超絶ᄒᆞᆫ 바ᄅᆞᆯ 조ᄎᆞ니 ᄒᆡ ᄃᆞ리 하ᄂᆞᆳ 길헤 니ᅀᅳ니라

文物多師古 朝廷半老儒 言典章文物을 皆法古而多用老成之儒也ㅣ라 ○ 文物을 녜ᄅᆞᆯ 스승ᄒᆞ야 해 하시니 朝廷에 늘근 션ᄇᆡ 半만ᄒᆞ도다

直詞寧戮辱 賢路不崎嶇 戮ᄋᆞᆫ 辱也ㅣ라 言魏徵等ㅣ 之直諫을 見納而進賢之路ㅣ 無壅也ㅣ라 ○ 直ᄒᆞᆫ 말ᄉᆞ믈 엇뎨 戮辱ᄒᆞ시리오 賢ᄒᆞᆫ [illegible]ᄂᆞᆫ 길히 머흐디 아니ᄒᆞ더라

往者災猶降 蒼生喘未蘇 指揮

두시언해 6:24ㄱ

安率土盪滌撫洪鑪 洪鑪ㄴ 言陶成天下ㅣ 如洪鑪之鑄金也ㅣ라

此ㄴ 摠言太宗의 平隋亂也ㅣ라 ○ 뎌주[illegible] ᄢᅴ 災害 오히려 ᄂᆞ려 蒼生이 수미 쉬디 몯[illegible]

옛더니 指揮ᄒᆞ야 率土ᄅᆞᆯ 便安케 ᄒᆞ시고 시서ᄇᆞ려 큰 블무를 撫定ᄒᆞ시니라 壯士

悲陵邑幽人拜鼎湖 鼎湖ㄴ 見五卷入話ᄒᆞ다 ○ 壯士이 陵邑올 슬

ᄒᆞ며 幽人이 鼎湖애 절ᄒᆞᄂᆞ다 玉衣晨自擧鐵馬汗常趨 漢武

故事애 高皇廟中御衣ㅣ 自篋中으로 出舞殿上ᄒᆞ니 天寶故事애 安祿山이 叛커ᄂᆞᆯ 昭

陵石馬이 皆流汗ᄒᆞ니라 ○ 玉衣ㅣ 새배 절로 드렛고 쇠ᄆᆞ리 ᄯᆞᆷ 내오 샹녜 ᄃᆞᄂᆞ다 松

柏瞻虛殿塵沙立暝途 此ㄴ 甫ㅣ 立塵沙之途而瞻望陵寢於松

栢之間也ㅣ라○솔와잣서리예別殿을寂
보고드틀와몰래예나죗길헤셔쇼라
寥開國日流恨滿山隅開國ᄒᆞ더신나리괴
외ᄒᆞ도소니ᄒᆞᄅᆞᄂᆞᆫ
셜운ᄆᆞᅀᆞ미뫼모
해ᄀᆞ독ᄒᆞ도다

重經昭陵

草昧英雄起謳歌曆數歸草昧ᄂᆞᆫ屯難之時
ᄅᆞᆯ니言隋亂ᄒᆞ니民
之謳歌와天之曆數ㅣ皆歸太宗也ㅣ라○
草昧예英雄이니러나니놀애블로매曆數
ㅣ가
니라風塵三尺劍社稷一戎衣漢祖日提三
尺劍ᄒᆞ야取
天下ㅣ라ᄒᆞ고書에一戎衣예天下ㅣ大定
이라ᄒᆞ다○셕자갈ᄒᆞᆯ자바風塵을업게ᄒᆞ

두시언해 6:25ㄱ

고ᄒᆞᆫ번 戎衣ᄅᆞᆯ 니버 社稷을 定ᄒᆞ시니라 翼亮貞文德 丕承戢武

威 言太宗이 以文德으로 輔高祖而偃武修 文也ㅣ라 ○ 돕ᄉᆞ와 文德이 貞正ᄒᆞ시고

키나 어 武威ᄅᆞᆯ 가ᄃᆞ샷다 聖圖天廣大 宗祀日光輝 此ᄂᆞᆫ 言太

宗이 規模宏大而奕業隆盛也ㅣ라 ○ 聖人ㅅ 圖謀ᄂᆞᆫ 하ᄂᆞᆯ히 너븐 ᄃᆞᆺ고 宗祀ᄂᆞᆫ ᄒᆡ 빗

난 ᄃᆞᆺᄒᆞ도다 陵寢盤空谷 熊羆守翠微 寢은 寢廟也ㅣ라 熊

羆ᄂᆞᆫ 守陵之兵이라 山不及上曰翠微라 ○ 陵寢은 뷘 고비예 서리여 시니 熊羆ㅣ 翠微

예 守ᄒᆞ얫도다 再窺松栢路 還見五雲飛 天子ㅣ 有孝感則五

雲ㅣ 見ᄒᆞᄂᆞ니라 ○ 솔와 잣과 벗ᄂᆞᆫ 길헤 다시예 여보아 五色구루믜 ᄂᆞ로믈 도로 보노

라

禹廟

禹廟空山裏秋風落日斜 禹ㅅ廟ㅣ 뷘 묏 소기로소니 ᄀᆞᅀᆞᆳ ᄇᆞᄅᆞ매 디ᄂᆞᆫ ᄒᆡ 빗겻도다

荒庭垂橘柚古屋畫龍蛇 거츤 ᄠᅳᆯ헤 橘柚ㅣ 드리옛고 녯 뷘 龍蛇ᄅᆞᆯ 그렷도다 자

雲氣生虛壁江聲走白沙 구룸 氣運은 뷘 ᄇᆞᄅᆞ매셔 나고 ᄀᆞᄅᆞᆷ 소리ᄂᆞᆫ 힌 몰애예 ᄃᆞᆮᄂᆞ다

早知乘四載疏鑿控三巴 四載ᄂᆞᆫ 水乘舟 陸乘車 泥乘輴 山乘樏ㅣ라 ○ 四載ᄅᆞᆯ ᄐᆞ 疏鑿ᄒᆞ야 三巴ᄅᆞᆯ 控持ᄒᆞ요ᄆᆞᆯ 일 아노라

두시언해 6:26ㄱ

冬日洛城北謁玄元皇帝廟 甫ㅣ自註 廟有吳道子의畫五聖圖ᄒᆞ니라

配極玄都閟 憑高禁籞長 極은北極이라玄都ᄂᆞᆫ眞仙之所ㅣ니比此廟ᄒᆞ니廟ㅣ在城北故로云配極이라籞ᄂᆞᆫ折竹懸繩連之ᄒᆞ야禁人往來라○이

北極을配對ᄒᆞᆫ玄都ㅣ깁ᄉᆞ위니노ᄑᆞᆫᄃᆡ브텟ᄂᆞᆫ禁籞ᄂᆞᆫ사ᄉᆞ리기도다

守祧嚴具禮 掌節鎭非常 遠廟曰祧ㅣ니老子ㅣ唐人遠祖故로云ᄒᆞ다

掌節은守廟之兵이라○祧廟ᄅᆞᆯ守ᄒᆞ엿ᄂᆞᆫ禮ᄅᆞᆯᄀᆞ초ᄒᆞ야싁ᄉᆞ기ᄒᆞ고符節을ᄀᆞ옴아랫ᄂᆞᆫ샹녜ᄃᆞ외ᄃᆡ아니ᄒᆞᆫ거슬눌렛도다

碧瓦初寒外 金莖一

分類杜工部詩諺解　卷之六

역주 분류두공부시언해 권6(상)(중간본)

2022년 12월 25일 인쇄
2022년 12월 30일 발행

역주위원 : 임홍빈(서울대학교 명예교수)

발행인 사단법인 세종대왕기념사업회
서울특별시 동대문구 회기로 56
등록 : 1971. 7. 20. No. 제5-3 전송 : 969-8854
계좌 : 국민은행 010-01-0419-170 전화 : 969-8851~3
누리집 : www.sejongkorea.org 누리편지 : sejong@sejongkorea.org

인쇄 : 부광인쇄(02-2265-1020) 값 35,000원

ISBN 978-89-8275-193-6 93710

冬日洛城北謁玄元皇帝廟 廟有吳道

子ㅣ 畫五聖圖ᄒᆞ니라

配極玄都閟 憑高禁籞長 極은 北極이라 玄都ᄂᆞᆫ 眞仙之所ㅣ니 比此廟ᄒᆞ니 廟ㅣ 在城北故로 云配極이라 籞ᄂᆞᆫ 折竹懸繩連之ᄒᆞ야 禁人往來라 ○ 北極을 配對ᄒᆞᆫ 玄都ㅣ 깁스위니 노ᄑᆞᆫ ᄃᆡ 브텻ᄂᆞᆫ 禁人ᄒᆞᄂᆞᆫ 사ᄉᆞ리 기도다

守祧嚴具禮 掌節鎭非常 遠廟曰祧ㅣ니 老子ㅣ 唐人遠祖故로 云ᄒᆞ다 掌節은 守廟之兵이라 ○ 祧廟ᄅᆞᆯ 守ᄒᆞ얏ᄂᆞᆫ 禮ᄅᆞᆯ ᄀᆞ초ᄒᆞ야 싁스기 ᄒᆞ고 符節을 ᄀᆞᅀᆞᆷ아랫ᄂᆞᆫ 샹녜ᄅᆞ외디 아니ᄒᆞᆫ 거ᄉᆞᆯ 눌렛도다

碧瓦初寒外 金莖一